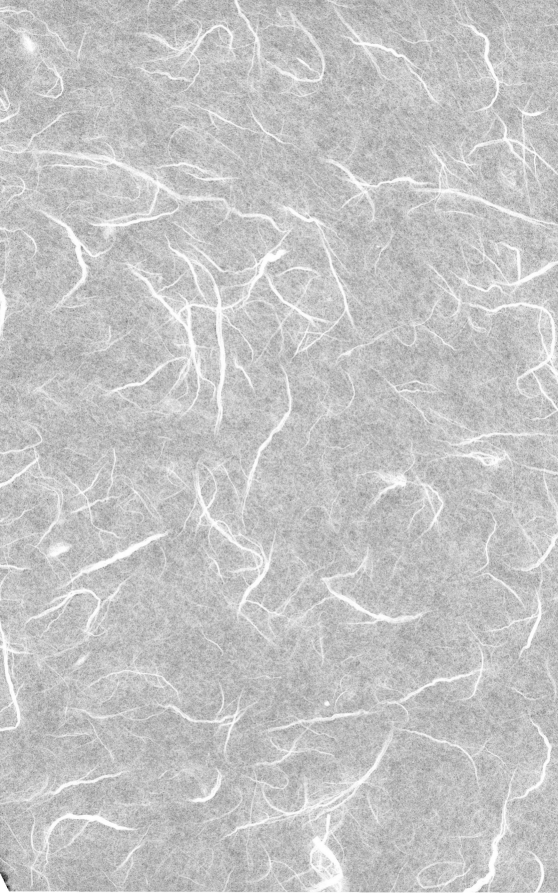

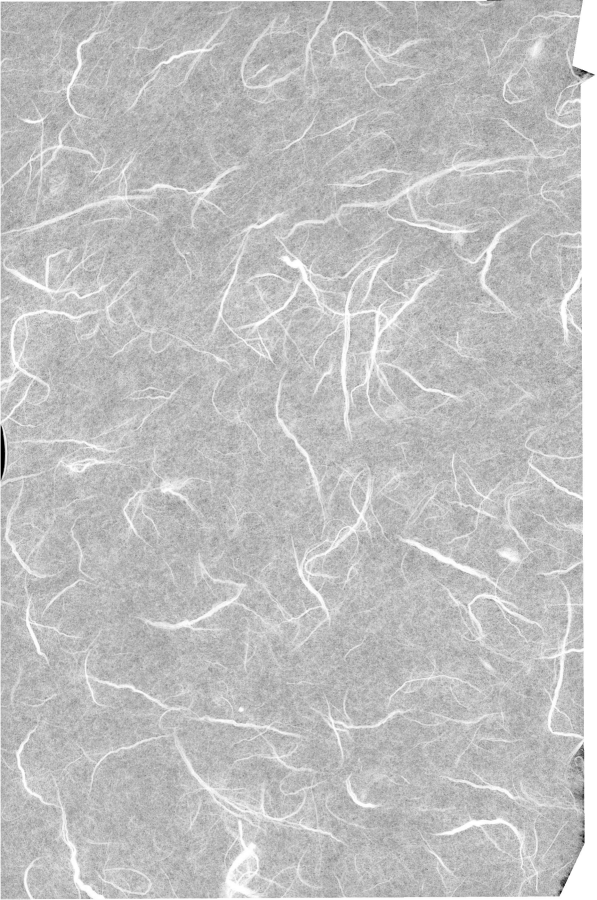

郑欣淼文集

守望故宫

郑欣淼访谈录

郑欣淼 著

北京出版集团
北京出版社

图书在版编目（CIP）数据

守望故宫：郑欣淼访谈录 ／ 郑欣淼著. — 北京：
北京出版社，2023.5
（郑欣淼文集）
ISBN 978－7－200－17524－0

Ⅰ．①守… Ⅱ．①郑… Ⅲ．①郑欣淼—访问记 Ⅳ．
①K825.81

中国版本图书馆 CIP 数据核字（2022）第 205197 号

郑欣淼文集

守望故宫
郑欣淼访谈录
SHOUWANG GUGONG

郑欣淼　著

＊

北 京 出 版 集 团
北 京 出 版 社 出版
（北京北三环中路 6 号）
邮政编码：100120

网　　　址：www.bph.com.cn
北 京 出 版 集 团 总 发 行
新 华 书 店 经 销
北京雅昌艺术印刷有限公司印刷

＊

170 毫米×240 毫米　　16 开本　　31.75 印张　　429 千字
2023 年 5 月第 1 版　　2023 年 5 月第 1 次印刷
ISBN 978－7－200－17524－0
定价：191.00 元
如有印装质量问题，由本社负责调换
质量监督电话：010－58572393
责任编辑电话：010－58572383

CONTENTS

第二编　故宫答问：郑欣淼访谈录

第一编

守望经典：郑欣淼谈故宫

故宫发展与小康社会中的文化建设

采访者：《文艺报》记者　熊元义

记者：党的十六大提出了全面建设小康社会，大力发展社会主义文化，建设社会主义精神文明的伟大目标。您长期在文化领导岗位上工作，又是有影响的学者、理论家，对全面建设小康社会中文化建设的战略地位有何心得？

郑欣淼：江泽民同志在党的十六大报告中深刻阐述了全面建设小康社会必须大力发展先进文化的重要思想，对推动中国特色社会主义文化的繁荣和发展，具有重要的现实意义和深远的历史意义。在新时期的文化工作中，只有深刻领会十六大精神，紧紧把握新世纪、新阶段的重要历史机遇，始终遵循"三个代表"要求，深入探讨中国先进文化在全面建设小康社会过程中的重要使命和发展战略，才能担当起弘扬民族精神，凝聚民族力量，实现中华民族伟大复兴的神圣使命。

一个国家、一个民族的文化，基本来源于三个方面：一是本国家、本民族在发展过程中凝聚、升华的优秀传统文化；二是立足于当代发展实践的新提炼和再创造；三是与其他国家、其他民族文化交流中的借鉴和交融。我国是一个有着悠久历史和灿烂文化的文明古国，在漫长的历史进程中，我们的先人创造了连绵不断、独步世界的中华文明，在经济、政治、文化、科技的许多领域长期处于世界领先地位，为人类的文明与进步做出了不可磨灭的贡献，也形成了独树一帜的卓越民族精神和优秀传统文化。

现实中国是历史中国的发展。民族优秀传统文化是我们建设当代中国先进文化的根基和依托，是凝聚民族和发展民族并使之立于世界民族之林的精神支柱。随着经济全球化、政治多极化的曲折发展，当今世界各种思想文化日趋冲突、碰撞、激荡。只有充分认识到保护、发展中华民族文化的重要性和紧迫性，采取得力措施保持和发展我国文化的多样性与丰富性，大力增强国民对自身民族文化的认同感、归属感和自豪感，才能使每一个中华儿女都从中感受到强大的精神震撼和力量源泉，激励全民族以博大、超拔的胸怀面对世界、把握未来，更加积极地投身振兴中华的伟大事业。

近几年来，江泽民同志一再论述我国的综合国力包括经济实力、军事实力和民族凝聚力，并强调把弘扬民族精神和增强民族凝聚力作为文化建设的一个极为重要的任务，使广大人民群众在建设中国特色社会主义的征途上，始终保持奋发有为、昂扬向上的精神状态。我们必须充分认识我国文化事业在当代国际文化和综合国力激烈竞争中的突出价值和作用，为全面建设小康社会，实现中华民族的伟大复兴贡献我们的力量。

记者：故宫将怎样按照国家文化战略部署，建成世界级的博物馆，立于世界最著名的博物馆之列，坚持中国先进文化前进方向？这方面有些什么构想？

郑欣淼：我到故宫博物院工作，既感使命光荣，又感责任重大，确有如履薄冰、诚惶诚恐之感，但我相信，在文化部的正确领导下，在故宫领导班子的团结协作下，特别是通过全院广大干部职工的共同努力，故宫博物院的工作一定会百尺竿头，更进一步。

新中国成立以来，故宫博物院在国家文物局的直接领导下，文物保护、古建筑维修、陈列保管等各项工作都取得了很大的成绩。特别是安全保卫工作，能在数十年的历史岁月中使故宫这座世界上最为庞大的古代宫殿建筑群得到完整的保护确非易事，这里面凝结着几代故宫人的心血，也说明故宫博物院的干部职工队伍是过得硬、打得响的，是团结向上、奋发有为的。

这次故宫博物院由隶属于国家文物局改为隶属于文化部，说明了党中央、国务院更加重视故宫博物院的工作，说明了全国人民对故宫的保护和利用工作寄予了更大的希望，说明了我们肩头的担子更重，任务更加艰巨，同时也为故宫博物院的进一步发展提供了良好的机遇。在这样一个关键的历史时刻，需要我们进一步提高对故宫文物保护工作重要性的认识，以强烈的责任心和高度的使命感，团结奋斗，努力工作，不辜负党中央、国务院的信任，不辜负全国人民的重托。

故宫是中国最后两个封建王朝的政治中心，是中国封建社会政治制度的缩影。故宫是我国现存规模最大、保存最完整的古代宫殿建筑群。它的总体布局比附"古制"，与北京城市建设统一构图，是中国封建王朝宫廷建筑的最终标本。它集中表现了中国古代建筑艺术的优秀传统和特有风格，也体现了传统建筑的最高水平。故宫博物院丰富的文物藏品以宫廷收藏为核心，在品类上包括了中国古代艺术品的所有门类；在档次上主要是为皇家所独享的贡品、专供产品和传世收藏品；在数量上近百万件①，约占全国十分之一，因此故宫博物院仅从收藏品来说，也是我国文化艺术品的宝库。

故宫博物院还是我国最早开辟的博物馆之一，但距一个世界级的先进博物馆的目标，还有很大的差距。故宫内外环境还有很多地方需要整治，以充分表达出故宫崇高的历史文化地位，给观众创造一个沉静肃穆的氛围；故宫古建筑的保护还有很多"欠账"；故宫目前开放的殿堂还不够多，参观的路线还不够科学、规范，服务的项目还不够丰富；陈列展览还缺乏应有的吸引力和感召力，与时代的要求、与人民群众的要求还有很大的差距。因此，我们提出，要努力适应时代潮流，不断推出精心策划的陈列，以及优质的接待环境、全新的服务理

---

① 故宫博物院此时对外公布的文物藏品数为"近百万件"，2010 年底公布的最新清查结果是 180 多万件（套）。

念和信息传播方式来欢迎更多的参观者，以更具吸引力和感染力的精神产品奉献大众。这就要求我们自觉对照"三个代表"的要求，坚持始终代表中国先进文化的前进方向，加强和改进故宫博物院的各项工作。要求我们坚持"保护为主，抢救第一，合理利用，加强管理"的工作方针，始终把保护放在各项工作的首位。

记者：您准备如何利用故宫这样一个丰厚的传统文化资源来弘扬中华民族伟大的文化精神，向世界展示中华民族的伟大形象，实现文化的与时俱进，为中华民族立于世界民族之林做贡献？

郑欣淼：几十年来，国家一直十分重视对故宫的保护，最近国家决定增加经费投入，对故宫古建筑进行较大规模的维修，本着不改变文物原状的原则，在保持其真实性和完整性的前提下，采取维修保养、环境整治、消除安全隐患等措施，从整体上重现故宫康乾盛世风貌，让世界人民了解故宫及其所代表的中国古代文化的辉煌成就。

在工作中，我们首先将科学地理解体现故宫辉煌时代的载体是宏伟的、浑然一体的古建筑群及其环境风貌，通过表现人类发展进程中的鸿篇巨制传达历史上国力鼎盛的强烈信息；其次，通过高水平的管理和现代科技手段的运用，达到有效保护与合理利用的最佳结合，以故宫为平台展示我国作为世界文物保护强国的形象；最后，将精心组织、精工实料、精益求精作为我们的工作要求，再现故宫辉煌时期的工艺水平，达到使故宫"祛病延年、健康长寿"的目的。同时，我们要认真研究故宫古建筑和文物的合理使用问题，发挥它们在弘扬中华文明，提高民族文化素质，增强民族凝聚力等方面的积极作用。这就要求我们深入发掘故宫文物中蕴含的极高的历史、科学、艺术价值，将得到很好保护的、确保安全的建筑和文物尽可能多地向国内外游人开放，为广大参观者提供更多的开放殿堂、参观路线和文物展览；要求我们积极推进"数字故宫"工程建设，借助电子信息化等手段，在提高文物信息传播率和影响力的同时，缓解对故宫文物本体的开放压力；要求我们发扬艰苦奋斗、淡泊名利、无私奉献的光荣传统，锻造一支具有较高政治觉悟、较好思想品德、较强业务素质、较好工作作风的队伍，将故宫博物院建设成在管理、科研、保护和服务等方面都堪称世界一流水平的博物馆。

（原载《文艺报》，2002年11月23日）

故宫博物院虽分两地，国宝全民族共享
——与《中国时报》总经理黄肇松先生的对话

《中国时报》编者按：首度访台的北京故宫博物院院长郑欣淼一行，今天结束在台湾的十天访问行程。昨晚郑欣淼就访台观感，对两岸故宫博物院交流的期望以及北京故宫博物院整修计划等，与《中国时报》总经理黄肇松做了深入对谈。以下是谈话摘要。

黄肇松：郑院长这次在台湾访问十天，在台湾从北到南，由西到东整个走了一圈。这是相当密集也是相当劳累的一周行程，能否谈谈您对台湾的观感？

郑欣淼：这是我第一次来台湾，宝岛自然、人文风光让我印象深刻，尤其是这次旅程中见到的郑成功收复台湾遗址台南赤嵌楼、安平古堡等地。这次的行程中也参观了一些台湾的博物馆，我感到这些博物馆都有特色，在设施上比较先进，管理水平也相当不错。尤其是它们相当强调服务公众、注重公众的参与性，令我特别注意。在使大众，包括年轻人以及小孩，了解博物馆与展出内容这方面，这里的博物馆的确下了功夫。另外，台湾的博物馆大量地吸收义工，这些义工更在沟通博物馆与公众和社会的关系方面发挥了重要的作用。

黄肇松：您到台湾的那么多博物馆及展览馆舍参访，认为它们在文化的保存和发扬上起了什么样的作用？

郑欣淼：我想作用是相当大的。举例来说，像高雄的科学工业博物馆，介绍的不只是现代科技的发展，还在于祖先的重要发明，并把两者结合起来。另外，让我印象深刻的赤嵌楼与安平古堡，还有恒春古城，除了古迹以外还介绍了台湾的历史与开发过程，让观众可以透过这些文物，对台湾的历史有更深的体会。

黄肇松： 院长在12月31日抵台，翌日第一个行程就是参访台北外双溪的故宫博物院，元旦那天《中国时报》登出了一张照片，是您在参观台北故宫博物院展出的毛公鼎时拍摄的，表情似在沉思之中。身为北京故宫博物院的院长，您首次走入台北的故宫博物院，是一种什么样的心情？您对台北故宫博物院有什么样的印象？

郑欣淼： 北京故宫博物院与台北故宫博物院，是因为历史的原因出现了现在这样的情形。我到了台北这边，参观了展出以及地下库房，深深觉得两岸的故宫博物院都是一样的，都在努力地保护中国文化遗产。我认为台北故宫博物院也是有特色的，如在展览中，特地将中西文明做了一个年代大事记式的对照，可以在更广的空间中，让参观者充分了解到中国文明与世界文明的关系及对世界文明做出的贡献，这让我感到很有创意。另外，台北故宫博物院的文物展出也相当有创意，像这次观赏到以茶文化为主题的展览，将各时代茶的生产、制作和饮用的方式和演变呈现出来，这样的主题规划也是相当有意思的。

黄肇松： 台北故宫博物院的地下库房很少人能够进去参访。您在台北故宫博物院见到这些收藏，心里有什么感受？

郑欣淼： 这些文物在特殊年代，因为战争的关系辗转数千里奔波了10多年。我在那里见到当时运送文物的原始箱子，确实感触蛮大的。看到故宫文物得到妥善的保存，我感到很欣慰。

黄肇松： 故宫是中华民族的一个象征，因此，故宫博物院院长这个职位特别的敏感而重要。北京故宫博物院经历了13年没有派任院长，如今政府派您以文化部副部长兼任北京故宫博物院院长。而台湾民众到北京参观故宫的人次每年应在百万以上，对北京故宫博物院的发展，台湾民众也很关心。请问您肩负着什么样的使命？另外，北京故宫博物院的隶属层级也升格了，从原来隶属于国家文物局，改为直接隶属于文化部，这些有着什么样的意义？

郑欣淼：政府决定我以文化部副部长兼任北京故宫博物院院长，我感到诚惶诚恐，责任重大。文化部副部长兼任北京故宫博物院院长的安排，以及北京故宫博物院的隶属从文物局改为文化部，表明了国家对于故宫博物院、对于博物馆事业，以及对于整个文化工程建设的重视。

黄肇松：您就任院长，第一次踏入故宫是什么样的感受？您肩负故宫整修的重大工程，有何具体规划？

郑欣淼：我是在去年10月到任的。北京故宫创建于明永乐年间，有近600年的悠久历史，是世界上现存最完整、规模最大的古代宫殿建筑群，占地为72万平方米，宫殿的总面积约15万平方米。1987年联合国教科文组织将故宫列入《世界遗产名录》，故宫也是第一批全国重点文物保护单位之一。故宫博物院成立于1925年。目前故宫正开始进行一项重大的修缮工程。事实上，故宫的维修一直持续进行着，修缮坚持不改变文物原状的原则，在保持其真实性和完整性的前提下采取维修保养、环境整治、消除安全隐患等措施，以期在整体上恢复故宫辉煌时期的面貌。

这次的整修计划分为两个阶段。第一个阶段是2002年开始到2008年，完成重点古建的全面保护任务。第二个阶段到2020年完成，在紫禁城建成600年时全面完成整体保护任务。

黄肇松：您认为北京、台北两个故宫博物院，在典藏与展览上有无得以比较之处？

郑欣淼：我想说明的一点是，有人以为故宫的好东西都到了台北，而北京故宫博物院主要以古建筑群为特色，这个理解是不完整的。

除了古建筑群，北京故宫博物院的藏品有150多万件（套），其中一级品占全国一级文物的1/6还多。

由于历史的原因，故宫的古代艺术藏品分藏两地。抗战时期，故宫南迁文物共13427箱又64包。抗战胜利后，其中的2972箱被运往台湾，其余留在南京，后来大部分陆续回到故宫博物院。

现北京故宫博物院藏品超过百万件。据了解，台北故宫博物院藏品总数为65万件。需要特别说明的是，北京故宫博物院藏品在原故宫旧藏的基础上新入藏24万多件。其中相当一部分为清宫历次遗散在外的珍品、精品。如唐阎立本《步辇图》卷、韩滉《五牛图》卷以及北宋张择端《清明上河图》卷等。毛泽东主席转交故宫博物院其友人所赠的唐李白《上阳台帖》，是溥仪自宫中盗出而流散到社会上的。曾为清乾隆皇帝三希堂"三希"中唯一的晋人法书真迹王珣《伯远帖》和另一"希"王献之《中秋帖》，也曾散出宫外，后流入香港，典当给一家英国银行意欲出售。当时周恩来总理得到报告后，于1951年11月5日批示当时的国家文物局王冶秋副局长、故宫博物院马衡院长从香港以重金购回。

黄肇松： 北京故宫博物院与台北故宫博物院文物有没有举行对展甚至联展这样的合作交流可能？

郑欣淼： 两地在学术研究上的交流一直进行着。展览合作的事，在大家的期待以及社会的推动下，我个人是满怀希望的。

黄肇松： 当然，在两岸故宫博物院交流展出之前，两岸一般的文物性交流愈来愈频繁，规模也愈来愈大。以《中国时报》系为例，我们曾经举办过的大陆文物展出，包括四川三星堆文物、山东孔子大展、承德避暑山庄文物展，绘画上也包括李可染、齐白石等作品展出。对于大陆文物来台展出，您认为应如何推动使其更为活络？

郑欣淼： 近年来大陆文物来台展出，对于促进台湾民众了解祖国文物起了很大的作用。这次来台湾我也想更进一步了解台湾民众对于展览的反应与需要是什么，过去的大展发挥了什么样的影响，以及如何使未来的展览搞得更好。

11

两岸文化艺术展览的交流非常重要的是，需要社会力量以及民间团体的共同推动。因为，好的展览必须准备许多年以及周密的计划才能实现，从展前的筹备工作到展览的推广，缺一不可。不过，在合作的单位方面，我认为纯商业的运作只怕是不行的。一个展览，主要是满足观众的需要，并增加观众的知识，因此我认为展览是不能过度商业化的。

黄肇松：民间个人收藏家对保存中国文化也有贡献，以长远的文化观点看，您对他们有什么期许？

郑欣淼：在祖国大陆，我们对于私人收藏家，要求他们按照文物保护法的规定从事收藏活动，这是最基本的要求。

只要符合规定，文物收藏与交流、展出，能起到提升文化素养的作用，都受到鼓励与支持。

（原载台湾《中国时报》，2003年1月8日）

保护文物　传承文明

采访者：《人民日报》记者　卫庶

　　记者：故宫是首批公布的全国重点文物保护单位之一，并被列入《世界遗产名录》。不久前，有关故宫进行"世纪大修"的报道，引起国内外的广泛关注。作为故宫博物院院长，您可否介绍一下有关情况？

　　郑欣淼：故宫维修是国家的大事。如果说此前投资6亿元、费时3年的故宫护城河治理是国家重视保护故宫的一个有力措施，那么，从2002年开始的故宫古建筑维修，就是故宫保护维修进入一个新阶段的标志，是在对故宫重要地位充分认识基础上的大手笔，也是百年来规模最大、持续时间最长、投入经费最多的一项故宫维修工程。

　　这次大修本着不改变文物原状的原则，在保持其真实性和完整性的前提下，采取维修保养、环境整治、消除安全隐患等措施，将从整体上恢复故宫在康乾盛世时期的面貌。到2005年故宫博物院建院80周年时，基本完成中轴线上古建筑的保护；到2008年北京奥运会前夕，完成故宫重点古建筑的全面保护任务，开放面积由现在的43万平方米扩大到57万平方米；到2020年故宫建成600周年时，全面完成故宫古建筑的内外环境整治和整体保护，使其常规维护全面进入良性循环。

　　在具体工作中，首先，要充分理解故宫古建筑群及其环境是体现康乾盛世风貌的载体，是中国历史上国力强盛时期生动具体的反映；其次，通过高水平的管理和现代科技手段的运用，达到有效保护与合理利用的最佳结合，以故宫为平台展示我国今天的繁荣富强以及作为世界文物保护强国的形象；最后，将精心组织、精工实料、精益求精作为我们的工作要求，再现故宫辉煌时期的工艺水平，达到让故宫"祛病延年、健康长寿"的目的。

记者： 故宫占地72万平方米，建筑面积约15万平方米，是世界上现存规模最大、保存最完整的古代宫殿建筑群。故宫博物院的藏品至少在100万件（套）。那么，您认为故宫及其藏品的最大特色是什么？在这次大修中怎样保持和体现这些特色？

郑欣淼： 故宫文物绝大多数为明清皇家收藏，是中国历代艺术品的精粹，集中体现了中国传统文化的精华，是应当始终重视并认真加以保护的。但是，对于故宫蕴含的宫廷历史文化的价值，过去并未引起足够重视。其实，故宫及其藏品的最大特色，就是反映宫廷典章制度（包括政治制度、礼仪制度）及日常生活的宫廷历史文化。

对故宫宫廷历史文化的重视，既与对故宫价值和特色的深刻认识有关，也与社会上对清宫历史渴望了解的需求有关。故宫集中反映了"皇宫""皇权""皇帝"等皇家文化，它真实、生动地保存着皇帝和皇家衣、食、住、行、教育、宗教、医疗、婚姻、休憩、丧葬场所、遗物和制度记载，成为皇家生活方式的标本。它还保存了一些满族习俗，如建筑的支窗、外糊窗户纸、曲尺形炕和灶，以及萨满教祭祀仪式等，可以说是满族贵族生活习俗的标本。由于清代距今不远，其历史为今人所格外重视。皇帝到底怎么上朝，军机处是什么样子等，都引起人们的兴趣。因此，故宫博物院有责任也完全能够向人们提供准确的、活生生的有关场所、实物，使人们以历史唯物主义的观点了解当时的典章制度。故宫在大修中拟增加原状陈列展览，就是为了满足人们的这种需求。故宫博物院近年来在国内外举办的文物展览中，表现皇宫生活及典章制度的文物深受欢迎，已成为一个突出优势。故宫宫廷历史文化的资源十分丰厚，故宫人正在努力挖掘它、整理它、利用它。

记者：据联合国教科文组织的定义，无形文化遗产或称非物质文化遗产，是指来自某一文化社区的全部创作，这些创作以传统为其文化和社会特性的表达形式，其准则和价值通过模仿或其他方式口头相传。无形文化遗产是传统文化除物质遗产外的另一种存在方式，是整个文化遗产的一个组成部分。那么，在保护故宫的有形文化遗产的同时，怎样在这次大修中体现对其无形文化遗产的保护？

郑欣淼：对故宫博物院来说，保护无形文化遗产的任务，既使故宫的内涵有所扩大，也给故宫提供了发挥应有作用的机遇，这正是故宫人对故宫价值认识的进一步深化。目前，故宫博物院正从这样几个方面加强对无形文化遗产的保护：

其一，对古代官式建筑技术、建筑艺术的传承。这是故宫博物院的优势。宫殿是古代帝王所建造的最隆重、最宏大、最高级的建筑，是古代帝王权威的象征，故历代帝王不惜耗费大量人力、财力，殚精竭虑而为之，因而宫殿代表了所处时代建筑技术与建筑艺术的最高水平。紫禁城作为古代宫殿建筑的集大成者，是研究古代官式建筑技术的范例，其建筑门类包括宫殿、书房、戏台、园林、道场等诸多类型，建筑形制涵盖殿宇厅堂、亭台楼阁，一应俱全，是研究明清建筑结构技术、空间技术和施工技术的百科全书。它还是研究古代官式建筑艺术的范本，其布局艺术、空间艺术、装饰艺术、色彩艺术在紫禁城都有系统而完整的体现。传承古建技术对故宫博物院来说还有两个其他地方难以比拟的优势。一个优势是有大量的历史资料、文档。故宫博物院存有清代世袭皇家建筑师"样式雷"家族留下的2000余张包括故宫一些建筑物在内的样式图，还保留了80余具"烫样"，即当时做的建筑模型；清代档案中有不少与故宫的建设、维修有关的档案；《明实录》《明会典》《清实录》《清会典》等都有关于故宫古建筑的记载；1949年以来的维修档案都完整保存着。另一个优势是故宫博物院长期以来一直有专门的维修管理机构和施工队伍，不仅服务于故宫，而且惠及社会。这次故宫大修，决定设置专门机构对大修全过程跟踪摄影记录，就是为了使古建技术得以保存。

其二，文物保护技艺的传承。故宫博物院藏品丰富、门类繁多，从1931年就开始进行保护维修，出现了不少各具特长、各怀绝技的专门人才，他们曾在许多方面独冠一时，饮誉全国。现在总的来看，故宫博物院的人才队伍尚不尽如人意，传统技艺的传承是个紧迫的问题。故宫博物院已感受到了这方面的压力，决心加强工作，使"绝活"后继有人。

其三，对宫廷遗物中一些具有无形文化遗产意义的物品的抢救。例如，故宫博物院存有清末京剧名角谭鑫培等进宫演唱时的唱片，这批唱片不仅在京剧发展史上，而且在体现宫廷艺术欣赏品位上，都是极为珍贵的。它们只有与4000余件当时宫廷中唱戏使用的戏衣、盔头等一起展示，才能全面反映清代宫廷戏曲文化的繁盛。但这批唱片因年代久远，保管得并不理想，急需采用新技术将其演唱声音还原复制到新型光盘中，以利于长久保存。

记者：您不久前在在上海举行的"国际博物馆馆长高峰论坛"上发言说："故宫博物院不只是'中国最大的文化艺术博物馆'，而且是世界上极少数同时具备艺术博物馆、建筑博物馆、历史博物馆、宫廷文化博物馆等特色且符合国际公认的'原址保护''原状陈列'基本原则的博物馆和文化遗产，是一座博大精深的中国历史文化宝库。"这里有什么更深的含义吗？

郑欣淼：这是故宫博物院几代人努力探索与实践取得的共识，也是故宫博物院进一步发展的基础。由于战争与历史的原因，故宫博物院的藏品曾长期南迁，与故宫分离，1965年台北也成立了故宫博物院，收藏着南迁文物中四分之一的原清宫旧藏文物。国宝虽分两地，但故宫只有一个。故宫博物院是中国最大的博物馆，它走过的路，某种程度上是中国博物馆事业的一个缩影。以故宫博物院为个案，可以得到如下三点启发：

第一，先进的文物保护理念是博物馆事业发展的基础。对故宫价值的全面评价有一个过程。如对文物概念的认识，无论国际社会还是国内，从具体的"古玩""古物"到一切历史文化遗存，从有形文化遗产到无形文化遗产，从保护文物本体到同时重视保护它的环境，都有一个曲折的过程。而对博物馆性质和任务的表述，国际博物馆协会的若干次定义更是一个不断探索的记录。可贵的是，故宫人已经认识到故宫与故宫博物院是一而二、二而一的密切关系，在努力接受先进的文物保护理念、树立正确的文物观的基础上，不断开阔视野，与时俱进，认真探求故宫的价值，同时使博物院的内涵更为丰富，从而进一步加强对文物的保护，突出文物的文化价值，发挥文化遗产对当代社会的重要作用。

第二，每个博物馆都应找到自己的特点。特点就是个性，就是与众不同之处。找到了特点，就能突出重点，办得更有成效。故宫博物院的最大特点就是宫廷历史文化，它是研究和剖析封建专制制度的标本。从这个特点出发，不管是研究它的藏品还是它的建筑，都要突出宫廷历史文化这个重点。例如，研究故宫明清旧藏书画，不能单纯地评估某幅书画作品的价值、作者的地位，否则就与其他博物馆的藏品研究没有多大区别了；而如果与某位皇帝的题跋结合起来，弄清它的留传、收藏经过，就可以从中看到皇帝的审美趣味和鉴赏能力，这幅作品就有了它的特殊意义。再如，故宫博物院收藏的帝后肖像画中雍正戴假发扮洋人的画像、乾隆着汉装的画像以及慈禧扮观音的照片，从中可以窥探这些君临天下的人物复杂而丰富的内心世界。

第三，故宫博物院这类融文物保护单位与博物馆为一体并带有遗址博物馆性质的大型博物院，一定要注意文物之间的联系性，树立整体保护的观念。故宫博物院的藏品、建筑与蕴含其中的丰富的宫廷历史文化本来就融为一体，只有把它们作为一个整体对待，研究才能深入，孤立地强调某一方面，难免陷入片面性。

（原载《人民日报》，2003年4月25日）

从"国宝展"看博物馆的文化传承功能

采访者：《书法》特约记者　骆红　郑晓华

记者： 郑院长，首先感谢您百忙中拨冗接受我们的采访。不久前由贵院、辽宁博物馆和上海博物馆联合举办的"晋唐宋元书画国宝展"（简称"国宝展"）在上海展出，可以说反响空前强烈，获得巨大成功。您能否就此谈谈您的感想？

郑欣淼： 上海"国宝展"是上海博物馆的一个创意，属于上海博物馆建馆50周年的一个活动。这次展览确实办得相当成功。元月初我到台湾去了一趟，听说反响也很大。我国的台湾、香港地区还有美国、加拿大好多人都是特地跑到上海去看这个展览的。展出成功的原因，我想主要有两方面：

一是展品本身好，72件作品，件件是国宝。比如故宫博物院提供的这22件，即便是故宫博物院的人也不是人人都能看到。这些作品自进故宫就从来没有出过故宫的门，这次到上海是破例第一次。这么多好东西荟萃在一起，北京的、辽宁的、上海的，每一件都是珍品，都价值连城，可以说从来就没有过。它们本身的价值决定了这个展览的分量。所以中国港、澳、台地区以及欧美许多博物馆、大学研究机构的艺术研究者以及文物收藏界人士，都远道而来，一睹为快。

二是我觉得上海方面组织得好，配合展览向海内外做了大量的宣传，还开了一个"千年遗珍国际学术研讨会"。研讨会开得很成功。邀请了很多专家，有内地文物、书画界耆宿启功先生和杨仁恺先生，中国香港大学的饶宗颐先生以及美国普林斯顿大学的方闻先生等，海内外专家300余人，群贤毕至，蔚为壮观。会场容纳不下，好多专家只好坐在会场外，这也可以说是盛况空前。这个会不是一般礼节性的会，研讨会收到了60多篇论文，都很有学术深度，对中国书画艺术从各个不同侧面做了探讨。应该说，这次研讨会对中国美术史的研究也将起到重要的推动作用。办展同时还印了一本精美的展品画册，虽然定价不菲，但编辑、印制的水平都很高，很受观众欢迎。此外，在展览的形式上，上海博物馆也狠下功夫，做了积极的探索、改进，加上了现代的手段，如把作品拍成电视片，在展厅里循环播放，把书画作品的局部放得很大很大，给观众以强烈的视觉刺激。这些都是很有效的手段，提高了展览的效果。总之，上海的展览组织得好，给展品提供了更具有现代感的展示形式，这不能不说也是展览成功的一个重要因素。

记者：在我们过去的观念中，博物馆是堆积古董的地方，这里只向人们展示、叙说过去。您觉得博物馆应该在人类文明发展和大众精神生活中扮演什么角色？我国的博物馆现在总体状况如何？和发达国家的距离主要在哪些方面？在传承民族文化方面，博物馆是否大有可为？

郑欣淼：把博物馆仅仅看作堆积古董的地方，这是一个很落伍的观念。博物馆有展示过去的功能，但不仅仅如此。我认为博物馆是文明传承的一根纽带，它留驻历史，传送文明，以自己特有的形式，为社会大众提供具有普遍意义的精神食粮。博物馆的观赏对象不仅仅是学者、专家，更重要的是普通民众。像这次上海的"国宝展"，通过这样一个精心组织的展示，把过去只能珍藏深宫中供少数人玩赏的东西呈送到普通民众的眼前，让他们都能感受、欣赏，这就是把中国悠久的民族艺术向大众做了宣传，使中国的艺术在海内外有了更大的影响，这就是一种文化传播、传递、传承。过去我们国家的经济比较落后，博物馆事业也不太发达，博物馆功能比较单一，有的文物陈列

19

十几年甚至几十年不动一下，社会影响也比较小。这种状况随着改革开放、经济发展，已有了很大改变。现在我们党和政府对文物工作非常重视，对博物馆的建设也高度重视，这是我们文博事业发展的一个好机会。这次中央决定把故宫博物院从隶属于国家文物局变更为直属于文化部，说明国家对故宫的重视，也说明对文物事业的重视。我相信，随着我国经济的进一步发展，我们的文化环境会越来越好。功能单一的博物馆，都会逐渐向具有多维社会服务功能的"都市文化设施"方向转换。我走访过一些国家和地区，发达国家的博物馆，除了硬件设施好，在观念和管理手段上具有更大的开放性，教育和服务功能很强，有的还兼具娱乐性。这些，都是值得我们学习和借鉴的。

记者： 在上个世纪，有一些艺术家曾经宣称中国的书法、国画已穷途末路，"正在走向死亡"。这次上海"国宝展"展出的就是书画，被牵动的不仅仅是艺术史研究专家，多数还是非专业的人士，如工人、干部、教师、学生及工商行业人士等等，甚至出现了上千人冒雨排队等看"国宝展"的动人场面。在最后一天晚上的"告别座谈会"上，有专业人士还谈到"国宝展"使中国书画家对民族艺术重新有了信心。您写过不少反思中国文化的文章，也研究过社会主义现代文明的建设问题，我想了解的是，在您的思维中，传统艺术——书法、绘画在中国人的精神生活中，过去占据什么位置，现在的状况如何，将来会怎么样？特别是书法，它在中国传统艺术中可以说最具典型性，是最有特色的东方艺术，但现在的年轻人对它的兴趣好像在减弱。它是否和现代精神有冲突？应如何融入现代人的精神生活？

郑欣淼： 上海的展览，来观看的人确实数量很多、面很广，不光是专业人士、学者专家，还有大量的各行各业的普通市民，而且是人流如潮，大家热情很高。这说明很多问题。

一是随着上海经济的发展，市民文化水平的提高，文化消费已越来越成为普通市民阶层的生活需求，这可能是上海特定的环境与历史造成的。

二是说明我们的民族艺术有很广泛、深厚的民族文化基础。这次展览是书画专题展。中国书、画都是中国传统文化中最有代表性的艺术，是中华文明的结晶。中国书法、中国画历史悠久，像书法，自从有了汉字，就有了书法艺术，因而它也可以说是中华民族最古老的艺术之一。从古到今，它一直深受广大人民群众喜爱，今天仍然如此。说明我们的书法艺术的根是深深扎在中国的老百姓当中，有深厚的民族审美基础。因而它的未来，应该是前途光明、充满希望的。

我不认为中国的艺术在西方文化的冲击下会消亡。过去有些人称书法、国画都必定如何如何，这是一种历史虚无主义说法，事实已经证明了它的荒谬。每一个民族都有自己的文化，这种文化在这里产生、发展，都有它历史的必然性，它和这个民族的特定历史、环境、风俗习惯以及民族性格等联系在一起。当然，一个民族的文化、艺术也是发展的，不可能一成不变。中国文化历来就是善于向人家学习，兼容并蓄，所以能博大精深。比如我国的绘画、雕塑、佛教、音乐等等，受西域文化的影响就很大，其中很多东西是从印度、东南亚地区过来的。但我们的祖先把它们融入我们自己民族的艺术当中，使它们变成中国的了。我们过去是这样兼容并蓄，现在也应该一样。

"三个代表"之一是代表中国先进文化的前进方向。世界上一切好的东西，我们都要学。优秀的传统文化当然要继承，不继承民族的优秀传统文化，就不能建设中国现代新文化；拒绝接受任何来自其他民族的优秀文化，也不能很好地完成建设中国特色社会主义新文化的任务。所以我主张艺术应该放眼世界，取人所长，为我所用，既不能"闭关自守"，也不能像过去鲁迅所讥讽的那样"生吞活剥"。现代社会在审美方面应该是多元的，在服务于人民的前提下，各种风格、多种流派应该可以并存。

书法、国画属于中国传统艺术，在过去中国人的精神生活中，曾经占据了绝对优势的位置。过去的文人，琴、棋、书、画都得会，不会写字算不上文人。现在社会发展了，审美的形式丰富了，大家各有所好，这也应该说完全正常。至于书法艺术未来会怎么样，我觉得不用担心，只要中国的语言文字不变，书法艺术一定有自己的发展空间。我们应该好好吸收古今中外一切艺术的精华，努力开拓创新，好好发展自己。中国书法艺术在世界上是独一无二的，是中国传统艺术中最具典型性的一种。它以汉字为载体，在简单的形式、有限的色彩中，细腻丰富地表现我们东方民族的审美理想和艺术智慧，是很了不起的。您说现在的年轻人对书法的兴趣好像在减弱，书法的发展出现了危机，这个问题应该换个角度看。过去书法一枝独秀，是有特定历史背景的。比如科举考试，不会写小楷，就不能走仕途。所以人人练字，人人都学。现在社会已不存在这种实际需求，当然会有一部分人流失，这是正常的。但作为审美的形式，我们看中国也好、日本也好，喜欢书法的人还是数不胜数，这是一支很大的队伍。北京的公园里早上有"地书"队，书法和健身结合在一起，这也可以说是新时代书法艺术的一种发展。国内各种书法比赛也很多，大中小学经常可以看到书法展览。所有这些都说明书法的市场空间还是很大的。至于书法艺术怎么和现代精神结合，和现代人的生活节奏、审美意趣更接近，这个问题是可以提出讨论、探索的。我们的文艺方针是"百花齐放、百家争鸣"，在艺术创新的问题上，大家可以各抒己见。

记者：故宫博物院是世界著名的文化机构，全国博物馆的老大。按一个世界著名文化机构来衡量，故宫博物院的社会功能可拓展度还很大。您在这方面有什么想法和计划？

郑欣淼：故宫博物院是世界最大博物馆之一。故宫作为世界上现存规模最大、保存最完整的古代宫殿建筑群，无论历史之悠久、馆藏之丰富，或是其建筑群体之壮美，为举世公认。1961年，它被国务院列为全国重点文物保护单位。1987年，联合国教科文组织将它确定为"人类文化遗产"，列入《世界遗产名录》。现在每年来故宫参观的游客有800多万人，其中外国游客120万人左右，光门票收入就有3亿多元。可以想见，它在全世界的影响有多大。中央领导对故宫博物院的工作非常重视，2001年11月，李岚清副总理视察故宫，并在故宫主持会议，对故宫的古建筑和文物保护、利用与管理提出了新要求，要求我们为子孙后代更好地保护文物，并在保护第一的基础上，更好地开发故宫的文化功能，为2008年北京"人文奥运"服务、为中华民族文化的传承和发展服务。按照中央领导的指示，我们初步制订了故宫的整修、保护、开发和利用计划。打算分两期：一期第一阶段到2005年，在故宫博物院建院80周年大庆的时候，位于中轴线上的主要建筑及展览陈列要有一个新面貌；第二阶段2008年完成，在北京奥运前初步恢复重要宫殿的康乾盛世时期风貌。二期到2020年完成，在紫禁城建城600周年时，故宫博物院的面貌及文物的保护、利用、管理都将达到一个全新的水平。应该说，那时的故宫博物院，将成为全世界最现代化的博物馆和文化设施之一。故宫博物院现在有大量文物在库房"睡觉"，包括大量的古代书画精品，届时我们可以在新开辟的场所长期陈列，让更多的民众来故宫感受历史，接受民族文化的教育和熏陶。此外，我们的"数字故宫"计划，这几年也已经做了很多工作，取得了很好的成效。"数字故宫"已投入资金1500万元，除了实现内部管理的网络化，文物展示、文物保护、历史知识普及等功能亦相继在网络平台上得以实现。现在我们的网站可以说在国内文博界是名列前茅，也可与世界上一流博物馆相媲美。每天通过国际互联网访问我们网站的游客达30多万人次，这在全世界博物馆中也是不多见的。我们"数字故宫"的三大数据库——文物数据库、古建筑数据库、文档数据库正在加紧建设中，未来的网上展厅会展示更多的文物和书画精品，为广大书画爱好者提供方便。那时的故宫博物院，将立体地、全方位地为社会服务，成为北京人文景观的一个新亮点。

记者：郑院长，您是文化管理专家，也是一位在学术上很有造诣的学者，在我国文化研究领域很知名，写过多部专著。我们还想请教您一个难度更大的问题，以您这样一个身份、视角观察中西文化，您觉得在"全球化"的形势下，中国传统文化、传统艺术前景如何？

郑欣淼：这个问题，大学教授应该更有发言权。我个人认为，中西文化各有短长，就像中医和西医，两者从思维模式到治疗方式，彼此差异很大，但各有各的绝招，很难彼此取代。中西文化各有千秋。"全球化"促使各民族迅速学习对方的长处。因为我国近代在科学技术及经营管理方面落后了，我们现在要抓紧向人家学，所以暂时看好像光有进来的，我们民族的东西受到了冲击，不行了。实际上这也应该看作是一个壮大我们自己的过程。我们看汉唐文化，西域来的东西很多，但我们的文化没有消失，反而丰富了。我相信经历东西方文化的碰撞、融合、洗礼，中华民族会吸收更多世界优秀的文化，使我们自己更丰富、更伟大。对外来文化我们不要怕，中国人吃西餐、穿牛仔裤还是中国人。只有墨守成规、不思变革，那才是最危险的。

记者：这里是不是有个主体态度和学习借鉴的"度"的问题。在"全球化"的文化交流中，第一世界和第三世界的文化交流是不对等的。外来文化挟其强大综合国力优势，来势非常凶猛，这样他们就容易占据上风，而我们自己的本土文化则处于劣势。所以北大叶朗教授曾说，他担心我们的青少年天天吃麦当劳、看好莱坞大片、唱"祝你生日快乐"，有一天醒来会发现我们中国人自己的文化没有了。就传统艺术而言，京剧也好，国画也好，书法也好，我们地盘不断在缩小，这是一个事实。您觉得我们书法界、艺术教育界应该怎样做，以便为我们的民族艺术的薪火相传继续营造一个更有利的环境？

郑欣淼：学习借鉴外国，当然要立足于中华民族利益的本位。要"全盘西化"，中国的老百姓和知识分子都不会接受。好好继承传统中优秀的东西，同时好好学习、借鉴外来的其他民族文化的优秀部分。我们书法界有一个很好的传统，就是注重民族文化的继承。我对书法没有研究，基本上是个外行，但我觉得中华文化的很多亮点在书法里都有保留，表现得特别突出。比如书法讲究人的精神品格、追求内在精神与外在形式的统一等，这些都是我们民族文化的优秀传统，应该很好地继承、发扬。优美的东西是超越时代的，我相信随着我国综合国力的提高，我国在世界上影响力的增大，中国的艺术也会越来越引起世界上其他民族和国家的关注、研究、欣赏。既然说美是没有国界的，那么我们对自己的艺术应该有充分的信心。贝多芬、肖邦可以打动中国人，《梁祝》《黄河》也可以震撼欧美听众，那么我们有理由相信，王羲之的潇洒、张旭的狂放，有一天也会同样倾倒外国人。主要是汉字识别难度较大，不认识汉字，书法美的欣赏就很受局限。一旦汉语的普及率达到一定程度，汉字的书法美会在全世界得到认同，高鼻子蓝眼睛也会同样喜欢、迷恋那行云流水一般的线条、跌宕起伏舞蹈造型一般的姿态，中国书法一定会有美好的前途，让我们大家一起共同努力。

（原载《书法》，2003年5期）

关于故宫博物院的现状、发展及两岸故宫博物院的交流

——接受台湾在京驻点记者采访谈话纪要

2003年6月26日上午，台湾《中国时报》记者王绰中、《联合报》记者赖锦宏、"中央通讯社"记者廖真翊、中天电视台记者陈政如和尹殿安、东森电视台记者李雅惠和王哲男、无线卫星电视台（TVBS）记者杨钊和谢贤喜、真相电视台记者黄香怡和王德心等7家新闻单位的11位驻北京记者，参观了故宫博物院。文化部副部长兼故宫博物院院长郑欣淼在故宫漱芳斋接受了记者的采访，并就故宫博物院的现状、未来发展规划，以及两岸故宫博物院的交流等问题发表谈话。

郑欣淼：大家上午好，欢迎各位记者的采访。去年12月30日，我有幸到台湾参观访问，待了10天时间，也结识了新闻界的一些朋友。台湾给我留下了美好的印象。今天有这么一个机会，使大家能对故宫博物院做进一步了解，我和朱副院长①很高兴回答大家的提问。

记者：故宫博物院的东西都是无价之宝。但听说在财务上，在文物的维护方面有一些问题。这是外界的传闻，一直听说故宫里有一些没有开放的场馆。

郑欣淼：现在我们大家所看到的故宫的开放面积，基本上是从故

_____

① 朱诚如，时任北京故宫博物院副院长。

宫博物院成立，特别是自1949年以来，一直沿袭下来的，就是我们现在所看到的中轴线上的前三殿和后三宫，再包括东西两路。有相当一部分没有开放，没有开放的原因比较多。过去大家很重视故宫博物院的宝贝，就是故宫的100多万件文物，其中书画、玉器、青铜器、陶瓷都是很有影响的。对于故宫古建筑的保护我们也很重视，但是怎么把它提到更高的、更重要的程度上来认识，是有个过程的。应该说，我们现在的认识比过去提高了许多。故宫被列为世界文化遗产之后，更加突出了其古建筑的价值。故宫建筑的艺术风格在中国的官式古建筑里是非常具有代表性的。过去对古建筑的认识，没有提到应有的位置上来。另外也有经费问题。由于故宫的面积很大，我们查了一下档案，过去在清乾隆年间，每年的岁修，也就是维护性的保养，就需两三万两银子。自1949年以来，在维修方面每年都有工程。虽然资金有限，但也在逐年增加。大量的维修是抢救性的，特别是东西两路的古建筑。许多建筑长时间不使用，本身破败得也比较快。在使用上，当时也没有一个合理的开发计划。开发后的管理也成问题。现在我们的认识比较明确，就是大部分能搞原状陈列的，就搞原状陈列。

　　另外，也有一些地方相当重要。我举一个例子。雨花阁在建福宫花园的南边，是清乾隆年间仿照西藏阿里的托林寺修的。这个佛堂的修建是清政府正式利用藏传佛教作为治国方略的重要标志。雨花阁从外面看是三层，里面其实是四层，第一层有三个坛城。这三个坛城相当精美，工艺精致，连西藏也没有那么漂亮的坛城。它的四层代表了藏传佛教修行的四个阶段。佛堂现在仍然保持了乾隆年间的原状，它的唐卡、佛像、法器摆放的位置基本都没有变。所以像这类建筑怎么样使用、怎么样开放，我们也都在研究。当然也包括经费上的问题。故宫建筑总面积约15万平方米。过去维修，带有抢救性质，就是出现危险的我们很快修一修，但经费的投入是远远不能满足其需要的。所以从2001年开始，国家决定对故宫进行大规模的维修，大家可能也在有关媒体上看到了。我们的维修计划分两个阶段。第一个阶段，是从去年开始，一直到2008年。这一阶段又分两个时期，第一时期是从2002年到2005年。2005年是故宫博物院建院80周年，到2005年的时候把中轴线上的主要建筑基本修复好。第二时期是从2006年到2008年。2008年要在中国举办奥运会，在这个时期把中轴线以外的主要建筑，如宁寿宫，就是乾隆花园，还有一些重要的地方，都要修复好。第二阶段是2009年到2020年。2020年是紫禁城建成600周年。到2020年的时候，我们的目标就是要把所有的建筑物都修复一遍，实现制度化、规范化、数字化的维护管理，走上良性循环，使故宫能重新焕发青春。

记者： 除了您刚讲过建筑部分算是硬体的部分，还有它的软体部分。我们想知道有两个问题：现在两岸故宫博物院文物的交流状况怎么样？近期是否有什么计划可以来交换展览？另外，看到大陆好像有很多专家在讨论软体和硬体的维护是不是应该分开，故宫博物院是不是有计划让这些软体的东西换到另外一个地方去做维护、做保养，因为现有的硬体条件不一定能配合得上。

郑欣淼： 对您的这个问题，我分两方面回答。一个是您说的硬体和软体，我理解硬体指的宫殿本身；软体是指我们的藏品，从文化遗产的角度来说是可移动的文物。另外一个是两岸故宫博物院的交流与合作的问题。

第一个问题我想大家都知道，我们的先人修建紫禁城的时候，绝对没有想过后人要将其作为展览场地来使用。这方面多年来也困扰着我们，游客的意见很多。我认为大家的意见是对的。大陆有一些博物馆，像上海博物馆、陕西历史博物馆、河南博物院，都是按展馆来修的，展室是封闭的，一切条件就是为展示而设计的。故宫的宫殿建筑起架那么高，工艺那么精美，如果改造成一个展馆，观众看不到房屋上面的藻井，看不到复杂、漂亮的装饰部分，有什么意思呢？而且，北京几乎每年都有沙尘暴，沙尘暴一来，防不胜防，一刮风就积一层尘土。清理工作，我们都是安排专业人员来做的，不是随便拿抹布擦一下就行了。藏品很多，可真正能拿出来让大家看的包括原状陈列和日常在海内外展览的大概只有一万件。就是说，只是百分之一能拿出来展览。我说的是一次性的，当然也有轮换。我们要解决这个问题，大致思路是这样：正在制订两个大的规划，一个是故宫博物院的总体发展规划。这一发展规划包括故宫博物院的人才、学术研究等各方面，是总体性的，里面包括古建筑的维修。古建筑维修既是这里面的一部分，又因为它的特殊性，专门做了一个古建筑维修的总体规划。大致的方向是相当一部分古建筑要搞原状陈列。今天上午大家要参观重华宫。重华宫原来是破败不堪的，它就在漱芳斋的附近，一墙之隔，是当时的原状陈列。原来挂的字画，原来摆的工艺品，一切能保留的尽量保留。

另一个是大量宫廷遗物，反映了宫廷文化。清代离我们很近，一打开电视就是清宫戏，太多太多了。中国现在很多老百姓的清代历史知识还是通过戏剧得知的。现在戏剧里边有好多与历史不符，有些是有重大的史实错误，有些是当时的礼仪制度，包括下级对上级怎么称呼、觐见时候的礼仪等。再比如说大家关心的军机处，军机处是个什么样子？皇帝上朝是个什么样子？我们认为这是故宫的一个重要的文化遗产。我们有能力、有义务，也有责任向全国人民、向世界人民来介绍，使大家了解真实的历史知识。国家之所以对故宫博物院这么重视，就是因为故宫博物院藏有大量的文献资料、实物资料，对编写清史能起到其他研究单位不可替代的作用。这就是刚才您问的第二个问题。在软体上恢复一些原状陈列，就包括我说的佛堂。另外，我们也改建一些室内建筑做展览陈列室，如我们正在进行的武英殿修复工程。

武英殿工程是故宫大规模维修的试点工程。大家可能听说过武英殿的殿本。李自成当了一天的皇帝就是在武英殿登基的。清兵入关后，摄政王多尔衮当时就在武英殿处理朝政。1914年古物陈列所成立后就把它改造为展览陈列室。武英殿原来的陈设已经不在了，要恢复也相当困难。我们准备对它进行比较现代化的改造。再如午门的城楼上，我们现在正在搞一个大展厅。午门城楼50多年没对外开放过，下一步我们准备开放，而且要在上面办展览。书画展览需要恒温、恒湿，宫殿建筑肯定不行，四面透风，即使采取措施也没用。我们准备在午门城楼里做一个大的玻璃罩，将展室封闭起来，内部做现代化的整体设施。这就是说，对古建筑一部分进行原状陈列，一部分改造成适合展览的展厅，也有的要做库房。

另外一个比较大的设想，就是建一个地下展馆。建地下展馆是故宫人的强烈愿望，100多万件文物全国人民看不到，游客来故宫看不到，我们心里也很着急，感觉很不安。现在就是要创造这个条件。这个项目我们已经做了好几年的准备工作，目前我们正在请国家的权威机构进行最后的勘察，提供一个权威性的结论，地层到底适宜不适宜做展馆，相信时间不会拖得太久。如果可以建的话，大约有3万多平方米面积，这样将从根本上解决故宫博物院展览陈列问题，这也是您说的软体方面的一个大事。

您提的第二个问题，关于两岸故宫博物院的交流与合作，我首先要说的是，两岸的故宫博物院都是中国故宫的博物院，也分别为明清的宫廷建筑、宫廷文化以及宫廷收藏的古代艺术品的保护做出了应有的努力。我到台北故宫博物院看到他们文物保护得相当好，很高兴。我们两岸的故宫博物院都在向中国人民、向世界人民传播着中华文化，在传播中国文化艺术方面起到了而且在继续发挥着重要的作用。早在十多年前，两岸故宫博物院就有交流，1992年北京故宫博物院的副院长杨新（现已退休，著名书画家）和台北故宫博物院原副院长张临生，合作主编了一本书《国宝荟萃》，由香港商务印书馆出版。应该说这是比较早的两岸故宫博物院的一个合作项目。近几年来，随着两岸文化交流的不断扩大，两岸故宫博物院的交流也有了良好的开端。从2000年到今年3月份，北京故宫博物院共接待台湾的文物单位，包括考古机构、博物馆以及社会各界人士，大致有25批235人次，这里面有的人是不止一次来故宫，其中也包括台北故宫博物院的同人，有他们资信部的主任蔡顺慈先生。他到北京故宫博物院的资料信息中心进行了业务上的交流，并进行了座谈。还有一位叫邓淑萍的女士来过两次看一些藏品。但是，应该说台北故宫博物院的人员到这边来的还不多。这几年北京故宫博物院在台湾或者是参与展览或者是独立办展有三次：第一次是1999年，我们提供了17件展品参加台湾历史博物馆举办的"明清家具收藏展"；2000年，我们提供了6件书法作品参加台湾美术馆的"国际书法文献展——文字与书写"，这是我们两次参展；今年从2月份开始我们在台湾举办"康雍乾盛代精华展"，展出的文物有120件（套），这是北京故宫博物院独立的文物展览，也是我们院外展览中展品相当多的一次。今年10月份，我院将举办"周澄书画篆刻展"。周澄先生是台北故宫博物院原副院长江兆申的大弟子。北京故宫博物院到台湾访问交流的人也比较多，包括我本人在内总共有5批40多人次先后到台湾访问。当然多数是与办展览有关。我们在台湾受到了包括台北故宫博物院在内的各界人士的热情接待。另外，这几年两岸故宫博物院的学者在对方的刊物上都发表了文章。北京故宫博物院的院刊发表了台北故宫博物院研究员庄吉发的一篇文章。相对来说，北京故宫博物院的研究人员在台北故宫博物院刊物上发表的文章稍多一点。我认为两岸故宫博物院的学术交流、合作研究有利于故宫文物的保护与利用。而且，两岸故宫博物院文物的互补性、整合性研究，有利于中华文明的深入研究和广泛传播。

两岸故宫博物院应该扩大交流，这是两岸同人的共同愿望，也是两岸同胞的愿望。我认为目前的主要合作应从互办展览，或者是联合办展览入手。大家都很关注这件事，比如说，我们现在在台湾办的展览，都是其他博物馆邀请的，并没在台北故宫博物院举办。我们的祖先留下了这么多文物，由于历史的原因分在两个地方，怎样才能让我们的同胞都看到呢？我认为我们两个博物院应该互办展览，北京故宫博物院的东西到台北故宫博物院，台北故宫博物院的东西到北京故宫博物院来，或者联合举办展览，这个意义是相当大的。如果这一路子打开了，我们的人员交流自然就扩大了，我们的合作研究就有了更好的基础，成果也就会更大。对于在台湾单独办展览，或者联合办展览，或者参与展览，我们是没有什么顾虑的，我是很放心的。但据说台北故宫博物院担心文物到大陆来以后回不去了。我想大家来大陆的时间长了，了解的情况多了，就都会感觉到这种担心是多余的。

借这个机会我还想谈一件事。2005年是故宫博物院建院80周年。故宫博物院从1925年成立到现在，走过的路相当曲折。大家都知道故宫文物1933年开始的南迁、西迁，我们更应该了解1925年成立时的那种艰难。当时民国已经成立了，溥仪的小朝廷却依然住在紫禁城。袁世凯称帝、张勋复辟都是在这个时期，为了防止帝制复辟，把溥仪赶出宫去，在社会各界支持下，成立了故宫博物院。成立后一直到文物南迁，这一段路走得相当艰难。我在台北故宫博物院听他们讲也要纪念建院80周年，而且要搞纪念活动。我认为这对两岸故宫博物院来说是进行交流与合作的一个极好机会。我们可以利用这个机会合办一些展览，或者互办一些展览。

大家都知道养心殿有个三希堂，三希堂是清乾隆皇帝的小书房。乾隆是一个文化修养很深、艺术天赋极高的皇帝，他看过的书画上大都留有题跋。人们对三希堂有不同的说法，但多数人认可的一种是它有三件好东西：一件是王羲之的《快雪时晴帖》，一件是王献之的《中秋帖》，一件是王珣的《伯远帖》。"三希"说的就是这三件法书。这是一种说法，也是影响最大的一种说法。有人建议我们办一个"三希法帖展"。为什么不叫"三希堂法帖展"？因为三希堂的东西太多了，而"三希"则指这三件珍稀的东西。这三件东西本身的留传过程也很动人。现在台北故宫博物院收藏的《快雪时晴帖》，1924年溥仪出宫的时候，是从神武门出去，在这里搜查他的行李时，把《快雪时晴帖》搜出来了，本来他要夹带出去。扣留了以后随着文物的南迁，现在台北故宫博物院。另外两件东西在这之前已经流散出去了，到一个古董商手里。古董商的儿子后来日子艰难了，就把这个抵押给香港一个银行，到期后他赎不回来。20世纪50年代初期，周恩来总理指示当时国家文物局副局长王冶秋、故宫博物院院长马衡具体办理，花了48万港币，把《中秋帖》和《伯远帖》从银行赎了回来。这本身就是一个曲折的故事。有人建议能不能就这"三希"合办一个展览，可以在大陆（内地）展、在台湾展，也可以在香港展、在澳门展。当然展览也有一定的程序，我们要报批。但是我感到这个提议还是很好的，如果办成了，将是相当轰动的，也是对两岸同胞的一个鼓舞。另外，两岸故宫博物院在其他方面也可以进行好多合作，像书画，两边藏得都比较多而且各有特色。例如乾隆皇帝在那么多的书画上有题跋，如果把两岸故宫博物院藏的带有乾隆题跋的书画汇总起来进行研究，进而出版，意义就更大了。总之，我对两岸故宫博物院的学术合作与交流是充满信心的。我也希望在良好开端的基础上能不断深入。

记者：台北故宫博物院的文物来大陆展览，台湾方面很担心展品可能回不了台湾。在这方面您刚才说担心是多余的，能不能提供一些保障条款，确保文物顺利回台，或者是您会不会对台北故宫博物院发出正式邀请。您说现在北京故宫博物院已经有文物到台湾去展了，您看下一步还会有哪一类文物到台湾去展览呢？

郑欣淼：您说的第一个问题是台北故宫博物院的东西到大陆来展览，能不能回去。各位在大陆待的时间长了，就会明白这个问题不存在。因为我们现在是依法办事，依法行政，依法治国。我们会办保险，会按通用惯例办理相关手续，而且我们到台湾办展览就从没有提过"保障条款"之类的要求。

记者：院长，这些宝贝都是以前从故宫出去的，院里会不会到时候以这个原本是院里面的宝贝来扣押？现在台湾最担心的就是这个问题。

郑欣淼：多年来我们一再表明这个态度，不会的。

记者： 台北故宫博物院如果要来展出的话，可能的展览场地在哪里？

郑欣淼： 那都是具体问题，可以具体商量。一些程序上的问题，都是可以商量的。如果说我保证您能回去，您说到时候这个保证不起作用，您一定要叫政府写一个什么，就没有一个起码的诚信了。我们要合作，起码互相信任，如果这个障碍不克服的话，好多交流都会陷于被动，都不可能很顺畅地进行。

记者： 这个问题不存在？

郑欣淼： 我认为不存在。

记者： 依法办事，其实就是签订了保障条款。

郑欣淼： 比如北京故宫博物院到台湾去办展览，就要对展览场地进行考察以及办理相关保险，这是一系列的程序。我们在世界各地也都这样办理展览。首先我认为两岸故宫博物院，不存在请来的东西不让回去的问题。这个信任上的障碍克服了，其他我们该办的都是程序上所需要的。文物展览有特殊的规定，两岸故宫博物院都是这样，台北故宫博物院也在外办展览，对这些大家公认的要求，程序、手续都很清楚。就是保险要办理，安全措施要到位，展陈条件要合格。比如说书画展找的地方，不能保护书画安全，条件很不好，我就不能在那里办。我想这些问题都是要具体商谈的。

朱诚如： 我们这次在台湾的展览，仅保险费就是14万美金。

记者： 这都没问题。台北故宫博物院担心的是那都是故宫的宝贝，当年出去的，到大陆来就回不去了。台湾方面现在最担心的就是这个。至于其他的展览都没问题。

郑欣淼： 我和杜正胜先生①及其他台北故宫博物院的同人没有谈过这些具体事。但我在台湾也听到一些同胞讲，就是有这个担心。我们要有一个起码的诚信。众目睽睽，我们一再表这个态，怎么能说了话不算话，我想大家是应该信任的。

----

① 时任台北故宫博物院院长。

记者：院长，您刚才的意思是说，就这个问题你们和台北故宫博物院有过交流、有过讨论，是吧？

郑欣淼：我们没有直接的。

记者：那您也不会正式邀请吗？事情都是这样子，正式邀请行不行？

郑欣淼：正式邀请好像以前有过吧。

朱诚如：今年年初，对方来过一个民间代表，是个"议员"。他实际上是代表对方来谈论，要求我们政府写一个证明来保证。我们说我们院长也是副部长，我们院长也在表态，只要他来，我们都有保险，都有合同、有文书。他总不相信我们的诚心。我们都一再说有协议书、有保险，甚至到最后我们郑院长都想出一个办法来，怎么办呢？就是我们拿120幅书画上您那展去，您拿120个瓷器到我这展，价值差不多，这总不会担心回不去吧！

郑欣淼：刚才我谈到"三希"，我为什么要谈这个"三希"呢？"三希"的这三件珍宝里边唯一大家公认的东晋原迹、真迹，就是王珣的《伯远帖》。另外王羲之的《快雪时晴帖》、王献之的《中秋帖》都是唐宋时的摹本。北京故宫博物院有两件，其中就有《伯远帖》。台北故宫博物院拿一件《快雪时晴帖》，我们拿两件，我们可以在不同的地方来展出。刚才朱副院长说到这个问题，如果不放心我们还可以商谈一些具体的让台北故宫博物院放心的办法。我指的就是在展示的数量上，或者我们怎么对等，我们也可多出一点东西都行。我个人认为重要的是进行联合展出，如果这个障碍能排除的话，对两岸故宫博物院合作与交流意义是相当大的。我们可干的事很多很多。

记者：所以年初有过正式邀请。

郑欣淼：年初台湾方面不是正式邀请，台湾方面希望北京故宫博物院去展览一批文物，没有说到台北故宫博物院来。

记者：是民间就对了，不是政府，不是台湾的地方政府。

郑欣淼：一般都是民间的，其实我们两个院之间要能直接对话、直接联系更好。

记者：您也说您去过台北故宫博物院，所以两个故宫博物院之间的联系应该是没有问题的。其实应该可以具体地和台北故宫博物院提这个问题吧？但到目前为止还没有。

郑欣淼：因为我们不知道台湾方面的基本态度。如果有这个障碍的话，我提这个意义就不大了。我们古书画部，编写关于故宫书画研究资料目录索引，我们编委就通过台湾的朋友建议把台北故宫博物院研究成果也一并合编，这是件好事。研究的对象都是故宫博物院藏古书画，而且能给研究者提供一个完备的目录索引，意义是很大的。但是，对方说时机还不成熟。我想刚才您提到说我们为什么不直接联系，如果障碍不存在，我认为什么时候发邀请都可以，邀请他们来具体联系展览合作。

记者：下一步到台湾展览的目录有没有规划？已经确定的到台湾的展览有没有规划？

郑欣淼：正在展的有一个。

记者：现在在台湾有展览吗？

郑欣淼：现在正在展览，下一步还没具体谈。因为一个展览一般都要有一年以上的准备时间。

记者：您到台北故宫博物院的感想如何？那边的东西毕竟是从这边过去的。

郑欣淼：我想这些都是历史形成的，对台北故宫博物院，我个人认为管理保护还是好的，而且也重视文物的展示效果。

记者：看到文物会有感情的。我想请您谈谈，看到这批从大陆去的东西，您个人是种什么样的心情。

郑欣淼：我只能说这属于历史形成的。所以我提出了要合办展览，让两岸的同胞都能看到，这是我迫切的心情。我还写了两首词，是看了台北故宫博物院的一些感想，其中表达了我的复杂心情，等一会儿可以给大家。台北故宫博物院有名的毛公鼎，是在陕西挖掘出来的。我是陕西人，以前我看到的一直是图片，没看到过原件。去年12月31日看到了，《中国时报》的记者也在场。《中国时报》今年元旦头版刊登了我看毛公鼎的照片。我没想到当时能看到毛公鼎，我没有提这个要求。我看到以后就很有感慨，如果两岸交流都很顺利，大家就都能看到国宝了。我做文物工作也多年了，确实想看，而且是在我的家乡发掘的，我的家乡是周朝的发祥地，也是中华民族的发祥地之一，我过去就在秦始皇陵兵马俑旁的中学读书，所以我是很想看这个毛公鼎。我这次去是如愿以偿。我的感受和大陆很多去过台湾的同胞一样，看到我们民族、我们先人留下来的，应该说是我们民族文化的精粹，是很高兴的。我想台湾的同胞也想看到大陆的。您说让他们都来吧，也不可能，这就需要合办一些展览。我想我们如果能开一个好头，我们的合作会做得越来越大。

记者：院长，我们回去帮您宣传去。

郑欣淼：大家看到故宫开始维修了，也有很多不尽如人意的地方。我实事求是地讲，我们的工作也在努力改进。你们也经常来吧，以后还可以再安排一些参观访问。今天还安排了几个专家学者接受采访，他们也来了。

记者：感谢院长。

（本文为采访活动的记录稿）

北京、台北喜迎故宫博物院八十大庆

——郑欣淼与石守谦共话两岸故宫博物院发展大计

采访者：《光明日报》记者 李韵　新华社记者 陈斌华 裴闯

记者： 故宫博物院自1925年建立，到明年就80周岁了。两岸故宫博物院将分别举办哪些纪念活动？

石守谦（台北故宫博物院院长）： 明年是故宫博物院80周年大庆，大家的感觉都是非常特殊的。北京故宫博物院方面，我相信他们也在非常努力地筹备庆祝活动，两岸心情是一样的。我们正在从台北故宫博物院收藏的最精彩的北宋部分入手，筹备"北宋书画""汝窑瓷器""文人和宋版书的图文集"三个展览，其实也是以北宋为主轴的一个系列展览。配合展览将举办盛大的学术研讨会，届时将邀请全世界文化、历史各方面的学者。台北故宫博物院从来没有举办过这么大的研讨会。另一方面，为了80周年这个特别的年度，我们准备做一个80件展品的出版物，书画、器物精品的出版，用数码科技来凸显。就是说，传统的书画文化，用数位摄影与数位典藏的方式充分呈现出来，再配以光碟的发行。在器物部分，做3D的呈现，并在网络上推广，会对新一代的观众有很大影响。

此外，院庆时会推出三部影片，推向社会一般大众，甚至推向国际。王小棣导演的纪录片《历史典藏的新生命》，表现出历史典藏在21世纪有一个新的生命出现，这部片子已经确定在法国卢浮宫上演，我们非常看好这部片子。郑文堂跟我们合作的《经过》是剧情片，以故宫故事为主轴，非常动人，它已经入围这次的东京影展。第三部片子是我们要和侯孝贤导演合作，题目暂定为《盛世里的工匠技艺》。这三部片子将在院庆时整套对外公布，让台北故宫博物院的古典藏品能够用新的媒介传达给不仅台湾，也给全世界有兴趣的观众知道。

郑欣淼： 北京故宫博物院有三项大的活动：一是从2003年开始与中央电视台联合拍摄100集《故宫》电视系列片，将向人们展示一个真实的故宫，可能也是从未为人所深知的故宫。该片12集精华版，将在明年10月央视一套黄金时间播出。二是与中央新闻纪录电影制片厂合作，重新制作了10集《紫禁城》，突出对历史故事的解密诠释，突出科学性和知识性。此片今年12月将在中央电视台播出。以上影视片都将向海内外发行。三是已于今年10月1日开幕的紫禁城国际摄影大展，主题为"文明对话"与"印象故宫"，特邀全球30多位著名的人文摄影家，通过他们的镜头让世界更好地了解故宫与中华文化，也让中国人民透过他们的作品，更真切地感受与我们同时代的外部世界。《文明对话》与《印象故宫》两本大型画册将是这个活动的记录。

学术研讨与展览相配合是纪念活动的又一重点。比如，我院与国家清史编纂委员会将于明年8月联合举办主题为"清代历史文化与清宫历史文化"的学术讨论会，这是中华人民共和国成立以来中国社科界规模最大的一次国际学术会议，150多名国内外最高水准的清史专家、著名汉学家及世界著名博物馆馆长将莅临。配合这个会，在完成修缮的故宫武英殿举办以清代殿本为主的"清宫典籍文化展"。

一些复建和维修的殿宇、改陈的展览的重新开放，也是80年庆祝活动的亮点。由香港中国文物保护基金会资助、用4年时间复建的建福宫花园明年也将重新展现其当年的辉煌，而园内旨在反映中国古建筑建造工艺的"静怡轩内部构造展示"，相信更会引起中外游客的兴趣；经过维修的中轴线区域将举办宫廷原状陈列及宫廷活动、宫廷特色文物展；新改陈的珍宝馆、钟表馆、石鼓馆等10月1日已正式开放，陶瓷馆、书画馆、玉器馆、珐琅器馆等常设展览在改陈后也将陆续开放；文华殿、武英殿、畅音阁等特别展区也会引人瞩目。

明年还有两个国外文物展为庆典助兴。在有全新展览设施的午门城楼将先后展出"路易十四时期艺术展"和"瑞典藏中国陶瓷展"。前者是法国文化年的重头戏，后者的展品主要是从18世纪沉没的"哥德堡号"商船上打捞出来的中国外销瓷，同时展出的还有20世纪20年代至30年代瑞典考古学家安特生经中国政府批准带走的、现存瑞典东方博物馆的一批新石器时代陶器。

石守谦：80年了，时间好快啊。80岁的人是老头子了，但我们希望故宫博物院在80年后开始一个新生命，用新的生命延续过去光辉的80年。

记者：听过二位的介绍，我们觉得两岸故宫博物院都是从"保护世界遗产，弘扬中华文化"的主旨出发，突出开放性、社会性、国际性的特点，来筹划庆祝纪念活动的。那么在相似或相同的宗旨下，两岸故宫博物院之间有没有一些交流计划？

郑欣淼：两岸故宫博物院合作交流虽未有正式的方案和计划，但总的是向前推进的。1992年两院合编《国宝荟萃》，各选有代表性的艺术品76件，迈出了可喜的第一步。两院的一些人员因业务关系，也曾到对方进行工作访问或学术交流，有的研究文章也出现在对方的刊物上。去年初我访台时，对于台北故宫博物院在文物管理、展览方面的做法，在文化产品开发、经营方面的举措，及其与国际博物馆界的联系方面，留下了很深的印象。

石守谦：我们和北京故宫博物院的合作，并没有局限在庆祝建院80周年这个事情。我们前几年就和北京故宫博物院的院长、副院长、研究人员见过面，也曾经讨论过这种可能性。但到目前为止，还处于讨论阶段，没有一个实质的具体的方案出来。其实，两岸故宫博物院的合作一向为外界密切关心。我们也跟大家说明过，双方对文化交流都是持正面肯定的态度。但是有一些细节不得不处理，如文物的安全、归还的保证等。我也跟郑院长见过面，他一年前还访问过台湾。最近我们也交换过意见，我们都很希望在学术研究、展览方面进行合作。

郑欣淼：两岸故宫博物院珍藏的都是中国传统文化艺术的精粹，都负有弘扬中华文化的责任，而且双方的藏品本来就是一个整体，有着很强的互补性。两岸学人的交流、合作，既是学术研究深入的需要，也是两院自身发展的需要。最近我还与石院长联系，我们对进行研究、交流活动都抱有期待，也相信会有切实的行动。台北故宫博物院一直担心文物来大陆展出后能否安全返回，我以为这是不必要的。如果仍不放心，也可由两院在第三地合作办展览。

记者：当今文物保护的观念日渐深入人心，博物馆（院）在普及文化、教育方面功不可没。故宫博物院作为世界著名的博物馆，在这方面有什么新的思路与举措？

石守谦：首先我们把思路调整成为以观众为主导，因而我们先从观众的立场了解他们想要什么，怎样可以吸收，对什么样的事情有兴趣，才能够把想要推广、教育的东西融合进去。我们意识到观众群在改变，新一代的观众实际上是在完全不同的媒体文化环境中成长的。所以，我们在这几年里非常注意新的媒体，在展览设计、图录说明、教育活动的设计等方面都要照顾到新的观众群。

郑欣淼：为了更好地发挥故宫博物院在文物普及、教育、研究等方面的作用，我们从1998年开始文物藏品、古建筑和管理的信息化进程，"数字故宫"正在快速而稳健地建设中。2001年7月我们开通了国内最大的博物馆信息网站，有文物藏品鉴赏、古建筑导游、明清史研究、有关出版物介绍及院学术期刊全文浏览等内容，日均访问量已达60多万次。

石守谦：电子科技非常重要。现在十几二十几岁的观众，在这样的环境中成长，我们的模式就不能停留在古典的方式。古典的方式会显得无法互动。所以，我们在想怎样尽量贴近观众，用观众感觉最亲切的方式与其互动。

我举一个大陆观众了解的例子。"三星堆文化"曾经到过台湾展览，非常成功。为什么？因为三星堆的形象让新一代的观众感觉非

41

常有趣。我们当时的宣传、所有的教育引导都围绕着多元文化的新鲜感，所以观众反应非常好。而品质同样非常好的"草原文化"，从票房来说却很失败，因为它的焦点没有凸显出新的趣味、角度，只停留在被动介绍蒙古民族的形成、辉煌的历史，这当然是很重要的历史知识，但是缺少吸引力，其实如果换一个宣传、行销的角度，它的教育活动就更容易推动。

郑欣淼：许多人都知道北京故宫博物院有个介绍太和殿的虚拟现实节目。这是中日合作的"故宫文化资产数字化应用研究所"的首项成果，借助计算机虚拟现实技术，参观者不仅可以近距离观察太和殿的任何角落，还可实现人机互动。这项技术既可让人们近距离、全方位感受和了解各类珍贵文物，更可以永久保留文物的全部数据信息，再现其辉煌。这一合作还在继续，第二部《紫禁城·天子的宫殿》虚拟现实作品将于明年完成。这两部的DVD（数字激光视盘）都将向社会发行。

数字化技术在故宫古建筑保护中正发挥着重要作用。比如，把明清档案中相关的古建筑档案数字化，建立古建筑数据库；应用"激光三维扫描测量"技术，可将古建筑的信息转换成虚拟现实的模型或者二维的图纸；我们还应用数字化技术，记录故宫古建筑彩画的色彩，这项技术在大陆已应用到敦煌壁画的记录中，用在古建筑上还是首次。上述这些古建筑数字化信息都将在故宫资料信息中心数据库中进行统一编目和管理，可方便地提取。当然，打造"数字故宫"是个复杂的系统工程，还要继续努力。在外语版方面，台北故宫博物院比我们做得好。

记者：正如石院长所说"故宫博物院在80年后开始一个新生命"，那么在世界博物馆的整体格局下，二位对故宫博物院未来发展有什么新的预期与定位？

石守谦：世界博物馆目前处在互相竞争的状态。台北故宫博物院在将来怎样才能占据更为重要的地位，是我们关心的问题。我觉得，不能只是被动地保存原有传统文物精华而已，我们希望它能够积极地扮演世界文化再创造的有力的推手。这不能只是喊口号，一定要有行动。

我们与其他世界一流的博物馆有什么差别？我们一定要有我们的立足点，这个立足点是无可取代的，中国传统文化艺术精华是我们重要的背景。同时，我们会尽量朝向一个大格局，在这个格局下，我们提出对未来文化创造的看法，这样的话，台北故宫博物院的收藏就会在未来世界文化创造上扮演一个举足轻重的角色。我想这是台北故宫博物院80年后努力的方向。我们深深觉得，从我们所收藏的这部分宝物，到整个亚洲的文化，对整个世界文化的形成都是非常重要的，我们必须要给自己这样一个任务和使命。

郑欣淼：北京故宫博物院是依托故宫（紫禁城）建立的，它是中国最大的博物馆，有以清宫旧藏为主的100多万件文物，还有丰富的宫廷历史文化遗存。它所在的紫禁城是世界上现存规模最大、保存最完整的古代宫殿建筑群，是世界文化遗产。故宫博物院是世界上极少数同时具备艺术博物馆、建筑博物馆、历史博物馆、宫廷文化博物馆等特色，并且符合国际公认的"原址保护""原状陈列"基本原则的博物馆和文化遗产。这一特殊地位，使故宫成为最有代表性的中华文明的象征。

北京故宫博物院的未来发展，是在博采众长的同时坚持并发扬自己的特色，更好地发挥在保存、传承中华文化并创造新的文化中的作用，这其实就是对世界文化的贡献。已报请国务院审批的《故宫保护总体规划》将使故宫保护与博物院建设提升到新的水平。现在我们正在进行历时10多年的大规模修缮、对文物藏品的全面清查和整理、建设新的展览场馆以及加强学术研究等工作。使故宫成为中国与世界交流、传统与现代对话的文化圣地和精神家园，这是我们的决心，也是全国人民的期望。

（原载《光明日报》，2004年10月13日）

诚惶诚恐到故宫

采访者：《中国青年》记者　高晓春

（一）仿佛老天爷安排好了似的，让我每走一步，就离故宫更近一程。

记者： 在您来故宫之前，其实是作为文化学者被我们记住的，您的关于鲁迅的研究，特别是关于政策学的研究，为后来的研究者们提供了良好的范本。

郑欣淼： 我有一个特点，就是喜欢调查研究——做什么事情总希望能琢磨出一些道道来。1970年，我刚参加工作的时候，在县财税局（尽管在那儿工作的时间很短），那时候，毛主席号召学哲学，我就结合工作学习研究，写了一篇用辩证法对待税收工作的文章，谈了培养税源与增加税收的关系，提出把工作重点放在增加农村集体经济的收入上，这一观点得到当时我的上级机关——渭南地区财税部门的重视。

我读鲁迅的文章、研究鲁迅，也与毛主席的号召有关。20世纪70年代，没有多少书可供我们阅读。毛主席号召读鲁迅，我就找来鲁迅的书，下了班，做完本职工作就读，阅读的结果是，我写了《文化批判与国民性改造》《鲁迅与宗教文化》两本书和数十篇论文。2001年，我当选为中国鲁迅研究学会会长，应该说与我20世纪70年代选择研读鲁迅有关。

出版《政策学》一书是1989年的事。出这本书的时候，国内政策学方面的研究并不多见。此前，我在中央党校学习，没有课的时候，我就琢磨：我已在政策研究室干了10年，不算短了，恐怕会有变动的可能，那么，就总结一下这10年来的工作吧，于是就有了这本书。

记者：翻阅您的简历，45岁前在陕西省工作，45岁时调任中央政策研究室文化组组长，47岁的时候去青海任管文化的副省长，51岁的时候又回到北京，在国家文物局工作。这之后，您想到过吗，有一天自己会到故宫这个充满着神秘色彩、洋溢着古风古韵的地方来？

郑欣淼：仿佛老天爷安排好了似的，让我每走一步，就离故宫更近一程。

的确，我的经历都与文化有关。陕西省委政策研究室的工作涉及工业、农业、科教文化各个方面，我当主任的时候，由于职责攸关，这些方面都要过问，但自己更多的是侧重于文化的研究。到了北京，在中央政策研究室文化组，就更是专门与文化打交道了。这期间，我写了一本书，书名是《社会主义文化新论》（中国青年出版社出版）。说起这本书来，还得感谢中国青年出版社的编辑们，没有他们不断地催稿，就没有这本书的产生。在中央政策研究室工作的时候，每天上下班都要经过天安门广场，都会看到王府井南口将被拆除的新华书店。拆除新华书店这件事在当时引起了不小的风波，首都文化界、知识界非常关注，10位知名人士联名呼吁，要求给它立足之地。这件事的深层次原因，我想，恐怕就是在市场经济条件下，文化处于一个什么样的地位问题。我国的文化现象、文化事业发生了哪些变化？有一些什么问题需要解决？我确实进行了认真的研究，是下了功夫的。现在看，也是有可圈可点之处的，虽已过了10年，但提出的一些问题及认识，仍有一定的理论的价值和现实的意义。不知是不是由于书名的原因，只印了3500册，其影响令我失望。前几天还有人跟我提议，修改修改，再换个书名，说不定会有不少人去读的。

（二）我是不觉得有什么"冤"的

记者： 我手边有您的一本诗词集《陟高集》。您在后记中写道：这些诗词70%以上作于在高原工作期间。可能是我们对"当官的"有偏见吧，这些诗词中的诗意之美、情愫之美，是很难让我们将它的作者同一位副省长联系在一起的。

郑欣淼： 我永远不会忘记那在我一生经历中值得珍藏的一段日子——那里的热情、率真、纯朴的人们，那里的近乎神秘的昆仑山，那里的深邃广阔的青海湖和高亢的"花儿"、美丽的酥油花……《陟高集》，既是集子里内容的反映，也是表达我对高原生活的真挚的纪念。

在青海，我分管文化，除文化艺术、广播电视、新闻出版外，体制改革也由我分管。体制改革，这个范围就大了，比如民营经济如何发展、国有企业如何改革、住房制度的改革等等，都属体改委管。体改委还管股票的发行，这很有意思，那时候，青海有几只股票是引起了外界相当重视的——这也是我管的唯一有"实权"的事。

青海是个经济欠发达的省份，文化事业也相对落后一些。但给我鼓舞的是，那一年，我到海西州的格尔木去，在一间低矮的房子里意外地发现了一套《四库全书》。那是20世纪80年代，一个县级市的领导花了4万块钱买来的。这事让我很感动。

记者： 按照一般人的逻辑，47岁，副省长，将来可能是省长——轰轰烈烈的事业，但为什么，您却选择了离开？

郑欣淼： 您手中的诗词集《陟高集》，就有答案。它取名自《诗经·周南·卷耳》里的名句"陟彼高冈，我马玄黄"。1995年到1998年，我在高原工作，人上了"高冈"，马未"玄黄"，我却病了。

我是因为气候不适应而病倒的，实际在那儿工作的时间并不长。尤其是眼睛，表面上看是眼底出血，其实是眼底静脉栓塞。直到现在，我右眼的视力还没有多少改善。知道的人都为我担心，总是问：

一只眼睛好，一只眼睛差，看东西是不是不平衡？开始也不习惯，只是时间长了，我也就不觉得什么平衡不平衡了。

记者：回到北京，做了国家文物局的副书记、副局长，一位副部级干部被当作正局级"使用"，心里怎么想？

郑欣淼：回北京那一年是1998年，恰巧遇上机构改革，拖到年底才把我安排进了国家文物局。

记者：在我认识的人里面，就有为您抱"冤"的，您觉得自己"冤"吗？

郑欣淼：有什么可"冤"的呢？回过头看，可说是个幸运。您曾问过我"传统文化对人的影响"问题，我的理解是：文化，不仅是简单地读几本书的问题，更是对人的精神世界的浸润。

我在想，如果没有在国家文物局工作的经历，如果不是在那儿工作了三年半——我自认为，在这三年半中，我是勤奋的：我跑遍了全国大多数重点文物保护单位，看了许多珍贵的文化遗产，了解了国家的文物政策。这期间，我写的关于国家文物方针、关于博物馆发展、关于文物与旅游关系的几篇研究文章，在全国文博界还是很有影响的。我也逐渐进入了角色——要不是有这个基础，我怎么敢到故宫里来！

国家文物局在红楼办公，上班第一天，我写了一首诗《红楼上班有感》：

> 岁暮长安寒渐加，红楼今始度生涯。
> 眼低犹待行千里，腹俭直须充五车。
> 辉耀史编魂溯古，飚绵禹甸物含华。
> 不辞跬步蓬山远，敢望余年忝一家。

这是我那时真实的感受和愿望。

记者：从陕西省委政策研究室到中央政策研究室，从中央政策研究室到青海省，从青海省到国家文物局，从国家文物局再到故宫博物院，似乎是，工作的范围越来越狭小了。

郑欣淼： 陕西省委政策研究室是在地方上，但它管的范围是全面的；到了中央政策研究室，看起来是"高"了，其实只管文化一个方面；到了国家文物局，管得更专业了，仅是文物了；现在又到了故宫，不必多说了——我的经历有偶然性，也有必然性，不是吗？就像老天爷安排好的，让我在走进故宫之前，有那么一些铺垫和培训、实践、锻炼的机会。如果没有这个前提，就是调我来，就是再信任我，我的心里也不会踏实，因为这不是简单地派个什么级别的干部来管理故宫的问题。

（三）围绕故宫有许多谜团，等待后人解开

记者： 故宫博物院是在经历了10多年没有委派院长之后，2002年秋天，政府选择您来担任这一职务，当时的感受如何？

郑欣淼： 诚惶诚恐，深感责任重大。

我想，10多年没有委派院长，可能有多种原因。但是，文化部副部长兼故宫博物院院长的安排，以及故宫博物院的隶属从文物局改为文化部，表明了国家对故宫博物院、对博物馆事业以及对整个文化建设的重视。

记者： 是什么吸引了您，到这样安静的故宫来？

郑欣淼： 能为一个五千年来未曾中断过历史的文明古国、能为保护她的文化遗产做些事情，前面我说过，我是诚惶诚恐，唯恐做不好工作的。

故宫博物院是在明清两代皇宫和宫廷旧藏文物基础上建立起来的，以宫殿建筑群、古代艺术品及宫廷文化史迹为主要展示内容的大型综合性国家级博物馆。它是世界上极少数同时具备艺术博物馆、建筑博物馆、历史博物馆、宫廷文化博物馆等特色且符合国际公认的"原址保护""原状陈列"基本原则的博物馆和文化遗产，是一座

博大精深的中国历史文化宝库。围绕着它，有许多谜团，等待后人解开。

记者： 到故宫后，千头万绪的工作摆在您面前：修缮古建筑群，清理文物，进行展览馆建设，筹建研究机构，您是如何开展这些工作的？

郑欣淼： 我感觉到，维修故宫是个契机，随着这项工作的进展，故宫博物院对自己的工作进行了全面的调整。维修不必多说了，就谈谈文物的清理工作吧。在清理文物的过程中，我发现，我们对宫廷遗物的认识是不够的，长期以来，许多物品是不被当作文物看待的。举个典型的例子，近年来，我们整理出皇帝、后妃的字画2万多件，仅清乾隆皇帝的就有2000多件，因为其中有代笔或后人认为水平不高未被重视，仅当作"资料"看待。故宫有个武英殿，武英殿的殿本相当有名，现在故宫博物院还存有20多万块殿本书版，质地是梨木、枣木，刻工相当漂亮，也都屈居"资料"之列。到故宫半年后，在上海的一次国际研讨会上，我提出了对故宫的定位问题，这个演讲的题目是"故宫的价值和故宫博物院的内涵"，应该说，这一篇文章引起了不小的震动。我谈到了，由于受传统的文物观的影响，我们对包括宫廷遗物在内的许多东西是不太重视的。

记者： 在我们的印象里，也似乎只有书画、陶瓷、青铜器、玉器等才是文物。

郑欣淼： 这是不对的。我不是说艺术类的东西不重要，它重要，但宫廷遗物也同样有它的价值。长期以来，在"文物"认识上，传统的"古物""古董""古玩"的观念对人们的影响很深，而没有把对文物价值的评判主要放在文物自身所蕴含的历史文化信息上。从文化遗产的角度去看待故宫的宫廷遗存，并挖掘、突出它的社会文化价值，就会发现这些原本不起眼的东西有其独特的历史文化内涵和艺术价值。

我们知道，京剧是中国传统文化的一个代表，是国粹，但在京剧的产生与发展中，清宫起了很重要的作用。宫里有戏班，有管理戏曲演出的机构——南府、昇平署。在这些衙署的档案中，记录了清代帝后们有关戏曲演出的谕旨，内廷排戏、演戏、安排角色以及演戏后赏赐物品、银钱数目等内容，故宫博物院至今仍有大小4个戏台，1万多个剧本，4000多件戏衣、道具，一批清末京剧名角的唱片等，它们不仅是清代宫廷生活一个侧面的反映，也是体现清代不同时期政治经济状况及文化政策的实物资料。

再举个例子，红头签，绿头签。打个比方，皇帝吃饭的时候，袁世凯要见皇帝，太监就把写着袁世凯名字及官衔的签子放在皇帝面前，由皇帝决定是见还是不见。红头签是写皇亲贵胄的称谓的，绿头签是写大臣们的。签子是普通的竹子做的，不值什么钱，但它是当时皇亲、大臣觐见皇帝制度的反映，并且它只有宫廷有。您说说，这些东西，它们有没有价值？

（四）是故宫挽留住了历史的精神气质

记者：2003年，首届江苏文物节专门举行了"国际博物馆馆长论坛"。在这个论坛上，您又提出"故宫学"一说，引起了同行的极大关注。我想问的是：故宫学研究的意义在哪里？

郑欣淼：加强故宫学研究，对于整合研究力量，规划研究方向和重点，加强薄弱环节，提高研究水平，更好地挖掘故宫丰富的历史文化内涵，具有重大的文化建设的意义，它也能进一步解开围绕着故宫的许多谜团。现在，在制定《故宫博物院发展总体规划纲要》和《故宫保护总体规划》时，已把建立故宫学的学科目标、规划故宫学学科框架作为重要内容。

记者：故宫，是让我们一提起它来，就会用"博大精深"这四个字做它的定语的。对于故宫古建筑群，建筑师林徽因曾说过一段话，大意是：漫长的人类文明历程，多少悲壮的历史情景，梦幻一般远逝，而在自然与社会的时空演变中，建筑文化却顽强地挽留住了历史的精神气质和质感的美的形态，透视出时代、社会、国家和民族的政治、哲学、宗教、伦理、民俗等意识形态的内涵……这些话或多或少增添了我们对故宫的向往。

郑欣淼：故宫始建于明永乐四年（1406年），建成于永乐十八年（1420年）。目前，明清皇宫紫禁城占地72万平方米，现存建筑面积约15万平方米，房屋9000多间。它与从夏、商，经秦、汉，到隋、唐，再到宋、元宫殿建筑的发展是一脉相承的，尤其与凤阳、南京明皇宫和沈阳清宫有密切联系。从建筑上讲，它作为我国古代宫殿建筑的集大成者，在建筑技术和建筑艺术上代表了中国古代宫廷建筑的最高水平。

其建筑设计反映了我国传统哲学思想（如天人合一）和美学思想（如壮丽重威、平衡对称）。在中国历代宫殿中，只有明清皇宫紫禁城在总体布局上最接近"左祖右社""前朝后寝""五门三朝"等儒家的理想和封建礼制。传统的五行学说、阴阳学说在紫禁城建筑中也得到应用和体现……我们代国家管理文化遗产、管理先人留下的这么多珍贵的东西——我们是要有这个责任感的，这是对国家、对民族负责任的表现。

在故宫的日出日落中，像林徽因说的一样，多少悲壮的历史情景，梦幻一般远逝，但是故宫却挽留住了历史的精神气质——我还能用什么样的语言来描述故宫呢？还能用什么样的语言去表达我对故宫的热爱呢？

（原载《中国青年》，2004年第18期）

故宫学：从自发到自觉

采访者：《人民日报》记者 卫庶

记者：今年是故宫博物院建院80周年。我们注意到，近年来您一直在力倡故宫学。请问提出并确立故宫学的主要想法是什么？

郑欣淼：故宫学，是客观存在并已有很好基础的一门学科。80年来，故宫学术研究领域不断扩大，成果不断涌现，但从故宫本身的地位、作用及研究状况看，故宫研究还需要提升、创新、突破。因此，有必要提出并加强故宫学的建设，即明确故宫学是一门学科。80年来的故宫学术研究无疑多属故宫学研究，但尚处于学科发展的自发阶段。一门学科的建立，不仅要有深广的研究领域，还必须以一定的研究成果为基础，这是学科形成、发展的必要过程。故宫博物院成立80年后明确提出故宫学学科建设问题，符合学科发展的规律。故宫研究的材料十分丰富，但以前的研究是在不同领域中进行的，故宫学则要求把这些基础研究整合起来，统一起来。这是故宫研究不断深入的必然要求。显然，没有长达80年的故宫研究的实践和成果，就不可能明确提出故宫学概念，而提出并确立故宫学，使故宫学研究进入自觉阶段，从整体上提高研究水平。可以这样说，故宫学的提出是水到渠成。

提出并确立故宫学，目的是不断推进对故宫的综合研究，努力挖掘故宫文化的深邃内涵，具体来说有这么四点：

其一，希望研究故宫的学者特别是中青年学者，把故宫作为一个大文物来看待，弄清故宫学的学术覆盖面及其内涵，明确自己的研究课题处在哪个层面，在学术视野上解决点和面及面和体的关系。

其二，使流散在院外、国外的清宫旧藏文物、档案文献有一个"学术归宿"，因为它们的文化精神也是故宫学的一个部分。

其三，增强全社会对包括古建筑在内的各种故宫文物的保护意识。故宫学的确立，不仅仅是一个要引起学术界关注的问题，而且是整个社会都要关心文化遗产的问题；不仅要加强对物质文化遗产的保护，而且要注重对非物质文化遗产的保护，即全面的、立体的保护。

其四，便于向社会公众普及和提高对故宫的总体认识。故宫是最能代表中华传统文化与古老文明的载体之一，应该使观众从一般"游览"的心态转到对优秀传统文化的景仰，进而得到熏陶、启迪，这在很大程度上有赖于故宫学的传播。

总之，故宫学以故宫及其丰富收藏为研究对象，从其反映皇家文化的特点来划分，它有狭义与广义之别。狭义的故宫学是指人文科学的一门独立学科，广义的故宫学则是一门知识。

记者：确立一门学科，首先需要搞清楚它的研究领域。请介绍一下故宫学的研究领域。

郑欣淼：故宫学的研究对象是故宫。这里的"故宫"有两方面含义：一是紫禁城古建筑（故宫），二是故宫博物院。二者密不可分。故宫学的研究内容十分丰富，主要有六个方面：

一是紫禁城宫殿建筑群。故宫是世界上现存规模最大、保存最整的古代宫殿建筑群，集中体现了中国古代建筑技术和艺术的最高水平和优秀传统，名列《世界遗产名录》。不只是紫禁城本身，以紫禁城为主体的明清皇家建筑，包括宫室、园囿、祭坛、寺观、行宫、陵寝及王府等，都是一个整体。

二是文物典籍。故宫博物院现有文物藏品超过150万件（套），其中85%以上为清宫旧藏，大部分是清宫的各类艺术品收藏。它们承载着中华文明的历史进程，蕴藏着中华民族历史文化艺术极其丰富的史料。其中，每一品种又自成历史系列。特别是许多艺术精品，都是流传有绪的传世文物。

三是宫廷历史文化遗存。宫廷是封建社会国家的中枢，朝廷的中心。故宫在492年中一直是明清两代国家的政治中心和24位皇帝的居所，许多重大的历史事件在此决策和发生。遗存至今的大量宫廷文物，不仅是研究明清史的重要资料，而且是了解宫廷历史文化的珍贵实物。

四是明清档案。明清档案与殷墟甲骨、敦煌经卷，被誉为中国近代文化史上的三大发现。故宫博物院一成立就把档案视为文物，一方面因为档案本身的重要价值，另一方面它反映了当时的文书制度和文化用品的工艺水平。这些档案不仅长期由故宫博物院管理、整理，而且大多数档案本来就存于紫禁城内，与宫中建筑物及各个机构连在一起。这些档案不仅与宫中发生的重大事件有关，而且是了解宫廷历史文化的重要依据。1980年4月，故宫博物院明清档案部的800余万件档案划归国家档案局，正式建立中国第一历史档案馆。

五是清宫典籍。明清两代皇帝，都很重视典籍的收藏、编刊。故宫博物院成立后，专设图书馆典藏图书。图书馆以明清两代宫廷藏书为基础建成，到1930年藏书总数逾50万册。抗日战争时南迁的珍本、善本共15.7万余册，现存台北故宫博物院。而后北京故宫博物院图书馆继续清点和整理清宫遗存古书，重建了善本、殿本书库。现在善本已建账者19万多册，还藏有20多万件（块）武英殿殿本的书版及铜版等。

六是故宫博物院的历史。故宫博物院是在反对清逊帝溥仪复辟的激烈斗争中，由社会进步人士坚持斗争并倡议成立的，成立后又受到北洋军阀的百般滋扰，与中国现代革命史、文化史有着密切的关系。1931年"九一八"事变后，为了保护中华民族的珍贵文化遗产，故宫博物院数十万件文物分五次南迁到南京，后又分三路西迁至四川，历时十余年，行程数万里，经历艰苦卓绝，文物基本无损，创造了第二次世界大战中保护人类文化遗产的奇迹。中华人民共和国成立前夕，故宫博物院南迁文物中的一部分被运往台湾，1965年建立了台北故宫博物院。北京、台北两个故宫博物院的同时存在，引起国际社会和两岸同胞的关注。

从以上六个方面看，故宫学研究有着丰富深邃的内涵。它在中国文化史上的特殊地位决定了其价值和意义。

记者：作为一门综合性的独立学科，故宫学有什么特点？怎样理解故宫学与其他相关学科的关系？

郑欣淼：任何一门独立学科，必然与相关联的若干学科存在一定的重叠或交叉现象，对于具有丰富研究对象的故宫学来说更是如此。故宫学涉及历史、政治、建筑、古器物、档案、图书、艺术、宗教、民俗、科技、博物馆等诸多自成体系的学科。我们之所以把其中一部分研究整合进故宫学，是因为在围绕着以故宫为核心的综合研究中，这些不同的研究对象成为故宫学课题的有机组成部分而获得新的研究视角、途径、方法和结论，也就形成了新的学科体系。比如，对于古代书画、陶瓷等的研究，作为故宫学的概念，会侧重于与明清宫廷和故宫博物院有关的搜集、鉴赏、著录、留传等，并不涵盖这些学科本身的全部研究。同样，故宫博物院自成立以来，故宫研究构成了学术研究最有成就、最富特色的主体，但并不是说凡是故宫博物院的学术研究成果都属于故宫学的范畴，多年来故宫博物院的专家学者在超越这个范畴的诸多领域也都做出了海内外公认的卓越贡献。

故宫学是一门综合性学科，在研究中需要运用历史学、考古学、文献学、建筑学、文学、美学及相关的自然科学的理论和方法。这种综合性特点，在故宫学研究中表现得很突出：

一是需要把院藏文物、古建筑和宫廷文化史迹这三方面作为互相联系的整体来研究，防止孤立对待。这是最能体现故宫特色的研究。这就要求研究人员不仅具有某类文物的专业知识，而且要有与此相关的历史知识，包括宫廷史知识以及其他知识。

二是需要多学科协作，全方位展开，才能得出科学的结论。

三是由于故宫文化的特殊性，文物藏品一般都有相当丰厚的内涵，需要不断地探求。例如武备、宫廷生活用具类藏品，既涉及工艺美术，又与宫廷史、文化史、典章制度等有关，而且随着资料的挖掘与研究视野的扩大，这种研究会不断深入。从多方面去探寻文物的价值，这是综合研究的一个重要方面。

（原载《人民日报》，2005年2月25日。转载《新华文摘》，2005年第17期；《中国社会科学院院报》，2005年6月14日）

谈谈故宫的大修及故宫学研究

采访者：陕西渭南电视台记者　蒙海虹

记者： 您好，郑院长！很感谢您能抽出时间接受我们的采访。

郑欣淼： 我也很感谢家乡电视台的采访。故宫博物院大家可能都很清楚，它在全国是最大的一个博物馆，在世界上也是大博物馆之一。它是依托这个古老的皇宫建立起来的，以清宫的收藏为主，同时还有管理这个皇宫的任务。故宫博物院，主要是由故宫的古建筑、故宫的藏品，再一个是宫廷文化这三部分组成。现在，它被认为是中国传统文化的一个重要象征和载体。故宫博物院是1925年成立的，今年是建院80周年。

记者： 刚才我们进来时看到故宫正在进行大规模维修，而且这次维修社会上极为关注，被称为是"百年大修"。

郑欣淼： 故宫的维修一直都在搞。我说远一点，在清代的时候，朝廷每年都要拨出一定的银两对故宫进行岁修，年年岁岁的"岁"。从1925年博物院成立以来，它的维修几乎没有停过，即使在日伪时期，故宫也有古建筑维修的任务。我们这一次的百年大修是2002年国务院提出来的。所谓百年大修，就是100多年来，国家进行的工程规模最大、时间最长，当然效果也应该是最好的大修。为什么要大修，我想有两方面的原因，一方面就是确实要修了，不修就不得了，带有抢救性质的；另一方面也说明我们国家已经有一定的经济实力，国家经济的发展使我们有力量来进行这次维修。

记者： 那么这次大修的资金投入是多少？修缮期有多长？

郑欣淼： 这次大修，我们计划从2002年开始到2020年结束，国家每年投入1亿元人民币来进行故宫的维修。这是我们国家拿的钱。另外还有一些国外的，他们也进行一些项目的投资。

为什么这个时间是从2002年开始到2020年结束？这是我们经过测算做的一个完整计划。另外2020年也是一个值得纪念的日子，因为故宫当时叫紫禁城，它是1420年建成的，到2020年恰好是它建成600周年。

记者： 听说关于修缮方案也有一些争议，是恢复康乾盛世那时候的情形吗？

郑欣淼： 清朝不像以前中国历史上那些新建立的政权，打下江山后就把前朝的宫殿烧掉了，它是继承了明代的，开始基本上没有大的变化，到乾隆年间内部有一些改扩建。就像这个建福宫花园，包括乾隆花园那一带，都是属于那个时候的建筑。对故宫而言，乾隆朝是个重大的改造时期，故宫的一些重要的建筑格局，有相当一部分是乾隆时代的。那个时候的记载也相当多，我们进行维修也有依据。但我想，也不能简单说这次维修就是恢复乾隆时代面貌，具体情况还要具体对待。比如说我们这次维修的标志性工程——武英殿建筑群。辛亥革命以后，北洋政府在这里成立了古物陈列所。这一次做修复方案时，就有不同看法，是恢复清末的原状还是恢复辛亥革命以后的古物陈列所？我们请来了专家现场讨论。最后大家说，古物陈列所是中国现代最早的一个国立博物馆，它1914年就办起来了，比故宫博物院要早10多年，它本身就有重要的文化意义和纪念意义。如果把它恢复到清末，大家感觉没有必要，因为这里的每一间屋子都是清末的，但相反恢复它在古物陈列所时候的原状，可能对我们今天，起码对中国博物馆的发展史是一个很好的见证。所以，这次维修不是一个简单的恢复，而是应该体现出我们今天管理文化遗产、保护文物的整体水平。

记者： 我想故宫的维修一定会需要相当多的传统工艺和材料，那么现在能够找得到吗？

郑欣淼： 总的来说我们是坚持一些传统的工艺。我举一个例子，就像倦勤斋，倦勤斋最重要的是内装修，像当时的双面绣、竹黄。这一次很有意思的就是这些几乎要失传的工艺，我们居然在民间找到了。当然也有一些不大好找。像地面的金砖，我们叫金砖，其实不是金的，是敲起来发出清脆的响声，像金属的声音。过去是苏州提供的，现在苏州也产不出那样好的砖来了。所以，有的材料包括一些颜料等一些矿物质，可能要到国外去买。还有一些工艺，经过实验大家认可后，我们也用。像用得最多的琉璃瓦，明代是我国琉璃工艺的顶峰时期，确实做得很好，现在褪色了，您看有的还发黑了。我们重新烧吧要费很大的功夫，现在采取的办法是给琉璃瓦重新上一层颜料后把它再烧一下，目前感到效果不错。故宫的古建筑是我国传统的建筑技术和艺术的一个集大成，对它的维修过程也是对我们传统工艺继承的一个过程。所以我们花了100多万元买了一套摄像设备。在整个维修过程中全程跟踪摄像，把它作为历史资料保留下来。以后不光是故宫了，我认为对全国的古建筑维修特别是明清的，也都是有重要意义的。

记者： 1987年，故宫被列入《世界遗产名录》，参观的游客肯定会越来越多。

郑欣淼： 是的，这一点对故宫的压力很大。2004年参观人数达到了800万。800万在世界上所有博物馆中观众人数是第一位的。我问卢浮宫馆长，他说他们是600万。而且故宫是一年365天不关门，在非典时期我们都没有关过一天门。在第一个黄金周的时候，最多的一天达到13万人。这13万人，我给您举个例子，当时广播上因为小孩走散呀找人呀，从早到晚就不停地在那喊。人太拥挤了，在太和殿大家连到窗子底下趴着看一下都不可能。维修以后开放的面积会扩大，能比现在增加20％多。故宫现在开放的面积大致是40％，我们将来达到60％。再办一些好的展览吸引大家，分散人群。

记者：最近，我看到网上对您提出的故宫学这个观点评论比较多。

郑欣淼：故宫学的概念是我在南京博物院建院70周年的论坛会上提出来的，《人民日报》最近也做了一个访谈。就是说把故宫作为一门学科来对待，整合研究故宫的力量。我觉得故宫的内容很多，像故宫的古建筑、故宫的文物藏品、故宫的明清档案、故宫的大批皇家藏书，另外还有宫廷的文化、宫廷的历史遗迹。比如说宗教这方面，故宫就有几十处佛堂，还有道教的殿堂，您看这个西北角有一个建筑，那是一个城隍庙。包括故宫博物院的发展过程，它在中国现代文化发展史上、革命史上，都有着重要的意义。我感到这些方面它是一个有机联系的东西，我也进行了一些初步的探讨，也得到了一些支持。我们专门办了一个刊物叫《故宫学刊》，吸收院外的包括海外的人来写文章。总之，我们是想把研究力量更好地整合起来，通过学术研究来增强博物馆发展的后劲，包括人才的培养。

记者：作为一个政府官员，您同时还是一位学者，爱看书爱写东西，对鲁迅也很有研究。

郑欣淼：这是我个人的一些业余爱好。就像我对鲁迅的研究，我出过两本关于鲁迅的专著，2001年我被选为中国鲁迅研究学会会长。为什么喜欢鲁迅的作品，这个原因是很有意思的。我是老三届，"文革"开始我回到村里边以后，没有书可看。那个时候，还就是鲁迅的书印得比较多，当时的政治需要，提倡大家读。就在读的过程中，慢慢也就喜欢上了。当然在学校里也就喜欢鲁迅的作品。这样集中地读了以后，也就悟出一点门道了。我也写一点诗词，都不成什么样子，只是个人的爱好，也出过两本诗词集。另外我在陕西省委政策研究室待的时间长，是写过一本《政策学》，在当时来说，对政策进行研究的人还是比较少的，是当时为数不多的几本书之一。我在中央政策研究室当文化组组长的时候，中国青年出版社找我约稿，他们准备出版"社科新论丛书"，我写了本《社会主义文化新论》。我写的书加起来可能有几百万字吧。

记者：您在渭南工作的那段经历还有印象吗？

郑欣淼：我是老三届，1970年在澄城县参加工作，1975年我调到渭南地委，1977年的年底，我的印象是11月份吧，调到陕西省委，15年后的1992年11月份左右我调到北京。这两天，我还在想着一件事，最近杜鲁公同志去世了，他当过渭南地委书记。我特别清楚想起一件事就是1976年的后半年到1977年的年初，他给我们几个人布置了一个任务，在渭南十几个县选点搞调查，就是调查农村农民实际的负担和收入情况。这段经历对我来说一生都忘不了。渭南当时14个县我都去过了，毛主席去世的时候，我就在临潼县（今陕西省西安市临潼区）渭河北边的一个村子里，突然听到广播。也就是那一次搞调查我印象很深，如果说搞农村调查的话，这是我最早的一次，也是时间持续比较长的一次。现在我干事情必须搞调查研究，调查研究必须到第一线到实践中去的这种工作方法，与我在渭南工作的时候，搞调查研究，从实践中来形成一些认识，是分不开的。

记者：现在您还经常回渭南吗？

郑欣淼：我对渭南是很有感情的，一个原因是我在渭南工作过，另外一个是渭南现在还有一些同学呀朋友呀，尽管他们和我一样，都快到退休年龄了，但我们仍然有着良好的关系和来往。渭南的变化我也很关注，特别是前年渭南遭水灾，我家里边的那个墙也倒了。我们在外的渭南人，对家乡是充满感情的。因为我们生在那长在那，我也希望渭南人民把渭南建设得更好。

（陕西渭南电视台2005年5月）

"故宫在北京，故宫学在世界"

采访者：《中华读书报》记者　祝晓风

　　故宫博物院一成立，就在图书馆内设立文献部，以便保管清宫档案。1929年又专设文献馆，我国开始有了第一个具有近代意义的历史档案专业管理机构，同时也产生了我国近代第一批从事档案工作的专业队伍。

　　故宫学术研究不是经院式的烦琐论证，也不是从书本到书本，它直接面对故宫的文物、古建筑、档案、文献，对此进行客观分析、比较，解决宫廷历史人物和事件的物证与历代文物的真伪鉴定及其艺术价值、文化联系等诸多问题。

　　故宫学一经提出，就在学术界引起反响。在紫禁城经过了585年的风雨沧桑、故宫博物院迎来80岁华诞之际，在社会对故宫日益关注、故宫研究成果不断涌现的情况下，提出并加强故宫学的学科建设，就有着不同寻常的意义。这对于从整体上提高故宫研究的水平，进一步挖掘与弘扬优秀的中国传统文化，有着十分重要的意义。

　　记者：故宫学的概念，是您2003年10月在庆祝南京博物院成立70周年举办的"国际博物馆馆长论坛"上提出的，当时即引起了学术界的关注。前不久，在一个学术会议上，学者们再次就此话题展开了讨论。您曾说，故宫学的提出，是历史的必然。苏东海先生也说：故宫学的提出不是偶然的，它有相当的客观基础，有一定的客观需要，它的提出是应客观需要而产生的。怎样理解这种客观性？

郑欣淼： 在中国的文化谱系中，在中国的大传统中，故宫本身的重要性是不言而喻的。故宫具有这样一个特殊的历史地位，是中国历史上明清两朝的24位皇帝的皇宫，在离现代最近的两个封建朝代的492年里，它是名副其实的整个中国的权力、政治中心。它的任何一个微妙的变化，都可能或者已经在中国历史上引起程度不同的社会影响或者政治动荡。中国进入现代以来的一段历史时期内，故宫虽然与皇权本身的关系不密切了，但却是中国源远流长的大传统的一个象征，而这个象征意义本身就是十分重要的。李学勤先生提出的"文化整体观"，提得很好，我曾将此具体归结为故宫文化。故宫文化当然包括对皇权、皇宫的研究，也包括围绕故宫，与故宫有关，与中国传统文化、中国古典学术有关的许多方面。

记者： 故宫博物院的藏品是不是一个很重要的内容？

郑欣淼： 故宫博物院的收藏，是中国博物馆收藏中极为重要的一部分。这与中国历史上历代皇帝都十分注重收藏有很大关系。特别是从宋代以后，此风更盛，到清代乾隆时期，达到一个鼎盛时期。更为重要的是，清宫之中还有自己的制造机构，直接秉承皇帝的旨意，制造包括工艺品在内的许多东西。因为这些历史藏品与中国皇权的特殊关系，研究它们，对研究中国文化就有不同寻常的意义。清宫遗存，是中华民族文化的结晶。例如，故宫博物院所藏青铜器，其总数以及其中先秦的和有铭文的这三方面的数量，均占中外传世与出土青铜器数量总和的1/10以上，是国内外收藏青铜器数量最多的博物馆，这是很不得了的。作为皇宫，故宫还有大量的宫廷遗迹和遗存，仅服装和饰品就有20多万件，20世纪50年代后期，沈从文先生曾在故宫做服饰研究，并领着年轻人进行这方面的整理工作。故宫博物院不仅存有上万册戏本，还有4000多件演戏的服装道具，大、中、小不同的数座戏台，从中可见京剧发展的历程。

当然，这些还都只是物质层面的，这些是作为故宫学的博大内容的一个物质文明的载体。故宫博物院的管理、故宫学的研究当然远不止这些。

记者：您的意思是说，故宫学提出的另一个很重要的基础，应该是有关的研究成果。

郑欣淼：故宫学研究是从故宫博物院成立开始并逐步发展的。故宫博物院成立后，主要精力用于清点、整理清宫藏品，包括档案、图书，同时注重向社会公布。在档案史料方面，出版了《掌故汇编》（后改称《文献丛编》）58辑，编印《史料旬刊》40期，汇编了《筹办夷务始末》《清代文字狱档》《故宫俄文史料——清康乾间俄国来文原档》等史料。据不完全统计，中华人民共和国成立前，共编辑出版各类档案史料、书刊达54种358册，约1200万字，发表研究文章80余篇。

这时出现了故宫博物院发展及学术研究的黄金时代，那就是1928年至1933年文物南迁之前。这期间还有一件很重要的事，就是创办了《故宫周刊》。《故宫周刊》从1929年10月10日创办，连续出了510期。该刊图文并重，文字部分有专著、考据、史料、笔记、校勘、目录、剧本等。这反映了一种崭新的学风，是很了不起的。

记者：因为还有一个台北故宫博物院，所以故宫学也就不可避免地要涉及它，研究范围当然也应该包括它。您也曾表示，要"整合"故宫的资源，是不是也包括对台北故宫博物院的交流？在这方面，北京故宫博物院方面今年有无具体的计划？

郑欣淼：台北故宫博物院的清宫收藏也是很丰富的。它的全部65万件藏品中，有60万件是清宫旧藏。北京故宫博物院和台北故宫博物院，珍藏的都是中国传统文化艺术的精华，都负有弘扬中华文化的责任，而且两院的藏品本身就是一个整体，有很强的互补性。两岸故宫博物院应该有更密切的合作，但遗憾的是曾长期隔绝。现在虽还未有正式的合作方案和计划，但总是向前推进的。台北故宫博物院20世纪60年代才成立，成立虽晚，但起点较高，重视管理、收藏，整体来讲，学术资料的整理也是好的。这些年来，双方研究人员的学术文章都曾发表在对方的刊物上，两院的一些人员因业务关系，也曾到对方进行工作访问或学术交流。从学术发展看，两个博物院领导人都有加强联系、扩大交流的主观愿望。台北故宫博物院今年也搞80年院庆。他们为了院庆，搞宋代文化展。如果两岸故宫博物院合办一些展览，那肯定会收到更好的效果。

记者： 2月25日，您接受《人民日报》记者采访时表示，故宫学的研究领域包括明清档案。可自1980年故宫博物院明清档案部的800余万件档案划归国家档案局，正式成立中国第一历史档案馆，最近也有学者提出，故宫博物院查阅档案有时很不方便，而档案对于研究十分重要。对这个问题，从学术资源的整合角度，您有什么看法？

郑欣淼： 这里有个历史过程需要给大家说清楚。故宫博物院一成立，就在图书馆内设立文献部，以便保管清宫档案。1929年又专设文献馆，我国开始有了第一个具有近代意义的历史档案专业管理机构，同时也产生了我国近代第一批从事档案工作的专业队伍。故宫博物院对中国近代档案事业的发展做出了相当重大的贡献。1951年又将文献馆改为档案馆，后档案馆的隶属关系几经变更，直至1980年4月，故宫博物院明清档案部的800余万件档案再次划归国家档案局，正式建立中国第一历史档案馆，馆址现仍在故宫院内。

故宫博物院一成立，就把档案视为文物，一方面是它本身的重要价值，另一方面它是当时文书制度和文化用品的工艺水平的反映，特别是各种字体有很高的艺术水平和鉴赏价值。当时不仅举办过档案展览，而且常把档案和文物一起展出。因为这些档案不仅长期由故宫博物院管理、整理，且大多数档案本来就存在紫禁城内，与宫中建筑物及各个机构连在一起；它们不仅与宫中发生的重大事件有关，而且是了解宫廷历史文化的重要依据。因此，虽然现在这些档案不由故宫博物院管理，但对于故宫学研究来说却是离不开的相当重要的一个方面。当然，不是说所有的清宫档案都与故宫学有关，其中有一些关系相当密切，例如宗人府、内务府、銮仪卫等管理皇族及宫廷、王府事务机关的220多万件档案，对了解清宫典章制度及历史文化有重要价值。内务府所属机构的文件，如昇平署的剧本、戏单，御药房的脉案、配方，敬事房的宫廷陈设账，御膳房的帝后膳单等，都是研究宫廷历史文化极其珍贵的资料。内务府造办处承办宫中各项活计的1500余卷（册）活计档，对查考清代文物，研究各类活计制作工艺特点、历史地位及宫中文化艺术的发展，更有重要的历史价值。朱家溍先生整理出版的《养心殿造办处史料辑览 第一辑 雍正朝》，就引起研究者的高度重视。对于这些丰富的明清档案，有些学者也一再呼吁由故宫博物院来管，以便更好地发挥它们的作用。当然，这得由国家来决定。但无论由谁管理，它们在故宫学研究中的重要作用是改变不了的。再给大家介绍一点情况，台北故宫博物院的60万件清宫旧藏中，文献档案就占一半多，达38.6万多件，他们对这些档案的整理、利用工作也是做得好的。

记者：对故宫的保护，和对它的学术研究，还有商业性的开发，这几方面一直存在着矛盾。故宫学的提出，是否能起到一种协调的作用？

郑欣淼：首先，故宫博物院是个老单位，管理一直比较规范，虽也有商业性开发，但问题不是很突出。尽管如此，这几年我们仍然加强了管理，从为观众服务着眼，从社会效益出发，做了一些工作。比如，以前故宫内的厕所收费，一年收入就有340多万元，现在都取消了。故宫博物院又率先实行全国中小学生集体免费参观，花70多万元在全国中小学举办"故宫畅想"征文活动，组织少儿夏令营，成立游客服务中心，等等。

从2002年以来，我们对故宫进行大规模修缮，这不是换几片瓦、换几根柱子，而是整体规划、整体维修。其次是对文物进行彻底清理。故宫博物院藏有帝后的书画的数量不少，有2万多件。以前是当资料，不是当文物，这是很遗憾的。故宫博物院藏有成扇1.3万件，其中

7000余件属名人书画及扇面。而您知道，中国从很早就有在扇子上作画、题诗的传统，研究这些东西，对研究中国的艺术史、文化史，是很有学术价值的。我们准备在整理、研究的基础上，把所有文物藏品目录公开刊行，也出重要藏品的图录，估计会有五六百卷吧。在这个过程中，我们始终注意这么几点：一是这些是国家财产，一定要保管好；二是我们所做的工作要有利于社会，为人民群众服务好；三是要推动和提升故宫博物院的整体工作，包括故宫学的研究。您刚才说的这三个方面，我们当然会从协调统一的角度来考虑。故宫学的提出，当然会有利于这种协调。

记者：《故宫学刊》的新创是不是可以算作故宫学初步创立的标志？

郑欣淼：可能说"明确创立"更准确一些。一个学科能不能成立，有几个重要方面：一是这个学科研究的对象是什么，这个很重要；二是这个学科的研究，它的研究成果要有一定的基础。前面说了，我觉得故宫学是有一定基础的。我们优秀的传统文化，需要我们有一种新的眼光和视野，现实的学术研究的发展，也要求我们提出故宫学。

记者：有人提出，故宫博物院"多专家，少学者"。故宫博物院拥有很多有造诣的各方面专家，但是，高水平的、有理论深度的学术出自故宫博物院的较少。故宫学的提出，是否意味着故宫博物院总体上的一种转型？

郑欣淼：对于故宫博物院"多专家，少学者"的说法，我不大赞同。何谓专家，何谓学者，是不好截然分开的，也很难说谁高谁低。故宫作为博物馆，是以文物（可移动文物与不可移动的古建筑）作为研究对象，这不同于一般的主要以文献为对象的研究机构。故宫研究与文物的收藏、保护、展示不可分割。以鉴定来说，要收藏，就要鉴别真伪，就要划分等级，这就需要科学地鉴定，这是硬功夫，也是博物馆工作的基本要求。因此，故宫学术研究不是经院式的烦琐论证，也不是从书本到书本，它直接面对故宫博物院的文物、古建筑、档案、文献，对此进行客观分析、比较，解决宫廷历史人物和事件的物证与历代文物的真伪鉴定及其艺术价值、文化联系等诸多问题。总而言之，即以物证史、以物论史，或以物鉴物、以史论物等，都离不开史与物的辩证关系。例如，故宫博物院藏有15万件左右中国古代各类书画，由于故宫研究人员掌握了大量的具有鉴定标尺作用的书画，并对古代书画有着较为广泛的涉猎，因此在书画鉴定方面受到国内外的重视，故宫博物院研究人员也形成了重文献考据及鉴定的特色，其科研成果不断补充着艺术史的实际内容，在有些方面，例如宫廷绘画研究等，其成果都颇有影响。

当然，这并不是说故宫博物院学术研究不需要改进了。知识结构的欠缺，研究方法的单一，必要的相关理论的不足，学术视野的不够开阔，还是普遍的问题，从整体上影响着故宫出更大更多的科研成果。故宫学也是针对这种情况提出来的。从整合研究力量，规划研究方向和重点，加强薄弱环节，提高研究水平，从而加强故宫学学科建设，构建故宫学学科体系上来说，可以说是一种转型。但这种转型不是另起炉灶，从头开始，而是在继承与发扬故宫博物院80年来形成的良好的学术传统，包括学术成果、学术思想、学术风格、研究的思路和方法，以及不同师承的专家之间的团结与合作等基础上的转型，这是一笔宝贵的财富，不能抛掉。

记者： 故宫博物院将要成立两个研究中心，这与故宫学的提出有什么关系？

郑欣淼： 成立研究中心是从故宫博物院藏品实际、研究力量和研究基础等情况出发的。已经成立的是古书画研究中心和古陶瓷研究中心。故宫博物院的古书画藏品多达15万件左右，有各个历史时期的巨作名篇，80年来涌现出几代专家学者，研究成果也很丰富，在社会上有相当影响。故宫博物院所藏瓷器则多达35万件，又有几万件陶瓷标本，陶瓷鉴定研究也是专家辈出，世所瞩目。可以说，全国研究古陶瓷的力量，故宫博物院最为集中。这两个研究中心还聘请了一批国外及中国港台地区的有关专家学者做研究员。以后故宫博物院还将成立古建筑保护研究中心和明清宫廷史研究中心等。研究中心将根据不同的研究对象和范围，采取不同的活动方式，创造必要的条件。研究中心不是空牌子，为了确保研究质量，从研究场所、研究设备、文物资源的利用与保护、学术成果的出版与管理等方面都将有一套完整的章程和办法。研究中心的成立将为国内外专家学者开展合作性课题研究提供学术平台。研究中心不能代替丰富的故宫学的多方面研究，但研究中心的重点突破和研究方法上的创新，对从整体上提高故宫博物院的学术研究水平将起到重要推动作用。

（原载《中华读书报》，2005年8月17日）

故宫宝藏：80载学术研究与文化整理

采访者：《光明日报》记者 薄洁萍

栉风沐雨580余年的故宫，作为几百年历史的缩影，中华民族智慧的结晶，始终充满着神秘的色彩，散发出独特的魅力。在故宫博物院建院80周年之际，回顾、反思与展望、规划故宫的文化整理与学术研究，以便使更多的人认识、研究故宫的价值，无疑具有重要的学术和现实意义。

记者：故宫宝藏知多少？这是许多人关心的话题。我这里向您提出的宝藏问题包含多方面内容，既指80年来故宫学术研究、文化整理所取得的成果，也包括故宫博物院目前已经开始的为期7年的文物藏品清理工作的意义和价值。请谈谈这两方面的情况。

郑欣淼：故宫的宝藏可以分两类，一类是有形的，看得见的，如紫禁城古建筑，100多万件文物藏品；另一类是无形的，但也相当重要的文化遗产，如古代官式建筑的营造技艺、文物保护的传统技艺以及宫廷遗迹蕴含的丰富历史文化内涵等。故宫博物院成立以来，从自身特点及藏品实际出发，坚持开展学术研究，研究领域及成果涉及政体、典制、礼仪、典籍、档案、建筑、珍藏等方面。

从清室善后委员会开始直至博物院成立，故宫博物院就形成了一切"绝对公开"的好传统：一方面公开文物藏品，边清点清宫物品边整理出版，至1930年3月基本结束清点，《故宫物品点查报告》6编28

册就向社会公开刊行，117万余件物品赫然在列。这在当时是非常了不起的。另一方面认真整理档案文献，也尽量向社会公布，还有故宫典籍目录、书画集等，最有影响的是连续出版510期的《故宫周刊》，图文并重，图为介绍院藏各类文物包括古建筑物，文字部分有专著、考据、史料、笔记、校勘、目录、剧本等。这是一种崭新的学风，也使故宫博物院吸引并集中了许多一流的专家学者。

　　故宫博物院是宝藏集中之地，这些宝藏是专家学者研究的对象。但是，故宫博物院到底有多少文物？说实在的，确切的数字还不是很清楚。经过几代故宫人的整理、鉴别、分类、建档等，已基本上做到文物账目比较清楚，管理制度逐步健全。但由于宫廷藏品及遗物数量巨大、种类繁多、存贮分散，以及过去对文物认识的局限性等原因，虽清理过多次，仍存在某些文物账物不相符合、大量重要的宫廷藏品未列为文物、一些库房尚待进一步清理等问题。例如故宫博物院图书馆善本特藏已建账的达19.54万册，还有20余万块珍贵的印书用书版，这40余万件都应列入文物账进行管理。故宫博物院有10余万件"文物资料"，很大一部分是过去认识上的局限造成的。例如2万件清代帝后书画，因其中有代笔或后来认为水准不高便全部列为资料；又如过去只重视皇帝后妃的成衣，而把相当数量不同级别的官服补子，其中也有皇帝服饰上的补子，都作为服饰的"配件"来对待；再如清代"样式雷"制作的"烫样"，故宫博物院收藏最多，达80多件，也是作为资料由古建部管理。故宫博物院做了规划，从2004年至2010年，集中7年时间，对全院藏品及所有库房、宫殿进行一次全面彻底的清查和整理。据初步估计，经过清理，按照国家关于文物藏品的标准，故宫院藏文物总数可从现在的100万件（套）增加到150万件（套）左右。

　　这次文物清理有三方面意义：

　　其一，这是故宫博物院自身发展的要求。文物藏品是博物馆赖以存在及开展业务工作的基础，决定着博物馆的性质和价值。弄清故宫博物院藏品的种类和确切数量，才能对故宫的内涵、特点以及价值有更为全面准确的认识，也才会对它进行更为深入的研究。

其二，这是保护国家财产的要求。故宫博物院的丰富藏品是中华民族珍贵的文化财产，故宫博物院代表国家进行保管，弄清这些财产的底数并认真妥善地加以保管，是对国家对民族负责任的表现，是不允许有半点疏忽与懈怠的。

其三，这是发扬故宫博物院"绝对公开"好作风的要求。在认真清理的基础上，故宫博物院将适时编印《故宫博物院藏品总目》，并向社会公开发行，以便世人了解故宫藏品的奥秘，更好地为人们的观赏、研究等不同需要服务，也利于社会的监督。同时编辑出版《故宫博物院藏文物珍品大系》，这是一项卷帙浩繁、需要长时期努力的文化建设工程。

总之，文物清理并编印总目，既是博物院的基础工作，也是促进社会参与并推进故宫学术研究的重要举措。

记者： 故宫学作为一门学科被提出，实际上面临着由原来的课题体系（或专题体系）向学科体系的转变，有一个学科化的问题。这必然是一个比较长的过程，也需要各个方面研究力量的参与。请问故宫博物院在故宫学研究中有些什么举措？

郑欣淼： 尽管不少清宫旧藏散佚各地，但故宫只有一个，大量的宫廷历史遗存仍在，最为丰富的中国历代各类文化艺术精品在故宫，80年数代故宫人的研究成果引人注目。故宫博物院在故宫学研究中有着特殊的地位，它不仅要利用自身优势，在已有基础上有新的提高，而且要为海内外故宫学研究提供服务。

一是制订故宫学研究规划，把建立故宫学的学科目标、规划学科框架以及相应的人才培养作为规划的重要内容。扩大研究领域，加强薄弱环节，设立院一级的重点课题。在继续进行基础性研究和个案研究的同时，重视宏观性研究，即具有宫廷史的大视野，能够综合阐述宫廷史某一方面的规律性认识，近期在宫廷史研究上拟定的有《清代宫廷文化系列研究》《清代宫廷与藏传佛教》《清代皇家礼制研究》等。

二是加强基础建设。为了更好地为海内外故宫学研究提供服务，故宫博物院已投入大量人力物力，进行文物藏品的整理和目录的公开印行，加强故宫基础资料、史料的整理，编辑出版有关故宫文化遗产的志书、实录、编年、纪事等。例如有撰写的《故宫志》《故宫明清建筑大事纪年》等，有整理的《故宫博物院藏清宫陈设档案》《清宫武英殿修书处档案》等，还有收录80年来海内外研究故宫的《故宫研究论著索引》及《民国时期故宫出版物总目及篇目索引》等。同时加强本院学术著作的出版。

三是陆续成立几个研究中心。拟在近几年陆续成立古书画、古陶瓷、古建筑保护及明清宫廷史等4个研究中心。古书画、古陶瓷两个研究中心已积极筹建，今年10月正式成立。成立研究中心是从故宫藏品实际、研究力量和研究基础等情况出发的。研究中心聘请了一批院外、国外有关著名专家学者，为国内外专家学者开展合作性课题研究提供学术平台。研究中心不能代替丰富的故宫学的多方面研究，但研究中心的重点突破和研究方法的创新，对从整体上提高故宫学术研究水平将起到重要推进作用。

四是加强与有关方面的合作，发挥社会学术团体的作用。故宫学研究是个开放的系统。故宫博物院以开放的心态，吸引社会学术力量介入，加强与包括台北故宫博物院等在内的各方的合作交流。多年来，中国紫禁城学会、中国史学会清代宫廷史研究会、中国文物保护技术协会、中国博物馆学会、中国古陶瓷协会、中国玉文化研究会等学术团体与故宫及故宫研究联系较多，今后要继续加强联系，借助社会学术团体力量，共同推进故宫学研究的深入。

记者：世人眼中的故宫的价值与故宫实际的价值在认识上还有一定的差距，那么怎样从文化和学术的角度发掘故宫的价值，并为社会所深入认识？

郑欣淼：确实，对故宫的价值，人们普遍还是有所认识的，但这种认识与故宫的实际价值还是有距离的。以故宫的古建筑来说，它是世界文化遗产，是世界上现存规模最大、保存最完整的古代宫殿建筑群，每年有七八百万游客来此驻足观赏。但故宫不是一般的古建筑，它是皇宫，不仅集中体现了中国古代建筑艺术的优秀传统和独特风格，而且承袭了中国古代宫殿的传统形式、典制规范，在总体布局上最接近"左祖右社""前朝后寝""五门三朝"等封建礼制，在建筑设计上反映了中国传统哲学思想（如天人合一）、伦理思想（如皇权至上）、美学思想（如壮丽重威、平衡对称）以及阴阳五行学说等，就是它采用的颜色也很有讲究。不仅如此，这些建筑物不只是个"空壳"，与故宫博物院的150余万件（套）清宫旧藏密不可分。又由于明清24个皇帝曾在此执政，492年间中国历史上的许多重大事件就在此发生，其千门万户、一草一木都有丰富的内涵，都有说不完的故事。因此，要真正认识故宫古建筑的价值，就不是很容易的了。

要使故宫的价值为社会深入认识，我们认为应从两方面着手，一方面是加强故宫的学术研究，发掘它的深邃的内涵；一方面是重视向公众的宣传，这两方面又是互相联系、互相促进的。还是以古建筑为例，我们结合这次故宫维修开始编写"故宫古建筑保护工程实录"大型丛书，其中包括传统工艺和维修保护两部分。传统工艺又分大木、油饰彩画、装修、裱糊、琉璃、砖石、图样等类，主要是对传统工艺和技术即无形文化遗产的搜集、整理、记录，以利总结和传承。维修保护也有很多类，包括对建筑的历史、沿革、用途、史迹、价值、保存和使用状况的记录，以及这次维修的有关情况及实施过程。现在正在编写《武英殿》一书，这部重要的档案丛书的编写出版也是专题研究的成果，更为海内外的故宫古建筑研究提供前所未有的大量系统和翔实的资料。紫禁城学会在这方面的研究也是令人瞩目的。

另一方面是向普通游客的介绍，如举办宫廷原状陈列展，这是故宫特有的一类展览，可让人们知道在某个宫殿曾发生过的事，以及当时宫殿内的陈设，把建筑、文物和宫廷史结合了起来。正在咸福宫举办的慈禧生平展就是一例。另外举办紫禁城文化系列讲座，编印"故宫文丛""紫禁书系""故宫品位"系列丛书，向人们介绍真实的、完整的故宫，使一般观众从对故宫"游览"的心态转到对中华优秀传统文化的景仰，受到熏陶、启迪。而人们对故宫的渴求了解，也促使故宫研究的水平不断提高。这是普及与提高的辩证关系。

对故宫及其藏品的价值的认识，即使是故宫博物院的研究人员也是在不断加深的。故宫藏品都是物质形态的，但一些文物却是非物质文化遗产的载体，以前只重视保护文物，对其所承载的非物质价值则重视不够，现在认识有了很大提高。例如故宫藏有古琴46张，其中属于唐、宋、元三代的典型器就占藏琴的1/3，在全国博物馆藏琴中居于首位。对这些古琴的断代、保护，故宫曾做了大量工作，但对古琴艺术的传承却未给予更多重视。古琴在我国已有3000多年的历史，它和中国的书画、诗歌以及文学一起成为中国传统文化的承载者，它的演奏是一种高雅的象征，成为一种贵族和文人的精英艺术。随着时代的变化，古琴作为修身养性的传统功能几乎已经完全消失。现在联合国教科文组织公布古琴艺术为世界非物质文化遗产的代表作，我国也制订了一个庞大的研究计划。古琴与古琴艺术是两回事。对藏有古琴最多的故宫来说，我们认识到不只是要把古琴保管好，还要研究古琴，在传承古琴艺术上做贡献。最近我们正在编印一本叫《故宫古琴》的书，除了收录院藏古琴的图像外，还测绘了古琴线图和可以窥见其内部构造特点的CT（计算机层析成像）平扫图像，以供海内外制琴家观察研究，从而仿制出更多音韵绝伦的七弦琴，以使中国古代优美的琴曲得到充分表现。

（原载《光明日报》，2005年8月30日）

北京故宫：宫殿就是第一宝

采访者：《往来》记者　高晶

　　作为历史的珍藏，文物颠沛流离及最终居所的确定，或有机缘巧合的命运使然。这样的感慨大约也适用于本刊对郑院长的采访经历。想在半月前，我们约请郑院长采访时，他正在遥远的西藏阿里考察古格王国遗址，我们的采访计划因此搁置，后又因缘巧合，采访方得以落实。在炎热笼罩之下的广州，近两个小时的高密度访谈，我们获得了更为充沛、真实的故宫信息。80年犹如白驹过隙。那些穿越千年不曾湮灭的文物自有它们的使命，进入耄耋之年的北京故宫博物院也有着高远的目标。而访谈与聆听的过程，原来可以与文物一样美丽。

（一）八十华诞看《故宫》

　　记者：北京故宫博物院80周年大庆的活动重点有哪些？

　　郑欣淼：今年是故宫博物院建院80周年，我们安排的纪念活动主题是"保护世界遗产，弘扬中华文化"。活动从去年就陆续开始了。今年5月一直到10月间，庆典活动的重点将安排一系列珍品展览，如"清宫典籍文化展""瑞典藏中国陶瓷展""首届中国当代名家书画收藏展"等。此外还将举办古书画、古陶瓷、古建筑等多场国际性的学术会议。届时，也会推出大量高品质的文献资料和视听资料。比如，与中央电视台合作拍摄的电视文化专题片《故宫》将在10月首播。这是故宫历史上最重要、最全面，恐怕也是绝无仅有的一次拍摄，它所反映的故宫，好多是人们所未知的。

记者：您曾经提出在2005年，也就是故宫博物院建院80周年的时候，两岸故宫博物院实行联合展出。这个提议的结果怎样？随着两岸关系的和解，两岸故宫博物院以后能否合二为一呢？

郑欣淼：多次提出过。由于台北故宫博物院和北京故宫博物院的特殊渊源，两者收藏的文物也都是中华民族的历史遗产。如果80周年可以办联展，那么对于两岸民众乃至国际社会都是好事情，可以促进两岸文化认同，可以让更多人了解中华民族的历史文化。但台湾方面有顾虑，所以，我们这次80周年庆典没有共同的活动。无论怎样，故宫文物是我们祖先留下的，虽然现在分在两地，但是谁都应该承担起传承和发扬的历史责任，至于两个故宫博物院的合二为一，我想这不仅是我个人的愿望，相信也是绝大多数中国人所盼望的。历史会做出回答。

（二）说台北故宫博物院一言难尽

记者：您在2003年参观了台北故宫博物院，当时的参观内容是什么？您对台北故宫博物院之行有何体会？

郑欣淼：台北故宫博物院的65万件文物中，60万件是清宫旧藏，因为历史的原因运过去的。我是北京故宫博物院院长，看了以后感触是很深的，简单的一两句话也说不清楚。

当时看的东西不少，一个是他们的展览，还有是他们认为的"镇馆之宝"，比如毛公鼎、翡翠白菜等。他们还带我看了地下库房，看了一些书画和档案，比如清末皇帝发给五大臣留洋的国书。当时他们问我，北京（故宫）有没有这个东西，我说应该有的。回来一查，确实有，但现在已由中国第一历史档案馆保管。总体上来说，台北故宫博物院虽然是1965年才成立，但起点比较高，文物的管理也细致，资料、档案的整理也很不错。

记者：如何看待两岸的故宫博物院？近年来，两岸故宫博物院有些什么交流？

郑欣淼：两岸故宫博物院的同时存在是由于特殊的历史原因造成的。台北故宫博物院的60万件清宫旧藏，与北京故宫博物院的藏品本来就是一个整体，而有的一套完整的藏品现在分存两地。例如清乾隆皇帝为庆祝其生母崇庆皇太后八旬万寿，特制泥金写本《甘珠尔》108函，现台北故宫博物院存12函，北京故宫博物院藏96函。遗憾的是，由于多种原因，两个故宫博物院曾长期隔绝。从20世纪90年代初两岸故宫博物院合作编辑《国宝荟萃》以来，虽至今未有正式的交流，但是，两岸藏品之间的割不断的联系以及所承载的共同的民族记忆，决定了两岸故宫博物院之间不可能长期隔绝下去。事实上，学术交流已以不同方式在进行。去年石守谦先生就任台北故宫博物院院长后，我们俩都表示了加强联系、扩大交流的愿望。故宫博物院八十华诞之际，两岸都在隆重地纪念。我相信，今后两岸故宫博物院在交流上会有切实的行动。

记者："故宫的精华在台北""北京有故宫没文物"之类的说法，您怎么看待？

郑欣淼：台北故宫博物院的65万件藏品，其中38.6万件是档案。北京故宫博物院有多少？曾有800万件档案。传统的古物，例如书画、青铜器等他们有5万件，我们有100多万件。北京故宫博物院的珍宝馆是世界上特有的，展出的是国之瑰宝；收藏的早期的英国等西方钟表，那些国家现在都没有我们的藏品多。战国时期秦国的石鼓，有2000多年历史。蒋介石想带走啊，飞机带不动，一个就有一吨。要说"镇馆之宝"，我感到很难说，因为每一个艺术门类都有一批巨作珍品。北京故宫博物院有15万件中国古代书画作品，占到世界公立博物馆所藏中国古代书画的1/4，其中《清明上河图》《兰亭序》及"三希"中的"两希"——王献之《中秋帖》、王珣《伯远帖》等，都是世人皆知的国宝。您去台湾时看到了另外"一希"——王羲之《快雪时晴帖》吗？他们没有给我看，当时我也没有提出这个要求。（哈哈大笑）

对文物，我不主张谁的好谁的不好，每件文物都是不可替代的。文物不好分高下。只有从整体上来看两岸故宫博物院的藏品，才能全面认识中华文化的源远流长和博大精深。之所以有"北京有故宫没文物"的说法，说明外界对北京故宫博物院还不了解，当然，我们的宣传和服务也不够。比如目录的编制工作应加强。我们有个七年规划，从2004年到2010年，将对文物做一番彻底清理、编目，重要的文物都要印制图录，向社会公开发行，更好地为社会服务。

（三）要"康乾风貌"舍"金碧辉煌"

记者： 故宫正在进行百年来最大规模的维护整修，到今年10月，也就是故宫博物院建院80周年的时候，它会进展到什么地步？

郑欣淼： 现在工程正按计划顺利进展，但是三大殿（太和殿、中和殿、保和殿）、后三宫（乾清宫、交泰殿、坤宁宫）的维修则要院庆后开始。修缮坚持"完整保护，整体维修"的原则，以保持故宫的历史真实性和完整性为出发点，以总体恢复故宫盛世的历史风貌、充分展示其文化内涵为目标。这项到2020年完成的宏大工程，每年平均投入1亿多元，到2008年北京奥运会前，完成故宫重点古建筑的维修保护任务，开放面积由现在的43万平方米扩大到57万平方米。到2020年故宫建成600周年时，全面完成故宫古建筑的内外环境整治和整体保护，使其常规维护全面进入良性循环。

记者： 故宫整修在您的日常工作中占了一个什么样的比重？它的困难在哪里？取得了哪些进步？

郑欣淼： 比重很大啊。因为故宫的维修不是简单的弄个瓦，换个柱子。它和整体规划有关系。例如过去的宫殿没有电路，我们现在就要考虑这些基础设施，此外，维修还要把具体的使用功能结合起来。比如是做展览还是做库房，要求肯定不一样。

困难是未知的，很多事情出乎预料，比如武英殿维修的时候，局部落架后，工人们才发现原有的大梁早已糟朽不堪，空手就能掏下整块木渣。于是不得不换上新的。维修工作尽管头绪很多，但现在的工程管理基本步入正轨，不像开始那么忙乱。工程按照正常的计划在进展，而且得到了很多国际上的支持，比如太和殿保护，意大利政府派专家来和我们一起工作。还有美国世界建筑文物保护基金会出资修缮倦勤斋。

记者：维修当初，有媒体曾对维修的质量、专业人才的短缺以及技术攻关等方面提出过质疑，经过三年的维修实践，以上的问题解决得怎样了？

郑欣淼：基本上得到解决了。当然，还不断有新的问题出现。有问题，只要下功夫，就一定能找到解决的方法。比如倦勤斋的内装修保护，经过寻访我们最终在四川等地找到了那些传统的材料和工艺。这在某种程度上也是对传统工艺的抢救。

记者：熟悉古法的老工匠越来越稀少，你们如何解决人才问题？

郑欣淼：我们在新中国成立初就成立了一支100多人的维修队伍。（他们有什么特别之处吗？）他们的专业就是搞这个的，长期就在故宫里维修，"文革"的时候都没有停过，"文革"期间几乎每年也都有工程。

记者：故宫大修以后，会以什么样的面貌出现在世人面前？

郑欣淼：有人说要"康乾盛世，金碧辉煌"。我不赞成后半句的提法，认为前半句改成"康乾风貌"可能好些。改变它破旧的现状，恢复康乾盛世时的风貌是没错的。可"金碧辉煌"与保持文物原状是有矛盾的。过去的宫殿的确金碧辉煌，每年都有专门款项用以维修，叫作岁修。而现在我们在维修的时候把故宫当作文物来对待，要保持它的原状。故宫里还有一部分没有开放的地区破败不堪，维修工作在某种意义上也属于抢救工程，因此肯定不能搞得像新的一样。

（四）院长最爱故宫建筑

记者：北京故宫博物院浩如烟海的藏品中，您最喜欢什么宝贝？

郑欣淼：门类太多了，每一方面都有代表作。（沉吟片刻）我个人认为故宫博物院最了不起的艺术品就是故宫的古建筑，它是一本大书、读不尽的书。它是一组精美的艺术品，它本身有着丰富的历史文化内涵，例如其建筑设计反映的中国传统哲学思想（天人合一）、伦理思想（皇权至上）、美学思想（壮丽重威、平衡对称）以及阴阳五行学说等，都需要人们在欣赏中仔细地品读、理解。它是中国传统文化最有代表性的载体之一。这一点，我感受很深。故宫有整体上的一致性，不同的宫殿又各有千秋。

记者：故宫博物院未来的发展方向应该是什么？

郑欣淼：故宫博物院的定位问题比较复杂，它不只是一个单纯的艺术博物馆，而是同时具备建筑博物馆、历史博物馆、宫廷文化博物馆等特色，并符合国际公认的"原址保护""原状陈列"基本原则的博物馆和文化遗产。它不是简单的搞搞收藏的博物馆，它是皇宫变成的博物馆。故宫古建筑代表了中国官式建筑的最高等级，是世界文化遗产。博物院一方面是宫殿，一方面有藏品。宫殿本身是艺术品，藏品和宫殿的关系不是彼此孤立的，而是有内在联系。因此，故宫博物院特殊的定位决定其发展在认真保护的基础上，还要从管理以及信息化等多个方面进行努力。

记者：故宫博物院有100多万件藏品，而日常展出的是1万多件。展出能力和社会需求存在差距，有什么举措改善这种状况？

郑欣淼：现在固定展出的文物应该有2万件。虽说故宫博物院有100多万件文物，但是很多东西不会拿出来，例如35万件陶瓷，许多是重复的，全部展出没有意义。我们现在搞专题展览，比如故宫博物院有好几千件如意，我们就选择有代表性的进行展出。我们还搞了玻璃器展，效果非常好。

但是北京不像有的地方，博物馆很少，搞个活动往往很热闹，容易引起轰动。北京博物馆多，文化活动也多，大众的热情被分散了。2003年，我们曾把《清明上河图》以及"三希"中的"两希"拿出来展览，观众的反应没有我们预期的那么高。故宫又那么大，展览虽多但比较分散，游客兜一圈，看完古建筑就人困马乏了。所以，我们现在准备搞一个能集中展示故宫文物的现代化展馆，目前正处在讨论阶段。

（原载《往来》，2005年第9期）

昔日千古帝王家，今天公民博物馆

采访者：《时政瞭望》记者　成娟

记者：郑院长您好，今年是故宫博物院成立80周年，首先向您表示衷心的祝贺！自冯玉祥将军将逊帝溥仪赶出故宫从而成立故宫博物院到今年，故宫博物院已经走过了整整80年的风雨路。这80年，故宫博物院经历过挫折，也面临过各种机遇，您能为我们具体谈谈故宫博物院这80年的历史吗？

郑欣淼：故宫博物院是在反对逊帝溥仪复辟的激烈斗争中由社会进步人士坚持力争并倡议成立的，成立后又受到北洋军阀的百般干扰，经历了艰难的岁月，本身有着不平凡的历程。1928年故宫博物院由国民政府接管，直属国民政府。1931年"九一八"事变后，为了保护中华民族的珍贵文化遗产，故宫博物院数十万件文物分五次南迁到南京。后又分三路西迁至四川，历时十余年，行程数万里，经历艰苦卓绝。

记者：我们知道在中华人民共和国成立前夕，故宫博物院中的一部分文物被运到了台湾，1965年在台北近郊外双溪建立了台北故宫博物院。很多人认为，北京故宫博物院和台北故宫博物院相比只有建筑，没有文物。对于这一说法您怎么看？

郑欣淼：这个问题许多人不清楚，有误解，其实北京故宫博物院不仅藏品远远多于台北故宫博物院，而且总体上精品也多于台北故宫博物院。首先，故宫博物院成立之前，逊帝溥仪将1200余件书画精品、古籍善本和大量珍宝盗运出宫。中华人民共和国成立后，其中相当部分重新回到了北京的故宫博物院，如《清明上河图》《韩熙载夜宴图》《五牛图》，以及早年流出宫外的《伯远帖》《中秋帖》等。其次，1933年故宫南迁文物共13491箱，但北平故宫本院所留文物仍相当多，其中有不少是珍品，沦陷期间继续清点未曾登记的文物，并征集了一批珍贵文物。1949年，国民政府曾下令马衡院长选择留平文物精华装箱，分批空运台湾，马院长虽将珍品编目造册报南京，但以各种理由推延装箱，后来一箱也未运走。南迁文物后来运台2972箱，占南迁箱件数的22%，当然多是精品。其实留下的78%中精品也相当多。国民党向台湾运文物，因战争形势突变只运了三次，第三次拟搬运1700箱，由于运输舰舱位有限，加之仅有24小时装船时间，结果只运出972箱，另728箱也留在了大陆。最后，两岸故宫博物院文物藏品构成上稍有不同。运台故宫文物约60万件，其中清宫档案文献38万件，善本书籍近16万册，器物、书画5万余件，加上抵台后征集的文物，总计65万余件。北京故宫博物院原有明清档案800万件，善本特藏50多万册（件、块），器物、书画100万件，总计曾达960万件。1980年明清档案划出，成立中国第一历史档案馆；又将包括部分宋元书版在内的14万册宫廷藏书拨交国家图书馆及一些省市和大学图书馆。现北京故宫博物院有藏品150余万件，其中1949年后征集24万多件，80%以上仍为清宫旧藏。

记者：中华人民共和国成立后，北京故宫博物院又经历了哪些发展呢？

郑欣淼：中华人民共和国的成立，使北京故宫博物院有了稳定的发展环境，各项工作全面开展：为了改变紫禁城破败面貌，大力整治内外环境，清除垃圾，进行了一系列古建筑修缮工程；清理、鉴别、分类和整理藏品，建立统一账号，设立文物库房；努力征集文物，丰富馆藏；设立保管、群工、古建等部门，建立和健全规章制度；成立学术工作委员会、文物鉴别工作委员会、编辑工作委员会、文物收购委员会等组织；做好古代艺术品的陈列及宫廷史迹的陈列；引进大量人才……

记者： "文化大革命"期间，全国的很多行业都受到了非常大的影响，故宫博物院此时有没有受到影响呢？

郑欣淼： "文化大革命"对故宫的影响是非常大的。"文革"开始后，故宫博物院停止开放，各项业务工作陷于瘫痪状态。1971年7月恢复开放后，由于"左"的思想路线的干扰，陈列等业务工作仍无大进展，学术研究也处于停顿状态。

记者： 有人说，随着中国的改革开放，故宫博物院得到了长足的发展。您怎么看这一观点？

郑欣淼： 中国共产党十一届三中全会的召开，宣告中国进入改革开放的新时代，故宫博物院也如沐春风，得到了快速发展。1979年恢复《故宫博物院院刊》，1980年创刊了以发掘展示宫廷历史文化为核心内容的文化艺术性杂志《紫禁城》，1981年成立了出版工作委员会，1983年建立了紫禁城出版社。这一切都为故宫学术研究提供了良好的条件，形成了比较浓厚的有利于学术发展的氛围，且许多老专家勤奋著述，成果迭出，出现了一批著作集中出版的小高潮。20世纪90年代以后，故宫博物院成立了中国史学会清代宫廷史研究会及中国紫禁城学会。这两个学会的成立有重要的意义，使故宫研究的力量从故宫博物院扩大到更多的相关机构与专家学者。社会力量的广泛参与，给学术研究带来了新鲜的空气和力量，使研究成果不仅数量上明显增多，而且扩展了研究的视角。并且随着故宫博物院对外交流的增加，许多研究人员到国外讲学，参加学术研讨会或当访问学者，增加了专业知识，开阔了学术视野，提高了研究能力。可以这样说，没有改革开放就没有故宫博物院的今天。

记者： 故宫博物院80年华诞可以说是一件非常重大的事件，国内外很多人士都非常关注此事，针对这一盛事，故宫博物院方面有什么纪念活动吗？

郑欣淼： 为了纪念故宫博物院成立80周年，我们安排了主题为"保护世界遗产，弘扬中华文化"的一系列纪念活动。其实从2004年，我们就已经开始了一些活动，例如向全社会公开征集故宫博物院院徽设计，进行故宫整体视觉标志形象设计，最近已正式发布了院徽和80周年院庆专用标志；与中央电视台合作拍摄的总长度达2800多分钟的百集电视文化专题片《故宫》，今年10月将首播12集精华版，每集50分钟，这是故宫历史上最重要、最全面，恐怕也是绝无仅有的一次拍摄，它所反映的故宫，许多是人们所未知的，相信会给观众带来惊喜；去年10月，我们还在紫禁城里举办了以"文明对话"为主题的全球40多位著名摄影家的300多幅优秀作品展，举办了国际摄影论坛，在故宫进行摄影创作活动，正式拉开了纪念故宫博物院成立80周年活动的序幕。

记者： 那今年将举办哪些纪念活动呢？

郑欣淼： 今年举办的重大活动，主要有4个方面：一是展览，5月至7月在午门举办"'太阳王'路易十四——法国凡尔赛宫珍品特展"，中法两国总理共同为展览揭幕；8月在武英殿举办"清宫典籍文化展"；9月在午门举办"瑞典藏中国陶瓷展"，以及在神武门举办"首届中国当代名家书画收藏展"。另外，带有原状式陈列的"慈禧生平展"、"清宫戏曲文物展"以及"清宫卤簿仪仗展"等都已开展或即将开展。二是举办多个国际性学术研讨会。与国家清史编纂委员会合作召开的"故宫博物院八十华诞暨国际清史学术研讨会"就在8月下旬举行，这是中国社科界参加人数最多的一次国际性会议。10月份的"紫禁城古建筑""中国古书画""古陶瓷"三个国际学术研讨会的同时召开，以及设在延禧宫的故宫博物院古书画研究中心与古陶瓷研究中心的正式挂牌成立，既是纪念活动的高潮，也是故宫博物院研究迈入新阶段的标志。三是出版。已历时10年的《故宫博物院藏文物珍品全集》60卷全部出齐；出版宣传介绍故宫的近70万字的《故宫志》以及《故宫博物院八十年》、《故宫博物院年鉴》（2004）、

"故宫珍品"（分建筑、珍藏、典籍三卷）；出版了纪念向故宫捐献文物的《捐献铭记》及郑振铎、马衡等专集；一些故宫专家学者的文集以及"故宫文丛""紫禁书系""故宫品位"系列丛书也得以出版。四是其他重要活动，在景仁宫办捐献文物专馆，把80年来向故宫捐献文物的人的名字刻在墙上，永远纪念；举办主题是"新世纪博物馆面临的挑战与机遇"的中、英、德、日、美博物馆馆长紫禁城对话；等等。

记者：我们知道为了庆祝故宫博物院成立80周年，博物院除了举办了一系列的庆祝活动，还对故宫进行了一系列大规模的修缮。听说试点工程武英殿的修缮工程已经完工了？

郑欣淼：是的。故宫这次大修从2002年开始，到2020年结束，历时近19年，整个费用达19.5亿人民币。这也是自清朝后第一次进行这么大规模的修缮。

记者：故宫的古建筑已经几十年没有进行大规模修缮了，在许多传统材料、传统工艺已经失传的前提下，我们是如何解决古建筑修缮中最关键的"铁三角"——木、瓦、油（颜料）的难题的？

郑欣淼：皇家宫殿的体量一般都很大。武英殿里最大一根木架梁的原料需要一根12米长、直径1.15米的红松，我们现在是不能满足这一需要的，只得靠使用钢芯这一办法解决问题。

记者：听说木料的干燥程度也是一个难题。

郑欣淼：是的，故宫的备料工作从大修前便开始了。目前北京市场上的木材含水率偏高，所以我们提前准备。

记者：武英殿的琉璃瓦是全部更换吗？

郑欣淼：武英殿的琉璃瓦并非全部更换。釉面破损超过50%，或者出现裂纹的瓦才会被换掉，此次武英殿大修更新了近一半的琉璃瓦。因为近些年仿古式建筑一直很热，所以北京周边有不少生产琉璃瓦的厂家。故宫专家经过仔细考察确定了几家生产厂。为故宫生产的琉璃瓦有单独的样式要求，都是手工加工。瓦胎的土料都是来自门头沟。修好后的武英殿色彩鲜亮。但修缮所使用的颜料已经不是传统的矿物质颜料，目前所采用的是化学颜料。两相比较，化学颜料在质感上发轻发飘，而且颜色的鲜艳、润泽都不及矿物质颜料保持得长久。

记者：一提紫禁城，人们联想到的第一个形容词就是"金碧辉煌"，听说故宫房檐上的各种图案都是用黄金贴成的？

郑欣淼：您说的是"贴金"，就是把黄金捶成薄薄的金片，在房檐上贴出各种图案。这也是修缮工作中非常重要的一个环节。武英殿原用金箔的厚度是0.12微米。但按照这个厚度，用现在的金子打制出的金箔贴上去之后，容易老化、变色，甚至破损、脱落。专家们把金箔的厚度增加到不低于0.15微米，才使问题得到解决。

记者：对于故宫，大家最关心的恐怕就是故宫里究竟藏着多少宝物。听说故宫博物院正在进行清查文物藏品的工作？

郑欣淼：是的，彻底弄清文物藏品的家底，是几代故宫人持续为之努力的一件大事，也是目前有待完成的一项工作。故宫博物院正在制订规划，决定从2004年至2010年，集中7年时间，对全院藏品及所有库房、宫殿进行一次全面彻底的清查和整理。据初步估计，经过清查，按照国家关于文物藏品的标准，故宫院藏文物总数可从现在的近百万件增加到150万件（套）以上。

记者：我们知道故宫博物院以前已经进行过四次清查，那为什么还要进行这次清查工作呢？

郑欣淼：经过几代故宫人的整理、鉴别、分类、建库等，现在基本上做到账目比较清楚、管理制度逐步健全。但是，由于宫廷藏品及遗物数量巨大、种类繁多、贮存分散，以及过去对文物认识的局限性等原因，虽进行过多次清查，仍存在某些文物账物不相符合、大量重要的宫廷藏品未列入文物、一些库房尚待进一步清理等问题，而且至今院藏文物还没有一个确切的数字。所以我们需要进行这次大清查工作。

记者：您能向大家介绍一下这次彻底清查故宫博物院文物的工作

内容吗？

郑欣淼： 故宫博物院这次文物藏品的彻底清查，包括点核、整理、鉴定、评级等一系列工作。具体来说，主要有八方面的内容：（1）继续完成90余万件文物账、卡、物的"三核对"任务。（2）审慎地整理"文物资料"。"文物资料"是故宫博物院当年评定文物等级时，对于认为不够三级文物而又有着文物价值，即介于"文物"与"非文物"之间藏品的称呼，大约10万件。这次清查中，对这约10万件"文物资料"要进行认真的整理、鉴别，凡是够文物定级标准的，都应登入文物账并进行定级。（3）对未登记、点查的藏品彻底清查。（4）在全面清查中重视发现文物藏品。（5）把图书馆应列为文物的善本、书版等归入文物进行管理。（6）解决文物藏品的统一管理问题。（7）编印文物藏品总目及珍品图录。（8）结合清查做好文物的鉴别定级。相信这次的清查将全面摸清故宫的文物家底。

（原载《时政瞭望》，2005年第9期）

故宫 80 年风雨路

采访者：《新京报》记者 蒋鑫彦

明永乐四年（1406年），故宫铺上了第一块基石。近600年来，这个占地72万平方米、建有9000余间房屋的庞大宫殿建筑群，经历过数起大风大雨。它见证了两代王朝的兴盛与衰败，目睹了24位帝王的沉浮变换；在这近600年里，它饱受过战乱，经历过焚烧，更遭受过外敌的蹂躏。1925年，故宫经历了历史上最剧烈的变化，这座曾经戒备森严的深宫禁院，变成普通百姓游览观光的博物馆。80年后的今天，故宫博物院成为世界上馆藏最丰富的博物馆之一。

9月27日，太阳微醺。在古朴庄重的故宫博物院里，本报记者采访了故宫博物院院长郑欣淼先生。

记者：郑院长您好！首先祝贺故宫博物院建院80周年。作为院长，您如何评价故宫80年来的经历？

郑欣淼：故宫博物院是在反对逊帝溥仪复辟的激烈斗争中，由社会进步人士倡议成立的，成立后又受到北洋军阀的百般干扰，经历了艰难的岁月，本身有着不平凡的历程。它是中国近现代社会变革、文化转型的产物，见证了历史的沧桑。经过80年的发展，今天，它作为中华民族历史和传统的重要象征，正为人们所深刻认识和空前重视，同时也成为世界上最著名、馆藏最丰富的博物馆之一。

记者：这80年来，故宫博物院都经历了哪些磨难？

郑欣淼： 这期间有好几次大的动荡。故宫博物院成立之初，由于北洋军阀政府内战、政局不稳等原因，从1926年3月到1928年6月两年多，就经过维持员、保管委员会、维持会、管理委员会四个时期，院方领导有四次"改组"，这是成立初期的磨难。从1933年开始的文物南迁、西迁是一次。历时十余年，行程数万里，经历过炮弹轰炸、强盗窥伺等。这个过程中文物基本无损，创造了一个奇迹。这是人所共知的大磨难。但文物南迁之后，部分文物精品被运到台湾，1965年成立台北故宫博物院。中华人民共和国成立后，故宫博物院步入发展正轨，出现了新的气象，但在20世纪60年代"横扫一切"的"文化大革命"时期，故宫又遇到了一场磨难，当时曾有过一个荒诞可笑而又十分可怕的"整改方案"：在太和殿前竖起两座大标语牌，一东一西，高度超过38米高的太和殿，用它压倒"王气"；太和殿宝座要搬倒，加封条；把过去供皇帝主持大典前临时休息的中和殿，改建为"人民休息室"等。这个方案中有的项目竟实现了。后来因为其他原因才得以幸免。

此外，地震、火灾、雷灾带来的损害也难以避免。1976年的唐山大地震，故宫的部分古建受损。火灾、雷灾以及自然环境等，一直给故宫带来损害和影响。

记者： 80年一路走来，一直秉承的理念是什么？

郑欣淼： 80年来，故宫博物院一直致力于继承、发扬优秀的传统与学风，秉承"开放的故宫"这个理念。当年清室善后委员会一方面公开文物藏品，边清点清宫物品边整理出版，至1930年3月基本结束清查，《故宫物品点查报告》6编28册就向社会公开刊行，117万余件物品赫然在列。这在当时是非常了不起的。

另一方面认真整理档案文献，也尽量向社会公布，还有故宫典籍目录、书画集等。最有影响的是连续出版510期的《故宫周刊》，图文并茂，图为介绍院藏各类文物包括古建筑物，文字部分有专著、考据、史料、笔记、校勘、目录、剧本等。目前故宫博物院还在对文物进行清点，在清点完文物后，将编印《故宫博物院藏品总目》和《故宫博物院藏文物珍品大系》，向社会发行，以更好地为人们的鉴赏、研究等不同需要服务。也希望社会能更好地对故宫博物院的文物保护等进行监督。这和建院初的"绝对公开"一脉相承。

应该说，"绝对公开"的好风气，在相当一段时期里我们坚持得并不够好。改革开放27年来，这个好传统得到恢复并发扬光大，特别是近些年来有了更大的进步，它不只反映在文物清理上，还表现在学术研究、文物陈列展览、文物保护、古建维修等多个方面，主要特点就是树立开放心态，勇于打破封闭，加强对外交流与合作，加强博物院与社会的联系。这是故宫博物院保持生机与活力的重要保证。故宫博物院现在正这么做，今后还要越做越好。

记者： 目前故宫正在进行长达近20年的大修，请问大修的原则和目标是什么？

郑欣淼： 故宫的维修工作其实从来就没停过，只是规模不同。但此次持续到2020年的大修是要贯彻"完整保护，整体维修"的方针，有些建筑带有抢救性质，因为经过这么多年，故宫有的地方已经很破败了。国家对故宫很支持，大修中，平均每年投资1亿多元，总工程下来是19亿元多。大修的目标是实现故宫的完整保护，再现庄严、肃穆、辉煌的盛世风貌，充分展示故宫的历史文化内涵与价值。"不改变文物原状"是我们执行的总原则，经过维修，让大家看到故宫就能想到当年国力强盛的样子。2020年是紫禁城，也就是我们说的故宫建成600周年。因此，大修之后，故宫将进入一个新的发展时期。

记者： 作为试点工程的武英殿已经竣工，有人说它太"新"了，而且保留了民国时期的一些东西，反映不出所谓康乾盛世时的风貌。

郑欣淼： 现在在文物大修中，有种通俗的说法是"修旧如旧"，其实理解是有偏差的。从新旧的角度讲，传统工艺决定了建筑刚修好时显示出来是会比较新的。但经过一两年后，就会慢慢定型。

所谓恢复康乾盛世风貌，不是说某处宫殿在康乾时期是个什么样子，就变成什么样子，不能那么简单。我们想的是在整体风貌上，经过维修以后，它能体现出来。武英殿在历史上也修过，目前还保留着民国时期的一些东西，比如民国时开凿的十几扇采光窗还在，保存得也非常好，这是一段历史的记录。因此修的时候，我们就没有再按清代风貌重新把它们砌死，这样一来并不会破坏建筑的历史感，二来也同样保持了与故宫整体风格的一致。

同时，大修也不仅仅是对建筑的修复，还要考虑到使用功能。比如武英殿现在是书画展室，这就不得不引进一些现代设施：消防报警器、防盗器、照明等，但我们会把这种影响降至最低限度。

记者：故宫大修中需要用到很多传统工艺，工作人员曾经到全国各地寻找民间艺人。怎么解决传统工艺失传的问题？

郑欣淼：2002年10月，我们启动了大修工程。一个是我们有大批的古建维修方面的专门人才，另外一个对我们传统的建筑技术、建筑工艺等方面，也是一个挖掘和整理的过程。

外界所报道的我院科技部的相关人员曾走访全国很多地方，寻找一些民间艺人，主要是为了进行乾隆花园建筑内装修的修复。这部分本来就是南方工匠制作的，工艺和材料都是南方的。故宫大修工程涉及的绝大部分传统工艺并没有失传。事实上，半个多世纪以来，故宫博物院一直有一支专门队伍，使用传统工艺，最多的时候达到了一百人，他们中的很多人都身怀绝技。同时，很多专家会收上几个徒弟，对徒弟进行专门培养，从而让这些传统工艺得以传承下去。

同时，在全国各地，还有很多这样的老艺人。事实上，只要下决心了，也付出努力了，很多濒临失传的传统工艺都能找到精通它们的艺人。

记者：那么，故宫博物院目前的传统工艺人才培养是有规划的还是自发的呢？

郑欣淼：当然是有规划的。这不仅仅是传承故宫的保护工艺，更是对非物质文化遗产的一种保护。

记者：故宫博物院有着丰富的馆藏，目前其对外展出精品怎么样？

郑欣淼：故宫博物院的藏品可以分两类，一类是有形的，看得见的，如紫禁城古建筑，大量的历代艺术瑰宝；一类是无形的但也相当重要的文化遗产，如古代官式建筑的营造技艺、文物保护的传统技艺等。只有把故宫本身与故宫的文物结合起来研究，才能体现故宫的真正价值。

目前，故宫博物院的藏品有150余万件（套），约占全国文物系统馆藏文物总数的1/10，其中一级文物约占全国一级文物总数的1/6，不仅藏品等级高，而且品类全，包括了历代各门艺术的珍品。目前的开放面积约占总面积的1/3。经常在院展出的文物近万件，另外每年有上千件文物在国内外展出。

记者：针对这个数字，有人说，跟国外的一些博物馆比起来，藏品展出的比例太小了。

郑欣淼：确实如此。当然故宫博物院也有一些特殊情况。故宫是世界上现存规模最大、保存最完整的古代宫殿建筑群，是世界文化遗产，它雄伟壮丽，本身有着深厚的文化内涵，成为源远流长的中华文明重要的载体和中国传统文化的象征，许多游客来故宫，主要是看古建筑，加之故宫面积又大，从南到北，走马观花，匆匆一过，也很费时费力，旅行社又给游客有时间的限制，这样不少好的展览往往就只能割爱了。长期以来，故宫博物院的客流量基本集中在中轴线上，现在随着维修工程的进展，东西两路的开放面积也逐步扩大，最后将占故宫文物建筑区的80％多。院藏文物的展示，这是人们关注的问题。在目前的条件下，我们力求做得更好一些。故宫博物院的150多万件（套）文物，不可能都拿出来展览，例如仅瓷器就有35万件，不少是重复品，都拿出来既不可能也无必要。作为博物馆，收藏保管也是它的一项重要职能。故宫博物院的展览有三种形式：宫廷原状陈列、固定专题展览和临时展览。宫廷原状陈列是故宫的特色展览，一直受到人们喜欢。珍宝馆、钟表馆、石鼓馆、书画典籍馆、工艺品馆等也以新的面貌引起社会关注。临时展览更多，这次院庆，院内各种展览就达20多个。

需要说明的是，故宫的古建筑与故宫的文物藏品不是割裂的，故宫文物80%以上是清宫旧藏，它们与一些古建筑本来就有着密切的、不可分割的关系，我们在展示中充分注意到这一点，重视把它们结合起来，以收相得益彰之效。正如刚才所说，我们对外展示的文物还不够多，还要多想办法，让更多的文物与公众见面。

记者： 那么，作为院长，您都看了多少文物？

郑欣淼： 故宫的地下库房，我几乎都去过，重点看过书画、陶瓷、青铜器、织绣等藏品。但要看完故宫博物院所有的藏品很难。老实说，我也没有看完。

记者： 开放过程中，会不会对文物有损害呢？

郑欣淼： 对，这也是个问题。故宫博物院的很多珍贵藏品包括书画、丝绸织绣等，都是非常脆弱的。因此，在平时，我们都收藏在院内的地下文物库里。地下文物库建筑面积2万多平方米，有各种高科技的配置包括恒温、恒湿等，能够确保文物的安全。在合适的时间，我们会拿出珍贵的藏品做短期的展览。比如2003年，我们曾拿出"三希"中的"两希"——《中秋帖》、《伯远帖》及《兰亭序》、《清明上河图》等公开展出近一个月。今年院庆，《清明上河图》等又将在一定范围内展出。

记者： 那么，有没有一个长久一些的措施，保证珍贵文物的展出呢？

郑欣淼： 有啊。故宫的午门城楼经过改造，就是一个近千平方米的现代化展厅，并获得联合国教科文组织亚太文化遗产保护创新奖。目前，故宫博物院正筹备建立一个现代化的展馆，从而解决一些不适合在平常环境下展出的文物的难题，比如丝织品、书画等。新展馆建成后，平常少有机会露面的一些文物就有较多的机会跟公众见面了。

当然，更多的文物还是利用原有的宫殿展出，这是故宫的优势。

此外，我们在加强"数字故宫"的建设，故宫博物院网站收录了院藏精美文物与古代建筑的逾万张图片和文字内容，每天点击量达20万～30万次。现在又与美国IBM公司合作，共同开展"超越时空的紫禁城"项目，让更多的人在网上可以看到故宫博物院的文物珍品。最近我们又建起了高清晰度的电子画廊，基本可以满足一些专业研究者的需要。

记者：故宫博物院将来在流失文物的征集方面会有何作为？

郑欣淼：清宫旧藏文物，当年流失很多，具体数字尚无法统计，但目前国内外的大型拍卖会上，几乎都会有故宫流出去的东西。在回购文物的过程中，故宫博物院始终坚持一个原则：征集原清宫流散在外的重要文物和历代艺术精品。在文物回购过程中也是有遗憾的。比如前几年一幅宋高宗的字，故宫博物院想买，但经费有限，商议了一下，认为600万元能买下就算捡了便宜，700万元还可接受，800万元以上只好放弃。在拍卖会上，我们的竞拍价就是700万元，结果被一兄弟博物馆800万元买去了。

记者：现在购买的资金怎么样？

郑欣淼：这几年来，国家财政部、文化部、文物局对故宫征集文物精品是支持的，资金已不是大问题，大家都记得2003年买《出师颂》，花了2200万元，就是国家的支持。

记者：门票收入如何用？故宫发展过程中，门票收入和国家投入的比例是什么情况？

郑欣淼：故宫的经费完全靠门票收入，包括古建筑维修费等。门票收入与院内所有支出采取收、支两条线的办法，收入全部上缴财政。全年支出做预算，批准后执行。每年都有剩余，要上缴财政。

记者：面对与珍贵文物失之交臂的这种遗憾，故宫在将来的文物回购方面会有规划吗？

郑欣淼：规划是没有的，因为这是可遇而不可求的事情。一旦遇到精品文物，故宫博物院肯定会尽力回购，当然也要看具体情况，要价太高了还是有困难。毕竟是市场经济，竞争对手多，有实力的收藏机构也多。

记者：作为世界级的博物馆，故宫博物院在促进对外文化交流方面做得怎样？

郑欣淼：故宫博物院是展示中华文明的重要窗口，每年接待800万游客，有1/6是海外来客。近10年来，每年接待约40批次外国国家元首和政府首脑等重要国宾。在对外交流方面，到海外举办展览是一个重要方面。1935年，故宫博物院的735件精美文物赴英国皇家艺术学院展出，这是故宫文物同时也是中国历史文物首次出国展览，参观者逾42万人，为英国国际艺术展览史上一大盛事。今年11月，故宫博物院又将在英国皇家艺术学院举办大型文物展。70年后故宫文物故地重游，自然有很大意义。改革开放以来，赴海外展览每年平均4~5个，近几年增加很快，已达到100余个。我们也积极引进国外的展览，例如巴西、法国、瑞典、比利时等国都在故宫办过或正在举办。

记者：除了办展览，还有别的合作吗？

郑欣淼：当然有。在古建筑维修方面，与香港中国文物保护基金会合作的建福宫花园复建工程，与美国世界建筑文物保护基金会合作的倦勤斋内装修复原工程，与意大利政府合作的太和殿保护项目等；在信息化建设方面，与日本凸版公司合作建立故宫文化资产数字化应用研究所并取得初步成果，与美国IBM公司的合作项目等；在文物科技保护方面，与国外一些著名博物馆进行合作，例如与英国大英博物馆合作进行钟表的修复，并洽谈关于故宫油画的修复，与国外的研究机构在石质、金属文物保护方面的交流与合作；在学术研究方面，聘请海外一批专家学者担任故宫博物院古书画、古陶瓷两个研究中心的客座研究员，多次举办国际性专题学术研讨会等。这些合作与交流是全方位、多层次的。

记者：请谈谈故宫博物院的发展方向。

郑欣淼：故宫博物院宏富的收藏、多样的展示、丰硕的科研成果为世所瞩目，从整体上反映着中国博物馆事业的发展水平。它蕴含中华5000年文明，承载着紫禁城近600年历史，经过了80年的发展，正处在继往开来的关键时期。在各方面支持下，我相信能实现保护民族瑰宝并创建世界一流博物馆的目标。

（原载《新京报》，2005年9月28日）

故宫研究要树立开放的心态

采访者：《中国文物报》记者　王征

从500余年的皇宫到80年的博物院，在百年大修的气氛中，故宫博物院将在10月10日迎来80华诞，这个举世闻名的世界文化遗产成为人们关注的焦点。在历时近一年的一系列热烈的庆祝活动中，10月10日故宫博物院古书画研究中心与古陶瓷研究中心的成立，无疑将掀起活动的高潮。研究中心的成立对于故宫的学术研究有什么意义，这座中国最大的博物馆的学术发展将怎样迈出新的步伐，就这些问题，日前，记者采访了文化部副部长、故宫博物院院长郑欣淼。

记者：郑院长，您来到故宫后提出故宫学的概念。请您谈谈什么是故宫学，提出故宫学对于故宫博物院的学术发展有什么意义？

郑欣淼：故宫学是我在2003年10月南京博物院成立70周年举办的"国际博物馆馆长论坛"上正式对外提出的。

要确立一门学科，首先应明确它的内涵，弄清它的研究领域。故宫学的研究对象是故宫。我们说的"故宫"有两方面含义：一是紫禁城古建筑（故宫），二是故宫博物院。二者密不可分。故宫学的研究内容十分丰富，主要有六个方面：

一是紫禁城宫殿建筑群。故宫是世界上现存规模最大、保存最完整的古代宫殿建筑群，集中体现了中国古代建筑技术和艺术的优秀传统和独特风格。

二是文物典籍。清宫收藏，承袭自宋、元、明三朝宫廷遗产，再加上清朝皇室的重视，宫廷内不但汇集了全国各地进贡来的各种历史文化艺术精品和奇珍异宝，而且集中了全国最优秀的艺术家和匠师，创造出新的文化艺术品。到乾隆时期，宫廷收藏之富，超过以往任何时期。故宫博物院现有文物藏品150万件（套）左右，其中85%以上为清宫旧藏，大部分是清宫的各类艺术品收藏。它们承载着中华文明的历史进程，蕴藏着中华民族历史文化艺术极其丰富的史料。许多艺术精品，都是流传有绪的珍贵传世文物。

明清宫廷的收藏是精心选择的，现在我们可以看到《西清古鉴》《秘殿珠林》《石渠宝笈》等书画、青铜器的完整收藏目录，清乾隆皇帝鉴赏题款的书画就有不少。朱家溍先生编写的《养心殿造办处史料辑览 第一辑 雍正朝》，是了解清宫一些艺术品来龙去脉的第一手材料。

三是宫廷历史文化遗存。宫廷是封建社会国家的核心，政权的中枢。故宫在492年中一直是明清两代国家的政治中心和24位皇帝的居所，许多重大的历史事件在此决策和发生。遗存至今的大量宫廷文物，不仅是研究明清史的重要资料，而且是了解宫廷历史文化的珍贵实物。

四是明清档案。明清档案与殷墟甲骨、敦煌经卷，被誉为中国近代文化史上的三大发现。故宫博物院一成立，就把档案视为文物。这些档案不仅与宫中发生的重大事件有关，而且是了解宫廷历史文化的重要依据。

五是清宫典籍。明清两朝皇帝，都很重视典籍的收藏、编刊。故宫图书馆以明清两朝宫廷藏书为基础建成。抗日战争时南迁的珍本、善本共15.7万余册，现存台北故宫博物院。北京故宫博物院图书馆现在善本已建账者19万多册，还藏有20多万件（块）武英殿殿本的书版等。

六是故宫博物院的历史。

从以上六个方面看，故宫学研究有着丰富深邃的内涵。它在中国文化史上的特殊地位决定了其价值和意义。

如何理解故宫学？弄清这个问题，首先要把握故宫文化的内涵和定位。故宫是中国封建时代最后两个朝代皇权的中心所在地，是政治枢纽，故宫文化是以皇帝、皇权、皇宫为核心的皇家文化，属于中华传统文化的重要组成部分。宏伟的皇宫建筑、珍贵的皇家收藏、丰富的宫廷遗存，以及大量的宫中所藏档案及图书典籍，是皇家文化不可分割的组成部分，成为中华文明的最重要的载体和象征之一。国运的兴衰、帝王个人的爱好以及典章制度的变化，都可以从皇家文化的嬗递中探求出带有规律性的东西来。从这点看，故宫学不是杂乱的、零碎的、毫无关联的，而是有完整的内在体系的一门独立学科。它的重点是与皇家文化有关，而不同于一般的明清史研究，也不同于一般的艺术史研究或建筑史研究。

我提出故宫学就是把这些看成一个文化整体。我认为故宫本身是一个独立、完整的学术概念。故宫学的提出，已经有了客观的基础，也是故宫博物院事业发展的必然要求，可以说是瓜熟蒂落、水到渠成的事。80年来的故宫研究，总的来说，已取得令人瞩目的成果。但从故宫本身的地位、作用及研究状况看，故宫研究还需要提升、创新、突破。目前还存在一些问题：缺乏长远、统一的规划，重点不很明确，一些重要课题的研究还不够深入，研究方法还比较单一，研究力量缺乏必要整合，海内外的学术交流还不够广泛，故宫对院外研究者提供必要的服务还做得不够好，等等。因此，有必要提出并加强故宫学的建设，即明确故宫学是一门学科。

80年来的故宫学术研究无疑亦属故宫学研究，但尚处于学科发展的自发阶段，现在提出来就成为"自觉"的了。前几天我在故宫博物院讲话的时候，引用了鲁迅先生所讲，魏晋时文学从"自发"到"自觉"的转变。故宫研究的材料十分丰富，但以前的研究是在不同领域中进行的，故宫学则要求把这些基础研究整合起来，统一起来。这是故宫研究不断深入的必然要求。提出并确立故宫学，将使故宫学研究进入自觉阶段，从整体上提高研究水平。

记者：故宫博物院在80周年院庆之际成立古书画研究中心和古陶瓷研究中心，请问为什么要成立研究中心，成立研究中心与故宫学有什么关系？

郑欣淼：故宫学本身的研究范围相当广泛，研究故宫不是故宫博物院一家的事，需要各有关方面共同合作。但故宫博物院有它的特殊地位，故宫只有一个，明清宫廷的藏品主要还在故宫，故宫博物院有责任搞好研究，并为社会上专家学者的研究提供方便。

故宫要提高学术研究的水平，总要有个突破点，如果"全面开花"就会没有重点，采取什么形式比较好呢，最后我们决定，从故宫藏品实际、研究力量和研究基础出发，先成立几个研究中心。研究中心初步定为4个，首先成立古书画、古陶瓷研究中心，以后还要成立古建筑保护、明清宫廷史研究中心。

古书画、古陶瓷研究中心是高层次的国际性学术研究机构，将积极开展国内外的学术研究和学术交流活动，为国内外专家学者开展合作性课题研究提供学术平台，推动故宫古书画、古陶瓷的学术研究。故宫博物院的古书画藏品多达15万件左右，有各个历史时期的巨作名篇，80年来涌现出几代专家学者，研究成果也很丰富，在社会上有相当影响。故宫博物院所藏瓷器则多达35万件，又有几万件陶瓷标本，陶瓷鉴定研究也是专家辈出，世所瞩目。可以说，全国研究古陶瓷的力量，故宫博物院最为集中。这两个研究中心还聘请了一批国外及中国港台地区的专家学者做客座研究员。

古书画、古陶瓷研究中心不是个空架子，随便挂个牌子，聘请几个人。我们经过了长达两年的筹备，章程都是修改了多次，搞得相当细。聘请的都是海内外的顶尖专家。这两个研究中心，获得了社会的认可，得到了学界的支持。2003年10月，我们开宫廷绘画研讨会时，已明确成立这两个研究中心。我们曾向台北故宫博物院介绍了这个情况，石守谦院长认为是个好事。我们聘请了他们的研究人员。上海博物馆汪庆正副馆长对我说，故宫博物院搞这两个研究中心，他们完全支持。这点很重要，不是自己随便挂个牌子，而是得到了大家的认可，是应运而生。

研究中心是搞学术研究的，故宫博物院成立研究中心，表示故宫博物院有这个实力，有这个地位和感召力，可以为国内外专家学者服务，也可以为大家研究创造条件；也表示出故宫研究学风的一个大的变化——公开，面向社会，为社会服务，发动社会力量来研究。

研究中心将根据不同的研究对象和范围，采取不同的活动方式，创造必要的条件。为了确保研究质量，从研究场所、研究设备、文物资源的利用与保护、学术成果的出版与管理等方面都有一套完整的章程和办法。

古书画、古陶瓷研究中心有固定的场所——延禧宫，有相应的设备。古陶瓷研究中心花了1300万元，配备了一些先进的检测仪器，还从故宫所藏几万片瓷片中选了一些做永久性陈列。专家学者要研究中国古陶瓷，140多个窑址的标准器都在这里摆着。现在陟山门街清稽查内务府御史衙门，正在花2000多万元进行维修，其中的一些场所将为客座研究员使用。

下一步就是要考虑研究的重点，要搞长远发展的重大的课题。研究中心集中了国内外一批最优秀的人才，一定要有研究重点，有规划。要发挥研究中心的优势，围绕一些重大的课题进行研究。例如宫廷绘画史，已有人出了成果，现在故宫也在搞，我相信由研究中心来搞，集合国内外专家学者的力量，水平肯定会更高的。

搞这两个研究中心也带有实验性质。研究中心不能代替丰富的故宫学的多方面研究，但研究中心的重点突破和研究方法上的创新，对从整体上提高故宫博物院的学术研究水平将起到重要推动作用。

学术者，天下之公器。两个研究中心聘请海内外专家学者，表明故宫博物院打破封闭的决心和行动。不仅要请中国人研究，也请外国专家学者研究。在学术研究上，我们不能自造屏障，自我封闭，孤芳自赏。

记者：这是不是说明故宫学术研究的思路、方法会有一些变化？

郑欣淼：对，我们要拓展故宫学术研究的领域，思路要开阔，要为学术研究创造条件。我可以再举几个例子：

今年故宫博物院和江西省考古所、景德镇考古所合作，对景德镇市丽阳乡瓷器山古瓷窑遗址群进行了考古发掘，发掘出一座元代窑址，发现了大量原烧状态下的瓷器。张忠培先生是这次考古的顾问，我也专门去看了窑址。20世纪50年代陈万里先生调查了全国数百处窑址，是调查性质的。这次是故宫博物院在古陶瓷方面的首次严格意义上的考古，意义很大，已有重要成果，景德镇将作为重点的考古遗址来保护。

7月，故宫博物院和四川文物考古研究院合作进行了"康巴地区民族考古综合考察"，院领导也去了。故宫博物院的藏传佛教资料相当多，在国内仅次于西藏，占北京地区一半以上，有十几处佛堂，有数万件法器、造像、唐卡、壁画等等。这次调查，从四川甘孜地区一直到青海玉树县，历时15天，考察了十多座重要寺庙，对甘孜乃至整个西藏东部地区的政治、经济、文化面貌有了全新的认识，收获相当大。

这两件事是在院学术委员会上我主持确定的。前不久学术委员会开会，大家听了汇报都很高兴。

需要特别说明的是，同江西、四川的这两个合作项目，其意义绝不限于陶瓷考古和藏传佛教这样很专业的活动。大家知道，景德镇的瓷业与紫禁城有着非同寻常的关系。景德镇御窑是专为宫廷设立和从事生产活动的，我们选择景德镇陶瓷考古发掘，是从明清宫廷历史研究、从我院藏品特色及其与原产地的关系着眼，从把学术研究推向更广更深的领域着眼的。与四川合作对康巴藏区的考察也一样。清代治国安邦的一个非常重要的国策是妥善处理汉、满、蒙古、藏的民族关系，还涉及国家边疆稳固的问题。对紫禁城里众多的藏传佛教场所及丰富的文物资料的研究，必须放在一个更广大的历史与地域的背景下，才有可能真正深入下去，才有可能挖掘到更本真更本质的价值意义。应当说，我们同江西、四川的合作，是有推进学术研究的战略意义的。

故宫的研究不少与清史有关，8月底，故宫博物院和国家清史编纂委员会合作举办了"故宫博物院八十华诞暨国际清史学术研讨会"，出席的有100多位国内外的清史研究专家学者。

从明年起，故宫博物院将陆续组织有关研究人员到国外一些藏中国书画、陶瓷比较多的博物馆去考察，并到印度、尼泊尔一带考察佛教遗迹。

这些都表明我们在学术研究上的胸怀。学术研究只靠故宫博物院自己是不够的，局限于故宫院子里也是研究不清楚的，要社会来参与，大家来研究，同时要"走出去"。故宫博物院在建院之初应该说胸怀很大的，起点高，具有开放性、社会性的特点，从北京大学等单位来了一批著名的专家学者，研究是靠社会的力量搞起来的。

现在成立研究中心就要更加有计划、更加细致地这样做，使研究能出更多更大的成果。

记者： 国内外其他博物馆目前尚未建立中国古书画、古陶瓷研究中心，故宫博物院建立研究中心是否意味着故宫有信心成为世界范围内中国文物研究的主要中心？

郑欣淼： 以书画来说，故宫有不少书画散佚海外，国内外一些博物馆都有收藏，但数量有限，而故宫博物院现在有15万件左右书画，门类齐全。故宫博物院是中国历代文化艺术的宝库，我们感到故宫博物院的研究中心有责任起到一个研究平台的作用，目标就是要为全世界研究中国书画的博物馆和研究机构所认可并积极参与。现在大家对成立研究中心是认可的，世界上研究中国书画的学者，像美国的方闻、高居翰，英国的韦陀，还有中国台湾、香港地区的一些著名学者，都高兴地接受了我们的聘请。今后还要用我们的研究成果获得大家的认可。任务还是很艰巨的。我们一定会出成果，做得有声有色。

对两个研究中心的工作我们已做了初步安排。10月10日开幕时，古书画研究中心要召开"《清明上河图》与宋代风俗画国际学术研讨会"，古书画研究中心第一个研究的就是《清明上河图》，包括聘请的研究员在内都写了文章。最近故宫还要举办中国当代书画展，研究中心将召开"中国当代书画艺术研讨会"。故宫博物院是中国历代文化艺术的宝库，艺术是不会中断的，所以故宫博物院的收藏也要延续。2007年，研究中心将举办一个"《石渠宝笈》著录国际学术研讨会"，列出院藏《石渠宝笈》著录作品目录，出版《故宫藏〈石渠宝笈〉著录书画精品集》，条件成熟时出版《国外藏〈石渠宝笈〉著录书画精品集》。还准备搞一个清宫旧藏书画的资料库，包括国内外从故宫流失出去的。2010年，研究中心将举办"晋唐宋书画摹本国际学术讨论会"。《清明上河图》的摹本国内外就很多，"三希"中有"两希"是摹本，专门开一个摹本国际讨论会意义很大。

记者： 请问近期故宫博物院在学术研究方面还将有什么重要举措？

郑欣淼： 故宫博物院近期加强学术研究的主要举措有：

一是在制定《故宫博物院发展总体规划纲要》和《故宫保护总体规划》中，把建立故宫学的学科目标、规划故宫学学科框架作为重要内容。制订全面、系统的故宫学术研究计划。

二是重视基础工作，加快"非文物"的整理。从全面保护文化遗产的角度，真正弄清故宫的"家底"。加强故宫博物院基础资料、史料的整理，编辑出版有关故宫文化遗产的志书、实录、编年、纪事等。

三是要建立古建筑保护研究中心和明清宫廷史研究中心等。

四是发挥紫禁城学会、中国博物馆学会、清代宫廷史研究会等社会学术团体的作用。重视紫禁城出版社的作用，继续出版好"故宫博物院学术文库"。

　　五是根据学科建设需要，积极培养和引进各类人才。建设高水准的文物研究学者、文物保护专家和博物馆管理专家团队，拥有相关学科带头人并形成合理的知识结构和年龄梯次。

　　六是故宫在北京，故宫学在中国，在全世界。要树立开放心态，吸引社会学术力量加入，加强与海内外的合作、交流，通过客座聘任、课题聘任、项目合作等方式，完成一批重大课题。

　　我认为很重要的一点，就是要让社会参与故宫的研究，包括故宫的学术、文化整理。对此我们有些重大的举措。

　　例如故宫藏品的整理，故宫已制订出宏大的计划，要将藏品目录向社会公布。外界为什么认为好东西都在台北故宫博物院，因为不知道您有什么。这次在认真清理的基础上，适时编印《故宫博物院藏品总目》，向社会公开发行，更好地为各界人士的观赏、研究等不同需要服务。在今年年底就着手藏品目录的出版。同时将出版文物珍品图录《故宫博物院藏文物珍品大系》，有四五百卷。

　　在古建筑方面，在这次古建筑维修中，将对每处宫殿编制完整的档案，公开出版，总名为"故宫古建筑保护工程实录"大型丛书。其性质是科学报告，是古建维修的真实记录。分为总卷、传统工艺、维修保护三个部分。传统工艺的内容是对古建筑传统工艺和技术，即无形文化资产的搜集、整理、记录。这套档案丛书约50本，2022年完成，将为海内外的故宫古建筑研究提供前所未有的系统翔实的资料。

　　为迎接故宫博物院成立80周年，还要集中编辑出版一批基础性、资料性的书籍。有撰写的《故宫志》等，有整理的《故宫博物院藏清宫陈设档案》等，有《故宫研究论著索引》《民国时期故宫出版物总目及篇目索引》，有故宫博物院图书馆"古籍善本书目"系列。此外，一批研究论著也将陆续出版。

　　（原载《中国文物报》，2005年10月5日）

21世纪的故宫：架起两岸文化交流的桥梁

采访者：《中国文化报》记者　马继东

2005年10月，北京故宫博物院、台北故宫博物院共同迎来了80周年华诞。两岸故宫博物院，共守数以百万件计的珍贵文物。50余年来，中华文明一脉传承的瑰宝，隔着一湾浅浅的海峡，遥遥相望。

正值两岸故宫博物院同庆80周年华诞之际，文化部副部长、北京故宫博物院院长郑欣淼愉快地接受了本报记者的专访。在谈及两岸故宫博物院举办展览、文物研究、学术交流等方面的内容时，他表示，故宫作为一个文化整体不容分割，任何人为的阻隔只能是一时的，两岸故宫博物院的深入交流是历史潮流，共同合作乃大势所趋。

（一）我相信，三希堂国宝如果能合在一起举办展览，将会成为两岸文化交流的一件盛事，具有标志性的意义

记者：今年两岸故宫博物院共同迎来80周年华诞，海内外华夏儿女都很期待分隔两岸的三希堂国宝有重聚的一天。两岸故宫博物院是否有过合办展览的构想？

郑欣淼：2003年6月，北京正处于非典时期，我接受了台湾一批媒体的采访，包括电视台、电台、通讯社等。我当时谈到了关于两岸能否合作办展览的事情，欢迎台北故宫博物院的藏品到大陆来展览，并与北京故宫博物院合办展览，其中就包括三希堂的《快雪时晴帖》。台湾方面提出如果到大陆来办展，担心文物被大陆方面扣押，尽管我一再向他们说明并不会出现这样的情况。我估计这里面有一些复杂的政治因素。这件事情目前还未办成。

其实，两岸合作办展览是大势所趋，因为两岸故宫博物院的文物是相互关联的，彼此关系非常密切。比如您刚才问到的三希堂国宝。三希堂原本是清乾隆皇帝设在养心殿内的书房，有人说有6平方米，有人说有8平方米，总之是一个非常狭小的空间，却因为藏有王氏家族的三幅珍贵字帖而声名远扬。其中，王珣的《伯远帖》与王献之的《中秋帖》藏于北京故宫博物院，而王羲之的《快雪时晴帖》则藏于台北故宫博物院。《伯远帖》是目前业内公认的王氏家族的唯一原作，属难得的晋人书法真迹；而《快雪时晴帖》与《中秋帖》均为早期的摹本，亦弥足珍贵。

说起来，三希堂的这三件国宝也颇有故事性。其中的"两希"——现藏于北京故宫博物院的《伯远帖》与《中秋帖》，在溥仪出宫前就已经流失宫外，被袁世凯手下的红人郭世五所收。北平解放前夕，其子郭昭俊携带"两希"去了台湾，欲卖给台北故宫博物院，因郭昭俊索价太高，最终无法成交。郭昭俊只得再将"两希"带到香港，并抵押给银行赖以度日，眼看抵押到期而无钱赎回，按惯例"两希"可能会被银行拍卖并流到海外。当时中央政府和周恩来总理了解到这一情况后，下定决心花了48万元将两件稀世珍宝赎回，"两希"也得以归藏于北京故宫博物院。仔细想来，当时中国的财政收入全年也不过一百来亿，又逢抗美援朝的特殊时期，国家能出巨资购买流失文物，实属不易。而藏于台北故宫博物院的《快雪时晴帖》，溥仪原本是计划带出宫外的，结果在出神武门时被军警在行李中查出并扣押。当天即买回一个大保险柜，由当时清室善后委员会的委员长李煜瀛先生亲自放置并在外加了封条。该帖抗日战争期间随文物南迁，最后运往台湾。

您提到很多人关心三希堂国宝何日重聚，这恰恰反映出华夏子孙要求统一的美好愿望。这三件文物原本就在一起，分开也只是暂时的。我相信，三希堂国宝如果能合在一起举办展览，将会成为两岸文化交流的一件盛事，具有标志性的意义。

（二）本身不可分割的这种关系，决定了两岸故宫博物院的交往不可能人为地永远阻断下去

记者：两岸故宫博物院都拥有丰富的藏品，彼此应如何开展学术上的交流，从而做到互通有无？

郑欣淼：两岸故宫博物院文物藏品在构成上还是稍有不同。当年运台的故宫文物约有60万件，其中清宫档案文献38万件，善本书籍近17万册，书画、陶瓷、玉器、青铜器等各类文物5万余件，加上抵台后征集的文物，现总计65万余件。而北京故宫博物院原有明清档案800万件（1980年划归国家档案局，成立中国第一历史档案馆），善本特藏50多万件，器物书画100万件，总计曾达960万件。现北京故宫博物院有藏品约150万件（套），其中1949年后征集24万多件（套），80%以上仍为清宫旧藏。这也充分表明了两岸故宫博物院文物的一脉传承，具有很强的互补性。双方的第一次合作出现在1995年，两边各出76件文物的图片，在香港共同编辑出版了《国宝荟萃》一书，这件事在当时影响很大。

其实，我在两年前提出故宫学，还有一个更深层次的含义。"海纳百川，有容乃大"，故宫要以博大的胸襟和开放的姿态，提供良好的研究平台，促进海内外包括两岸故宫博物院之间的交流，共同弘扬中华文化与民族精神。虽然故宫博物院有一部分文物到了台湾，还有一些档案流失海外，然而不管这些文物如何珍贵，若离开了北京故宫这个母体，必然是孤零零的。如果要对它们进行研究，要全面认识它们的价值，是不可能离开故宫这个特定环境的。这几年，一些台北故宫博物院的学者到我们这边来，仔细参观一些宫殿，这是因为它们与藏品之间有关联，可以进行深入研究，比如宫廷的历史文化，宫廷的历史场景，等等。同时，主要的清宫旧藏还是在我们这边，所以他们也需

要经常过来看一些藏品。去年台北故宫博物院石守谦院长还给我来信，介绍他们的专家来北京故宫博物院看字画。我们今年80周年院庆成立古书画、古陶瓷两个研究中心时，也特意邀请了台北故宫博物院的专家学者参加，他们对此表现出很高的兴致，感觉这种交流很有必要。

我个人认为，由于藏品的这么一个渊源，这么一个关系，所以对于台北故宫博物院来说，如果要深入、整体地研究他们的藏品，就需要和北京故宫博物院加强联系。同样，由于台北故宫博物院也拥有一些珍贵的清宫档案和藏品，我们在文物研究中也需要了解他们的研究状况。本身不可分割的这种关系，决定了两岸故宫博物院的交往不可能人为地永远阻断下去。也就是说，两岸故宫博物院的交流并非出于个人的一厢情愿，而是随着彼此学术研究的发展与深入，本身就有这样的要求。双方的这种交往有一种内在的推动力，人为的阻断只是一时的，真正的学术研究只会越来越得到加强，各方面的联系也会更加紧密。我们有专家到台北故宫博物院进行过讲学活动，我们开的一些国际研讨会也会邀请一些台北故宫博物院同人，包括上次的国际清史学术研讨会，这次的古陶瓷国际学术研讨会，等等。我认为这是双方的共同需要，这是学术本身发展的要求。

（三）两岸故宫博物院中的任何一件故宫文物，一旦被纳入故宫学的范畴，就会具有更加丰富的内涵

记者： 您是在用故宫学的深层含义诠释两岸故宫博物院之间交流的必然性，对吗？

郑欣淼： 我提出故宫学，就是把故宫本身作为一个文化整体来看待的，这个整体决定了你不可能孤立地研究某件文物。比如三希堂的作品，如果离开了三希堂，或许可以单独研究王羲之、王珣、王献之的书法地位或艺术成就，但如果和三希堂联系起来研究便是另外一回事了。它们带有皇帝的题跋，有收藏的过程，有留传的经历，这就给这三件作品赋予了特殊的含义和丰富的内涵。我们可以通过清乾隆皇帝的题跋去研究他的艺术趣味和审美观，研究他本人丰富多彩的艺术活动等。在三希堂这样一个小天地，雅致地布置这些艺术品，我们可以想象他在日理万机之余，欣赏三幅旷世之作所带来的愉悦感受。

我举这个例子是要表明，两岸故宫博物院中的任何一件故宫文物，一旦被纳入故宫学的范畴，就会具有更加丰富的内涵。研究可以有各种方式和角度，但故宫学将大量的文物藏品与故宫的古建筑、发生在宫廷中的事结合起来，在研究文物时重视挖掘历史内涵，这样的研究就不是孤零零的，而是有血有肉的，也最具代表性。故宫学最大的特点在于它的研究内容永远围绕着皇宫，每件藏品都有源头，或者是地方进贡，或者是皇家定制，或者是国际交流，并与宫中的人和事结合在一起，最大的意义就在于它是一个不可分割的文化整体。

（四）我对李敖先生说，这个责任在我们身上，我们宣传不够，我们展示不够，大家也了解不够

记者：继年初中国国民党主席连战访问北京后，今年陆续有很多台湾政界、商界及文化界名人参观了北京故宫博物院，作为院长，您本人也多次陪同讲解，比如不久前刚刚造访北京的李敖，对此，您有什么感受？您对两岸故宫博物院的交流有哪些展望？

郑欣淼：李敖先生这次来访跟我有过一次会谈。我对他说，李敖先生，我曾经看到您在凤凰卫视上讲过，北京故宫博物院的精华都到了台北，北京故宫博物院只剩下皮，瓤都在台北故宫博物院。这其实不仅仅是您的看法，包括大陆也有很多人有这样的认识，认为好东西都走了。我对李敖先生说，这个责任在我们身上，我们宣传不够，我们展示不够，大家也了解不够。听完我的介绍后，李敖也看了不少东西。那天他参观了钟表馆、珍宝馆、武英殿等，又在漱芳斋看了顾闳中的《韩熙载夜宴图》、王珣的《伯远帖》和王献之的《中秋帖》等书画作品。看完之后，李敖对我说："郑院长，我为我原先说过的话感到忏悔。"

　　李敖当时还讲了他在台北故宫博物院的清宫档案里看过的一个记载，雍正皇帝当年曾经送给台湾一批瓜的种子，雍正皇帝说，如果你们能试种成功，只需要送20个瓜给我便可。李敖表示，站在历史的高度，今天台湾的水果销到大陆也是完全应该的。其实，从李敖在台北故宫博物院看到清宫档案这件事情，也能反映出两岸故宫博物院的清宫档案、藏品之间存在很强的互补性，二者不容分割。

　　两岸故宫博物院之间加强交流是大家共同的愿望，社会的关注也能反映出这一点，我们也在积极努力推动。我看目前一切正朝着好的方向发展，这是迟早的事情，我是抱着乐观态度的。

　　（原载《中国文化报》，2005年11月5日）

关于陶瓷、书画的鉴定与研究

采访者：《艺术市场》记者　马继东

　　采访手记：故宫博物院80周年庆典活动结束后，文化部副部长、故宫博物院院长郑欣淼又开始为即将于11月初在英国皇家艺术学院举办的"盛世华章"展览做积极的筹备工作。百忙之中，郑院长在办公室接受了本刊记者的独家专访。近两个小时的采访中，他畅谈了故宫学的核心意义、两岸故宫学术交流发展前景、古建筑如何维修与保护、两个研究中心成立的意义、故宫未来的专题展览、流散文物征集计划等精彩内容。本期特别选择了郑院长关于故宫成立陶瓷、书画研究中心重要意义的相关谈话，集中探讨陶瓷、书画未来如何鉴定与研究这一重要话题。

　　2005年10月，故宫博物院迎来80周年华诞，古陶瓷研究中心和古书画研究中心作为庆典献礼宣告正式成立。古老的紫禁城内，众多海内外著名专家学者会聚一堂。此举也标志着一个更加开放的故宫，正在借助科技手段，加大文物研究力度。在郑欣淼院长勾画的宏伟蓝图中，故宫博物院未来还要继续成立古建筑研究中心、明清宫廷历史文化研究中心，充分利用故宫自身丰富的文物资源，为国内外专家学者开展合作性课题研究提供一个开放式研究平台。

（一）陶瓷鉴定篇：借科技东风，解决八大鉴定难题

1. 大量明、清、民国时期的陶瓷仿品至今尚未全面向社会公开

　　记者：藏品的丰富与否，往往是一个文物研究中心能否顺利开展

工作的重要前提条件。请问故宫博物院的陶瓷类藏品有哪些优势？

郑欣淼：故宫博物院的陶瓷类藏品极为丰富，对于课题研究来说是非常有利的。我想可以分为三类向您介绍。

首先，我们的陶瓷类文物约有35万件。其中32万多件属原清宫旧藏品，1949年以后通过拨交、收购、捐献等渠道又入藏2万多件。这些藏品，不但数量大，而且精品多，从新石器时代的陶器到明清各朝官民窑瓷器，无不包括，自成体系，这是国内外其他任何博物馆所无法比拟的。其中被初步定为国家一级文物的陶瓷器就有1110件。宋代五大名窑瓷器、明清官窑瓷器是故宫博物院陶瓷收藏中的强项，仅以宋代汝窑瓷器，明代永乐、宣德官窑瓷器，清代康熙瓷器为例：国内外收藏传世汝窑瓷器不足百件，故宫博物院收藏20件，又收藏明代永乐、宣德官窑瓷器700多件，康熙瓷器70000多件。这些藏品无论从数量还是质量上看，在世界上都是名列前茅的。

其次是古窑址瓷片标本。故宫博物院收藏有20世纪五六十年代以来从全国各地考察古窑址所采集的144个重要窑口的约3万瓷片标本，这在世界上也是独一无二的。标本的时代上起东汉，下至清代，其中以唐到元代窑址的标本最为丰富。有的标本可与出土和传世器物相印证，有的标本则不见于出土与传世器物中。因此，对古窑址瓷片标本的研究显得愈发重要，它能使我们更清楚地了解我国古代各地烧造陶瓷的情况，补充文献与传世器物的不足。目前有些窑址已遭破坏或深埋于地下，再前往采集标本已几乎不可能有所收获，因此故宫博物院所藏这批古窑址瓷片标本就愈显重要。

最后，我们还拥有众多可供研究的陶瓷类实物资料。故宫博物院现收藏有原清宫因残淘汰下来的、古物南迁损伤的以及1949年以后收购来的数千件基本完整而被划归为非文物的资料，以及清宫淘汰下来的大量明清官窑瓷片标本。这些实物资料数量之大、包含的花色品种之全，在世界上是首屈一指的。其中有大量明、清、民国时期的陶瓷仿品，至今尚未全面向社会公开过，它们是学习古陶瓷鉴定的珍贵资料。特别是资料中还有一些品种弥补了现存古陶瓷文物中的空白。

2. 科学技术方法为人们从微观上研究古陶瓷提供了便利

记者： 在过去很长一段时间里，传统目测学一直是国内陶瓷研究与鉴定工作的主要依据。在科技手段日新月异的今天，古陶瓷研究中心将如何做到科技手段与传统方法的有机结合？

郑欣淼： 研究中国古陶瓷所采取的方法无非有三种：一是从文献到文献，即20世纪初以前的文献考据。二是引进近代考古学，主要是20世纪初以来结合古文献对古窑址、古墓葬进行考古调查、发掘和利用类型学方法对传世明清瓷器进行鉴定。三是利用近现代自然科学技术手段。历史经验证明，任何一种研究手段都有其局限性，古陶瓷研究的发展方向应是多种学科、多方面知识和多种方法的交叉与结合。在利用传统文献考据和考古学方法研究中国古陶瓷的过程中，由于人们只能利用陶瓷器的造型、纹饰、胎、釉彩的质感和颜色以及底足特征等进行研究，因此难免出现一些难以或无法解决的问题。这些问题主要涉及对古陶瓷窑口、年代、真赝等的判定，如不加以解决，将严重阻碍中国陶瓷史和鉴定学方面研究的进展。随着科学技术日新月异的飞速发展，人们愈来愈寄希望于利用高科技手段来解决中国古陶瓷研究领域的一些重大问题。科学技术方法为人们从微观上研究古陶瓷提供了便利，如激光拉曼光谱仪、能量色散型X射线荧光光谱仪、可移动式实体显微镜等仪器，可以检测到人的肉眼所观察不到的陶瓷器特征，如分子结构特征、元素或原料组成特征以及内部气泡特征等。

运用科学技术方法研究古陶瓷的前提是要先建立庞大的标准数据资料库。在此基础上，当对一件器物进行鉴定时，从事传统经验鉴定的专家、学者可从宏观上先给出鉴定意见，科学工作者将仪器测试所得到的数据与标准数据库中的相关数据分析比较后，也给出一个意见，然后综合两方面的意见得出最终结论。人们之所以对故宫博物院建立古陶瓷研究中心产生很大兴趣，就是因为故宫博物院人才济济、藏品丰厚可靠。利用故宫博物院所藏流传有绪且经过几代专家鉴定过的陶瓷文物或资料标本进行科学测试所得到数据而建立起来的数据库，更具有说服力。

3. 传统与科技相结合将解决过去很多困扰古陶瓷学界的难题

记者： 如您刚才所说，故宫博物院古陶瓷研究中心拥有这些优势，是否也意味着很多过去悬而未决的鉴定难题，能在未来被逐一破解？

郑欣森： 我想，把传统与科技结合起来，随着研究的不断深入，过去很多困扰古陶瓷学界的难题也将迎刃而解，比如下面这八个问题：

（1）宋代官窑瓷器的研究。在中国陶瓷发展史上，宋代官窑（汝、官、哥、钧窑）瓷器，问题很多，影响最大，诸如北宋朝廷是否曾在汴京（今河南开封）设窑？汝窑是否就是北宋官窑？近年在河南汝州市张公巷发现的宋代瓷窑遗址是否就是北宋官窑遗址？传世哥窑瓷器的产地在哪里？传世哥窑是否就是南宋修内司官窑？近年在杭州发现的老虎洞是否就是南宋修内司官窑？宫中传世的官钧窑瓷器的年代究竟是北宋还是金代抑或明代？等等。上述问题，目前可谓众说纷纭。但如果充分利用我院藏品的丰富性和可靠性，再结合各地考古新发现和对我院有关藏品进行全面的科学检测，上述问题可以得到解决或初步解决，所取得的成果必将在国内外陶瓷界产生极其重要的影响。

（2）有关古代白瓷的研究。在白瓷的发展史和鉴定方面，目前存在的问题也很多。比如说白瓷究竟起源于何时？是北齐还是隋代？传世品中有一批刻花"永乐年制"款的白瓷，究竟是明代永乐时期的还是清代雍正时期仿明代永乐时期的？目前意见不一，但如果我们充分利用我院藏品的优势，通过科学检测，再结合20世纪80年代以来对景德镇珠山明代御器厂遗址的考古发掘和研究成果，上述问题还是有望解决的。

（3）元代青花瓷器的鉴定问题。元代青花瓷器是中国古陶瓷研究中的热点问题，目前对于某些器物的鉴定，可谓众说纷纭，莫衷一是。比如说有一位外籍华人收藏一对青花云龙纹象耳瓶，这件器物的真赝问题即引起很大争议，至今未有定论。再比如说2004年在某地召开了一次元代青花瓷器国际学术研讨会，会上突然冒出几十件元代青花瓷器，在国内外引起"轰动"，人们议论纷纷，对元代青花瓷器的鉴定处在如此混乱程度感觉不可思议。还有国内某些研究者将一些别出心裁的仿品当作珍品，写文章在报纸上整版介绍，还反过来说专家不懂鉴定。

（4）明代典型永乐、宣德青花瓷器所用青料问题。明代典型永乐、宣德青花瓷器所用青料究竟是国产料还是进口料，本来已有结论，即认为是进口料。但前些年景德镇陶瓷考古研究所提供给上海硅酸盐研究所一批景德镇珠山明代御器厂遗址出土的瓷片标本，经过对标本进行检测，得出的结论是：永乐青花瓷所用青料系从波斯进口，属于高铁低锰料；而宣德青花瓷所用青料系国产料，属于低铁高锰料。当然，他们只测试了三片永乐青花瓷残片、四片宣德青花瓷残片。但典型永乐青花瓷和宣德青花瓷在外观效果方面并没有多大差别，事实究竟怎样，需要澄清。

（5）明代成化斗彩瓷器与清代雍正及现代仿品的区分问题。明代成化斗彩瓷器是中国古代彩瓷中的名品，早在明代晚期已博得很高评价，清代康熙、雍正、乾隆时期景德镇御窑厂均曾仿造过，民国以来直至今日景德镇仍在仿造。以雍正时期及现代仿品最为逼真，个别已达到乱真的程度，使人难下结论。如我院收藏一件斗彩海兽纹"天"字罐，长期以来一直断定为成化窑制品，1982年还曾漂洋过海到日本展出过。前些年在耿宝昌先生的倡议下，陶瓷组工作人员曾就此件藏品专门开会讨论过，最后认定这是一件雍正仿成化斗彩罐。如果再经过科学检测认证一下，将会更加确保还其本来面目。

（6）唐三彩的鉴定问题。近几十年来，唐三彩仿品大量涌现，个别仿得乱真的作品使人不敢轻易下结论，如何将传统方法与科学检测结合起来建立权威的鉴定标准，是当务之急。

（7）明代成化青花瓷器的鉴定问题。目前围绕成化青花瓷器的鉴定也出现一些争议，我们应当充分利用我院藏品的优势，将传统鉴定方法与科学检测结合起来，形成具有权威性的鉴定标准，以求取得共识。

（8）宋代建窑瓷器的鉴定问题。建窑是宋代著名的专门烧造黑釉瓷的瓷窑，其所产兔毫盏、鹧鸪斑盏、曜变盏深受古陶瓷爱好者尤其是日本茶道界人士喜爱，近30年来仿品不断涌现，国内能够仿造兔毫盏、鹧鸪斑盏，日本人能够仿造曜变盏，这就迫切需要从宏观和微观方面建立权威性的鉴定标准。

（二）书画篇：开放型思维，让藏品走出"保险箱"

1. 占世界公立博物馆 1/4 的中国书画藏在北京故宫博物院

记者： 请您介绍一下故宫博物院书画藏品的总体情况。

郑欣淼： 目前，故宫博物院藏有超过14万件的历代书画，主要是清宫旧藏，此外还有来自于社会各界的捐献、国家调拨以及购买所得等各种渠道，包括卷轴、贴落、壁画、版画、玻璃画、尺牍、碑帖等各种形式的书画藏品。14万多件，这意味着什么？意味着占世界公立博物馆1/4的中国书画藏在北京故宫博物院，一级品书画、碑帖就达2600多件。其中唐宋元绘画400余件，晋唐宋法书430多件，还有189件元以前的碑帖拓本。这些书画藏品无论从数量还是质量上看，在世界各大博物馆中，都可谓名列前茅；从艺术史研究的角度来看，形成了较为丰富的艺术史系列；构成了基本完整的学术链，可举办数百个不同主题、不同规模的书画、碑帖展览，时代跨度可从晋朝直至20世纪上半叶。

2. 社会公众对藏在"保险箱"里国宝的历史文化信息所知有限

记者： 故宫博物院拥有如此众多的书画精品，观众平日能够看到的却不是很多，您认为问题的症结在于什么地方？

郑欣淼： 由于历史的种种原因和诸多的条件限制，社会公众对藏在这个"保险箱"里国宝的历史文化信息所知有限，总有一些遗憾和误解。我想，随着时代的发展和社会的进步，博物馆要在当好"保险箱"的基础上，转换观念，与时俱进。

公开透明化是我们未来力求达到的目标，这就需要建立一个博物馆的开放型思维，开放型思维的着眼点即如何解决博物馆的公开透明化问题。我认为，故宫博物院为社会公众所共有的标志是：共同享有各类文物所承载的历史文化信息。这也是我们几代人长期为之奋斗的目标。要达到这个目标必须牢固树立富有创意的开放型观念，在这个观念的指导下，充分利用高科技的保存、修复条件和展示手段，在最大的时空范围内传扬中华民族文化的优秀传统。

3. 40余万人亲眼观赏过张择端的《清明上河图》卷真迹

记者： 在开放型思维的指导下，故宫博物院的书画藏品是否可以走出"保险箱"，面向大众？

郑欣淼： 在21世纪初，我们与一些国内博物馆合办重要展览，就是开放型思维的一个体现。2002年底，故宫博物院以22件书画国宝与上海博物馆、辽宁省博物馆联袂举办了"晋唐宋元书画国宝展"，以庆祝上海博物馆成立50周年。2004年，故宫博物院以数件国宝级书画与辽宁省博物馆共同举办了"辽宁省博物馆新馆文物专题展"，以庆祝辽宁省博物馆新馆落成。今年再次与上海博物馆联合举办展览——"书画经典——故宫博物院上海博物馆中国古代书画藏品展"，以庆祝故宫博物院建院80周年。两次与上海博物馆合作的书画展览，其中故宫博物院提供展品占所藏晋唐宋元书画的1/10，这说明故宫博物院丰富的书画藏品在合作举办国宝级展览方面有着较大的潜力。当然，故宫博物院的开放并不是简单地与兄弟博物馆合办国宝展，我们的开放是在绝对保障文物安全的前提下，实行的是全方位的立体开放和持续性的开放。

我们在近4年间用于国内外书画展览和涉及书画的综合展览以及各种形式的电子展示、出版照相、学术交流的书画近万件次，这样大量公开书画原件、影像的举措是空前的，其受益的人群在百万以上，其中有40余万人亲眼观赏过张择端的《清明上河图》卷真迹。

4. 古书画部首次利用国外电子影像方面的高科技建立电子画廊

记者： 结合故宫博物院此次成立的古书画研究中心，请您谈谈在书画研究领域，故宫博物院如何充分利用高科技的保存、修复条件和展示手段。

郑欣淼： 只有与高科技相结合才能够将开放型思维形成结构化，才能将理想中的蓝图变成现实。书画的展示工作是实现故宫博物院开放观念的重要一环。书画的立体开放与高科技紧密地联系在一起。目前故宫博物院的书画藏品中的85%进入了电子化管理。在资料信息中心的电子检索室里，可以接待来自世界各地的专家、学者查询图像和资料。故宫博物院的中、外文网站上展示了14个专题性书画展览，还有许多包括书画在内的综合性文物展，观众可以在网上欣赏到近千幅历代书画，超越了时空的阻隔。

故宫博物院资料信息中心会同古书画部首次利用国外电子影像方面的高科技，在院内的古书画研究中心建立电子画廊。我们以高像素数码相机拍摄书画、高清视屏展示图像，以点击图像零等待、欣赏佳作零距离、研究细部零模糊的视屏质量服务于专家、学者们的鉴定与研究，也引起了广大观众的极大兴趣。这些高科技设备的应用，将会给书画鉴定和研究提供新的实证。在刚刚应用的一个多月里，已经有一些学者告知，通过放大了的清晰图像解决了它们长期以来悬而未决的一些疑难问题。

故宫博物院的书画展厅的科技含量已经迈上了一个新的台阶。我们在北京工业大学文物保护中心的帮助下，研制出15米长的展柜，摆放在古书画研究中心的展厅里，15米长的北宋张择端《清明上河图》卷（画心和题跋）第一次在故宫博物院恒湿恒温环境中及无红外线、无紫外线灯光下全部展开，一些国宝级书画也将在这里陆续与观众见面。另一个空前高大的展厅——新绘画馆已经出现在故宫博物院西侧的武英殿里。武英殿曾经是明代宫廷画家的作画场所，过去由于受到场地的限制，一些在这个大殿里完成的惊世巨制无法展出，如今它们将在这里陆续展示于众，特别是一个可连接成40余米长的超长展柜，首次将清宫旧藏的绝大多数高头大卷一览无余地展示出来。

5. 清宫旧藏的书画文物是故宫学非常重要的研究对象

记者：您之前提出的故宫学对于此次成立的古书画研究中心，有哪些具体指导意义？

郑欣淼：开放的故宫是与开放的学术观念结合在一起的。三年前，我在南京博物院的一次学术论坛上正式提出了故宫学的学术观念，就是基于故宫学在故宫的客观存在和故宫学术界涌动着的理性的开放思维。故宫学本身就是开放型思维结构的客观产物，它的研究对象之一就是故宫博物院所藏的各类文物和历史档案以及散佚在世界各地的各类清宫旧藏，其中清宫旧藏的书画等文物是非常重要的研究对象，故宫学的确立，将大大凝合国内外一切研究故宫文物的学术力量。

这个结合的措施就是2005年10月成立的古书画研究中心。这个中心是依托于古书画部的各类藏品、展览场所和人力、物力以及故宫博物院的信息系统和出版实力。在博物馆内建立某类文物的国际性的研究中心，在世界范围内还是一个大胆的尝试，这是故宫博物院在科研方面深化改革、扩大开放的重要举措，这无疑是中国博物馆发展史和学术史的一大盛事。

古书画研究中心是我院为国内外专家、学者开展合作性课题研究的学术平台，旨在让我院书画藏品的诸多内涵为世人所知，使国际学术界更深入地认知中华民族传统文化的精髓。让世界的知名学者走进故宫，让中国的传统文化走向世界，同时，故宫博物院的专家、学者将获得更多的机遇走向国际学术论坛，走到学术研究的最前沿，在更大的范围内提高书画研究的学术水平，努力借鉴国内外同行的研究方法和学术成果，力求使我院的书画研究成果、陈列水平和相关业务及修复、复制技术走在世界的前列。

6. 故宫将透过各种渠道收藏当代杰出书画名家的成功之作

记者： 故宫博物院拥有众多旧藏书画珍品，是否会排斥今天书画市场上广受追捧的近现代作品？

郑欣淼： 新的观念给故宫博物院带来新的生机和新的机遇，开放型的思维结构在一定的条件下将会转化为巨大的精神财富和物质财富。在过去，故宫博物院只收藏清代及以前的书画，对20世纪上半叶的书画收藏是出于被动的状态，对于20世纪后半叶的书画收藏基本上采取回避的态度，在当时并不感到缺少了什么。但是，在今天看来，已经造成了故宫博物院书画收藏的缺环：即大大缺失20世纪下半叶的中国书画藏品。我们尽快纠正了这种短视的书画收藏观念，借故宫博物院80年院庆之际，举办"中国当代名家书画展览"，得到了中国美术家协会和中国书法家协会的大力协助，海内外书画界表现出极大的热情。20世纪后半叶的几位中国绘画大师的家属向故宫博物院捐献了李可染、李苦禅和马寿华（台湾）等名师的艺术精品，饶宗颐（香港）、沈鹏、郑乃珖、于希宁、秦岭云、刘国松（台湾）、万青力（香港）、刘江、欧阳中石等在20世纪获得艺术成功的名家向故宫博物院捐献了他们的艺术佳作。故宫博物院抢救性的书画收藏工作开始弥补了这段艺术历史的缺憾，这一新的收藏观念将持久性地发展下去，我们不仅继续收藏清代以前的书画精品，而且将以各种方式、各种渠道收藏当代杰出书画名家的成功之作。书画的收藏工作也要与时俱进，这就要求我们的书画专家必须认真地关注、研究当代中国画坛，开拓新的研究领域，以完整的书画艺术藏品无愧于我们的子孙后代。

开放型的思维结构使故宫博物院改革、开放的诸多思路更加有机地联系起来，形成一个统一的整体，因而就更加成熟、更加现实。将故宫博物院的开放型思维变成有效的实践活动需要经过艰难的努力，这必须转变消极守成观念、改变偏狭封闭心态、改善旧有客观条件，更要克服不利于文物安全的种种因素。故宫博物院的书画展示、研究和收藏等开放性的工作还仅仅是一个开端，未来的开放将与更新的高科技信息手段和展示形式有机地结合起来。我们将以空前开阔的学术胸襟和空前开放的思维结构迎接一切关注故宫的专家、学者和广大观众。

（原载《艺术市场》，2005年第12期）

从故宫学到鲁迅精神

采访者：《华人世界》记者　鲁默

他是一位学者，

他是一位诗人，

他还是一位高官……

他主持故宫工作不到一年就提出了故宫学，引起国内外的关注。

2005年金秋，故宫博物院迎来了她的80周年华诞。10月里一个星期天的早晨，我们有幸走进威严的紫禁城，走近故宫的守护人——郑欣淼院长。

置身于宏伟连绵的宫殿和亭台楼阁，浸润在古老的紫禁城的和风中，与这位学者、诗人、高官零距离接触，聆听他讲述……

（一）故宫履新

记者： 故宫博物院院长的职位在您来之前已经虚位十几年了，您来文化部、故宫博物院履新时是什么感觉？

郑欣淼： 我感觉是诚惶诚恐。我来的时候故宫已经开始准备大修了。2002年9月中央决定让我担任文化部副部长和故宫博物院院长。当时国务院还没有发文，我还在文物局，李岚清副总理让我去汇报工作，可见中央对故宫的事是很重视的。

我感觉到能遇上百年来故宫最大的维修，而且让我亲自主持，是很自豪的。但另一方面，我也很担心，这个事情不简单，担子很重，故宫博物院多年来积累的问题比较多，博物馆的建设和业务管理都需要加强，这些工作又交织在一起，即如大修，它的任务也很艰巨，绝不只是补补瓦、换换梁那样简单，而是一个复杂的系统工程。但作为博物院院长，我有决心把这件事情做好。

记者： 您47岁做副省长，按照常规，下一步应该是做省长，那为什么您在任3年后又回到了北京？

郑欣淼： 这可不是常规。一个省副省长很多，但省长只有一个。要干到省长谈何容易！我个人长期搞研究工作、文字工作，在许多人眼里，我是个"文人"，我自己也觉得好像不是做这个官的"料"。我在高原工作时间并不长，因为气候环境的影响，眼底出血。按说这不是多么大的病，但治了近10天，越治问题越严重，视力不断下降，于是回到北京，在协和医院一检查，才发现是眼底静脉栓塞，就是眼中风，是血液不通而引起了出血，原来是诊断错了。以前是止血，现在要疏通，虽然做了很多努力，但至今我的右眼也不怎么好。因为身体的缘故，后来组织上就安排我回北京工作。

记者： 您怎么看待故宫博物院院长这一职位？

郑欣淼： 从故宫博物院成立以来，我是第五任院长。第一任是易培基先生，从1929年到1933年。马衡先生是第二任，从1934年起，一直到中华人民共和国成立后的1952年。吴仲超同志从1954年到1984年，整整干了30年。1987年张忠培同志出任院长。当然，故宫博物院早期还设有理事会，李煜瀛、蔡元培等都出任过理事长，故宫博物院的重大问题由理事会决定。对院长人选的要求自然很严格，所以我的压力比较大，但我要千方百计干好。

这个职位与故宫的影响和地位是相关的。故宫本身是世界文化遗产，它是世界上现存规模最大、保存最完整的古代宫殿建筑群，这是举世瞩目的。院藏文物150余万件（套），约占全国文物系统馆藏文物总量的1/10，馆藏文物数量在全国博物馆中位居第一，是世界上最大的中国文化艺术的收藏宝库，是民族文化的代表，本身具有象征意义。每年来故宫的参观者也是全世界博物馆中数量最多的。这些都决定了这个职位担子很重。因此，做得好不好关系就很大，所以我只有努力工作，不辜负中央和人民的期望。

（二）首倡故宫学

记者：您任职故宫博物院院长不久，在2003年南京博物院举办的博物馆馆长论坛上就提出了故宫学。您提出故宫学的背景是怎样的？是出于什么样的考虑？

郑欣淼：2003年我们已开始筹备故宫博物院建院80周年的庆祝活动。我到故宫时间不长，结合院庆，对故宫博物院80年历程进行回顾总结，包括学术研究。博物馆都有收藏、展示、研究的任务和功能，大型的博物馆对于学术研究则更为重视，但像故宫博物院有着明清两代的皇宫，有着以宫廷旧藏为主的150余万件（套）文物，有着80年学术研究的大量成果，这是一般博物馆难以比拟的。

能不能成为一门学科，首先要确定有没有可研究的内容与对象，同时要看研究的成果和基础，两方面都具备了，才有可能成为一门学科。正由于故宫有着丰富的内容，80年的故宫研究已有了一个好的基础，我就提出了故宫学。我们重视传统文化在当代文化建设中的作用，特别重视全球化过程中怎么保持我们文化的自主性和独立性，我认为故宫可以发挥它独特的作用。

故宫是个文化整体。敦煌文书不一定与敦煌有直接的关系，而故宫与故宫博物院的藏品、与发生在其中的人和事，是有密切联系的。故宫是明清两代皇宫，与朱元璋家乡凤阳故宫、南京明故宫及沈阳故宫都有关系，与整个北京城的明清皇家建筑也有关系，反映了好多政治理念、文化内涵。提出故宫学，有利于整合各方面的力量，发挥其积极作用，对流失海内外的清宫文物也有个学术上的归宿。

记者："故宫学"的学术价值体现在哪些方面？

郑欣淼：我认为，故宫学研究的范围很广泛，涉及对中国整个文化的研究，包括中国文化史、美术史（包括工艺美术）、明清史，另外对宫廷文化史的研究意义也很大。故宫是活的标本，而故宫学是以实物为研究基础的，所以对丰富艺术史、文化史意义重大。

记者：您能否展望一下故宫学的前景？

郑欣淼：我们已经在扎扎实实开展工作，院里正在制定学术规划、人才规划。我们现在已经成立了两个研究中心，一个是古书画研究中心，一个是古陶瓷研究中心，请了国内外一流的专家学者做客座研究员，我感觉到前景是很鼓舞人的，我们想在一些重大的研究项目上有所突破，对一些薄弱的环节有所加强。

故宫学研究内容很丰富，要一下子铺开不可能，只能从我们的实际出发。我们有几个重点：一个是古书画的研究，我们有14万件左右古书画，占世界公立博物馆的中国古书画所有藏品总量的1/4。二是我们有古瓷35万件。这两方面形成了一定的气候，学术力量已经形成梯队。有一定的研究成果，海内外都是公认的。三是我们还有古建筑研究，这里面包括中国古建筑的传统工艺技术。传统的工艺技术是珍贵的非物质文化遗产。从古建筑修复以来，我们就买了高级摄像机，将整个过程都拍摄了下来，这是一份十分珍贵的资料，有利于非物质文化遗产的传承。四是还要加强宫廷文化研究，这也是一个重点。我们期望在这四个方面能有大的突破，并吸引专家学者参与研究，也相信会有一批年轻的学者，伴随着故宫学的研究成长起来。

记者：故宫是沉淀了几百年的物质文化，您又是鲁迅方面的研究专家。鲁迅思想和故宫是两个截然不同的精神文化和物质形态，这种精神和物质文化的碰撞，对您提出故宫学有哪些启示？

郑欣淼：鲁迅的作品对一个人的气质、精神和修养等方面能起到综合性提高的作用。《人民日报》上刊登采访我的文章《故宫学：从自发到自觉》中，我就用鲁迅对魏晋文学的评价来谈故宫学。鲁迅认为魏晋时期是中国文学从自发到自觉的发展时期。我认为，80年的故宫研究不能说与故宫学没有关系，也可以说是故宫学，但那是自发的，现在提出来，它就成自觉的了。我借用了鲁迅这句话来说故宫学研究。当然，这只是很小的一个例子。

值得提及的是，鲁迅于民国初年任教育部社会教育司第一科科长，该司的事务包括博物馆、图书馆的管理、古物的调查与搜集、美术馆及美术展览会等事项。鲁迅曾听取教育部同事从沈阳调查清宫古物归来做的工作报告。在1913年的《拟播布美术意见书》中，提出要保存"著名之建筑""碑碣""壁画及造像"等文物古迹。这些认识都是十分珍贵的。

记者：您对故宫博物院下一步工作有什么打算？

郑欣淼：总的来说，我们在今后的工作中，要从整体上提高故宫博物院的水平，包括各方面功能的发挥，管理也要提高。具体来说，我们现在面临几件大事：第一，是对故宫博物院的大规模维修，这是耗时较长的大工程，要保质保量，善始善终。

第二，是要从2003年到2010年对故宫博物院的所有文物进行一次为期七年的全面清点整理。

第三，我们要加强故宫学研究，出更多的科研成果，通过这些科研成果，也能更好地为展览服务，为公众服务。

当然还有一点是特别特别重要的，就是持之以恒地保证故宫文物安全的问题。

记者：您觉得在全面建设小康社会背景下，博物馆工作处在什么样的位置，特别是我们故宫的研究应该处在什么样的位置？

郑欣淼：我理解小康社会不仅是个经济指标，不是用经济上达到多少美元去衡量，而是有更多的内涵，全面建设小康社会包括了经济文化各个方面，我认为我们要对小康社会有个全面的了解。文化是小康社会重要的一方面，文物博物馆工作在全面建设小康社会的过程中占有一定的位置。在《中共中央关于制定国民经济和社会发展第十一个五年计划》的建议中，对文化和文化产业就很重视，也提出了文化建设的重要性以及重视文化的力量。发展文化事业和文化产业，不光是给我们带来精神的动力或精神的支柱，同时文化产业对我们经济的发展也很有意义。对于博物馆工作来说，要坚持它的公益性质，要为公众服务，让大家通过博物馆，就像故宫这样的博物院来认识我们源远流长的中国传统文化。

另外，我们还有各类的博物馆，各个行业的博物馆，专题型的博物馆、民办博物馆等等，多姿多彩，随着小康社会的推进，我们的博物馆还会进一步地发展。

博物馆本身是非营利性的，但是可以借助一些市场的手段，更多地让社会参与博物馆的建设，促进博物馆的发展，我认为这也是很重要的。博物馆要始终保持活力，就一定要和我们的小康社会建设，和人民群众的生活息息相关。不能自视清高，观众来不来博物馆与自己无关；观众不来，好像是他们觉悟不高。博物馆的理念在不断发展。现在有人提出博物馆应有娱乐性的特点，使得大家都可以轻轻松松地来参观，而不是很严肃的，像听讲座那样，这便体现出一种参与性，博物馆以特有的方式吸引大家。所以我认为我们对于博物馆的功能也要认真研究。

记者：作为一个文博工作者最重要的职责是什么？

郑欣淼：作为一个文物博物馆的工作者，首先对国家的有关法规与政策一定要了解清楚，最起码要懂得中国的文物保护法，对于博物馆的一些要求也要了解，博物馆工作、文物工作的性质和特点要清楚，要热爱这一项事业，要有奉献精神。其实多数博物馆工作者都在默默地工作着，包括一些文物守护者，他们都是几十年如一日，无怨无悔。例如故宫的宫殿开放区，有些工作人员就在自己的岗位上站了一辈子，所以当我来故宫的时候，我内心就非常热爱故宫，如果心里没有那份热爱，那怎么能干好工作？

（三）官员应该有全面的人文素养

记者：您心目中作为一个好官员应该具备什么样的素质？

郑欣淼：我觉得应该是要有事业心，干什么事一定要把它当作事业来干。另外一个，就是要具备良好的文化素养，你只有具备了全面的人文素养，在看问题的时候，才可能看得全面一些。再一个，作为领导者，就必须多从大的方面去考虑事情，对于单位的一些大的决策，必须要多思量，同时也要时刻关注它的落实情况，这也许和我所在单位有关系。对于自己所在单位的发展，作为领导人，你要有一个大的思路，必须要有点子，而这点子是在你听取了大家的意见后，受到启发后形成的。领导人对于所在单位的发展一定要思路清晰，这是最重要的。

比如我对故宫的认识，包括故宫的定义以及其价值和内涵，故宫博物院到底是艺术博物馆还是古建筑博物馆。对于故宫博物院的定位，以及如何处理好故宫和故宫博物院的关系，我在调查研究基础上写了《故宫的价值与故宫博物院的内涵》一文，所形成的观点为大家所接受。还有关于故宫学，我也做了相关的研究，为此写了3800字的《故宫学述略》一文，另外还做了《紫禁城与故宫学》《清史研究与故宫学》等学术讲演，包括成立两个研究中心也是我提出来的。我感觉到领导人必须要有思路，要有点子，要有可以落实的具体措施，这三方面都是很重要的。

（四）民族需要鲁迅精神

记者：作为《文化批判与国民性改造》《鲁迅与宗教文化》的作者和中国鲁迅研究学会会长，您是怎么看鲁迅的？您怎么会写作这两本书？

郑欣淼：我个人认为，在中国不论是学什么专业的，都应读鲁迅的著作。鲁迅的作品是具经典性的，不论在中国现代文学史上，还是在中国近代史上，还是在思想史上，鲁迅都有他独特的价值和意义。同时他看问题的方法、犀利的文笔对我们也是很有借鉴意义。我们的民族需要鲁迅精神。

我个人认为，一个国家有大文学家，是一个国家和民族的骄傲。历史上的司马迁、李白、杜甫、曹雪芹等都是我们民族的精华，是涵养过一代又一代人的，他们的作品既是我们民族文化的经典，又促进了民族文化的发展。

不论是当干部的、当工人的还是当农民的，读点鲁迅的著作是有必要的，值得看，而且是终身受用。不是说只有搞文学的才要看鲁迅，这样不对。毛主席当年说要读点鲁迅，我认为这话是有道理的，这在特殊情况下还有什么政治含义，我们不去说了，但无论如何，鲁迅是一个伟人，他的作品是个丰富的宝藏。作为一个党政干部的起码素养来说，我们应该有鲁迅的精神。我们应该读鲁迅的著作，吸取鲁迅的智慧，学习鲁迅观察问题的方法以及对中国社会的深刻认识。

我在学生时代就喜欢鲁迅。"文革"以后，很长一段时间，可读的书是不多的，鲁迅的著作是国家提倡的，到处都印。所以我喜欢他与这个历史背景也有很大关系。这后来就成了我的一大爱好。

《文化批判与国民性改造》是一本研究鲁迅关于国民性改造的书。我为什么要写这本书？当时有个特殊情况，我是"老三届"，参加工作以后，也还干得不错，从一个县调到地区，又从地区调到省里，20世纪70年代末、80年代初我的同学纷纷上大学，我因工作关系，未能去考。后来年龄大了，一些人便鼓励我考同等学力考研究生，我就想考西北大学鲁迅研究的专业，当时单演义教授在招硕士研究生，已招了两届，在全国也有影响。当时考研有个35岁的限定，我要再不考，过了35岁以后就没机会了。我潜心准备了一年多，同时为了报考单先生的研究生，我写了一篇关于鲁迅国民性的论文，1万多字，然后去找单先生。单先生看了我的文章，鼓励我报考。

但准备了一年多以后，我们领导不让我报名应考，主要是工作离不开。我对领导说，我就是试一试，而且考上的可能性也不大，毕竟我缺乏一些基础的训练。我的领导是陕西省委常委，他说，你要考上了怎么办？当时报名时间只有三天，有几个人就说，要不就算了，你考上了还好，考不上怎么办？那就伤感情了。考虑再三，我最后没有报名。我又去找单先生去了，他说你没报名，不考研也行，但我建议你可以就这个问题做进一步的研究。如果研究不断深入，不排除可以写成一本专著。我在这本书的后记里提到单先生对我的鼓励和帮助。这样就下了决心，利用业余时间写成《文化批判与国民性改造》一书。

在20世纪80年代前期，我在陕西的《人文杂志》发了一篇关于鲁迅杂文的论文，以后又在中国社科院的《鲁迅研究》发表了《鲁迅宗教观初探》，这也与我的另一本书《鲁迅与宗教文化》联系起来了。20世纪90年代初，陕西人民教育出版社出版一套鲁迅研究丛书，我做这套书的副主编，朋友们提出让我也写一本书。那时候也恰好有个特殊原因，1991年至1992年，我因工作变动从省里调到中央，有一年多不负责具体工作，那本书基本上是在那个时候完成的。

（五）干一行就研究一行

记者：您先后做过省政策研究室主任、青海省副省长、国家文物局副局长，同时又是国内较早的理论著作《政策学》《社会主义文化新论》的作者，您是怎么处理好既是一位领导又是一位学者这样的关系的？

郑欣淼：我想这与一个人的精力分配有关系。《政策学》和《社会主义文化新论》的写作与我的性格也很有关系。我是干什么事，就在哪一方面下点功夫，干一行就研究一行。

我1977年到陕西省委政策研究室，一直干了15年。干到第十年的时候，我有了在中央党校学习半年的机会。当时就想，我在政策研究部门连续干了10年，时间不算短，体会也很多，现在能静下来边学习边思考边总结，这是难得的。于是就在这半年的时间里，列提纲，整理框架思路，积累资料，最后用了一年多时间写成《政策学》一书。这本书既是我对工作实践的总结，也是我从理论高度上进行的总结。我的书是1989年出版的，当时这类书很少，我写时几乎没有什么可参考的。《人民日报》曾有文章推荐介绍过这本书。

调查研究是政策研究的一项基本工作，20世纪80年代前期，我还参与写过一本《调查研究概论》（陕西人民出版社出版，共15万字，我写了9万多字），《红旗》杂志有专文介绍过。写这两本书都与我的业务工作有关。我感觉这也是一个乐趣。因为干了工作以后，我就想怎么样才能有一个提高、一个突破，不能总是简单地重复，另外也力求对这个工作能有一点理论上的探索和贡献，这就是我写这两本书的初衷。但现在看来这两本书还是有很多不足之处。

《社会主义文化新论》是我到中央政策研究室以后写的。我在中央政策研究室任文化组组长，研究文化工作。1994年中国青年出版社出版一套"社科新论丛书"，共出12本，包括哲学、伦理学、管理学、经济学等等，但写文化学的作者，一直没有落实。编辑约我写，我当时给他推荐了另外一个人，但大概过了半年编辑又找我，还是倾向让我写。最后我想不管怎么样，写这本书与我的业务有关，我就承担下来了。写这本书我还是下了功夫的，我不是一般地就文化谈文化，而是谈社会主义市场经济条件下的文化建设，所以这本书就谈到大众文化、文化产业、文化市场与市场文化等问题。

我1998年12月到文物部门工作，1999年主要是调查研究，2000年以后写了不少东西。在网上可以看到我写的30余篇文物工作方面的文章。这是我的一个特点，干什么就在那一方面下功夫，能琢磨出一点道理，上升到理性的认识上来。

工作与写作，我认为不存在一个互相影响的问题。当然做这种事情是要吃苦的，别人闲了可以休息，不需要写这些，因为这不是非写不可的。但我自己认为，写作是一种乐趣，对我是一种提高，让我思路条理化，是一个提升。写作不同于简单的说，需要把握得准确一些，这就需要看许多资料，以便表述得更准确、更妥当一些。当然还要参考别人的研究成果，这样肯定会辛苦一点，但个人的收获肯定也会更多，认识也可能会比别人深一点。

我在陕西省委工作的时候，政策研究室的前几任领导很敬业，带头写东西，也鼓励我们写东西，所以有一个很好的环境，也形成了一个好的传统。

记者：您还创作了《雪泥集》《陟高集》，您又是怎么处理好诗人身份与高官身份的？

郑欣淼：写作诗歌这纯粹是个人的爱好了。诗词在中国传统文学中最有代表性。现在写诗词的人很多，但有些人不懂基本的格律，写得像顺口溜。中国是诗的国度，从屈原到李白，诗人层出不穷。

我这两本诗词集基本上没有什么涉及国家大事等太大的主题，主要是朋友之间的一些酬唱，歌咏山水名胜一类的，我觉得有时候主题太大了不一定适合用诗来表达。

对于用韵，我觉得诗歌在不断地发展变化。开始时我就用上海古籍出版社的《诗韵新编》，我认为这书还是比较好的。

我个人认为学旧体诗，相对地说，格律不是很难的，难的是要有一定的古典文学知识的积累，写出来的诗要有诗味。不论旧体新体，诗味都很重要。乾隆皇帝一生写了4万多首诗，等于全唐诗的总和，但流传的不多，不是说他写的没意义，他的诗有很强的史料价值，但诗味不够。

（六）只为书痴

记者：在西宁的时候，您经常光顾"白唇鹿"书店，据说所购之书均是名家大作，所借之书多系时下流行小说。您还曾赋"鹧鸪天"一首抒购书之情。

郑欣淼：当时西宁一个比较大的书店就是大十字的新华书店，民办书店不多，似乎只有"白唇鹿"书店一个，那儿还可以租书。租书的小店有好几家。当地图书馆因为多种原因没有开放，我去书店的次数就比较多，买的书也不少。我在"白唇鹿"那儿买过一套《中国历代通俗演义》，当时要给我打折，我没让，因为他们开书店也不容易。

我自己买书还是比较慎重的，读书我是借书看比较多，包括一些流行小说都在阅读范围之列。那时候我一个人在青海工作，下了班没多少事，就借些书来研究或者消遣。去书摊借书，我就跟司机说，你把车停远一点，我到里面去借书，防止引起路人的好奇。借书一本押金两毛钱，很便宜，我就看得比较多，各方面都涉猎，就是武侠没有看过，我对武侠总是兴致不大，可能与爱好有关。

记者：您能不能谈一下您对书的爱好和认识？

郑欣淼：我爱书一是面比较广，二是从应用的角度，不是为了收藏。书的版本我也比较注意，像商务印书馆、中华书局、人民文学出版社等出的书我比较喜欢。但不是为了收藏。

需要的书我一般都购买，像一些工具书《中国大百科全书》《大英百科全书》《大美百科全书》以及《中国美术全集》《中国美术分类全集》等。文史方面的书也买得比较多。

多年来我一直在北京图书馆办有借书证，加上文津街分馆的一共办了三个，在首都图书馆也办了借书证。我还曾在国家博物馆借过书，故宫博物院图书馆更是常去。常到图书馆去根据需要查找一些资料，帮我解决了不少问题，起了很大作用。

我知道，我们领导同志平时工作比较忙，碰到一些事时会借一些书读，但我感到，常抽点时间读些书，哪怕是闲书，给人的心境也能带来平和，不只是增加一些知识。现在社会风气有点浮，有时候看上半天书，包括到书店去看看走走，总是有收获的，心灵上会有平衡的感觉。我昨天刚刚到西单图书城去看了一下，有时候看一看也是很有收获的。如果一个人还有这种心境，这对一个人是有好处的。像我们故宫博物院的图书馆、国家博物馆的图书馆、文化部的图书馆等等我都在那儿借书。我感觉这是最正常不过的事。

　　记者：工作之余，除了买书、读书，您还有别的爱好吗？

　　郑欣淼：没有。

　　（原载《华人世界》，2006年第1期）

故宫现在面临着最好的发展机遇

——故宫博物院院长郑欣淼拜访吴冠中先生实录

采访者：《人民政协报》记者　毛梦溪

2006年7月13日，文化部副部长、故宫博物院院长郑欣淼先生在故宫博物院副院长李文儒先生和百雅轩公司总经理李大钧先生的陪同下，去吴冠中先生家里拜访了吴老。对吴冠中决定把油画长卷《1974年长江》和水墨画《江村》两幅作品无偿捐赠给文化部并指定珍藏在故宫博物院向吴老表示感谢。在一个多小时的访谈中，吴冠中先生和郑欣淼院长进行了精彩的对话。

郑欣淼：吴老，我今天来拜访您前给孙家正部长报告了一下，他挺高兴的，他说，您（吴老）是他老乡，都是江苏人。吴老这次要给国家捐几幅画，让故宫博物院收藏。我们也谈了一些想法。他说，故宫博物院以后也要重视收藏现当代一些名人的字画，但是起点要高一点。我说吴老就是一个标尺。孙家正部长要我向您问好，他说他对您是充满感情的，这次的捐赠仪式他一定出席。

吴老：在当代艺术的发展过程中，故宫博物院当然是与美术馆平行的，光有美术馆是不够的，故宫博物院也很重要，它记载历史，一个时代结束，一个时代开始，旧的时代的艺术会自然地转到新的时代。

郑欣淼：故宫博物院的收藏，绝大多数是清宫旧藏。过去清宫所藏中国画是成系统的，晋唐宋元明清，但由于清代皇帝认知当时书画艺术的偏颇，清宫收藏明末至清代书画的流派存在许多缺失，清嘉庆以后，道、咸、同、光四朝的也很少。因此，清宫里面清代的书画比较少。这是清宫收藏的一个缺憾。我们过去只是注重收藏清宫流失出去的一些国宝，而对现当代的艺术品是不够重视的。去年我们在英国办了一个展览，胡主席和女王亲自剪彩。最后一个单元是清代的书画，有傅山的，但傅山的作品当时是不可能收藏的，因为他是反清复明的，有意识形态的原因。我也给胡主席做了一些介绍，我说这一批是我们新中国后收藏的。然而从历史来看，艺术是不断发展的，哪一环节都是不能缺的。这个我们感触很深。我和李副院长近年来都很重视这一点。这是人为的一个忽视，这样也让我们的研究人员对艺术的特点、艺术的发展、艺术源流的认识有了局限性。所以，以后我们如果再不收藏一些好的有代表性的现当代艺术作品的话，我们就可能在故宫的收藏史上犯了一个大错误，故宫在艺术的发展过程中就会少一段。

吴老：对，这个很好。艺术其实是一场战争，国际之争。国际之间除军事战争之外就是文化的战争。我们处在这种文化战争之中，所以在这样的情况下，文化建设是一个很大的命题，它往往跑在军事之前，所以这个问题相当重要。现在中央领导同志强调创新，当然全部都在创新，报纸上一片创新，这当然是好的，也做了一个引导。但创新不那么简单，绝不是一句话就是创新的，有时候要以生命去换。

有很多年轻人，因为我老就问我说：您给我提提意见，我该走什么路。年轻人该走什么路？其实艺术的路很难说。比如黄宾虹，您去学他，他的经验，他的见识，他的观念，你学了很多。但你只是学黄宾虹，这样你就是沿着黄宾虹的这个小道一直走到他的家里，他的厨房里。再比如说，你崇拜齐白石，是与不是，你已经都是这样，但是模仿齐白石的人，失败的不止几千几万。所以中国的艺术，清代以后的就是抄袭，这个我讲得很不客气，虽然不完全是这样。但是西方人来看，中国的艺术是抄袭，抄袭再抄袭，这样就葬送了我们的士气。

这在国际上，我们走出国门来看，这是个大问题。在西方讲来，艺术主要是创造，是创新，独创才是艺术，模仿不是艺术。但我们过去，在中国模仿变成了一种习惯。今天，政府提倡创新，这不只是艺术了，也是科学，科学的进步。李政道，他也讲科技创新，他说我们有了基础课以后才有科技创新，说我们的基础课不提高，我们就永远跟在别人的后面。他讲基础不讲别的基础，说的是文学艺术，不仅是我们传统的基础，还有西方的基础，各国的基础都是我们的基础，我们必须掌握这么多的基础，我们才能走到创新的路上去。

李可染曾经讲过，对于传统，他说我们要以最大的功力打进去。这句话是对的，说明传统很不容易。他接着说，但是我们还要必须以最大的勇气打出来。这句话，我有看法，我认为光用勇气是打不出来的。勇气是个主观的东西，必须具备各方面的条件，才能改变中国艺术的现状。故宫博物院开始注意到这个问题非常重要，中国的转机可能从这里来。我不是说反对传统，但是传统里面有垃圾、有精华，这是大家都知道的，因此我们识别传统好坏的能力是非常重要的。传统对于我们后代讲是个很好的启发，但我们抄袭传统，我们就不用发展。比如我们平时讲的一句话：在传统的基础上发展。这句话好像没错，大家习以为常，觉得很正常，但真正艺术的发展在传统的基础上是不容易的，至少光靠传统的基础不容易发展。您问问袁隆平，他的杂交品种如果都是"近亲结婚"的话，他的这个杂交品种是出不来的。所以我们的艺术发展，既要有中国的特点，又要吸收外国的，跟着时代走是非常重要的。

现在我们中国很多传统的东西停留在一个地方，特别是绘画，很多年轻人是不满意旧的，他要搞新的，但他又不理解西方绘画的基础，就乱搞，搞了很多所谓新的。我这里差不多三天两天就寄来一份美术刊物，没有出版社，没有书号，都是这几个人捧那几个人的，下面是香港什么什么号，说是香港买断的。这是宣传自己，这是行不通的，光靠这种宣传是没有用的，必须要创新。创新是非常难的，有时纵然身家性命都拼上去了，还不一定能够创新。故宫博物院现在开始重视这个问题我觉得非常重要，以此来弥补我们中国美术的不足。故宫原来就有好的基础，现在又重视这方面的改进，所以是最好的转机。

郑欣淼：我们也是想创新，这其实是古老的东西和现在的一个发展的关系。

吴老：这其实是很有意思的问题。比如说建筑的问题，闹到现在都闹不清楚。究竟要保留老房子，还是要拆老房子，这个问题不知道闹了多少次了。我爱老房子，几乎所有的老房子，江南的、安徽的，我都看过。真正的有几个作为典型的，现在还保留着。为了旅游而保留的话，有很多地方反而妨碍了建设，很多政协委员出去访问，都遇到过这些问题。这房子是拆还是不拆，旅游部门不拆，但建设部门要拆，这个问题是很有意思的，这是对我们民族文化的考验。我认为，可以保留原来的东西，但更重要的还是要发展，没有了发展，仅仅为了旅游而保留一些东西还是不行的，发展才是最重要的。

郑欣淼：吴老的文章写得相当漂亮，如《我负丹青》等等，而且一些短文，它不是简单的散文，我是感到一种生命的体验，里面包括您的绘画专业，还有人事、社会几个方面融合在一起，所以您的文章都不长，但让人觉得有点鲁迅散文《野草》的那种风格。

吴老：我是受他的很多影响。我们生活的那个年代，他对我们的影响是相当重要的。中国传统文化五千年，大家都觉得了不起，是有很多好东西，但这么长的历史里面也有坏东西，今天我们要分辨起来不考证那是不行的，这个问题确实很重要。一般人都说是中华文化几千年很了不起，谁也不敢说不同的话。事实上，我们这五千年确实是了不起，对内对外都是这样。但这个五千年文化里面谁敢讲有很多缺点？只有一个人，就是鲁迅，只有他，敢指出来阿Q身上体现出来的中国人的劣根性，这确实了不起，因为别人都不敢讲，都觉得中华民族五千年很了得，只有他处处点出了我们的要害，以挽救我们的国家。

李文儒：我们院长还是中国鲁迅研究学会的会长，写过两部研究鲁迅的专著，其中一部是研究鲁迅关于中国国民性的问题。

吴老：没有鲁迅，中国近代文化的视线、取向就会大不一样，没有他的声音的话，我们就会有很多很多的不一样。

郑欣淼：我们感觉吴老的造诣到了一个新的境界。而现在的一些中年人，或者一些青年人确实比较浮躁。吴老，您有这么多的创作实践，所以您敢说"笔墨等于零"，这个问题我和孙部长还讨论过，您已经站在一个新的高度看这个问题。我和孙部长很佩服您的。

吴老：我当时的心情就像鲁迅所讲的"救救孩子"。笔墨它没有一个固定的定义、形式，但笔墨必须要发展，笔墨是无穷无尽的发展，固定的形式等于零，固定的程式化等于零，我完全是这个意思。但是有很多人，中国的很多画家，光从笔墨出发，他们对西方的艺术基本上是无知的。他们中的一些人都没有读过我的文章，仅仅抓住了一个标题就大做文章，这个是很可笑。我记得我到南京艺术学院，他们希望我去做报告，点题要讲"笔墨等于零"。在礼堂，800多人停课，全院来听，我什么准备也没有。我问，你们这么多人来听，你们之中有几个人读过我的原文《笔墨等于零》？结果只有五六个人举手，大多都没有看，这是很可笑的。

郑院长和李院长对吴老此次对故宫博物院的捐献表示非常感谢，并就此次捐赠仪式暨展览活动的筹备情况向吴老做了说明。吴老非常高兴。

吴老：我这个人原来是个浪子，可以说是浪子回头，对我讲比较合适，现在这回头以后的感觉就不一样了。我当时到了国外，浪子的感觉更明显，那里的民族歧视，各个方面都不一样，所以使我回头，但回头真不容易。我们中的一些人没有回来，甚至人回来了感觉还在，现在再慢慢地感觉回来。现在的艺术各种各样，外国的，现代的，在这种情况下，我这个浪子回来的心情越来越回来，越来越回到人民的感情里面。比方说，那些现代画，各式各样的我都见过，最后还是觉得缺乏情感，真的情感。我初中的时候喜欢丰子恺，那种亲切，那种感情。后来我就不看了，以为简单化，没有意思。现在我再一看，丰子恺的感情真深，我觉得丰子恺是大师，人民的大师。我心里的感触是这样的。

李大钧：对丰子恺也是有个认识再认识的过程。当然我们今天再看，吴老的艺术还是回到了人民中间。国际上，法国人首先承认他，还给他授了勋，这个很了不起的。所以，吴老走了一条最危险的路。

吴老：没有路的路了，这就是鲁迅讲的，鞋底就是路，无所谓为路，路是鞋底，我是靠鞋底来走的。

郑院长送给吴老一批介绍故宫博物院的书，并将故宫最近维修的情况、宝物保存的情况，和捐赠工作上做的一些工作向吴老做了通报，并对吴老的此次捐赠给予了很高的评价，他认为这对故宫博物院当代艺术品的收藏工作是有着标尺性意义，榜样性意义的。

郑欣淼：我们还希望吴老在我们的学术研究上也给我们一些指导。

李文儒：吴老，身体还挺好。

吴老：年龄87岁了，身体不大好，但是性格不变。

李文儒：吴老，我们感觉您的文章比绘画更能给我们一些新的东西，引起更多人的共鸣。

郑欣淼：有些人可能读不懂您的画，但是很喜欢您的文章。同样，读了您的文章，更能加深对您画的了解。

吴老：这个我也听了不少舆论，有人喜欢我的画，但是更喜欢我的文章，因为这个画专业了一点。董桥写文章说吴冠中的画我买不起，但是吴冠中的文章我是买得起的。

李大钧：迈克尔·苏里文教授写过一篇文章，他说，吴老即使不是一个画家，就是作为一个作家、散文家，也是在中国艺坛占有一席之地的。

郑院长一行经过与吴老近一个小时的愉快对话后，起身告辞。郑欣淼院长谦虚、敦厚的品格，渊博的学识，给吴老留下了很深的印象，而关于鲁迅的话题使他们成了知音。吴老对于故宫增添了更多的好感。

下午，吴冠中长子吴可雨郑重通知故宫博物院副院长李文儒，向故宫捐赠增加一幅水墨画经典作品《石榴》。

（原载《人民政协报》，2006年8月21日）

故宫对我们的意义

采访者：《解放日报》记者　高慎盈、黄玮

故宫，一个独一无二的存在。

有人说，这种独一无二的存在，就是意义。或者说，从这个意义的本质出发，我们可以以不同的情感、方式，从不同的角度、领域感知到这种意义的非凡。

世界上现存最大的皇宫建筑群，中国最大的国立博物馆——历史赋予故宫显赫的地位。

从皇权的象征到公民的故宫，从文化的整体到文化的精神——时代赋予故宫深刻的内涵。

一座故宫，无限解读。在采访文化部副部长、故宫博物院院长郑欣淼时，我们认识到一个立体、本真的故宫，我们更领悟到其深邃高远的文化意义。

（一）故宫是一个文化整体

记者：一提起故宫，人们就会想到庄严巍峨的皇宫、金碧辉煌的古建筑群。这可能是故宫给予世人最初也是最深的印象。我们很想知道，身为故宫的掌门人，您印象中的故宫是怎样的。

郑欣淼：在我看来，故宫是一个文化整体。

故宫不单单是一座皇家宫殿建筑群，也不单单是中国最大的博物馆，而是将建筑、文物、典籍等多种元素融合在一起的文化整体。可以这样说，故宫本身就是中国传统文化的结晶。

记者： 以文化整体来审视故宫，这个视角既独到又宏大。

郑欣淼： 我一直认为，人们走进故宫，不应该只是为了来"看皇帝住的地方"，在这里，其实您可以看到华夏文明从萌生到发展、到辉煌的文化链。

记者： 这条文化链是如何在故宫展现的？

郑欣淼： 中华五千年文明的表达，故宫博物院都有收藏。这一点，过去大多数人没有认识到。很多人都觉得故宫的藏品只是清宫收藏。其实并非如此。这座皇宫里的收藏，是历代帝王收集的最终积累，几乎囊括了中国未曾中断的文明。

清朝作为中国最后一个封建王朝，在历经康乾盛世之后，皇家的收藏达到了前所未有的规模。从某种意义上说，皇宫成了天下艺术财富的大仓库。

在故宫博物院现有的150余万件（套）文物中，论其跨越的时代，上自新石器时代，下至宋元明清直至近现代；论其涵盖的范围，囊括了古代中国各个地域的文明精华；论其涉及的民族，包容了汉族和古代许多少数民族的艺术精粹；论其类别，我们藏有25大类、69小项文物。中华民族上下五千年的文明史，在故宫博物院的各类藏品中都能一一得到充分的印证。

记者： 故宫博物院的这种"文化整体"是其他博物馆不可企及的吗？

郑欣淼： 对。古埃及的金字塔同样具有神秘的色彩，同样反映了民族文化，但是它记录的只是一段戛然而止的人类古文明史。

记者： 从这个意义上讲，故宫是完整记录民族文明史的"唯一"。

郑欣淼： 另外，故宫最为人们所瞩目的皇家建筑，也是文化整体的一部分。故宫的建筑群包括了政治、宗教、祭祀、文化、家居、休闲、娱乐等各种功用，它代表了中国古代建筑的最高艺术成就和营造水平，甚至可以说是古代东方建筑的典范之作。

一条中轴线、金色的琉璃瓦、朱红的高墙，故宫的一砖一瓦都将皇权、礼制的语言铸造在其中。故宫的建筑是以凝固的形态，留住了历史的精神气质。

记者： 这种精神气质，无形却有力地透视出时代、社会、国家和民族的政治、宗教、伦理等深层次的文化内涵。

郑欣淼： 这也是建筑文化的深意所在。故宫博物院是皇宫改建的博物院，这就意味着它还有一个其他博物馆不可能拥有的特点——故宫藏品中有许多是和当时的历史环境不曾分离的。这也是建筑与藏品形成的一个不可多得的"整体"。

就拿皇帝的印章来说，它叫"宝玺"，除代表国家政权的25方御用国宝外，还有御用的各种闲玺。例如，《石渠宝笈》中记载的书画都不按我们现在的分类，而是按文物在何处摆放记录的。因此，宫中收藏的、经过皇帝御览欣赏过的书画作品上，大多钤有俗称的"殿座章"：藏于乾清宫的，则加"乾清宫鉴藏"宝，收藏于养心殿、重华宫、御书房的也是如此。再比如，大家都比较熟悉的三希堂，其中的三件书法作品，就和这个"堂"密不可分。文物要结合历史地理背景研究，离开了这个历史环境，研究就深入不了。

去年李敖来故宫博物院，参观完之后，他由衷地感叹："过去我说北京故宫博物院有宫无宝，台北故宫博物院有宝无宫。我认为我错了，要为此忏悔。"为什么呢？因为他看到了与文物本身相契合的历史地理环境，这是流失出紫禁城的文物所不具备的特点。这种文化的整体含义才是真正的无价之宝。

法国的卢浮宫、英国的大英博物馆，都成立了200多年，但是它们都没有故宫作为文化整体的特征。从这个意义上说，故宫是独一无二的。

（二）故宫是民族的，也是世界的

记者： 要认识故宫，我们不仅要看到这两个字代表着紫禁城，还要看到这两个字代表了81年前成立的故宫博物院。是吗？

郑欣淼：1925年故宫博物院正式成立，这是一件意味深长的事情。故宫博物院为什么选在10月10日成立？这是辛亥革命推翻清朝封建专制统治、成立中华民国的国庆日，是个不寻常的日子。当时发言的人说，之所以选择这一天，就意味着，谁要破坏故宫博物院，谁就是要破坏共和政体。皇家的宫殿变成最大的国立博物院，皇家私藏变成人民的共同财富，这个变化在中国历史上有继往开来的重要意义，是民主革命胜利的一个标志。

记者：经历了蜕变、经历过风雨的故宫，承袭着中国的传统文化，到今天又接续着我们的现代文明。

郑欣淼：故宫是有生命的，因为文化是活的生命。只有发展才有持久的影响力，只有传播才有广泛的影响力；只有有影响力，国之强大才有持续的力量。可以这样说，故宫是民族的，也是世界的；是传统的，也是现代的；是历史的，也是未来的。为了使故宫保持长久的鲜活生命力，近年来，我们做了两件大事，其中之一就是建立了一门关于故宫的学术——故宫学。

记者：您提出故宫学的概念，是否就是基于将故宫作为一个文化整体来理解？

郑欣淼：对，我们应该把故宫作为一个"大文物"来研究。故宫所承袭和经历的历史变迁，正是中华文明逐步进化、发展的过程。提出故宫学也是希望借此引导人们，正确地认识和理解故宫对我们的意义，将中国的传统文化发扬光大。故宫在中国，而故宫学在世界。

记者：另一件大事是故宫的百年大修？

郑欣淼：是的。在2002年10月，为期19年的紫禁城全面修缮工程正式启动。这是自辛亥革命推翻封建王朝之后，近百年来，紫禁城规模最大的一次修缮工程。

记者：您反复强调，百年大修之后，变化的将不仅仅是建筑。

郑欣淼：还有我们的文物观念、博物馆管理理念、服务理念，都将有所改变。大修的同时，我们将对故宫150余万件（套）文物进行清理，过去有很多被视为"资料"的宫廷用品，也将被正确地纳入文物之列。整理完毕后，我们会统一造册，并向社会公开，以弥补大量藏品无法与公众见面的遗憾。除了继续征集原始社会到清末各个历史时期的文物精品，特别是回收散佚的清宫藏品，我们也要让中华文明的历史长河在故宫的收藏中继续绵延，不能到了现当代就中断了。所以，对现当代的顶级艺术珍品，故宫博物院也在进行收藏。一些现代化、数字化的技术也将逐步运用到文物保护和展览中，我们设想今后游客只要有一部手机，无论走到故宫哪个角落参观，都可以迅速地获得他想知道的关于故宫的信息。

记者：盛世大修，无论是建筑的"修"，还是理念的"修"，都将拓展故宫的现实意义，也意味着故宫自清代康乾盛世以来，再次走向新的盛世辉煌。

郑欣淼：百年大修，故宫人任重道远。保护故宫，其实是保护我们共同的记忆。故宫的完好存在，就是对未来最深远的意义。

（三）用中华文化的精神建设新文化

记者：认识故宫的不同方式，其实是折射对待文化的不同态度。我们知道，在历史上，故宫也曾经被当作"封建糟粕"的代表来批判。比如1977年，故宫博物院举办过一次《祸国殃民的那拉氏（慈禧）罪行展览》。

郑欣淼：确有此事，不过我想类似的事情今后不会发生了。应该说，封建王朝也是中国历史的一个阶段，是中华文明演进的一个过程，我们不应简单地以阶级斗争的观点来看待故宫，更不能让故宫成为政治斗争的场所和工具。

记者：故宫作为文化的象征，应该有其庄严感和寂寞感。

郑欣淼：关于故宫的争议，其实一直存在。以前就有人说过，故宫是地广人稀、封建落后，要在故宫里面开一条贯穿东西的大马路，甚至还有人提出要拆掉故宫。当然这是几十年前的事了。

让我意想不到的是，就在前一段时间，有人告诉我，他看到这么一个消息，说某个地方有人很认真地拿出了一份具体方案，认为圆明园占地多，太浪费了，说故宫拆掉之后能造多少房子，能解决多少住房问题。这简直是把故宫当成房地产开发地来看了。我没有看到具体的有关资料，但我听到的时候，觉得很可怕，这纯粹就是经济动物了嘛。

记者：这是以认真的态度提出了可怕的建议，说明有的人对中国历史、文化、传统的无知，甚至连最朴素的文化感情都丧失了。

郑欣淼：是这样。我们有些人到了罗马之后，就抱怨说罗马破破烂烂的，没什么好看的。这些人不懂得文化古迹的内涵。文化与文脉、文物、文本是息息相关的，漠视文脉、轻视文物、忽视文本，怎么可能延续文化？中国的传统文化不能丢。如果连最基本的汉字和汉语都丢了，故宫就更要被丢弃了。

记者：要丢弃故宫的人，是把它鄙为文化的"糟粕"。

郑欣淼：我很反对有些人一提起民族历史文化，就必扣"糟粕"的帽子。不能简单地认为，我们现在是社会主义，过去的一切都不好，要加以彻底排斥、否定，都要去搞臭。对传统文化要有科学的态度，要进行扬弃。近代中国文明的确有过一段相对落后的时期，这一点我们不可回避。但是，中国文明的生命力是生生不息的，中华主流文化的基本精神是好的。这些基本的优秀的民族精神，正是我们建设新文化、建设先进文化的一些最深的根基，正是这个根基支撑起我们这个民族。我们要做的不但不是丢弃传统文化，割裂传统文化与先进文化，而是要在坚持中国传统文化基本精神的基础上去建设新文化，去推动新文化的不断革新。

记者：用传统文化的精神去建设新文化，是对传统文化的深刻理解，也可以让新文化更为深远、丰厚。传统文化、民族精神塑造了我们今天的面貌，也造就了我们今天的文化。

郑欣淼：正是如此，可以说文化是不同国家的人相互区别的基因。特别是在全球化的时代，我们更应当珍视自身的文化基因。一个民族保留了自身的文化特征，才能保留自己在世界民族之林中的地位。

记者： 从某种意义上说，世界认识中国，就是通过中国的文化。一个真正的大国，要有经济实力，也要有文化魅力，还必须在文化、在人类的价值观上，拥有影响和引导这个世界的文化力量。

郑欣淼： 所以说，越是在全球化的时代，我们就越感觉到我们民族文化的重要性，越感觉到故宫作为世界文化遗产的重要性。当然不是说故宫就完全代表中国传统文化，但是故宫是中国传统文化一个相当有代表性的进化的象征，是一个物化的历史。我们民族的创造力、先民的智慧，都体现在其中。故宫的存在，能够帮助我们从历史里探求本源，在时代的变迁中肩负起维护中国历史文化、建设新文化的责任。

（四）面对民族文化，万万不能丢了"温情和敬意"

记者： 您十分强调故宫的文化意义。然而，我们也看到了故宫里的一些商业化现象。有游客说，赞助商和小商小贩们把故宫搞得像个庙会一样。

郑欣淼： 我们现在正在改变这种状况。有些是过去遗留下来的问题，需要逐步解决。过去很多带有显著商业标志的东西，我们都已经自己筹款拆除了。以前故宫里头的垃圾桶、供游人休息的椅子，很大的商标在上头，难看极了。尤其是那个遮阳伞，那么大的字写在上头，一些游客还很泰然地坐在下面。啊呀，我看了难受极了。这些都下决心换掉了。

最近反映较大的是一个在故宫搞经营服务的外国品牌，因为它的商业标志太过张扬。当然这个情况比较复杂，我们考虑妥善解决这个问题。有意思的是，这个问题最早还是一位美国游客向我们反映的，而现在，对此反映强烈的仍然多是外国人。

记者：从某种意义上说，这位美国游客在保护世界文化遗产方面的认识，要比我们深刻。

郑欣淼：不错。我一直都跟我们的工作人员说，如果您自己对本国的文化都不尊重，又怎么能赢得别人的认可呢？钱穆先生就曾经说过，任何一国的国民，对其本国以往的历史，应抱有一种"温情和敬意"。面对民族历史文化，我们万万不能丢了这份温情与敬意。

记者：那么，故宫人是如何表达对故宫的"温情和敬意"的？

郑欣淼：以前，国宾车辆是可以开到午门里面的，车子就径直上桥驶过内金水河。大家看了都很心疼啊！怕桥受不了。我们跟有关部门说，这个规矩必须得改，车子到午门后就必须停下，外宾应当步行走过内金水河。当时他们说这已是多年形成的惯例了。我就说多少年都得改！车子长驱直入不是外宾的要求，是咱们自己定的规矩，是我们自己对自己文化尊不尊重的问题。最后，这个惯例改了。这是在2002年底我刚上任时做的。

如果你们2002年来，就会看到神武门门口停满大巴、轿车。我一看，说游客来了想照个相都找不到一块空地，神武门外不能变成停车场啊！结果我们费了很大劲与各方协调，最后取消了停车场，还神武门一份宁静。原本担心停车难的问题，旅行社不也都自行解决了嘛。

记者：去卢浮宫、大英博物馆参观，都需要在稍远的地方下车，然后步行进入。这一段步行的距离，也许表达的正是参观者对文化的敬意，一种文化的分寸。

郑欣淼：我们管理者更应当首先意识到这种敬意和温情，要想方设法保留、弘扬这种美好的情感，而不是去破坏它。你们能想象吗？过去游人正在神武门里面走，突然一辆冒着黑烟的车从身边驶过，太让人受不了了。这也是我来了以后下的决心，把故宫里头所有的服务车辆都要逐步换成电瓶车。

记者：有的时候，保护就是发展。在这样的发展观里，文化的价值才会得到充分的重视。

郑欣淼：对。博物馆是不以追求营利为目的的，它是一个为社会和社会发展服务的、开放的、永久性的机构，它的功能在于对人类和人类生存环境的见证物进行研究、收集、整理，特别是为教育、研究、游览的目的提供展览。我们是在守护文化，怎么能利润挂帅？过去故宫的厕所也都是收费的，一年光厕所就能"创收"300多万元。现在全部免费开放。

以前游客参观珍宝馆，要买一双两元钱的环保鞋，说是保护建筑。有游客问，你们工作人员自己怎么不穿？后来我一了解，这件事情纯粹是少数人发财，我们就坚决废除了这个环保鞋。其实环保鞋不是维护古建筑根本的办法，起不了多大作用，我们要实事求是。

记者：这让我们看到，对故宫的保护是细节的保护。一辆电瓶车、一张椅子、一把遮阳伞，恰恰是这些细节的变化，又让我们感受到理念的深刻与态度的虔诚。

郑欣淼：希望这些细微处的改变，能赢得更多的理解和支持。故宫是属于世界的，是人类共同的艺术文化宝库。故宫承担着保护文化遗产、传承人类文明、开展文化交流和文明对话的使命。我们每个中国人都有责任和义务保护好它，也希望每一位中国人都能对故宫葆有一份温情与敬意。

（原载《解放日报》，2006年9月8日）

故宫给我们的启示

采访者：《中国文化产业》记者　黛二

娱乐时代，春节将至，人会变得脆弱，我们需要有些沉重的话题。

文化遗产保护的重要性正在世界各国获得极度重视。作为中华民族瑰宝和历史传统的重要象征——故宫，以其宏富的收藏，多样的展示，丰硕的科研成果为世界所瞩目。

故宫是我国古代宫城发展史上现存唯一的实例和最高典范；

故宫是世界上现存规模最大，保存最完整的古代宫殿建筑群；

故宫是我国具有世界影响的，历史信息含量最丰富的重大文化遗产；

故宫是中华民族文化的重要载体和历史缩影，是中国最大的文物和文化符号。

对故宫价值的认识以及多年来在故宫保护上我们所付出的努力，是中国世界文化遗产保护意识与保护水平不断提高的体现，也是世界文化遗产保护理论与实践的宝贵财富。

世界遗产委员会对故宫总体评价：

紫禁城是中国5个多世纪以来的最高权力中心，它以园林景观和容纳家具及工艺品的9000多个房间的庞大建筑群，成为明清时代中国文明无价的历史见证。

（一）我对故宫的印象

记者： 无论中国人还是外国人，来看故宫都是慕名而来，观看"皇家建筑"。您印象中的故宫，从接手掌管到今天有没有改变？有人说："故宫是中国的一个学术机构"，这种说法您同意吗？

郑欣淼： 每个人对故宫的理解应该说是不同的。故宫有其丰富的内涵。我个人理解的故宫是这样的：故宫是个古建筑，它以明清两代宫廷独特的藏品为主，及其所反映的宫廷历史文化的遗址（宫廷里的人和事）。而且这几个方面是不可分割的，是一个整体。我是作为院长来故宫的，我的任务是管理好古建筑及其藏品，办好故宫博物院。刚开始它在我眼里的印象，是中国的一座最大的博物院；现在的认识进了一步，它不只是一个博物院，而且有着深刻的文化内涵，博物院与作为世界遗产的故宫不可分开。这是从我做院长到现在最大的收获。也就是在这个基础上，我才提出故宫学的。至于说"故宫是中国的一个学术机构"，我想应该这样看，博物馆一般都有学术研究的任务，但它又不同于一般的学术机构；故宫首先是一个博物院，当然要搞学术研究，故宫的研究不是学院式的或以文献为主的研究，而是以"物"为对象的研究。这就决定了故宫学术研究的特点。在中国长达492年的岁月里，明清两代有24个皇帝在这里居住，其间中国最重要的事都是在这里发生的，而且与世界历史有着联系。故宫是一本值得不断研读的大书。

记者： 故宫是中国的"大文化符号"。对于中国和世界，它有着怎样的意义？在您的心里故宫是如何定位的？

郑欣淼： 从故宫所蕴含的丰富内容来看，应该把它作为一个"大文物"来研究。它的藏品反映了中华文明逐步演化、发展的过程。它以独特的存在，表现着中华文明对世界文明的伟大贡献。它是中华传统文化的重要象征，它是源远流长的中国历史的缩影，如同埃及的金字塔一样，成了中国的一个标志。故宫在中国，故宫学在世界。故宫是中国的，更是世界的。

（二）我任职后做的几件事

记者： 您任职的这些年里，故宫发生过哪些重大事件？随着中国大开放和高速市场化进程，您的文物观念、管理理念、服务理念有过怎样的转变？

郑欣淼： 有几件大事我是不能忘的。第一是百年大修。故宫的维修其实一直在做，但像现在这样有计划、系统地维修是第一次。当年李岚清副总理让我汇报时，我对故宫了解还不太深。为了搞好维修，我们认真制定规划。我对故宫的认识也是随着维修的进展不断深入的。世界遗产保护组织主张保护文化的多元性、多样性，建筑本身就是文化的反映，就是一种文化。中国建筑历来是以土木为主。国际上有一个《威尼斯宪章》，对东西方古建筑维修原则，指导意义很大。但它主要是依据意大利文化遗产保护的实践而形成的。其中有一个"可识别原则"（维修后，远看区别不大，近处则会分辨出来），但用在中国古建筑的维修上则要认真研究。我举个例子，我们维修后换了一些新的琉璃瓦，世界遗产组织委员会有的专家就说故宫修得太新，不适合文物保护的原则。但他们不了解琉璃瓦的特点。新烧的琉璃瓦颜色鲜亮，用行话说就是"火气大"，过上一两年后就会变得深沉多了，与旧的差别不大了。我们要通过故宫维修的实践，探索出对中国古建筑保护的一些原则，这很重要。我们的文物保护要既能符合联合国教科文组织的规定，又能适合中国的实际和特点。

记者： 故宫专业技术人才储备情况如何？

郑欣淼： 这正是我要说的第二个问题。维修故宫的过程，也是我们培养人才的过程。我们不仅要把故宫的古建筑保护好，同时也要培养出懂专业的技术人才。我们搞过一个非常隆重的拜师会，让年事已高的老师傅带徒弟，通过师承制把古建筑工艺技术传承下去。另外，我们还把故宫维修全程录像，这也是传承非物质文化遗产的一个重要措施。

还有一个大事就是文物大清理，弄清家底。故宫博物院的文物大部分是非常清楚的，例如传统的铜、瓷、书、画等，经过多年的整理、编目，不仅数目清楚，而且保管得较好。也有一些，例如文物资料、宫廷遗物等，尚未完全弄清楚。如清代皇帝皇后的字画20000多件，由于认识的局限性，没有把它列为文物管理。这些我们都要重新认识并加以认真保护。又如，皇帝的马鞍子上有一个小钟表，起装饰作用，也就相当于现在宝马车的小饰件，它是整个马鞍子不可分割的一部分，但过去我们曾把有的马鞍子上的钟表取下放到钟表部，现在看来当然是不对的！2004年，我们制定了"文物清理七年规划"。清理的一个重要成果，就是要出版故宫博物院藏品目录全集，还要出精品图册。故宫博物院的文物是重要的国有资产，保护好这些资产是我们的责任，我们要对国家和社会负责，同时也更好地为研究者提供服务。

（三）我最深刻的感受

记者：普通国人究竟能看懂故宫多少，是不是像读古诗一样，只是想获得一种意象，作为故宫自身来讲要不要做宣传？

郑欣淼：有人说故宫没什么可看的，这说明对故宫的内涵没有充分了解。故宫博物院80周年院庆，也就是2005年整整一年，尤其是下半年，在社会上反响非常大，中央电视台等各大媒体对故宫的宣传规模空前。这给了我一个深刻的启示：故宫究竟要不要宣传？事实说明，是需要的，而且不是一般的宣传，像商品广告一样在媒体上反复出现，而是要挖掘内涵。《故宫》电视系列片为何受到人们的欢迎？就是它告诉了人们故宫的历史，讲述了与故宫有关的人和事，讲述了有关故宫文物藏品的特点和故事，使人们看到了一个鲜活的故宫。我感到社会对故宫的期望值非常高，我们的担子重了，责任也大了。随着对故宫价值与内涵的进一步认识，我提出故宫学，得到很多专家的肯定和支持，当然这还需要长期研究和积累。故宫学的提出是对故宫文化内涵的扩展和深入，目的是使我们研究思路变得更为宽广，更重要的是，吸引国际和国内更多机构和个人的参与和对故宫的保护。同时使流散海内外的故宫旧藏品在学术上有个归属，故宫的特点是文物与古建筑不可分开。

记者： 法国的卢浮宫、英国的大英博物馆，都已成立200多年，故宫博物院与这些博物馆相比有什么不同？故宫博物院的最大特点是什么？

郑欣淼： 与这些国际著名博物馆相比，故宫博物院虽然成立的时间没有它们早，但故宫博物院的收藏品都是中国的历史文化遗产，而且门类众多。故宫是一条反映五千年历史的中华文明长河，它是连绵不绝的，故宫博物院的藏品远远不只有明清藏品，也有北宋皇宫的收藏品。而卢浮宫、大英博物馆、美国纽约大都会博物馆等，它们的藏品是来自世界各地，这些藏品大都与他们本国的历史文化没有多大关系。故宫博物院是皇宫改建的博物院，这就意味着它有一个其他博物馆不可能拥有的最大特点：故宫博物院的藏品与历史环境密不可分，它是建筑与藏品不可分割的"整体"。离开了这个历史环境，文物藏品研究就很难深入下去。

记者： 李敖来故宫参观后说过："过去我说北京故宫博物院有宫无宝，台北故宫博物院有宝无宫，我认为我错了，要为此忏悔。"他是不是有这方面的感慨？

郑欣淼： 对啊。因为他真切地了解到北京故宫博物院不仅藏品远远多于台北故宫博物院，而且有着完整的故宫古建筑，他真切地看到与文物本身相契合的历史地理环境，这是流失出紫禁城的文物所不具备的特点。这种文化整体表示故宫具有更为深刻的文化内涵。

（四）我最着急的事情

记者： 中华世纪坛世界艺术馆馆长王立梅最缺少的是资金，您最缺少什么？

郑欣淼：国家很支持我们，但目前也是量入为出。经费上基本能够满足我们各方面工作的开展。虽然我们都用的是门票的收入。应该说我最着急的事情是人才，缺管理人才和学术带头人。我们现在有30来个部门，在册职工有1400多人，我们还有派遣制的工人150多人。那些经验丰富、满腹经纶的大师不多了，像书画家徐邦达先生已97岁了。现在各行当都缺少大师，去年底我们委托中国人民大学人力资源学院给我们做一个人才发展规划，现在已经出来了。我们还缺少经营人才。要用故宫的文化资源，制作出能反映故宫、传播故宫的商品，它会让人们对故宫念念不忘，这也是宣传故宫的很好的方式，同时也为游客提供高质量的服务。当然这些都需要科学的规划。我们应该有战略眼光，我们现在有一个经营开发中心，我鼓励他们来搞这方面的工作。

（五）我对这类矛盾的处理

记者：随着国人生活水平不断提高和中国的日益强大，现在每天来故宫博物院参观的人数不断增多，这种状况与故宫的保护是有矛盾的。

郑欣淼：这个问题故宫确实很突出。不算免费接待的客人，买票的游客，2005年是830万，2006年达870万。大英博物馆免费，2005年才700多万，卢浮宫也不过600多万。中国有黄金周，故宫最多的一天游客曾达13万。故宫是中华文明的重要标志，无论中国人或外国人，首次来北京而不看故宫，一般是不可能的，就像到了拉萨而不去布达拉宫，总感到像没有到西藏。很多人一生只能来一次故宫，所以限制人数是不现实的。博物馆是公益性事业，社会效益是其永恒的主题。游客的增多，在向世人证明紫禁城价值的同时，也对古老的建筑及环境构成较大的压力，同时也有一个服务质量的问题。但故宫有个好处，就是大，可看的多。我们打算以拓展开放、促进保护的对策，扩大开放总体规模，实施分片轮展等方式，促进文物建筑日常维护工作，有效改善文物建筑的延续性。以展存结合的对策，强调采用原状陈列方式，突出宫廷文化展示主题，寻求故宫不可移动文化遗产的有效保护与优质展示，全面扩大遗产的文化传播影响，提升社会效益。目前正在进行的古建筑大修，将使开放面积逐步扩大，最后将占到故宫文物建筑区的80%以上。文物建筑利用强度将受到科学合理的控制，展示院落实行开放和分片轮换开放相结合方式，价值突出、空间有限的建筑和宫廷园林要划分特展区，按照保护要求严格限定参观人数。我们还要特别加强"黄金周"期间的开放管理，同时要充分挖掘利用故宫宫廷历史的文化资源，加大馆藏文物展示力度，办好各种展览，突出特色。我们还举办各种类型的展览，特别是颇有特色的宫廷史迹，这一部分的确花费我们相当大的精力。另外，我们还加快信息化建设，打造"数字故宫"，与美国IBM公司共同开展的"超越时空的紫禁城"的合作项目，已经开始实质性工作。

记者：听说过去国宾车可以开过故宫午门里的内金水河桥，您一上任就把这个多年的老习惯给改了。

郑欣淼：这是应该做的。首先我们要尊重自己的历史与文化，钱穆先生曾经说，任何一国的国民，对其本国的历史文化，应抱有一种"温情和敬意"。我上任不久，和我的同事一起，在这些貌似"小事"的问题上做了一些努力，例如服务车辆换成电瓶车，撤掉有明显商业标记的遮阳伞、路标，清理神武门外的停车场，等等。

（六）我最关注的事情

记者：现在您经常关注哪些事情？

郑欣淼：关注的事很多。例如，对于"国学"热，我同样很有兴趣。另外，文化遗产如何更好地得到保护，故宫博物院如何做好文化创意产业，也是我时常在想的问题。作为故宫的研究者更应该放眼世界，加强学习，太多新东西、新观念需要学习。许多国家在文化遗产保护上都有好的经验、好的理念，值得我们学习与借鉴。例如，日本非常重视文化遗产，非物质文化遗产就是它们对于世界的贡献，日本管非物质文化遗产叫"文化财"，管传承人叫"国宝"。

记者：您最喜欢读什么书？

郑欣淼：目前我很喜欢有关传统文化与现代化关系的一些书。我非常赞同钱穆先生的话，不能把后人的罪过统统推到古人身上。我也同意您的说法："故宫是中国文化的大符号。"故宫是中华民族文化的象征，是民族智慧的结晶。我们要培养国民对于传统文化的信心，所以，我对传统文化非常关注。传统文化与现代化关系这一类的书是我喜欢读的。文化遗产保护、全球化、国学等方面的书对我了解故宫的价值非常有用。文化方面的一些新的理论，如大众文化、文化力、文化创意产业等等，这些都与故宫博物院的发展有联系，我都很关注。管理故宫的人，必须放眼世界，故宫博物院应该做出它应有的努力，故宫博物院应该为世人做出更多的贡献。

记者：有什么事情让您睡不着觉？

郑欣淼：故宫安全！

记者：您最大的压力是什么？

郑欣淼：我来故宫之前，故宫博物院只有副院长，多年来没有院长。我接手后，要处理历史上遗留的许多问题，还要开拓新工作。有些事，本来没有明确要求，是可干可不干的，但干了对故宫博物院的长远发展有好处，我们就努力去做，而且尽可能做好。我们现在正在开展"故宫精神"的讨论。故宫精神是一种高尚的品格，是一种文化积淀，是一种责任和使命，是几代故宫人努力实践的结果。我们要把这种精神一代一代地传下去。

记者：对于公众，您最想说什么？

郑欣淼：我们受国家和人民委托管理故宫，深感责任重大，我们想的是，要让人民放心，一定把故宫保护好，为公众提供更好的服务，对于社会上对我们的批评，也会认真改正。

记者：非常感谢您接受我们的采访！

采访后记

2006年12月11日下午，郑欣淼接受了我的采访。

他59岁，他掌管着故宫博物院的宝藏。

在他上任之前，故宫博物院十多年来只有副院长。

透过大师读历史，越读越畏惧，所有的思想已被他们表达。与郑欣淼交谈，时常闪出这样的意念。而在郑欣淼，他对故宫的温情倾诉，他的"大美"看多了，"经典"看多了，似乎也会有一点儿"勇气"的丧失，他变得虔诚，小心翼翼。

郑欣淼是一个学者，一个非常虔诚的学者。这样的学者一旦成为责任重大的管理者，他的学者情怀就有了高迈的格调和境界。他严守着中国"大文物"的重托，同时拥有不可推卸的责任，从这一意义上讲，郑欣淼在他任职期间所思所想所为，对于故宫，对于中国，对于世界，都将成为历史文化进程中的重要组成部分。

季羡林曾在他95岁生日时，拉着中国最高领导人的手说过这样的话：任何一个国家，如果不注重人文科学和经典文化的建设是很危险的，因为这是人民生命的依托和精神支撑。

传统文化中的极致叫经典，中国经典根本性的示范就是紫禁城。对于故宫之于世界文化输出地位的重视，已经传递出中国人文科学发展的整体水平的提升。郑欣淼对故宫价值的认识程度和他的开放式思维，是随着工作实践的深入，不断学习逐渐改变的。由于他所处的位置，他对于故宫的理解是普通研究者所不容易达到的。他的故宫学学说的创立，对于故宫博物院未来的发展及其故宫的研究都极具实际参考价值和借鉴意义。而这正是我们所愿意看到的。因为，若干年后，郑欣淼，及其所做的事情，和他的故宫学，也包括本文所记录的，所有这些，也将成为我们历史资料的一部分。

（原载《中国文化产业》，2007年第2期）

揭开故宫国宝的神秘面纱

本刊上半年连载《拍案说故宫》后，在广大读者中引起了一定反响，编辑也接到了一些读者的信件，对故宫表现出浓厚的兴趣。为了回答读者提出的许多问题，近日，本刊记者专访了文化部副部长、故宫博物院院长郑欣淼。

记者：郑院长，故宫在中国乃至全世界都是非常重要的文化遗产，请您先谈谈故宫的历史地位和文化价值，它在中国人的心目中到底占据着什么样的地位？

郑欣淼：600年前，永乐皇帝下诏营建北京宫殿。近500年中，明清两代24个皇帝在此演出了他们的悲喜人生，留下了供后人品评的历史风云。过去故宫是皇宫，而现在，它变成了博物院；是古建筑，同时又有150万件（套）文物藏品。我们都知道，皇宫不是一般的建筑，它的地位很高，过去它是中国封建等级制度和帝王威严的体现，今天它是中国传统文化的重要象征和载体，是中国"大一统"观念的体现。所以说，故宫博物院不是一般的博物院，藏品也不是一般的藏品。

故宫是世界上规模最大、保存最完整的皇宫建筑，占地72万平方米，现存9000多间房屋。这样的皇家建筑在世界上是少见的，同时也是原址保护陈列的皇宫博物院，是非常珍贵的世界遗产。

故宫博物院所藏文物本身是国宝，同时它也有一定的政治意义。

163

古代有传国玉玺，皇家的收藏其实也有某种"传国"的含义，表示着它对前代的继承，代表着政权的合法性。蒋介石在离开中国大陆前，把故宫博物院的部分文物弄到台湾，除了文物本身的价值，应该说也有争夺政权正统性的含义。所以说，故宫不仅是简单的宝贝多、东西好，而且还被赋予了一定的政治含义。

谈到皇家对前代收藏的继承，故宫博物院所收藏的文物有它清晰的历史脉络。例如，故宫博物院现在有青铜器15000余件，其中商周的占1/3，有铭文的也占1/3，反映了中国很久远的历史。书画最早是隋代展子虔的《游春图》，另有北宋张择端的《清明上河图》等，以及西晋陆机的《平复帖》、东晋王珣的《伯远帖》等，都是几出几进皇宫，都有千年以上的历史。故宫有书画约14万件，陶瓷35万件，所收藏的古代各国钟表也是世界上最多、最好的，连外国人都对这些赞叹不已，不久就要到英国去办钟表的展览。皇家收藏，因为凭借着皇帝的最高权势，反映的是历朝历代文化艺术的顶峰。故宫藏品门类齐全，每一类都有最好的艺术品。书法、绘画、陶瓷、青铜器、玉器等，最典型地体现出中华文化的灿烂辉煌，又和皇宫文化紧密联系在一起。

现在故宫文物分隔两地，即北京故宫博物院和台北故宫博物院。两个故宫博物院的互相交流是必然的。比方说三希堂法帖，现在《快雪时晴帖》在台北故宫博物院，如果不知道皇宫是什么样子，不和在北京故宫博物院的《中秋帖》《伯远帖》两帖放在一起研究，就很难弄清三希堂法帖的全部内涵和价值。

1925年故宫博物院的成立，是中国博物馆历史上崭新的一页，在成立之初，就制定了《故宫博物院组织法》，催生了中国博物馆学的发生和发展，也是中国现代文化史上的重大事件。现在，每年到故宫参观的游客达到800多万，其中外国游客达到1/6。外国人看长城，看故宫，就看到了具象的中华文化。这对中华文化在世界的传播，是有着重要作用的。所以说，故宫所体现的历史文化是中华文明的核心价值，是最有代表性的。

记者：去年是故宫博物院成立80周年，今年是故宫建宫600周年，这两个数字反映了故宫的过去，请问，还有哪些数字可以反映故宫的未来？

郑欣淼：有几个重要的数字，从时间上说，是2010年和2020年。另外，有一些数字是需要我们艰苦地工作去做到的。

2010年，故宫博物院要完成对院藏文物的清理工作。从2003年开始，故宫博物院提出用7年时间，到2010年，完成对文物的清理工作。故宫博物院过去比较封闭，人们不知道故宫里到底藏些什么东西。中国台湾作家李敖在《凤凰卫视》的电视节目中说，故宫博物院的文物精品都到了台北，北京故宫博物院只是个"空壳"，没有"瓤"了。我是在出差时无意中看到的。台北故宫博物院的负责人也说，台北故宫博物院有"宝"无"宫"，北京故宫博物院有"宫"无"宝"。这恐怕成了许多人的认识。应该说，北京故宫博物院所藏文物，不但在数量上远远多于台北故宫博物院，而且文物精品在整体上也无可争辩地多于台北故宫博物院。虽然文物是不能互相替代的，但是绝大部分在咱们这里，好东西总体在咱们这里。可是，现在拿不出一个十分准确的数字，故宫博物院到底有多少文物，这就需要进行艰苦的清理工作，摸清家底，清理完成之后，才能让像李敖先生这样的朋友们心里清清楚楚。

故宫文物大致有150万件（套），清理之后就要搞清准确的数字，要准确到每一件，同时要出版故宫藏品总目，公开向社会发行。例如故宫博物院有约14万件书画，清理结束后就要出版全部总目录。重要的书画精品，还要出版图录。其他的青铜器、瓷器以及古建筑等都要出版目录和图录。这样可以让社会大众更好地了解故宫，同时也更好地为学术研究服务。比如说，一个名头不大的画家，学者们要研究，故宫博物院可能有他的一两件作品，我们目录上有，您可以来找我，我提供服务，供您研究。没有目录和图录，现在就做不到这一点。故宫古建筑要出图册，至少要印50多卷，包括古建筑的传统工艺。

同时，故宫文物也是重要的国有资产，我们在故宫工作的同志，是受国家委托来保管这些文物的，最后到底保管得怎么样，损坏了没有，要向国家和人民做出郑重的交代。只有完成了清点工作，才能做到心中有数。

2002年9月，李岚清副总理找我谈工作的时候，明确告诉我，到故宫来很重要的一项工作任务就是要开始故宫古建筑的维修。规划到2020年，故宫的古建维修全面结束。当然，并不是说2020年后就不维修，维修保养是长期的任务，但大规模的维修到2020年就要告一段落，因为到那时候，就全面完成了故宫古建筑的内外环境整治和整体保护，使其常规维护进入良性循环的轨道。

这两件工作，都是故宫博物院最基础的工作。我来这几年，要做的就是基础工作，为故宫博物院的长远发展打好基础。我可能干不到这两件工作都完成的那一天，但我在一天，就要把这两件基础性的工作干好。

记者：文物保护法已经颁布了20多年，但对文物的内涵，全社会都有一个不断加深认识的过程。您长期从事文物保护工作，请您结合故宫谈一谈对文物的独到见解。

郑欣淼：文物保护法里面，对文物的概念有清晰的定义，并用法律的形式固定了下来。但对文物的内涵，它所承载的人文价值和历史意义，的确有一个逐渐加深认识的过程。2000年，故宫博物院举办了一个清代宫廷包装艺术展，对我引发了很大的触动，也进一步加深了我对文物的认识。

以前，我们对文物的理解比较偏狭，比如乾隆皇帝的一个马鞍子，上头有个钟表，我们把钟表取下来，送钟表部管理，马鞍子则由宫廷部管理。不知道皇帝的钟表和马鞍子结合起来意义才大，它们是一个整体，不能分开的。对于文物的包装物更是重视不够。其实，文物的包装也很重要，各种器物的包装往往成为文物的一部分。作为皇家收藏，用于文物支撑、包装、稳固的各种质地的附件，如匣、盘、座、托等，材料多为紫檀、漆器、珐琅、竹雕、银累丝、织绣品等，制作则采用雕刻、绘画、镶嵌、烧造、编织等诸种工艺，器物与包装可谓红花绿叶，相得益彰，处处体现出皇权思想和皇家气派，同时氤氲着深厚的中华文化底蕴，反映了中国人特有的审美情趣。

比如乾隆"一统车书"玉玩套装，是利用日本漆匣作为外包装，匣内错落有序地摆放10层锦盒，锦盒内有造型各异的古玉及为之彩绘的山水、花鸟、诗词咏颂。为防止套匣置放顺序混乱，特将层数顺序与吉祥祝愿的名字合二为一，如一统车书、二仪有像、三光协顺、四序调和、五采章施等，使枯燥的数字成为体现美好意境的重要角色，把实用与博大精深的中华文化底蕴结合起来。这套精美的套匣，无疑也是文物，但长期以来只是把匣中的玉器作为文物保藏，而把套匣弃放他处。那次为了搞展览，费了好大劲儿才让它与玉器合在了一起。

现在全国博物馆的文物，国家有统一的定级标准，故宫博物院的文物则有自己的定级标准。我们有10万多件文物资料，这些资料里有好多东西，在别的博物馆都应是文物。比如一件织绣品，在某博物馆是一级品，在我们这里仅仅作为资料。故宫有个武英殿，武英殿的"殿本"相当有名，现在故宫博物院还存有20多万块殿本书版，质地是梨木、枣木，刻工相当漂亮，过去却连"资料"的资格都享受不到。有的瓷器十分珍贵，甚至是孤品，但由于有残缺，我们就把它降为"资料"。所以有人说在中国，断臂维纳斯雕像肯定不能算艺术品，因为它有残缺。这是古董商的观点，不应该是我们文物保护工作者的观点。

还有一些东西，过去不作为文物，现在看来，也有它的历史价值和认识价值。比如清代有个引见制度，规定每三年一次，各省大员都要进京朝见皇帝，聆听皇帝当面训示，皇帝也通过觐见来考查官员的才学品性等。觐见之前，每个官员都持有一个竹木签，上写自己的姓名、籍贯、入仕年岁等，以备皇帝垂询。宗室的官员用红头签，一般大臣的是绿头签。我们有上万件这样的东西，过去都不作为文物，现在看它们有着重要的价值。还有腰牌，是进出皇宫的"通行证"，上面写着持有者的名字，还写着这个人的特征，比如"面白无须"，它是皇宫禁卫制度的体现，故宫博物院有大量这样的腰牌，过去也不作为文物，现在对它们的认识也在提高。

另外，皇帝后妃们的2万多件书法绘画作品，过去不算文物，只算资料。因为她们不是书画家，有些作品不怎么样，甚至还有一些是别人代笔。其实代笔也反映了一定的历史文化现象。还有，1954年处理过一批宗教画，当时大概是从反封建的角度出发。其实敦煌的壁画也都是宗教画，宗教画本身也自有其价值和意义。

所以说，什么叫文物，它的价值是什么，我们的认识是在不断深化的。文物不只是经济价值大的或者稀有的宝物，还包括一切反映人类历史文化的遗存。文物价值的评判，主要在于它自身所蕴含的历史文化、科学信息，而不是经济价值或别的什么。我们应该扩展文物的概念。文物不只限于传统的青铜器、瓷器、玉器、字画等方面，也不应简单地按某一年代作界限。许多具有科学、艺术、历史价值的东西，或是反映当代某些重大历史事件的物品，以及反映特定地区、时代、民族的图片、实物，当代的一些有代表性的艺术品等，都应作为文物开始收藏、抢救。这是个大问题，可做的工作很多，我们的思路应该更开阔，早一点动手去抓。

记者：郑院长，故宫的文物自八国联军侵华开始，曾经不断地流失，而现在文物回归成为一个热潮，包括私人和民间都兴起了海外淘宝活动。请问在故宫文物回归上，国家将投入多大的财力？您对文物回归是怎么看的？

郑欣淼：故宫到底流失了多少文物，这个问题很难回答。八国联军进故宫后，文物有损失，有的档案也有记载，但不多。其实之前英法联军火烧圆明园的时候，抢走和毁坏的许多文物，以前也有摆放在故宫里的。《女史箴图》，原来在故宫建福宫花园的静宜轩摆放，后来放到了圆明园，从圆明园流失了，现在在大英博物馆。好多不是直接从故宫流失出去的，但也是皇家收藏的一部分，特别是圆明园。故宫和中南海、颐和园、圆明园、避暑山庄、沈阳故宫等，是一个整体，所有陈列摆设是统一管理的，所以很难说故宫流失了多少，不如整体地去看，清代皇家宫廷到底流失了多少，也许更容易弄清一些。但要想找到准确的数字，那是非常难的。

故宫文物的回归，我们的原则是有重要历史文化价值的，以前藏在宫廷里边的，都要回归。但也不一定非要全收集来，因为财力毕竟是有限的，但重要的文物一定要争取。例如隋代的《出师颂》，对故宫书画藏品形成系列意义很大，花了2200万，我们把它购买了回来。

在故宫文物回归上，国家每年拨下来的经费有1000多万，但如果有特殊的重要的藏品，国家在这个经费之外还是给予支持的。比如今年年初有一幅据传是米芾的书法作品，当时对方出价5000万。故宫博物院的态度是，先不说钱，如果是真的，就一定要想办法。但后来绝大多数专家学者感觉不太像米芾的，最后就没有买。可以说，对于文物的回归，国家是很支持的。

至于最近民间兴起的海外淘宝，我认为总是件好事，反映了国家的强盛，客观上也对维护中华民族的文化起着积极的促进作用。对社会各界的仁人志士保护文物的活动，我们都表示支持。但文物的回归，有时并不一定要大张旗鼓、慷慨激昂地去做，还要讲究一点策略。如果搞得声势很大，让人家认为哪一件东西故宫博物院非买不可，志在必得，反而把价钱抬高了。例如圆明园的生肖头像，狗头、猪头，在报纸上一炒，后来价格就被抬得很高。

对于文物的回归，我们在海外也有一些线索，有的正在谈。有许多爱国华侨和国际友人，对我们的文物回归工作做出了很多贡献，我们深表感谢，也和他们保持着长期的联系。

记者：刚才您提到了故宫古建筑的维修，它们的损毁程度到底有多严重？在修缮过程中如何解决防火防盗问题？

郑欣淼：故宫的古建筑损毁是一个历史问题。故宫在明清两代都有正常的岁修保养，在清朝灭亡之后，近百年来故宫的维修还是持续不断的。正是有了这样持续不断的维修，古建筑才能保存下来。中华人民共和国成立以来，每年都有维修项目。20世纪50到70年代，每年维修费在100万~200万元之间，80年代每年达400万元，90年代则增加到800万元，2001年跃升为1200万元。但近百年来的维修都是小修小补，只是在出现漏雨或险情等情况下才进行，并没有进行过大规模的系统维修。

故宫古建筑的损毁，有的是自然因素。比如武英殿后面那一块，在清代是内务府，20世纪初就倒塌了，建筑已经无存。而有的宫殿，出现的问题比较严重，维修刻不容缓。故宫总计6000多米长的汉白玉栏杆，普遍出现了污染及风化。10年前参观故宫的时候，游客还可以看到栏杆是雪白的，而现在已经发黄，甚至发黑。古建筑的琉璃瓦和建筑构件，现在脱釉的达55%，可以说是非常普遍，因为脱釉，加速了瓦和构件风化，其强度已经降低了。而且风化后，瓦的污染严重影响了皇宫建筑应有的美学特征。古建筑外檐的彩画，绝大部分是1925年以后绘制的，说明以前的脱落损毁也是严重的。一些有明显历史价值的彩画，都应该修复。还有故宫地面的砖也有严重的损毁问题，这些是自然因素造成的。

而人为的因素，是在故宫博物院成立后，出于博物馆工作的需要，对有些建筑的内部做了一些改造，这种改造有的是必要的，可是也出现了一些新问题。例如古书画馆，原来屋檐下有走廊，后来为了搞展览，扩大展览的面积，将室内面积扩大，原来的走廊被拆除了，改变了室内结构。这次维修，将拆除的走廊重新恢复。这是为了保持古建筑的原貌，恢复它的完整性、真实性。

这次故宫的大规模维修，也考虑把博物馆的功能同古建筑保护结合起来。有的古建筑长期做库房，改变了内部结构，这次都要恢复原状。同时，也把博物馆的功能和其他用途结合起来考虑，增加了整体基础设施建设。为了工作和展览需要，要改造80年来陆续添加的11种管线，包括电、水、通信、取暖等功能。这次维修我们都统一考虑，一次装好，以后就不能再经常开沟拉线了。

在古建修缮过程中，防火防盗是一项很重要的工作，这次修缮都采用最先进的新技术。例如所使用的木材上全都涂刷阻燃涂料，这就为故宫今后长期的防火工作起到了重要作用。我们还要在所有的库房安装摄像探头，有利于文物的安全保护。

在古建维修中，考虑施工队来来去去，人多杂乱，专门成立了工程管理处，统一负责协调指挥。在维修过程中出现这方面问题，都能做到及时有力的防范。例如有的民工在运废料的时候，想把建筑材料偷出去，结果当场就被发现处理了。还有的民工使用电炉子、抽烟等，都得到了及时的纠正和批评教育。在维修过程中的防火防盗问题，相信能得到很好的解决。

记者： 故宫将来应该如何向公众开放？故宫开放的面积会逐步扩大吗？在这方面有哪些具体的计划？

郑欣淼： 故宫的开放是一个比较复杂的问题。开放的面积一定会逐步扩大，经过两年的维修，现在故宫东西两路的开放面积逐步扩大，加上中轴线，总体已达36万平方米，将来最后的开放面积将达到总面积的80%多。但并不是说开放面积越大越好，还要考虑到游客参观路线的科学设置问题。现在游客到故宫，大部分人只走中轴线，这是受时间和体力限制决定的。一般游客在故宫参观的时间，多在一天甚至半天以内，而故宫9000多间房屋，要想一一走到，参观清楚，恐怕需要十天半月的时间，对游客来说是不现实的，有些也是没必要的。所以故宫的开放，应考虑让游客在一天之内，看到故宫的精华，而不是面积开放得越大越好。如何把故宫的古建筑连同展出的文物进行科学合理的设置，制定出最佳的游览参观路线，真正让游客一饱眼福，才是故宫开放应该有的思路。

记者：是您率先提出故宫学这一学科，这门学科的内涵是什么？

郑欣淼：故宫学的内涵包括六个方面。一是紫禁城宫殿建筑群。以紫禁城为主体的明清皇家建筑是一个整体，宫室、园囿、祭坛、寺观、行宫、陵寝、藏书楼及王府等，承袭了中国古代宫殿的传统形式、典制规范，在总体布局上最接近"左祖右社""前朝后寝""五门三朝"等封建礼制，其建筑设计反映了中国传统哲学思想（如天人合一）、伦理思想（如皇权至上）、美学思想（如壮丽重威、平衡对称）以及阴阳五行学说，很值得研究。举个例子，雨花阁是乾隆年间仿西藏阿里古格的托林寺而建的，是一座藏传佛教的密宗佛堂。外看三层，内实四层，用来设置供奉藏传佛教"四续部"佛像的立体坛城。一层有三座精美华贵的珐琅坛城，为宫中特有，连西藏都没有。在清代皇家佛堂中，雨花阁不仅保存完整且年代最早，内部陈设的佛像、唐卡和法器也保存了下来，它的佛像陈设立体地展示出完整的藏密修行四部系统思想。六世班禅和三世章嘉国师均有影堂在此。雨花阁的研究对于揭示清前期宫中的佛教面貌、乾隆帝本人的宗教思想和章嘉国师对于宫廷佛教建设的贡献，具有重要的意义。

二是文物典藏。故宫博物院的文物数量前面已经谈及，它反映了宫廷典制与皇家文化生活的遗存。如果只是单纯地把它们作为文物来研究，那就是"文物学"，而把它们与宫廷典制、皇家文化生活结合起来研究，才是故宫学。故宫的文物是博大精深的，如意大利伽利略将望远镜用于天文活动，半个世纪后这些望远镜就在清宫出现，现尚存数十架。世界上第一台计算加减法的手摇计算机，是由法国数学家巴斯柯于1642年在巴黎研制成功的，仅半个世纪左右就进入清宫，并被加以改造：在阿拉伯数字旁附加汉文数字，将加减二法增至加减乘除四法，又独创横排筹式计算机。这些文物以前的研究都没有与宫廷和皇家生活结合起来，这种结合在一起的研究就是故宫学。

三是宫廷历史文化遗存。只举个例子，宫内有管理演戏的机构，1790年四大徽班进京，就是为了给宫廷演戏，人们把那一年叫作京剧纪元年。故宫今存三层崇台的畅音阁戏台及漱芳斋戏台，还有几个室内小戏台，有戏衣、道具、盔头、切末等4000余件，剧本10000多本，还有清末一些名角的唱片，当年盛况可见一斑。可以说，京剧这个剧种的出现和发展，宫廷起了巨大的导向和推动作用，这都是故宫学研究的范畴。

四是明清档案。也只举个例子，清代"样式雷"皇家建筑设计档案。有清一代，雷氏家族累世供职于清廷样式房，从事皇家建筑的设计与营造，包括城市、宫殿、坛庙、园林、陵寝和府邸等，制作了大量画样（建筑设计图）、烫样（建筑模型）及工程做法（设计说明）等图籍，保留至今的有1.7万余张。从中可见这些皇家建筑在选址、规划设计和施工方面的详细情节，是中国古代建筑史上最丰富翔实、最直观形象，而且大多能与遗存的建筑物对应的珍贵的文物性资料。它对于中国古代建筑史、传统建筑图学、传统建筑设计思想、建筑施工技术和工官制度，以及相关古建筑保护和复原等多个方面的研究，均具有其他历史舆图和文献无法替代的巨大价值。

五是清宫典籍。故宫藏书现收入《中国古籍善本总目》者2600多种10余万册。明清两朝皇室藏书除前代皇室遗存外，还大力搜采购求天下遗书，使皇宫荟萃了许多极其罕见的宋元明各代的孤本，其中不少是历史上流传有绪、著名收藏家所藏的珍品。最有名的武英殿修书处自康熙时期就成为宫廷刊书机构，参与整理、校刊、辑佚、汇编、出版、发行的人员最多时达到上千人，形成了一套完整的图书出版体系，无论编刊质量还是数量都为历代宫廷刻书所不及。这类典籍的研究，也是故宫学的重要内容。

六是故宫博物院的历史。故宫博物院80年的历史，是中国现代文化史上的重要一页。80年来不断发展的博物院的各项工作和日益完善的规章制度，几代故宫人在文物保护方面的经验和重大的学术科研成果，都值得好好地总结，这也是故宫学的重要内容之一。

记者： 最后一个问题，当您从院长位置上退下来的时候，希望人们如何评价您的工作？

郑欣淼：能到故宫来工作，我是感到很幸运的。在我一生的工作经历中，最后能在故宫工作，同时我来的时候，又迎来了故宫全面发展的新时期，的确是很幸运的。

故宫的大修是我来之前定的，是我来之后开始实施的。可能大修结束不了，我就退下来了，但我希望在工作岗位上待一天，这项工作就一天不放松。故宫文物清点，是我来之后开始的。故宫学是我来后提出来的，也得到了许多专家学者的肯定和支持。在人才培养方面，故宫博物院已与中国艺术研究院合作办学，开始培养硕士、博士。这样有计划的人才培养，是为故宫博物院的长远发展打下坚实的基础。同时，我们还要提升故宫博物院的各项业务水平，包括陈列、展览、管理等，并加强对外的交流。包括《故宫博物院院刊》《紫禁城》《故宫学刊》等刊物的出版发行，还有故宫图书的出版发行。刊物和书籍的出版，是为故宫的学术研究服务的。这些都是故宫事业发展到一定阶段后必然要做的事。故宫博物院已经成立80年了，几代故宫人形成的好作风、好传统，我们都要继承，并把它发扬光大。同时，我们故宫人所有的工作，都是要把故宫博物院建成世界一流的博物馆，自立于世界大博物馆之林。

在故宫事业发展壮大的历史过程中，任何一个人都只能处在其中的一小段，做的贡献都是非常有限的。但能实实在在地把这几件事干好，为故宫今后的大发展打下基础，我就感到满足了，也希望人们将来能这样评价我的工作。

（原载《民主与法制》，2007年第4期）

故宫：难以估量的国有资产

采访者：《中华英才》记者　张晓蕾

"李主任，我管的也是国有资产啊，而且是一笔优质的、难以估量的国有资产！"去年上半年，国资委主任李荣融来故宫参观，郑欣淼半开玩笑地说。

虽是戏言，但言之不虚。600多年，栉风沐雨，披雪经霜，故宫这座帝王之城，在经历了太多的天灾人祸后，奇迹般留存下来，成为世界上现存建筑面积最大、保存最完整的古代宫殿建筑群，拥有馆藏文物150万件（套），约占全国文物系统馆藏总数的1/10，其中一级文物约占全国的1/6。

2002年9月，郑欣淼受命看管这座文化宝库，从到任那天起，他就努力推进故宫及藏品的维修和展出工作：启动了投资19亿、为期19年的故宫大修工程；开展了为期7年的故宫文物清查工作；等。2004年，在《故宫学刊》创刊号上，郑欣淼还论述了"故宫学"概念，希望把故宫的学术研究建设成为多学科交叉、多角度、多层次的专门学问。

"能够掌管故宫也是缘分。"郑欣淼感慨地说。采访中，他三句话不离故宫，足见他对故宫的挚爱。

（一）两岸故宫博物院家底比较

记者：郑院长，外界一直有一个疑问，到底是台北故宫博物院的文物多还是北京故宫博物院的文物多？

郑欣淼：那绝对是北京故宫博物院多！

当年运台故宫文物约60万件，其中清宫档案文献38万件册，善本书籍近16万册，器物书画5万余件，加上抵台后征集的文物，总计不过65万余件。而北京故宫博物院原有明清档案800万件，善本特藏50多万册（件、块）；器物书画100万件，总计曾达960万件。1980年明清档案划出，成立中国第一历史档案馆；后又将包括部分宋元版本在内的14万册宫廷藏书拨交国家图书馆及一些省市和大学图书馆。即使这样，北京故宫博物院现有藏品仍达150余万件（套），其中1949年后征集24万多件，85%以上为清宫旧藏。

北京故宫博物院还有独一无二的古建筑。去年有记者问我："北京故宫博物院的镇馆之宝是什么？"我说这个问题很难回答，因为我们拥有的种类太多了，25个大类69个小类，各方面都有镇馆之宝，当然最珍贵的还是古建筑，这是任何地方也没办法比的。

记者：可是民间一直流传这样一个说法，故宫博物院比较好的文物都被蒋介石带到台北去了，是真的吗？

郑欣淼：在这个问题上大家一直存在误区，其实不是这样的。并不是因为我是北京故宫博物院院长才这么说。

首先，蒋介石确实从故宫南迁文物中挑选了一批精品，但因为当时战争形势突变，仓促之间只运了三次，第三次拟搬运1700箱，由于运输舰舱位有限，加之仅有24小时装船时间，结果只运出972箱。从总数来看，运台文物大概占南迁箱件数的22%，其中当然多是精品，但留在大陆的78%中精品也相当多。

其次，文物南迁的时候，全面抗日战争并没有发生，北京故宫博物院还正常开放，有相当多的珍品原状陈列。而北平沦陷期间，故宫继续清点未曾登记的文物，后又征集了一批珍贵文物。1949年，国民政府曾下令马衡院长选择留平文物精华装箱，分批空运台湾，马院长虽将珍品编目造册报南京，但以各种理由推延装箱，后来一箱也未运走。

最后，逊帝溥仪出宫前，曾将1200余件书画精品、古籍善本和大量珍宝，以赏赐其弟的形式盗运出宫。傅熹年先生曾对我讲，故宫最好的一批书画，早在故宫博物院成立之前，就被溥仪带出去了。新中国成立后，这批珍品中的相当一部分，重回到北京故宫博物院，其中包括《清明上河图》《韩熙载夜宴图》《五牛图》等，而《伯远帖》和《中秋帖》更是被我国政府以天价从海外购回。

此外，新中国成立后，故宫博物院也一直在征集、购买民间收藏。所以从珍品的总数上讲，北京故宫博物院也要多于台北故宫博物院。

记者：您介绍的这些情况好像很少为外人所知。

郑欣淼：这有多种原因。因为台北故宫博物院的底账比较清楚，也一直比较开放，他们20世纪50年代就把精品文物拍成照片，美国有的大学图书馆都有成套的资料，应该说，国际社会对台北故宫博物院的藏品是相当了解的。而我们长期是计划经济，过去服务意识不够强，加之展示条件限制，绝大多数文物都被深锁起来，不要说外界，内部人都不清楚。有些文物根本看不到，大家不知道北京故宫博物院藏的是什么，所以国外就认为好东西都在台北。

台湾著名学者李敖因为不了解北京故宫博物院的文物状况，也误以为好东西都在台北故宫博物院。2005年李敖先生到北京故宫博物院来参观，我就跟他讲："外界不知北京故宫博物院文物藏品状况，责任确实在我们。"这是实话。因为我们没有树立一个真正为公众服务的意识。所以这次故宫进行文物清点整理，要把150余万件（套）藏品的目录，向社会公开。有意研究者可以按图索骥，故宫博物院能够提供有关服务。

（二）故宫大修，一次对中国文物修复原则的探索

记者：在古建修复方面，国内始终有"修旧如旧"还是"修旧如新"的争论，从2002年起，故宫开始进行长达19年的大修，这是自清

朝结束以后第一次进行这么大规模的修缮。那么这次故宫大修遵循的是什么原则？

郑欣淼： 故宫的修缮还是遵循不改变文物原状的原则，也就是人们常说的"修旧如旧"的原则。"修旧如旧"这个提法是梁思成先生提出来的，我认为很有道理。这是一种比较通俗的说法，科学地讲，应该叫作不改变文物的原状，包括工艺、材料以及它反映的历史信息等。但是，如果将"修旧如旧"做极端理解的话，在实际操作中就会出现一些问题。比如，以哪一个时代的"旧"为准？光谈理论的话，大家的争议很大，永远也扯不清。

譬如武英殿，是故宫此次大修的试点工程。武英殿为明代所建，清同治八年（1869年）毁于火，同年重建。1914年，当时的北洋政府成立了古物陈列所，将武英殿作为陈列展览场所，对其内部结构做了规模较大的改造，窗户和玻璃都改建成新式的。1954年又落地重修。这次修复时，一部分专家说必须恢复清代的原状，另一部分专家则认为应该保持其作为古物陈列所的格局，争得不可开交。但是等大家到那里看了以后，很快达成了一致意见，认为将其作为古物陈列所留下来更有意义。这说明，仅从理论来讲，每个人都有自己的意见，但是放到一个具体的建筑物上，专家们还是能达成起码的共识。因此，中国的古建修复，应该具体问题具体分析。

记者： 目前故宫几座大殿的修缮工作已经初见成效，但是也有人批评说，修复后的宫殿太"新"，失去了历史的厚重感。联合国有的官员也曾指出，故宫的琉璃瓦太亮太新了。您怎么看待这个问题？

郑欣淼： 这是因为他们不了解中国古建筑特点，不了解故宫。

有人说太和殿的油彩太亮，其实中国彩画油漆，不仅是为了美观，更是为了保护木料。同样，琉璃瓦上那层釉，也是起保护作用的，一旦釉层脱落，就会漏雨，房顶就会出现安全问题。刚烧制出来的琉璃瓦，釉色都亮得很，行话叫作"火气大"，但一两年过后颜色就会沉淀下来，新旧区别就不大了。使用琉璃瓦的，只有中国、日本、韩国都不用，外国人不懂它的特点，认为它太亮。

现在中国文物修复遇到一个问题，就是怎么既遵循国际公认的原则，又从中国的实际出发。在文化遗产保护中，国际上都普遍遵循《威尼斯宪章》的文物修复的原则，但是《威尼斯宪章》是根据西方经验总结的，西方以石头建筑为主，是"石头书写的历史"，而中国则主要是木建筑，所以这个原则和我们的实践就不免发生一些冲突。

日本人就很聪明，搞了个《奈良宣言》，让联合国承认他们的文物修复原则。现在中国也希望能探索出一套符合中国特点的古建筑修复原则，并得到国际社会的承认，完成这项工作，故宫博物院负有义不容辞的责任。

记者：这次故宫大修，有报道称工作人员曾经到全国各地寻找民间艺人，这是否意味着传统工艺出现了失传的危险？

郑欣淼：故宫博物院寻找民间艺人，主要是为了对倦勤斋进行修复。倦勤斋是乾隆皇帝为自己退位后修建的看戏场所，内装修相当精致漂亮，大量使用了当时的新技术与新材料。其中有一幅通景画，据研究是郎世宁的学生画的。在修复这幅通景画时，遇到了一些新的问题，例如裱糊用的桑皮纸，现在已经没人使用了，大家都不知道怎么做。后来我们在安徽把这种纯手工制作的纸找了出来。

倦勤斋的另一边是斑竹彩画，即里面是画的竹子，外面是种的竹子，中间以窗户隔开，而窗户的隔断则用竹黄装饰。所谓竹黄，就是将竹子的中间部分，通过蒸煮晾晒等工序处理后，切成黄色的小丝，然后镶嵌在隔断上，费工费时，当然也就费钱了，早已没人使用，最后我们是到四川、浙江等地，把这项技术发掘了出来。

事实上，半个多世纪以来，故宫一直有一支用传统工艺进行古建维修的人才队伍，他们当中很多人都身怀绝技，也收徒弟，从而让绝大部分传统工艺得以传承下去。现在看来一些技术的失传，主要是与其不再实用有关。所以这次故宫大修，也是对传统技艺的抢救和发掘。

（三）希望更多的珍品与公众见面

记者：您上任不久，就给故宫制定了一个规划，提出用7年时间（2004—2010年），把文物全部清理一遍，这项工作的意义何在？

郑欣淼：文物清点整理的意义相当大，主要是帮我们把故宫博物院的家底搞清楚。应该说，故宫的铜瓷书画等绝大多数文物是清楚的，因为历来账目都很清楚，但是还有一些宫廷用品就不是很清楚了。过去的宫殿堆的东西太多。2005年我们曾在一个屋子里找到一个箱子，打开一看，里面装的是袁世凯准备当洪宪皇帝时制作的门帘，以及50多个清宫的枕头。我们之前保管的枕头不过七八个，这一下就大大丰富了。

记者：听说通过文物清理，故宫博物院的文物又将增加一大批？

郑欣淼：没错。通过这次清点整理我们发现，很多过去被当作资料或耗材的东西，相当一部分都是珍贵的文物。比如故宫博物院有帝后书画两万多件，其中乾隆的就有2000多件，我们一直把这些当资料，现在我们觉得这种认识不对，这都是文化遗产，帝后的书画，不仅有重要的历史文化价值，而且有些确实画得好。

前几天开会我才知道，故宫博物院文保科技部还保留了2800多张乾隆年间的高丽纸，一批明代的纸张，以及43根完整的象牙，以前这些都是作为耗材，现在我们明确要保护起来。另外古建部还保管了一批烫样，是清代"样式雷"的，此家族的掌门人相当于清代皇家总工程师，颇负盛名，制作的模型我们有80多件，是全国保留最多的，相当珍贵，却一直没有作为文物加以保护。故宫的资料里还有一批陶瓷，非常宝贵，有些甚至是绝无仅有的，但是因为有一些破损，之前也只被当作资料管理。

有同志说，按照中国的传统认识，断臂的维纳斯雕像肯定不能算是文物，因为她是残破的。随着中国文化遗产保护理念的提升，大家就发现有更多的遗产需要整理保护。我们争取利用7年时间，真正把故宫博物院的家底弄清楚。

记者：故宫博物院的藏品如此丰富，着实令人欣慰，不过作为公众，现在大家最大的遗憾，就是故宫博物院的藏品展出得太少了。

郑欣淼：（笑）是，是。确实有这个问题，我们也在想办法改善。故宫博物院的展览有好几种，以清宫原状陈列为主，主要在三大殿、后三宫等地方。故宫珍品主要集中在几个专题馆里：珍宝馆和钟表馆都是早已有之了，但是现在做了重新布展，我建议大家去看一看；此外新添了一个石鼓馆，展出的是鼎鼎有名的战国时期秦国的石鼓，这些石鼓都是重量级国宝，每个重约1吨，当年文物南迁时，最难运送的就是它们，一辆汽车才能拉一个，就这样周游了半个中国。韩愈曾作《石鼓歌》，赞美"石鼓文"为"鸾翔凤翥众仙下，珊瑚碧树交枝柯。金绳铁索锁钮壮，古鼎跃水龙腾梭"。

另外，武英殿最近有个书画装裱展，延禧宫有个陶瓷展，都很值得一看。特别是陶瓷展中，一些展品相当珍贵，过去都是贵宾到库房才能看到的。再有就是一些临时性展览了，里面的藏品也不少。

但是总体来说，故宫博物院的展品与藏品相比，还是太少了。当然故宫也有一些特殊情况，它是世界上现存建筑面积最大、保存最完整的古代宫殿建筑群，本身有着深厚的文化内涵。长期以来，故宫的游客多以参观建筑为主，客流量基本集中在中轴线上。现在随着维修工程的进展，东西两路的开放面积也在逐步扩大，增加一些展区，另外我们一直想搞一个新的现代化的展馆，希望能让更多的文物与公众见面。

（原载《中华英才》，2007年第8期）

用文化的力量关注社会

采访者：澳门艺术博物馆中国书画馆馆长　陈浩星

陈浩星：首先借这个机会感谢故宫博物院多年来对澳门艺术博物馆的支持。李文儒副院长安排今年12月的《紫禁城》杂志作为介绍故宫博物院与澳门艺术博物馆合作情况的专号。故借此次专访，欲先从文物文化、文化艺术在生活里的意义谈起。作为文化艺术传播媒介的博物馆，院长认为如何引导、深化百姓对文物的认识？

郑欣淼：故宫博物院与澳门艺术博物馆合作多年，成功举办一系列展览，对京、澳两地的文化交流起到重要作用。回顾过往合办的多个展览，我认为这些都是新的探索，很有意义。

文物文化、文化艺术在生活里的意义，可能牵涉到对文物的价值与艺术性的认识，即科学、历史、艺术的价值，三者是连在一起的。文物艺术品是文明认知的标志，也带来了审美、教育、启迪等，饶富意义。

文物是多样性的，不止限定在一个方面；其价值并非固定不变，而是不断给人以新的认识，通过提高科学水平会有不同的认识与界定。博物馆的职责最重要的不是耳提面命，而是让观众在艺术熏陶中精神境界得以提升。作为一所博物馆，经营、管理以及功能与职能的发挥都很重要。博物馆藏品、展览和研究结合在一起，才可能更完善其作用。

吸引观众有兴趣来参观，是博物馆整体水平的体现。以澳门艺术博物馆为例，办了许多展览，吸引了大批观众来参观，说明这方面做得很好。故宫博物院这几年也在这方面不断努力，除了突出教育作用，也开始强调文化娱乐的作用；我认为博物馆的任务和工作重点都在不断变化。作为一个文化机构，我们的任务就是让人们了解故宫，知道故宫博物院是一所集历史、文化及艺术为一体的综合性博物馆。某种程度上说，不是藏品丰富就能办好展览。藏品充裕是一个优势，但藏品不多亦能办好博物馆，你们就是一个好例子。

陈浩星：院长说得很有道理。文物本身的价值随年月改变，会不断有新的看法。院长可否介绍故宫博物院发展的策略及具体谈一些展览安排及思路构想？

郑欣淼：古代传统与现代生活是没有隔绝的。从艺术发展来说，以几千年的书画为例，中国传统书法产生至成熟时期，到明、清西方绘画对传统画法的影响，一直到近现代国画的处理、中西绘画的对比，借古观今，都应该站在整个历史、艺术的长河来理解。故宫博物院在这几年的一些展览中，已经有意识地将过去与现在相结合。

陈浩星：郑院长一直非常支持我们的工作，不知对艺术博物馆印象如何？

郑欣淼：艺博馆是一个艺术专业性较强，非常年轻的博物馆。通过合作，看出你们做事认真执着，朝气蓬勃。每一个展览都下了很大功夫，并富有创造性及专业性。

陈浩星：谢谢院长的鼓励。其实我的艺博馆同事都将这份职业当作他们的事业。故宫博物院对我们支持很大，给予了很好的条件，我们如不尽力去做，那就不应该了。传播中华文化是所有中国人共同的职责，故宫博物院将文物交给我们办展览，要怎样发挥文物本身的魅力以及向海内外观众介绍，就是我们的责任。自澳门回归祖国8年来，故宫博物院与艺博馆合办了12个展览，这对中华文化承传的意义，请院长给予评价。

郑欣淼：从单个展览看，作用不大明显，但将一系列专题展览集合来看则颇具意义。如《妙谛心传》，就是过去宫廷藏传佛教的精华。应该说，在海外及国内都没有举办过这种形式的展览。书法、绘画、包装、典籍等文物通过结合有序展出，体现出中国文化的各方面。而在回归后的澳门，这个拥有特殊地位的地方展出，意义就更大了。借此可让大家认识中国传统文化的美妙及对世界文明的贡献，同时可以增强同胞们的民族自豪感。这种合作目前已经形成一个品牌，令大家充满更多期待。

陈浩星：院长说得对，观众现在也养成一种习惯，就是期待每年年底在澳门观看故宫博物院的专题文物大展。

过往合办的展览主要是由艺博馆策划，个别展览是在故宫博物院展览的基础上重新调整、安排。如《金相玉质》《永乐文渊》等，艺博馆经过技术调整，做了进一步的策划、整理，再配合相关的文物在澳门展出，院长对此有何看法？

郑欣淼：在此重点谈谈《金相玉质》，这是我到国家文物局工作以后接触的故宫第一个展览。此前该展览在故宫博物院名为"宫廷包装展"，应该是和比利时合作的，前副院长杨新同志代表故宫博物院来文物局与我商谈，我看过展览后很感兴趣，并为此写了一篇3000多字的文章，题目是"我看清代宫廷包装艺术展"。我认为这个展览的意义，就是扩展了对文物概念的认识。

过去，故宫博物院藏品的许多包装物和文物本身是分开的，很多包装物到现在也无法还原或找到。将文物与其外包装分置，是对文物狭义的认识，所以，我当时撰文提到对文物的认识一定要扩展。

《金相玉质》展出的文物数量"宫廷包装展"减少了，但更集中，更有代表性；文物的介绍更能使观众印象深刻，展览中学术的分量亦增加了。图录收录了许多专家的文章，我想这是从澳门实际情况出发，从而进一步调整及重新设计的结果。

陈浩星：艺博馆办展览注意考虑观众的口味和兴趣。包装展在故宫举办，观众层面较广，展品也较多。而结合艺博馆的实际情况及条件，集中宫廷包装这部分效果会较佳。因为这部分展品外观漂亮，制作较精美，于宫廷包装部分里再细分几个部分，可更深入地介绍展品内容。

故宫博物院曾与海外多个博物馆合办展览，展出故宫藏品，例如与日本的合作时间也很长。澳门与其他地区相比，办展上有哪些不同之处？

郑欣淼：这可以从几个方面谈谈。其中一个是与艺博馆合作的展览越来越系列性，计划性较强，有长期办下去的感觉。而长期办下去就要考虑主题的意义，这不是一个简单的宫廷文物展，每一个主题都反映中国传统文化，给人留下深刻印象。展览主题，专题性比较强，假以时日，好像故宫搬到澳门去了！

另一方面，就是每个展览也都办得很认真，可以从策划、展览的方式看出。包括对公众的宣传，各种文化产品都给我留下非常深刻的印象。艺博馆出版的图录就是你们自成立以来自强不息、不懈努力的结果。而且不单是故宫博物院的展览，其他的展览也办得很认真，所以我说，你们是一群认真的人。澳门有特殊的历史地位，展览办好能增加大众对中国历史的认识、文化的认同以及增强民族自豪感。

陈浩星：院长曾说，"要让更多故宫文物与公众见面"，那么，院长会支持故宫博物院与艺博馆继续合作举办展览吗？

郑欣淼：我想没有理由不办下去吧！

办好展览有两方面。首先香港和澳门的博物馆和艺术馆，毕竟和内地在长期计划体制下不一样，其机制、体制，包括你们对外联系的广度，这些方面都不一定是我们的长处，在合作过程中，两馆间可互相学习，通过两馆工作人员以及科研之间的交流，双方获益。

陈浩星：其实在工作的过程中，故宫博物院的领导及专家，都给我们很大教益。举一个印象最深刻的例子，故宫博物院前副院长肖燕翼先生在《海国波澜》撤展工作中曾向我们说，"文物跟人一样，也是有生命的"。他以文物的状况来举例，点明保护文物工作的重要，意义深刻。

故宫博物院的前辈专家，他们承担着重要的责任，就是怎样保管好祖国文物，这是久远的工作。因为这不是一代人的事情，我们还要一代一代往下传。如在香港观看的《国之重宝》展览，都是好几代故宫人努力保存下来的成果。我们的责任就是如何将展品在几百年甚至几千年后，文物还是在相对良好的状态下保存下去。所以故宫的文物送到澳门展出三个月的时间里，我们怎样管理，展览过程中怎样保护好文物，这都是我们很重要的工作，我的同事们已经培养出举办故宫文物展览永远要将文物安全放在首位的意识。故宫博物院的专家在这方面的工作态度及专业精神，对我们有很大教益。

郑欣淼：就像吴卫鸣馆长说的那样，故宫文物都是"国宝"。艺博馆的同人和故宫博物院的工作人员，都是对文物抱着敬畏、认真的态度。大家合作有共同认识是一个最基本的前提，所以我们的合作比较愉快，这也是我们以后合作所必需的。

陈浩星：就目前艺博馆和故宫博物院合作的范围来说，主要是在展览和在艺博馆经营故宫礼品专门店方面，不知在院长的思考范围内，还有其他方面合作的可能吗？

郑欣淼：艺博馆自1999年成立以来，这8年所走的路是不容易的，也是成功的。从现在来看以后，我个人认为是乐观而充满信心的，因为会不断有新的发展。我们现在的合作主要是办展览与文化产品两方面。我认为可以以办展览作为重点，从而带动相关的工作，包括文物保护、学术研究或者探索其他新的方式，应是可行的。

陈浩星：2007年10月故宫有两位专家到艺博馆工作交流两个月，到年底《天下家国》故宫文物特展开幕后才回北京，这是一个很好的合作交流机会。

郑院长在担任故宫博物院院长以前，是文物局的领导，曾为澳门历史建筑群申报世界文化遗产的工作来澳，前后几年时间，澳门的变化很大。澳门今年的经济发展是比较关键的一年，许多大型赌场相继落成，据说有一座度假村酒店规模是亚洲第一。虽然这对澳门的旅游及经济产业方面都是有利的，但也因此令澳门整体的产业发展做出了一定幅度的调整。文化及经济利益两者间能否得到平衡？请院长对此提出一些宝贵意见。

郑欣淼：其实我因为申遗工作到澳门的时间是在2000年左右，第一次是经由香港到澳门。当时国家文物局有关人员尚未到过澳门。我曾去过郑家大屋，当我第二次来澳时，获悉澳门政府为了郑家大屋，利用财力向发展商以钱换地作保留，真是非常敬佩。澳门面积不大，但一些旧建筑物都能保存下来，令我很感慨。申报世遗成功对澳门是很有意义的，因为这是个多元文化融合的地方。澳门人很平和，给我的印象不错。虽然这两年没有到澳门，但也会留意报道。赌场的落成肯定有利有弊，我相信澳门特区政府会考虑这些问题。而文化方面，我认为如何加强文化建设、重视和保护文化遗产更为重要。赌权开放，赌场相继开业，对社会包括治安、道德等各方面影响很大，我们需要以文化力量关注社会。

陈浩星：艺博馆就是希望在文化建设方面努力多做实事。

郑欣淼：所以博物馆对建设公益性的文化事业更为重要。办好展览，吸引大众来看，都是很重要的。在这特殊的经济发展情况下，没有文化力量起制衡作用，从长远来说，对地方的安定也是不利的，所以文化工作者更应感到自己责任的重大。

（原载《紫禁城》，2007年第12期）

在保护中利用　在传承中创新

采访者：《中国文物报》记者　孙波

　　作为全国重点文物保护单位、世界文化遗产、国家ＡＡＡＡＡ级旅
游景区，故宫建筑及其藏品，以其凝聚的中华民族五千年传统文化积
淀和结晶，每年吸引了近千万观众，故宫的保护、维修、展览等也向
来为世人所关注。2002年，在中央有关领导同志的关心和支持下，故
宫正式开始进行自1911年以来规模最大的一次维修。同时，借此次大
修之机，故宫博物院全面总结以往经验教训、着眼未来发展，组织调
研、整合资源，为建设世界一流的博物馆做了大量准备工作。日前，
本报记者特别采访了文化部副部长、故宫博物院院长郑欣淼先生。

　　记者：自2002年启动、2003年正式动工，故宫大规模维修已经进
行了5年时间，请问5年来故宫"大修"都取得了哪些成绩？

　　郑欣淼：故宫大规模修缮任务由国务院确定后，故宫博物院与
中国建筑设计研究院、历史研究所合作制定了《故宫保护总体规划大
纲》（以下简称《大纲》）。《大纲》是文物保护法以及《中国文
物古迹保护准则》在故宫维修工程中的具体化，是故宫保护工程的指
导文件。按照《大纲》要求，故宫保护工程必须完成保护故宫整体布
局、彻底整治故宫内外环境、保护故宫文物建筑、系统改善和配置基
础设施、合理安排文物建筑的使用功能、提高文物展陈艺术品位与改
善文物展陈环境等五大任务。故宫保护工程2003年至2008年为近期，

2009年至2014年为中期，2015年至2020年为远期，到2020年紫禁城建成600周年的时候，全面完成故宫维修任务。

5年来，在党中央、国务院的关怀下，故宫博物院在正常开放的同时，保证了古建筑保护修缮的有序开展，实现了工程预期。作为试点的武英殿工程已于2004年圆满竣工，午门城楼及中轴线东西两庑目前已经基本恢复原有格局。2008年，故宫中轴线核心建筑太和殿及太和门维修将竣工。维修后的建筑内，有的布置新的展览，对社会开放。

故宫文物保护工程的意义体现在两个方面：一是此次大修是对故宫"完整保护、整体维修"理念的实践，体现出对故宫保护的文化传承意义。此次维修与以往最大的不同在于，以往维修都是哪出了问题对哪进行抢救性维护的被动行为，而此次维修有详细的计划和步骤。二是此次故宫维修为东方木构建筑保护进行了一次成功实践，维修的思路、原则、要求、标准、方法不但对国内，而且也对国际文化遗产保护做出了贡献。在已经进行的故宫保护工程中，这些技术对于更准确地记录故宫现状、文献，分析和认知故宫古建筑，补充传统技术的缺憾，筛选新保护材料、新工艺和采用新技术，发挥了重要的作用。故宫维修为今后中国传统建筑的保护性维修以及保护方式，走出了一条有中国特色的道路。2007年5月24日至28日，由国家文物局、联合国教科文组织世界遗产中心、国际文化财产保护与修复研究中心（ICCROM）、国际古迹遗址理事会（ICOMOS）联合主办，故宫博物院承办的"东亚地区文物建筑保护理念与实践国际研讨会"在京举行，会议形成的《北京文件》，就东方木结构文物建筑的保护原则、文化多样性与保护、记录归档、真实性、完整性、修缮和修复、木结构表面色彩处理、重建、管理、展陈、培训等方面提出了相关准则，达成了基本共识，成为今后世界范围内木结构文物建筑保护的行动纲领和实施准则。

记者：可以想象得到，大修后的故宫将为我们提供更加良好的硬件服务。在此基础上，很多人可能会对软件提升方面也充满期待，请

问 故宫博物院在此方面有哪些准备？

郑欣淼：作为一家社会公共文化服务机构，故宫博物院一向重视对软件服务的提升，近年来最为突出的工作就是故宫学的提出。故宫学是我们2003年在总结以往经验教训、立足故宫现实情况、着眼博物院未来发展的基础上提出来的。故宫学不仅是学术研究从自发走向自觉的理论概括，也是处理好"宫"与"院"关系的方法论，指导并推动了故宫保护和博物馆建设全面发展。通过过去五年的实践尝试，故宫学已经突显出积极意义，表现在：

1.在故宫学的引领下，故宫博物院的学术研究开始活跃，影响逐步扩大。以保护文化遗产和弘扬传统文化为主旨的《故宫学刊》于2004年创刊，《故宫博物院院刊》《紫禁城》成功改版，古书画研究中心、古陶瓷研究中心、古建筑保护研究中心陆续成立，藏传佛教文物研究中心、明清宫廷史研究中心正在筹建，积极主动地与院外科研院所进行联合考古、学术考察和办学，拓宽了学术视野，培养了人才；整合故宫学术资源、规划故宫学术蓝图的《故宫博物院科研规划》正在制订中。这一系列新的措施，促使故宫学术研究氛围更为浓厚，学术成果不断涌现，学术影响逐步扩大。

2.在故宫学的影响下，故宫博物院对文化遗产概念的理解与认识逐步深化，把故宫作为一个文化整体来看待，更加自觉地对历史文化遗产进行全面保护。比如，我们在制定《故宫博物院2004—2010年文物清理工作规划》时，对原来认为是"资料"的藏品予以重新鉴别、定级，对由于历史原因重视不够的藏品予以彻底清理；在进行文物征集时，实行新思路，打破封闭的旧有收藏理念，入藏著名现当代画家李可染、吴冠中等人以及一批国家工艺美术大师的代表作品，确立起从传承民族文化角度审视当代艺术品、从保护民族财富的高度认识征集收藏的新理念。同时，积极做好非物质文化遗产的保护和传承，于2007年向文化部申报将中国古代官式建筑传统工艺和书画装裱工艺列入国家非物质文化遗产。

3.故宫学确立的开放视野、文化自觉的精神，促使故宫博物院各方面的工作体现出锐意进取、开拓创新的意识，对保护文化遗产、弘扬中华文化的使命从实践上进行了较为成功的诠释。作为举世唯一的明清皇家宫廷建筑群，故宫的管理、维护、展示等都受到社会的广泛关注，甚至有时会有些批评乃至反对的声音，对此故宫博物院始终用开放的心态，认真听取各方意见。在开放的文化视野下，故宫博物院立足文化资源，积极作为，借助社会力量、海外力量，在为广大公众提供精神盛宴的同时，也实现了对中华文化的弘扬。比如与中央电视台合作推出的百集电视系列片《故宫》的精华版，于2005年10月在黄金时间播出后，社会反响强烈，引起轰动，DVD盘一直畅销不衰。在每年中秋之夜，借助社会力量举办的"太和邀月"晚会已经成为著名品牌。此外，通过与北京市文物局联合举办"5·18国际博物馆之夜"大型庆祝活动、在故宫举办中国台湾南音表演与《韩熙载夜宴图》观摩及学术研讨、面向海内外征集故宫博物院院徽、举办紫禁城国际摄影大展、国际五大著名博物馆馆长的"紫禁城对话"活动等，故宫博物院沟通中外、联系各界的文化使者地位更为鲜明、突出。

记者： 目前，博物馆免费开放已成为一个重要的社会热点问题。请问在这种形势下，故宫博物院在社会公共服务方面做了哪些努力？

郑欣淼： 党的十七大提出"充分发挥人民在文化建设中的主体作用，调动广大文化工作者的积极性，更加自觉、更加主动地推进文化大发展大繁荣，在中国特色社会主义的伟大实践中进行文化创造，让人民共享文化发展成果。"博物馆免费开放就是我们落实这一要求的重要体现。故宫由于是古建筑群，有其特殊性，并未列入此次免费开放之列。但是，我曾在多个场合强调："不免费不等于免责"，故宫作为博物馆的社会责任感不能放松。近年来，故宫博物院面向社会，不断创新为公众服务的方式，陆续推出了许多更细致更完善的服务措施：

1. 调整展览布局，突出宫廷文化特色，逐步增加展览面积，给观众提供更为丰富的文化信息。比如，对故宫中轴线建筑恢复原状或者原状式陈列，中轴线东西庑房围绕皇家政务和典章制度举办展览，进一步扩大展览面积。在古书画、古陶瓷研究中心，举办小型的学术含量较高的相应展览。改陈、完善珍宝馆和钟表馆，增加了石鼓展。探索解决古建保护与展厅现代化要求的矛盾，2005年在午门城楼内部，建设了一个钢结构、玻璃顶棚、可拆卸的现代化展厅。随着修缮工程的推进，展室面积由维修前的15971.17平方米扩大到23510.47平方米，增加了7539.3平方米，增幅达50%。近年来，每年的各种专题展览（包括院内、国内及赴外展览）均在30个以上，较以往成倍增加。通过举办这些文物展览，广泛传播故宫特色优秀传统文化。

2. 从观众需求出发，努力完善服务体系。2004年在箭亭设立了观众咨询服务中心。太和门观众服务中心、贞度门西至崇楼、昭德门东至崇楼一线，以及中左、中右、后左、后右四门和午门售票处等的多媒体演示、导览和互动系统正在建设，计划在2008年上半年投入使用。同时，不断完善自动讲解器的讲解内容并新增语种，语种总数达到23种，高居世界各大博物馆前列。自2004年以来，故宫志愿者从无到有，从中文志愿者到英文志愿者，再到外籍志愿者，活跃在紫禁城内，甚至走进社区。目前，志愿者总共为观众讲解服务时间达3万多小时，听众20万余人次。同时，着眼于服务特殊人群，进行专用坡道、残疾人升降器、爬楼车等无障碍通道和设施建设。以迎接奥运为契机，把以双语标牌、餐饮、商店、绿化、环境卫生、综合服务为核心的整体形象建设列入全院重点工作，努力为观众提供更好的游览环境和休闲氛围。

3. 作为爱国主义教育基地，故宫博物院在实践中努力探索将博物馆纳入国民教育体系的具体方式方法。2005年，故宫博物院在国内博物馆界率先通过预约方式向有组织的中小学生免费开放，并无偿提供讲解。至今，已免费接待来自全国10多个省市的学生、教师16万余人。成立了青少年活动中心，把紫禁城昭德门东侧崇楼作为永久固定地点接待学生团体。中心配备有投影仪、电子触摸屏，邀请学者不定期举办各种历史文化讲座，以加强和青少年的互动交流，让他们从中受到传统文化的熏陶。此外，故宫还针对青少年观众，以喜闻乐见的形式、寓教于乐的特色，开展了"故宫知识课堂"主题教育活动、"故宫畅想"知识竞赛和征文活动、"小手拉大手"家庭游故宫等丰富多彩的系列活动。这些活动不但普及了故宫历史文化知识，丰富了中小学生的课余生活，也有利于学生全面发展和综合素质的提高。

4. 推动故宫信息电子化步伐，提出了建设"数字故宫"的目标。经过几年的实践，故宫院内自动化办公系统、古建筑信息系统、文物管理系统、历史文档信息系统，以及观众文化信息展示系统等多个工作平台的使用，标志着我院的信息化建设已经进入快速发展的新阶段，对文化弘扬的促进作用日渐显著。

（原载《中国文物报》，2008年4月11日）

同宗同源，天府永藏

采访者：《中国文物报》记者　孙波

　　北京有个故宫博物院，坐落于城市最中心，殿宇楼台，高低错落，壮观雄伟；台北也有个故宫博物院，位于台北近郊外双溪，背依山林，栋宇翚飞，清丽典雅。有人说北京故宫博物院是"有宫无宝"，台北故宫博物院是"有宝无宫"；也有人说北京故宫博物院藏品更丰富，台北故宫博物院更精华。孰是孰非，抑或均是均非，莫衷一是。两个故宫博物院都以清室宫廷收藏为基础，在追溯博物院的历史时，也都将1925年的开院视作各自诞生的标志。长期以来，有关故宫及其藏品的研究著述、图录颇为不少，然而，却一直未有一本关于两岸故宫博物院藏品的综合研究著作；正是由于缺乏对两个故宫准确、全面的认识，许多研究就难免偏颇之处。今年8月份，《天府永藏：两岸故宫博物院文物藏品概述》的公开出版填补了这一空白。日前，故宫博物院院长郑欣淼就写作本书的一些问题接受本报记者采访。

　　记者：郑院长您好！感谢您接受本报专访。请问是什么原因促使您写作了《天府永藏：两岸故宫博物院文物藏品概述》一书？

　　郑欣淼：自到故宫博物院工作以来，常常有一些领导、朋友问我这样一个问题："两岸故宫博物院，比起来哪家的藏品多？哪家的精品多？"这是一个难以用三言两语说明白，但却为两岸同胞乃至国际社会都不甚清楚而又很关注的问题。作为故宫博物院的院长，我当然有责任对这一问题做出回答。因此，经过大致的研究，2005年1月，我曾在《光明日报》上发表了一篇两三千字的文章，题目是《北京故宫博物院与台北故宫博物院文物藏品比较》，对两岸故宫藏品做了简要介绍。后来我继续研究，将其内容扩充，形成一篇约4万字的长文，为两岸故宫博物院藏品的分类与介绍。这当然是初步的，觉得很不够，因为如果仅就文物谈文物，没有这些文物的来龙去脉，没有两个故宫博物院的基本状况介绍，人们就很难全面认识故宫文物。所以，我从2005年以来一直在进行着这项研究，越写感到越有意思，越写也越长。2008年春节过后，我在一个11万字稿子的基础上再次加工修改，就成了现在的书稿模样。其目的不是为给两岸故宫博物院藏品的多寡精次一争高低，而在于通过全面梳理展示两岸故宫博物院文物藏品的渊源、发展及全貌，使人们进一步认识故宫的价值、意义及地位。可以说，这本书的问世既是对多年来关心两岸故宫博物院藏品的海内外人士的一个交代，也是我五年来所从事的故宫学研究的一个成果。

记者：关于故宫学研究，可能很多读者还不甚清楚，请您展开介绍一下。并请介绍一下故宫学研究成果之于本书写作有哪些积极作用。

郑欣淼：故宫学是以故宫及其丰富收藏为研究对象的一门学科。其研究内容主要包括紫禁城宫殿建筑群、文物典藏、宫廷历史文化遗存、明清档案、清宫典藏及故宫博物院的历史等六个方面，有着丰富深邃的学科内涵。2003年10月，我在庆祝南京博物院成立70周年举办的博物馆馆长论坛上提出故宫学的概念，当时即引起一定的反响。故宫学倡导"故宫在中国，故宫学在世界"的理念。从故宫学的视野看待故宫，不仅能使人认识到故宫古建筑、宫廷文物珍藏的重要价值，而且看到宫廷历史遗存有着同样重要的意义，如清代帝后的书画作品，过去未当文物看待，从故宫学视野认识，当然是重要的文物了；地毯、医药以及清宫日常生活用品，过去人们并不很重视，从宫廷历史见证的观点看，它们都具有重要的历史价值。更重要的是，人们看到古建筑群、文物藏品、历史遗存以及此间发生过的人和事，是一个不可分割的文化整体。故宫文物有着特殊的地位和价值。我国的各级博物馆都藏有不少的国宝级文物，考古发掘也时有宝器出现，但是，故宫及故宫文物已成为中华文明的重要象征，它的地位是历史形成的，是不可代替的。故宫学的提出，为流散在院外、海外的清宫旧藏文物、档案文献有了一个学术上的归宿。两岸故宫文物同宗同源，有着很强的互补性。对于本书而言，故宫学的最大贡献就是使我们跳出了谁的文物多谁的文物精的狭隘争议，把两岸故宫文物作为一个整体来看待，从而更加全面认识中华文明的源远流长、灿烂辉煌与一脉相承。

记者：您刚才提到了流散在院外、海外的清宫旧藏文物，能否简要介绍一下，除了北京故宫博物院典藏文物之外的其他故宫文物，尤其是海峡对岸的台北故宫博物院馆藏文物的来源？

郑欣淼：清宫旧藏文物来源主要有五个方面：即历代皇家收藏的承袭、清宫的征集（含进贡、征求、查没）、清宫制作、清宫编刻书籍、明清档案等，它们与遗存的宫廷实用之物共同构成今天两岸故宫博物院的主要藏品。

清宫旧藏的流散主要有三次厄难和一次南迁。三次厄难即：第二次鸦片战争中英法联军对圆明园的野蛮劫掠和焚毁，1900年八国联军对皇室财宝的抢劫与破坏，逊帝溥仪在内廷13年中的赏赐、拍卖典押和偷盗等损失。南迁即1931年"九一八"事变以后，为防止故宫文物被战火焚毁所进行的文物转移。关于故宫文物南迁，我在这里需要特别说明一下。不少人认为，当年故宫博物院的文物都南迁了，而其中的精品又都运到了台湾。这其实是个误解。首先，南迁文物其实并未做到尽选精品，原因大致有这么几个方面：各库藏品数以万计，大量珍品贮藏其间，大部分仍保存未动，有的库甚至整库文物未动。同时各个陈列室要维持正常开放参观，就要保留一定数量的展品。也有的装箱人员因对文物缺乏研究，留下真品，选走伪品。也有的虽系精品而因故未及装箱的。也有的当时视为伪作，有意未装箱的。还有虽系珍贵文物，过去不为人知，或藏置于次要处所，当时未找出而装箱运出。还应看到，南迁文物的挑选，因受包装及运输条件的限制，凡是大件的物品（玉器、陶瓷、书画等俱有）都未运走；而且囿于当时的认识水平，还多从传统的古董商人的角度看待文物，重视文物的市场价值，缺乏文化史、艺术史的眼光，因此挑选南迁文物时，难免有偏颇之处。

此外，由于1948年底战局的急剧变化，南京国民政府文物运台计划仅实施了三批即被迫终止，大约1/4南迁文物运到了台湾，而正是这些文物占到了今日台北故宫博物院所有藏品的92%。至于未及运走的3/4南迁文物，大部分都在新中国成立后被分三次重返北京故宫博物院。这些文物与其他清宫藏品和遗存，占今日北京故宫博物院藏品的85%。

如果说非要回到很多人普遍关心的那个问题："两岸故宫博物院藏品，比起来哪家的多？哪家的精品多？"北京故宫博物院现有150余万件（套），台北故宫博物院有65万件（套），从总体上说，北京故宫博物院的文物精品也相对要多。这个数字也是现在的统计。应该看到两岸故宫博物院文物藏品构成上稍有不同。运台故宫文物约60万件，包括中央博物院筹备处的部分文物，也源自清宫，其中清宫档案文献38万件册，善本书籍近16万册，器物书画5万余件；加上抵台后征集的文物，现在总计65万余件。北京故宫博物院原有明清档案800万件，善本特藏及书版50多万册（件、块），器物书画100万件，在20世纪五六十年代，总计曾达900多万件。1980年明清档案部划出，成立中国第一历史档案馆；又将包括部分宋元版书在内的14万册宫廷藏书拨交国家图书馆及一些省市和大学图书馆。现北京故宫博物院有藏品150余万件（套），其中1949年后征集24万多件（套），80%以上仍为清宫旧藏，不乏大量文物精品。台湾学者李敖先生以前未来过大陆，认为北京故宫博物院"有皮无瓤"，2005年他参观了北京故宫博物院，了解了收藏情况后对我说，他为他以前说过的话表示"忏悔"。我认为李敖先生的这番话言重了，但有这种印象的人不止李敖一人，责任在我们，是我们宣传得不够。

记者：可能会有读者对您刚才所提的有关两个博物院的藏品的两个数字有所疑惑，一个是85%，一个是92%，为什么不是100%？

郑欣淼：这种疑惑源自于原有的一个认识误区——故宫典藏文物均是清宫旧藏。实际上，无论是北京故宫博物院还是台北故宫博物院都重视文物的征集，不断充实藏品。北京故宫博物院的文物充实途径主要有三个途径：一是政府拨交。如20世纪五六十年代，故宫博物院即接收政府部门和各地博物馆拨交文物16万件（套）。二是文物收购。截至2005年12月，故宫博物院共购得文物53971件，其中一级文物1764件。三是接受捐赠。截至2007年底，故宫博物院共接受728人次捐赠的33900件（套）文物及图书资料。当然，故宫博物院也有一些档案和典籍资料被划拨给了其他单位。至于台北故宫博物院也自20世纪60年代起接受了大量捐赠、寄存以及进行文物收购等征集工作，以丰富藏品数量与种类。

记者：听完您的这些故宫知识普及，可能会有很多读者迫切想了解这本书的内容。您能否介绍一下这本书，有哪些特点？

郑欣淼：这本书的特点大致有这样五个：一是本书为第一部把北京和台北两个故宫博物院文物藏品放在一起进行客观论述的书籍，人们通过本书可对两岸故宫博物院藏品状况有一个比较全面和系统的了解。其中北京故宫博物院的文物藏品更是第一次全面地向社会公布。二是本书不是对两岸故宫博物院文物的简单罗列，而是以故宫藏品为切入点，回顾了故宫博物院的早期历史，以及后来两个博物院的发展状况。使读者对两个故宫博物院的发展有一个全面深入的了解。三是本书引用了大量档案文献，比如，在谈到1949年一批珍贵古籍是否要运沈阳时，引用了北平故宫博物院给北平军事管理委员会的函件；

谈到接收北平图书馆的珍籍时，引用了马衡院长的一封信函；关于南迁文物分三次运回北京，里面也有许多档案资料；关于台北故宫博物院文物藏品的情况，引用了《"国立"故宫博物院年报》等资料。大量档案资料的引用使得本书内容更有说服力，也使读者了解到许多鲜为人知的内幕。四是对于文物藏品的评价，坚持科学客观的原则，同时抱着对灿烂的中华文明的挚爱心和自豪感，实事求是，反对任何偏狭的观念，力求论述的科学性、客观性。例如古书画的收藏，北京故宫博物院约14万件，台北故宫博物院约1万件，书中分别列出了两个故宫博物院有代表性的书画名迹，并概括了各自的特点：北京故宫博物院绘画藏品的种类较全面，除卷轴画以外，还藏有版画、年画、清宫油画、玻璃画、屏风画、贴落等，明清大幅宫廷书画也是北京故宫博物院特有的庋藏。由于两岸故宫博物院主要接收的是清宫旧藏历代书画，而清代宫廷在乾隆皇帝去世后，收藏日趋衰落，因此，18、19世纪的"扬州八怪""京江画派""改、费派""海派"等许多画派的绘画和书法为清宫所缺。清初属于非正统画派的"金陵八家""四僧""黄山派"等，也是乾隆朝不屑于收藏的艺术品，如今已是艺术珍品了。北京故宫博物院身处大陆，有着广阔的收藏机遇，在20世纪五六十年代，已经将上述几个时期的书画收藏齐备，弥补了清宫收藏的缺项。北京故宫博物院早期藏品反映了各个历史时期的绘画面貌。元代书画，特别是元代法书，在国内外博物馆收藏中名列前茅。对于台北故宫博物院古书画收藏，指出其早期作品比北京故宫博物院的多，尤以两宋书画收藏丰富著称，并有宋、元、明三个朝代的帝后像，同时分析了台北故宫博物院在山水画、人物画、花鸟画三个方面的明显特点。五是对于两个故宫博物院古书画、青铜器、陶瓷器等主要门类文物进行通览时，不是简单的数字罗列，而是重视整体的把握，归纳出若干特点，也体现了一定的学术性。

记者： 在本书的写作过程中，主要面临哪些困难？

郑欣淼： 作为一本"通览"类书籍的写作，我感到了两点困难：

一是资料的掌握，二是对两岸藏品特点的认识。台北故宫博物院的文物藏品虽在20世纪五六十年代起陆续公布，但还是有一些"珍玩"类不甚清晰。而北京故宫博物院的文物藏品尚未完全公布，有的还在继续整理当中。这对我试图整体把握资料造成一定的影响，即可能会因资料不足或见识局限而出错，甚至贻笑大方。幸运的是，在我写作过程中，很多同事给了我不少帮助，一些老前辈如耿宝昌、杨伯达、杜迺松、万依等先生也给予了很大的鼓励与帮助。台北故宫博物院的现任副院长冯明珠女士和《中国时报》的前总经理黄肇松先生都曾为我搜集复印了大量珍贵资料，所有对他们的感激之情，我都记录在这本书的后记里，在这里我想再借《中国文物报》一寸天地，向他们致以诚挚谢意。

记者：关于两岸故宫博物院文物交流，您认为有哪些期待，目前有哪些切入点？

郑欣淼：两岸故宫博物院合作交流是大势所趋，因为两岸故宫博物院的文物是相互关联的，彼此关系非常密切。早在2003年4月，我在接受台湾媒体联合采访时，就提出两岸故宫博物院应合作办展览，其中就包括联合办三希堂展，让分隔两岸的三希堂国宝重聚。我提议这个联合办展是有深层次考虑的，一是书法是最具中国传统特色的艺术作品，是中国独有的文化；二是这三件作品是公认的代表了中国书法艺术的国宝，"三希"为乾隆皇帝宝爱之物，三希堂也成为一种中国典雅文化的境界、品格的象征，有着鲜明的文化意蕴；三是"三希"的收藏历经沧桑，有着数不清的传奇故事，也见证了故宫博物院的历史；四是三件纸质文物的搬运更容易，联合举办三希堂展览的可操作性最强。但由于多方面原因，至今尚未办成。今年10月份，台北故宫博物院院长周功鑫女士接受《联合报》采访时，表示希望在2010年举办三希堂联合展。三件国宝本来就在一起，我相信分开只是暂时的，三希堂国宝如果能合在一起举办展览，将会成为两岸文化交流的一件盛事，具有标志性的意义。

记者：您的书名叫《天府永藏：两岸故宫博物院文物藏品概述》，我想这也肯定有着更深的寓意和期望。

郑欣淼：是的。在中国周代，曾设"天府"的官职，"掌祖庙之守藏与其禁令"。后来，历史上就称朝廷之为"天府"；而"子子孙孙永保用"的诫铭，更是寄托着对后人永远宝爱和使用的期望。故宫就是一个"天府"。瑰宝聚集，来之不易；沧海桑田，文明永续。基于虽有两个故宫博物院但故宫只有一个的中华民族文化认同感，以及两个博物院的收藏都是中华民族文化遗产的事实，努力保护好这笔丰厚的文化遗产，并为弘扬中华传统文化、使中华文明赓续不断而努力，就是两个故宫博物院庄严而神圣的历史使命。

（原载《中国文物报》，2008年12月11日）

故宫学：故宫研究的新阶段

采访者：《云梦学刊》主编　余三定

（一）引言

余三定：尊敬的郑欣淼先生，您好！近十多年来，我用主要精力进行中国当代学术史的研究，我担任主编的《云梦学刊》开辟有《当代学术史研究》特色栏目，我们建有湖南省"中国当代学术史研究基地"。当代的重要学术现象、学术思潮、学术流变、学术成果和重要学人，都是我们所特别关注的。从2004年以来，我从《人民日报》（主要是"学术动态"版）、《光明日报》、《中国社会科学院院报》、《文汇报》、《新民晚报》、《故宫学刊》、《云梦学刊》等重要学术媒体读到您有关故宫学的论文和报道，并且知道您先后应邀到北京大学、清华大学、中国人民大学等高校就故宫学做演讲，可以说，故宫学的提出是当代学术界的重要现象和收获，其研究已取得了重要成果；并且您是当代的重要学人，在政策学研究、当代文化研究、鲁迅研究和故宫学研究等领域取得了杰出的成就。所以，我想把您和您提出的故宫学作为我的研究对象，对故宫学进行一次较为系统的回顾、梳理、总结和研究，望您能够应允。

郑欣淼：中国的当代学术、特别是改革开放30年来的学术发展取得了辉煌的成就，因此，开展当代学术史的研究是很有意义的。我了解一些你的研究方向和研究情况，也注意到《云梦学刊》的《当代学术史研究》栏目及主办的多次学术研究活动，我很乐意系统谈谈有关故宫学的问题。

（二）故宫学的提出，立足于对故宫的认识和定位，是建立在故宫研究 80 年学术史深入调查与考察基础之上的；故宫学的提出，是人们对故宫认识和研究进入自觉阶段的标志

余三定： 据我所知，您是2002年9月到故宫博物院担任院长，并兼任文化部副部长。故宫学是您在2003年提出来的，请您谈谈您提出故宫学的背景和过程。

郑欣淼： 对我来说，故宫学思路的提出和形成，是立足于对故宫及故宫博物院的认识和定位、对故宫学术研究的现状以及80余年来故宫研究历史的调查与考察。我到故宫博物院工作后，立即拜访故宫的老专家，系统地阅读资料，尽量了解故宫的历史和故宫的研究历史，逐渐明确：故宫博物院作为一个大型博物馆，既有收藏保管文物的责任，也有陈列展示文物的职能，还有学术研究的任务。所以在我的认识上，越来越感到要对学术研究引起重视，这是关系到故宫博物院长远发展的大事。

我在《故宫博物院院刊》2003年第4期上发表了《故宫的价值和故宫博物院的内涵》一文，这是2003年3月我在上海博物馆举办的一次国际博物馆馆长高层论坛上的讲演。从文章题目就可看出这是在对故宫与故宫博物院进行定位。这个定位很重要，它决定着故宫博物院的发展方向及学术研究的重点，对我形成故宫学思路及对故宫学内涵的认识有很重要的意义。我认为，故宫与故宫博物院密切相关，对故宫价值认识的程度，影响着对故宫博物院内涵的理解与功能定位。通过对文物认识的深化、对古建筑的重视、对宫廷历史文化的挖掘、对无形文化遗产传承等四个方面的探讨，认识到故宫博物院不只是"中国最大的文化艺术博物馆"，而且是世界上极少数同时具备艺术博物馆、建筑博物馆、历史博物馆、宫廷博物馆等特色，且符合国际公认的"原址保护""原状陈列"基本原则的博物馆和文化遗产，是一座博大精深的中国历史文化宝库。这是半年多调查研究的收获。当然，这几年的继续调研，我对故宫的了解也不断加深，但2003年得出的这一结论基本上还是站得住的，是符合实际的。

从2003年初开始，我在继续加深了解故宫的同时，着重对故宫的学术研究状况进行调查。我在院内围绕故宫的学术研究问题陆续召开了几个座谈会，包括各部门负责人座谈会和老专家座谈会；同时，请各个业务部门围绕故宫的学术研究问题认真讨论，提出书面建议；还与院学术委员会讨论成立研究机构、与北京大学等学术单位商讨进行科研合作等事项。

以上所说的对故宫、故宫博物院的定位以及故宫学术研究的调查，都是旨在加深对故宫的了解。正是在上述充分调查、研究的基础上，我开始提出了故宫学的概念和命题。我向社会正式提出故宫学是在2003年10月，当时南京博物院庆祝建院70周年，有一个博物馆论坛，我做了关于故宫学的讲演。有报纸做了报道。但当时还讲得比较粗浅，只说了故宫学的大概的研究范围、研究对象。总之，其重要性在于我第一次提出了故宫学的概念和命题。半年之后，也就是2004年4月，中国紫禁城学会在国家图书馆举办"紫禁城文化"系列讲座，安排由我讲第十一讲，我提前两三个月准备讲稿，题目定为《紫禁城与故宫学》，我利用机会深化对故宫学的认识，我先列出了提纲，接着写出了六七千字的讲稿。因为快到讲座的时候，我遇到一个非去不可的出差任务，而讲座时间又不能调换，我只好请故宫博物院晋宏逵副院长代我讲（晋宏逵副院长讲时也有一些补充）。这次《紫禁城与故宫学》讲座，第一次谈了故宫学研究对象有六条（包括六条里的重点是什么），对故宫学研究近80年的历史做了阶段划分，对故宫学的研究方法也有所论及；还谈了紫禁城研究在故宫学中的地位，也讲了不赞同用紫禁城学代替故宫学。

2004年我倡议创办并担任编委会主任的《故宫学刊》第一辑出刊（2004年底编就，2005年1月由紫禁城出版社出版），该辑发表了我长达38000字的《故宫学述略》。

余三定：《故宫学刊》第一辑出版后不久，我就很荣幸得到了您的赠阅本。收到赠刊后，我细致地阅读了您的《故宫学述略》，我觉得《故宫学述略》第一次对故宫学做了全面系统而深入的论述，直到今天，还无人能够超越。随着时间的推移和研究的进展，该文将会被证明是经典性的故宫学论文，在当代学术发展史上将占有重要地位。我记得全文包括如下四个部分："故宫学的研究领域"，"故宫学的研究历程"，"故宫学的提出及其发展机遇"，"故宫博物院在故宫学研究中的责任和举措"。

郑欣淼：在这篇长文中，我觉得对有些问题的探索和研究还是下了功夫、颇有些新意的。例如我提出了故宫学与故宫文化的关系，这对认识故宫学的性质和特点是有意义的。又如故宫学的价值与意义，这里也有我自己的体会和认识。还有我对学科性质的解释，即故宫学到底是一门学问还是学科？是门什么样的学科？我认为故宫学就其所研究的以古建筑、宫廷藏品及宫廷历史文化为重点的皇家文化来说，它是一门学科，而其内涵再扩大一点，研究的对象再宽一点，应该是一门学问。我当时就举了个例子，像明清档案，合起来有一两千万份，档案对故宫学研究很重要，但所有的档案不仅仅是故宫学的。

余三定：您在《故宫学述略》第三部分"故宫学的提出及其发展机遇"中写道："没有长达80年的故宫研究的实践和成果，就不可能准确提出故宫学概念，而故宫学的提出并确立将使故宫学研究进入自觉阶段，将从整体上提高故宫研究的水平。"随后，我从《人民日报》2005年2月25日"学术动态"版读到了该报记者卫庶对您做的长篇"专家访谈"（我的剪贴本内有，顺便说一句，我的剪贴本内收有多篇您关于故宫、故宫学的文章），该访谈题为《故宫学：从自发到自觉》。由此可见，故宫学从自发到自觉的观点，是您的一个很重要的观点。请您谈谈这个观点的提出基础和必然性。

郑欣淼：故宫学从自发到自觉的观点，的确是我的一个重要观点。这是我受鲁迅的启发而提出来的。鲁迅1927年提出，曹丕时代即魏晋时代是中国文学从自发到自觉的时代。魏晋时期出现了中国文学理论史上几部有名的典籍，有了实践才有理论的概括，有了新的理论就能对以前文学的成败得失进行评判，为以后的发展指出路向。同样，没有故宫博物院80年的历史，没有这80年的学术研究，没有这些成果和基础，突然提出一个故宫学是不可能的。正因为有了80年的研究，故宫学已到一个关键时期，故宫的研究能不能迈开大步有新的发展，需要明确它的学科地位，重视它的建设。有了80年的研究，水到渠成，你才可能提出故宫学；你如果不提出，错失良机，对以后的发展就可能带来影响。这是一个必然性和偶然性的关系问题。故宫学提出是必然的，至于谁提出，则具有偶然性。这里有一个很好的机遇，就是80年的建院纪念（即2005年），80年确实值得我们回顾、总结。当然对中国古代文学史上"文学的自觉时代"始于何时，现在也有不同的观点，这是学术问题，但我却受鲁迅这一提法的启发，认为故宫学正处于从自发到自觉的重要时期。

余三定：请您进一步阐述故宫学从自发到自觉的基本内涵。

郑欣淼：前面已讲到，故宫学是客观存在并已有很好基础的一门学科。80年来，故宫学的研究领域不断扩大，成果不断涌现，但从故宫本身的地位、作用及研究状况来看，故宫研究还需要提升、创新、突破。因此，有必要提出加强故宫学的建设，即明确故宫学是一门学科。80年来故宫学术研究无疑多属故宫学研究，但尚处于自发阶段。一门学科的建立，不仅要有深广的研究领域，还必须以一定的研究成果为基础，这是学科形成、发展的必要过程。故宫博物院成立80年后明确提出故宫学学科建设问题，符合学科发展的规律。故宫研究的材料十分丰富，但以前的研究是在不同领域中进行的，故宫学则要求把这些基础研究整合起来，统一起来。这是故宫研究不断深入的必然要求。显然，没有长达80年的故宫研究的实践和成果，就不可能明确提出故宫学概念，提出并确立故宫学，将使故宫学研究进入自觉阶段，从整体上提高研究水平。

（三）人们对故宫价值的认识经历了四个阶段；从故宫学的视野来看故宫，是人们对于故宫价值认识进入新的更高阶段的表现

余三定：《光明日报》2008年4月24日"光明讲坛"版以两个整版的篇幅刊登了您的演讲稿《故宫的价值与地位》，且配发了您的照片和8幅故宫照片。您这篇演讲稿在学术界和社会上产生了很大的影响。这篇演讲稿包括"故宫价值认识的四个阶段"和"故宫的国宝地位"两个部分。请您再简要谈谈故宫价值认识的四个阶段。

郑欣淼：故宫的价值是客观存在的，但人们对它的认识是一个不断深入研究的过程。80多年来，人们对故宫价值的认识经历了四个阶段。

第一个阶段（1912年以前）：作为皇宫的故宫。故宫是明清两代的皇宫（1924年前称紫禁城），中间虽经多次重修和扩建，但保持了初始的格局。从1420年建成到1912清朝统治结束，492年间先后有24位皇帝在此居住并执政。皇宫是封建帝王发布政令的统治中心和豪华生活、奢侈享受的所在，因此总是力求宏大壮丽。如果说，秦汉宫殿主要是通过高台建筑追求"非壮丽无以重威"，那么隋唐宋元以来，则通过纵向排列，从空间序列上取得整齐、庄重、威严的艺术效果，而紫禁城正是将以往的实践经验兼收并蓄，成为我国封建社会后期宫殿建筑的典范。作为皇宫的故宫，是皇权的象征，是封建王朝的中枢所在地，成为鲜明的政治符号，有着至高无上的地位，它庄严、肃穆，也充满神秘感。

第二个阶段（1925年以后）：作为博物院的故宫。溥仪于1912年2月12日宣布退位，清朝结束，但溥仪及其皇室成员仍暂居紫禁城，直至1924年11月5日被驱逐出宫。1925年10月10日，故宫博物院成立。故宫博物院的创立，具有两方面的意义：其一是民主革命的又一

胜利，是对复辟势力的一次致命打击；其二是我国文化艺术史上的一个伟大业绩。故宫博物院以其宏伟壮丽的宫殿建筑和精美绝伦的古代艺术珍品名扬海内外。但是，由于故宫博物院是在反对帝制复辟的背景下成立的，反对封建主义又是民主革命的首要任务，因此，如何在反对封建主义的同时，保护好历史文化遗产，就成为需要正确认识和处理的一个问题。在一个较长时期，故宫博物院被定位为艺术类博物馆，人们相对重视的是故宫的艺术品。

第三个阶段（1987年以后）：作为世界文化遗产的故宫。1987年，故宫被列入世界文化遗产。世界遗产组织对故宫的评价是："紫禁城是中国五个多世纪以来的最高权力中心，它以园林景观和容纳了家具及工艺品的9000多个房间的庞大建筑群，成为明清时代中国文明无价的历史见证。"故宫成为世界文化遗产，使人们对故宫古建筑价值的认识有了深化。建筑是人类历史文化的纪念碑，伟大的建筑往往成为一个城市、一个民族甚至一个国家的象征物。故宫就是这样的象征物，故宫不只是宏伟的古建筑，还包括珍藏其间的文物精品，它们联结在一起，成为中华传统文化的一个载体与中华文明成就的一个标志。同时，"文化遗产"观念的引入，突破了传统的"文物"观念的局限性，强化了遗产的环境意识、共享意识，以及全社会都必须承担管理和保护的理念，促使人们从"大故宫"的观念来看待故宫保护。

余三定：您关于故宫价值认识前三个阶段的论析脉络非常清楚，有理有据，实证与思辨有机结合，真正做到了历史与逻辑的有机统一。顺理成章，下面要请您谈谈故宫价值认识的第四个阶段了，并且尽量谈得具体一些。

郑欣淼：故宫价值认识的第四个阶段（2003年以来），即：故宫学视野下的故宫。故宫价值认识进入第四个阶段，是当代人认识深化的结果，也是历史的、逻辑的必然选择。故宫学是以故宫及其丰富的收藏为研究对象的一门学科。故宫文化是以皇帝、皇权、皇宫为核心的皇家文化。从反映皇家文化的特点来划分故宫学有狭、广两义。狭义的故宫学是人文科学的一门独立学科；广义的故宫学则是一门知识和学问的集合。故宫学体现出的故宫博物院对传承、弘扬中华文明的强烈责任感、使命感和自觉性，它倡导的"故宫在中国，故宫学在世界"理念所蕴含的开放的工作思路、自觉的创新意识，不仅引领着故宫学术研究从自发走向自觉、积极规划故宫的学术前景、提高故宫的学术影响力和学术地位，更为故宫保护和博物馆建设事业提供了理论的指导。

从故宫学视野看待故宫，不仅认识到故宫古建筑、宫廷文物珍藏的重要价值，而且看到历史遗存有着同样重要的意义；更为重要的是，古建筑、文物藏品、历史遗存以及在此发生过的人和事，是一个不可分割的文化整体。这一认识是故宫学得以产生的重要依据，也有利于进一步挖掘故宫的历史文化内涵。故宫文化的这一整体性，也使流散在院外、海外、国外的清宫旧藏文物、档案文献有了一个学术上的归宿。基于此，两岸故宫博物院在学术研究上的交流与合作就是不可避免的，人为的阻隔只能是暂时的，事实上这种交流也是在不断地发展。

从故宫学角度审视，故宫不仅是举世闻名的物质文化遗产，同时也有着重要的非物质文化遗产内容，其中最突出的是中国古代宫殿建筑的工艺技术。它们一方面以物质的形态存在于建筑物中，一方面以手艺的形态，通过工匠口传心授世代相传。故宫博物院有专门的维修管理机构和施工队伍，涌现过一批古建大家和专门工艺人才。最近故宫大规模维修，全过程进行跟踪影像记录，实行"师承制"，就是为了使古建筑技术薪火相传。书画装裱等文物保护传统技艺，也是需要保护和传承的非物质文化遗产。2008年，故宫博物院的中国古代官式建筑传统工艺和书画装裱工艺已被列入国家非物质文化遗产。

余三定：由上述情况可以看出，故宫学的提出与确立，正在推动着故宫学术视野的扩大与研究的深入。因此，我觉得，从故宫学的视野来看故宫，是人们对于故宫价值认识进入新的更高阶段的表现。

（四）故宫学的学科性质应该属于综合性学科，涉及历史、政治、建筑、器物、文献、艺术、文学、宗教、民俗、科技等许多学科；故宫学的研究领域主要包括六个方面；故宫学的综合性学科特点要求采取多学科（跨学科）的理论和方法进行研究

余三定：一门新学科的建立大都会遇到学科定位的问题，即确定该门学科归属的问题。那么，我们如何对故宫学进行学科定位呢？

郑欣淼：对故宫学进行学科定位，的确是一件很复杂的事情。国务院学位委员会1997年颁布的《授予博士、硕士学位和培养研究生的学科、专业目录》（简称《目录》）总计包括12个学科门类、88个一级学科、382种二级学科。对照《目录》进行分析，可以看到对故宫学进行学科定位的复杂性：首先，从"学科门类"来看，故宫学就与"文学""历史学"两个学科门类都紧密相关，而如果考虑到故宫学包含了科技因素，则与"理学""工学"学科门类也不无联系；其次，从"二级学科"的角度（我们跳过了"一级学科"，因为"历史学"学科门类内只有一个一级学科即"历史学"）来看，故宫学与"中国古代文学""艺术学""音乐学""美术学"（以上属于"文学"学科门类），"考古学及博物馆学""历史文献学"（以上属于"历史学"学科门类），"建筑历史与理论""建筑设计及其理论"（以上属于"工学"学科门类）等多种二级学科紧密相关。因此，我认为，故宫学的学科性质（学科定位）应该属于综合性学科，涉及历史、政治、建筑、器物、文献、艺术、文学、宗教、民俗、科技等许多学科。因此，故宫学的研究是一种跨学科的研究。

余三定：您刚才的分析很有道理，很有说服力，我们应该将故宫学定位为综合性学科。但"综合性"是概括性的表述，如果将其具体化的话，那么故宫学的研究领域（或者说研究范围）主要有哪些呢？

郑欣淼：前面说过，故宫学的研究对象是故宫。具体来说，这里的"故宫"有两方面含义：一是紫禁城古建筑（故宫），二是故宫博物院。故宫博物院是以明清两代皇宫（紫禁城）和宫廷旧藏文物为基础建立起来的，以宫廷建筑群、古代艺术品及宫廷文化史迹为主要展示内容的大型综合性国家博物馆。二者密不可分。故宫学的研究内容十分丰富，大致来说，其研究领域主要有六个方面：

一是紫禁城宫殿建筑群。它是世界上现存规模最大、保存最完整的古代宫廷建筑群，集中体现了中国古代建筑技术和艺术的最高水平和优秀传统。不只是紫禁城本身，以紫禁城为主体的明清皇家建筑是一个整体，宫室、苑囿、祭坛、寺观、行宫、陵寝、藏书楼及王府等，是一个有统一规划、统一规制、统一管理的庞大的体系。

二是文物典藏。故宫博物院现有文物藏品150余万件（套），其中85％以上为清宫旧藏，大部分是清宫的各类艺术品收藏。它们承载着中华文明的历史进程，蕴藏着中华民族历史文化艺术极其丰富的史料。其中，每一品种又自成历史系列。特别是许多艺术精品，都是流传有绪的传世文物。

三是宫廷历史文化遗存。宫廷是封建社会国家的中枢、政治的中心。故宫在492年中一直是明清两代国家的政治中心和24位皇帝的居所，许多重大历史事件在此决策和发生。遗存至今的大量宫廷文物，不仅是研究明清史的重要资料，而且是了解宫廷历史文化的珍贵实物。

四是明清档案。明清档案与殷墟甲骨、敦煌经卷，被誉为中国近代文化史上的三大发现。故宫博物院一成立，就把档案视为文物，一方面因为档案本身的重要价值，另一方面它的规范整肃的外形、精美的装潢、优质的纸墨等，反映了当时的文书制度和文化用品的工艺水平，特别是各种字体有很高的艺术水平和鉴赏价值。这些档案不仅长期由故宫博物院管理、整理，而且大多数档案本来就存在紫禁城内，与宫中建筑及各个机构连在一起；这些档案不仅与宫中发生的重大事件有关，而且是了解宫廷历史文化的重要依据。1980年4月，故宫博物院明清档案部的800余万件档案划归国家档案局，正式建立中国第一历史档案馆。

五是清宫典籍。明清两朝皇帝都很重视典籍的收藏、编刊。两朝皇室藏书除前代皇室遗存外，还大力搜索购求天下遗书，使皇宫荟萃了许多极其罕见的宋元明各代的珍本。故宫博物院成立后，专设图书馆典藏图书。图书馆以明清两朝宫廷藏书为基础建成，到1930年藏书总数逾50万册。抗日战争时南迁的《四库全书》《四库全书荟要》《天禄琳琅》《古今图书集成》《武英殿聚珍版书》《宛委别藏》以及一批明清方志、文集杂著、"观海堂丛书"、佛经等稀世珍本、善本共15.7万余册，现存台北故宫博物院。部分善本南迁后，北京故宫博物院图书馆继续清点和整理清宫遗存下来的古书，重建了善本书库、殿本书库。现在善本已建账者19万多册，现存的明清抄、刻本，品种数量众多，包括内府修书各馆在编纂过程中所产生的稿本，呈请皇帝御览、待刻之书的定本，从未发刻的清代满、蒙古、汉文典籍，还有为便于皇帝阅览或携带而重抄的各式书册，以及为宫内外殿堂陈设而特制的各种赏玩性书册。此外还有翰林学士、词臣自撰的未刊行书籍，各地藏书家进呈之书等。还藏有20多万块武英殿殿本的书版及铜版等。

六是故宫博物院的历史。故宫博物院是在反对逊帝溥仪复辟的激烈斗争中由社会进步人士力争并倡议成立的，成立后又受到北洋军阀的百般干扰，经历了艰难的岁月，本身有着不平凡的历程，与中国现代革命史、文化史有着重要的关系。1931年"九一八"事变后，为了保护中华民族的珍贵文化遗产，故宫博物院数十万件文物分5次南迁到南京，后又分三路西迁至四川，历时10余年，行程数万里，经历艰苦卓绝，文物基本无损，创造了第二次世界大战中保护人类文化遗产的奇迹。新中国成立前夕，故宫博物院南迁文物中的一部分被运往台湾，1965年在台北近郊外双溪建立了"故宫博物院"。北京、台北两个故宫博物院的同时存在，引起国际社会和两岸同胞的关注。

余三定：您上述关于故宫学研究领域六个方面的分析，非常全面、具体，我想进一步询问的是：上述六个方面相互之间是一种什么关系呢？

郑欣淼：上述六个方面有着不可分割的有机联系，可以进一步分为三个层次：最外面的层次为所有六个方面及与其相关的丰富内涵；中间的层次是紫禁城古建筑、院藏百万件文物及宫廷历史文化遗存；最核心的层次是紫禁城。历史上就有一些有关紫禁城的著述。为什么说紫禁城研究是故宫学的核心呢？因为故宫学与敦煌学一样，它的研究首先是从文化遗产的研究开始的。紫禁城从1420年建成至今，虽经多次维修、重建、改建，但仍保持了始建时的基本格局并遗存了许多不同时代的建筑物。它作为我国古代宫殿建筑发展的集大成者，在建筑技术和建筑艺术上代表了中国古代官式建筑的最高水平。雄伟壮丽、千门万户的古老皇宫，每天吸引着数万中外游客驻足观赏，又以其深邃的文化底蕴和巨大的多方面价值成为人们深入研究的对象。

余三定：您在前面肯定了故宫学是一门综合性学科，这一点已经没有疑义了。那么，这一学科特性对其研究方法会有怎样的影响呢？

郑欣淼：由于故宫学是一门综合性学科，在研究中就不能只用单学科的方法，而是需要运用历史学、考古学、文献学、建筑学、文学、美学及相关的自然科学等多学科的理论和方法，即采用跨学科的研究方法。这种综合性特点，在故宫学研究中表现得很突出：一是需要把院藏文物、古建筑和宫廷史迹这三方面作为互相联系的整体来研究，防止孤立对待。这是最能体现故宫特色的研究。这就要求研究者不仅具有某类文物的专业知识，而且要有与此相关的历史知识，包括宫廷史知识以及其他知识。二是需要多学科协作，全方位展开。不同学科从不同角度都能对故宫的研究提供帮助。例如雨花阁，可从建筑式样、佛教造像、装饰彩画等不同方面入手，各方面结合起来才能得出科学的结论。三是要把人文与科技结合起来。由于故宫文化的特殊性，文物藏品一般都有相当丰厚的内涵，需要不断地探求。例如武备、宫廷生活用具类藏品，即涉及工艺美术，更与宫廷史、文化史、典章制度等有关，而且随着资料的挖掘与研究视野的扩大，这种研究会不断深入。从多方面去探寻文物的价值，这是综合性研究的一个重要方面。四是需要把学术研究与业务工作结合起来。例如陈列展览、科技修复、宫廷原状陈列等，既是实际工作，又需要通过研究成果来体现和提高。五是需要把研究与传承结合起来。古建筑的维修技术、文物修复技术、书画器物的鉴定方法等，都需要在研究的基础上更好地传承、弘扬。

（五）故宫学研究是从故宫博物院成立开始并逐步发展的，回顾故宫博物院 80 多年的历程，故宫学研究大致可以分为四个时期。其第四个时期的最大特点是故宫学由自发阶段进入了自觉阶段

余三定：您在前面已经讲到，故宫学的提出是在2003年，但故宫学作为一种客观存在则是从故宫博物院成立之日起就开始诞生（只是在2003年前是一种自发的存在），想请您简要地回顾一下故宫学80余年的研究历程。

郑欣淼：回顾故宫博物院80余年的历程，故宫学研究大致可分为四个时期。

第一段时期为1925年至1948年。作为故宫博物院创始人之一的李煜瀛，在商组"办理清室善后委员会"时，就明确提出要"多延揽学者专家，为学术公开张本"，后又提出，故宫博物院"学术之发展，当与北平各文化机关协力进行。"①由于"五四"新文化运动的原因，北京大学已成为当时全社会在思想与新学科研究方面的先导，在点查清宫物品及后来故宫博物院的业务建设上，北京大学研究所国学门出

① 见李煜瀛：《故宫博物院记略》，载《故宫周刊》1924 年第 2 期。

力最大。[①]为学术研究的需要，1935年又成立了书画、陶瓷、铜器、美术品、图书、史料、戏曲乐器、宗教经像法器、建筑物保存设计等10个专门委员会，专门委员分特约及通信两种，除本院人员，还聘请社会上颇有名望的专家学者。从研究人员的阵容上，可见故宫博物院的学术研究一开始起点就较高，并且具有开放性、社会性的特点。故宫博物院成立后，主要精力用于清点、整理清宫藏品，包括档案、图书，同时注重向社会公布。在档案史料方面，出版了《掌故汇编》（后改称《文献丛编》）58辑，编印《史料旬刊》40期，汇编了《筹办夷务始末》《清代文字狱档》《故宫俄文史料——清康乾间俄国来文原档》等史料。据不完全统计，新中国成立之前，共编辑出版各类档案史料书刊达54种358册，约1200万字，发表研究文章80余篇。影响最大的还是1929年10月10日创办、连续出版510期的《故宫周刊》。该刊图文并重，图为介绍院藏各类文物包括古建筑物，文字部分有专著、考据、史料、笔记、校勘、目录、剧本等。这期间学术研究比较突出的是对清宫档案的整理及档案管理的探索研究。沈兼士任文献馆馆长，对档案的整理制订了较为细密的计划，并开始对档案整理的原则和方法进行研究，先后撰写了6篇有关明清档案管理的论著。结合实际工作的一批论文，如单士元、单士魁、方甦生等人的论文，也是中国现代档案科学起步并发展的记录。陈垣曾任图书馆馆长，他是中国近代史上全面调查研究《四库全书》的第一人，撰写了许多关于《四库全书》的论文。对故宫博物院历史的论述，文章有李煜瀛的《故宫博物院记略》、李宗侗的《玄武笔记》等，著作有吴瀛的《故宫博物院前后五年经过记》等。值得提及的还有章乃炜、王霭人的《清宫述闻》及《清宫述闻续编》等著作。

　　第二段时期为1949年至1978年。这一时期又大致分为两个阶段。前一阶段为1949年至"文革"前。

---

① 参见吴十洲《紫禁城的黎明》，文物出版社1998年版。

　　新中国的成立，使故宫博物院有了稳定的发展环境，各项工作全面展开，有许多是开创性的事业。在吴仲超院长主持下，直至"文化大革命"前，按照博物馆的基本要求，从自身实际出发，故宫博物院主要是进行基础性的建设工作。这一阶段成立了学术委员会等专门委员会；主要出版物有《宋人画册》《故宫藏瓷选集》《中国历代名画集》；刊物有《故宫博物院院刊》（仅在1958年和1960年各出了一期）。由于故宫工作重点在基础建设上，其学术研究的方向也体现在这一方面。唐兰对每件铜器编目制档，实际上都是一篇篇浓缩的论文。罗福颐与人合作撰写的《印章概述》是一部重要著作。在故宫瓷器的研究、鉴定上，陈万里、孙瀛洲做出了重大贡献。徐邦达等对院藏书画进行鉴别整理，撰写了《古书画伪讹考辨》这一有分量的著作。朱家溍等人在恢复故宫原状上下了很大功夫，这个恢复的过程，实际上是一次又一次的学术研究活动。结合故宫古建筑修缮的实践，故宫博物院从1962年起就把整理清代《清工部工程做法》作为科研项目并列入国家科委的科研项目计划，王璞子等人很好地完成了该古籍的整理、注释工作。

　　后一阶段为"文革"期间。"文化大革命"开始后故宫博物院停止开放，各项业务工作陷于瘫痪状态。1971年7月恢复开放后，由于"左"的思想路线的干扰，陈列等业务工作仍无大进展，学术研究也处在停顿之中。值得提及的是，为适应当时考古发掘工作的需要，故宫博物院一些专家学者参与了全国性的有关研究工作，如唐兰参加马王堆帛书的整理和参加宝鸡出土青铜器的研究，罗福颐、顾铁符参加临沂汉墓出土汉简的研究，等等。

　　第三段时期，为1979年至2002年。这一时期又可分为两个阶段。

　　第一个阶段是20世纪80年代，主要标志是1979年恢复《故宫博物院院刊》，1980年创刊了以发掘展示中国故宫历史文化为核心内容的文化艺术性杂志《紫禁城》，1981年成立了出版工作委员会，1983年建立了紫禁城出版社。两刊一社开始都由资深编审刘北汜担任主编。

为老专家配备了助手，既为老专家总结一生的业务学术成就服务，也在其传帮带下得到提高。这一切都为故宫学术研究提供了良好的条件，形成了比较浓厚的有利于学术发展的氛围。许多老专家勤奋撰著，成果迭出，出现了一批著作集中出版的小高潮。一批经过长期培养与实际工作锻炼的专业人才成长起来，许多人先后担任了"中国美术全集""中国大百科全书""当代中国"等丛书的主编、副主编、编委等重要工作。

第二个阶段是20世纪90年代至2002年，主要标志有两个：一个是1990年，故宫博物院、中国第一历史档案馆、承德避暑山庄、沈阳故宫博物院、清东陵、清西陵等单位一起成立了"中国史学会清代宫廷史研究会"。另一个是在故宫名列《世界遗产名录》后，于1990年倡议、1995年正式成立了中国紫禁城学会。学会的任务是联络国内中国古建筑及有关历史、艺术、自然科学等相关学科的研究力量，对故宫进行深入研究和加强保护。现有学会成员，包括了全国与明清皇家建筑有关的主要单位，汇聚了全国古建方面的硕彦泰斗及知名人士。这两个学会成立有重要的意义，使故宫研究的力量从故宫博物院扩大到更多的相关机构与专家学者。社会力量的广泛参与，给学术研究带来了新鲜的空气与力量，使研究成果不仅数量明显增多，而且扩展了研究的视角。随着故宫博物院对外交流的加强，许多研究人员到国外讲学，参加学术研讨会或当访问学者，增长了专业知识，开阔了学术视野，提高了研究能力。这时开始的《故宫博物院藏文物珍品大系》60卷的编写，动员了各个业务部门，本身是对文物的一次整理和专题研究。2000年8月，故宫博物院与中国第一历史档案馆、中国社科院历史所、北京大学历史系、中国人民大学清史所等在故宫建院75周年时，共同发起召开了第9届国际清史研讨会。这次会议反映了故宫博物院在学术研究上主动与国内外最有影响的学术机构进行合作交流，是一个很好的开端。进入21世纪以来，故宫博物院一些有较好的专业基础的比较年轻的研究人员，经20来年的业务实践，出了一些成果，逐渐崭露头角。为了进一步提高故宫博物院的学术研究水平，更好地展示故宫学者的研究成果，从2001年开始，编辑出版"故宫博物院学术文库"，产生了较大的社会影响。这期间，故宫博物院的学者，在清史研究、中国古代书画研究、古陶瓷研究、金石考古研究、工艺研究、宫廷图书文献研究、古建筑研究、故宫博物院历史研究等方面均取得了重要成果。成立于1965年的台北故宫博物院也是故宫学研究的重镇。台北故宫博物院办有学术性的《故宫学术季刊》、普及性的《故宫文物月刊》，并先后出版了多种专书、目录，以及书画、器物、善本古籍等书册和裱装画轴、手卷等。国外有关故宫的研究也取得了令人瞩目的成果。

余三定：我想故宫学研究的第四个时期应该是2003年至今天了。这一时期的最大特点便是故宫学的研究由自发阶段进入了自觉阶段。

郑欣淼：是的，我们的看法完全一致。我要特别说明的是，这第四个时期还处在起始阶段，一切还在开启的过程中，这一时期还将延续到未来一个较长时段。正如刚才所说的，这一时期的最大特点是在2003年提出了故宫学，从而使故宫学研究由自发阶段进入了自觉阶段。具体来说，这几年里，在构建故宫学学科体系，整合研究力量，规划研究方向和重点，加强薄弱环节，不断提高研究水平方面做了大量工作，取得了较为明显的进展。这里主要谈四个方面的情况。

其一，努力构建故宫学的学科体系。故宫学的内涵很丰富，涉及的范围很广泛，从已发布的研究成果看，许多都是中国文化史、中国艺术史、中国明清史的重大课题。故宫学又可包括紫禁城学、明清宫廷史学、明清档案学以及中国古代书画、工艺、金石等多种研究学科。初步梳理，故宫学至少包括如下若干方面：故宫学与紫禁城皇宫建筑群研究的关系；故宫学与明清皇家建筑物研究的关系；故宫学与中国古代建筑技术与艺术研究的关系；故宫学与中国古代艺术（古书画、古青铜器、古陶瓷及各类工艺品）研究的关系；故宫学与明清民族问题研究的关系；故宫学与明清时期中外文化交流研究的关系；

故宫学与明清皇家艺术品收藏与制造研究的关系；故宫学与明清时期皇宫修书藏书研究的关系；故宫学与明清典章制度研究的关系；故宫学与明清宗教政策及宫廷宗教活动研究的关系；故宫学与明清重大政治、军事事件研究的关系；故宫学与明清皇帝、后妃子嗣、太监生活研究的关系；故宫学与明清朝臣疆吏研究的关系；故宫学与明清档案管理、利用研究的关系；故宫学与中国近现代史研究的关系；故宫学与80年来中国文物保护的关系；故宫学与中国博物馆事业发展的关系；故宫学与故宫专家、学者及中国现代学术研究史的关系；故宫学与无形文化遗产保护传承的关系；故宫学与文物科技保护的关系；等等。

其二，整合多方面研究力量。我们在观念上明确：故宫在北京，故宫学在中国、在全世界。第一方面是动员院内外的力量来研究故宫学。2005年6月，故宫博物院建院80周年之际，故宫博物院邀请北京大学、清华大学、中国社会科学院等高校和科研机构中有关历史、考古、文博、古建等方面的专家学者举行座谈会，就继续推进故宫文化整理和学术研究展开讨论。2007年底，故宫博物院举行了首届紫禁城文化论坛，邀请铁凝、冯骥才、李学勤、刘梦溪、阎崇年和熊召政等参加。会上有学者将故宫学与敦煌学比较后认为，故宫学与敦煌学一样，都具有深不见底和横无际涯的特点。近几年，我们与江西省文物考古研究所、景德镇陶瓷考古研究所、四川省文物考古研究院等单位都有过很好的合作研究。

第二方面是动员海内外的力量来研究故宫学。

余三定：近几年来，我注意到北京故宫博物院与台北故宫博物院学术交流与学术合作愈来愈多，您个人也注重对两岸故宫博物院的比较和综合研究。我的剪贴本中有《北京台北喜迎故宫80大庆——郑欣淼与石守谦共话两岸故宫发展大计》①《北京故宫博物院与台北故宫博

---

① 《光明日报》记者李韵，新华社记者陈斌华、斐闯，载《光明日报》2004年10月13日。注：石守谦为台北故宫博物院院长。

物院文物藏品比较》①等长文。最近又读到您的新著《天府永藏：两岸故宫博物院文物藏品概述》（紫禁城出版社2008年8月第1版），您在该书《后记》中写道："这是一部首次将两岸故宫博物院文物藏品并列一起介绍的小书。揆其意义，主要有二：从公而言，是想让公众了解两岸故宫博物院文物藏品的渊源、流变及全貌，进一步认识故宫的价值、意义及地位；从私而言，则是我从事故宫学研究的基础和需要，是一项必须完成的工作。"我认为，将两岸故宫博物院作为一个整体来考察，将两岸故宫博物院藏品放在一起来研究，是一种开创性的研究，可以说《天府永藏：两岸故宫博物院文物藏品概述》是一部特别具有创新性的著作。据我所知，《天府永藏：两岸故宫博物院文物藏品概述》出版不久即引起两岸乃至国际学术界的广泛关注。

郑欣淼：与此同时，在故宫学研究中，我们日渐加强国际上学术交流与学术合作。2003年，我们举办了"中国宫廷绘画国际学术研讨会"；2005年，我们先后举办了清史研究、中国古建筑研究、《清明上河图》研究、中国古陶瓷研究等4个国际学术研讨会。这几年，我们注意和英国大英博物馆、俄罗斯艾尔米塔什博物馆、法国卢浮宫、美国纽约大都会博物馆及日本东京国立博物馆、德国德累斯顿国家艺术收藏馆等加强了学术交流和多方面合作。

其三，加强学术研究的科学规划。

余三定：我知道，加强故宫学的研究规划，确定故宫学研究的发展战略，也是您提出故宫学以来特别重视的一项工作。您发表于《故宫学刊》2004年卷（总第1辑）的《故宫学述略》第四部分"故宫博物院在故宫学研究中的责任和举措"中第一项就是"制定故宫学研究规划，发扬故宫学研究的传统"。最近，我又有机会读到了完成于2008年6月的《故宫博物院近期科研规划（2008—2010年）》《故宫博物院中长期科研规划纲要（2011—2020年）》和故宫博物院的《科

---

① 郑欣淼，载《光明日报》2005年1月14日。

研成果奖励办法》，我觉得上述两个规划，既具有宏观的战略眼光，又具有实现发展战略目标的保障条件和可操作措施，真正地具有科学性和现实性。

郑欣淼： 你说的两个规划都是我们在充分调研，整合各方面的意见基础上完成的。我们2008年到2010年（近期）的科研发展目标是：强化博物院的社会功能，将我院建设成全面、协调、可持续发展的国家大馆，树立新型的世界级博物馆的目标。理顺科研管理工作，进入有序的发展状态，初步完善学术布局工作，为今后打造良好的学术基础和政策基础。以故宫学统领我院明清宫廷历史文化、文物典籍等领域里的研究实力，支撑起我院博物馆学和故宫学研究、不可移动类文物即古建筑等保护与研究、文物鉴定与研究、明清宫廷史研究、文物保护与现代科技应用研究等五大学术支柱。我们2011年至2020年（中长期）的科研发展目标是：科研是我院业务发展的工作动力，使我院各项业务活动在科研工作的带动下不断提高学术水平。在这十年里，我院学术研究的整体水平要在国际学术界获得话语权，文物展览和现代科技应用的水平领先或接近国际大博物馆，向国际一流博物馆迈进一大步。以故宫学统领我院明清宫廷历史文化、文物典籍等领域的研究工作，均衡发展我院的五大学术领域即博物馆学和故宫学研究、不可移动类文物即古建筑等研究与保护、文物鉴定与研究、明清宫廷史、文物保护与现代科技应用研究，充分发挥各个非建制性学术中心的国际平台作用。将科学发展观深入到学术研究的各个方面，使我院的研究进入可持续发展阶段。

余三定： 我认为，故宫博物院两个科研规划的制订，进一步显示了故宫学由自发到自觉阶段的转变。

郑欣淼： 其四，科研平台的不断建立和拓展。研究机构的建立，是重要举措之一。我们成立了科研处（原来只有研究室），这是为了加强故宫的学术研究、包括故宫学研究而成立的一个机构。组建研究中心，在《故宫学述略》一文中我就提出：故宫博物院为了推动故宫学研究，拟在近几年陆续成立古书画研究中心、古陶瓷研究中心、古建筑研究中心及明清宫廷史研究中心等。从2005年开始，已陆续成立了三个研究中心。刊物的改进与出版的加强也是重要举措。《故宫学刊》于2004年创刊，这是专门刊登故宫学研究成果的大型学术刊物，从2004年开始坚持了每年出版一辑。《紫禁城》和《故宫博物院院刊》两本刊物这几年也在努力加强学术性。出版方面，继续出版《故宫博物院学术文库》《明清论丛》的同时，从2004年底起又策划、推出了"紫禁书系""故宫文丛"系列丛书。

余三定：除了您说的上述情况外，我最近比较细致地翻阅了《故宫博物院年鉴》2004年至2007年的四大卷，每卷内都有"学术与出版"专题，从中可以看到，除了故宫博物院办的刊物外，还有许多院外学术刊物（包括一些大学学报）发表了故宫学的研究论文。另外，我最近读到了您的新著《紫禁内外》（紫禁城出版社2008年8月第1版），觉得其主要内容也是研究故宫学的。这部新著很好地做到了学术性与可读性的统一。

郑欣淼：经过上面的简略回顾，我们可以看到80余年的故宫学研究大致表现为如下特点：第一个时期可以说是开启阶段，以清理文物资料并向社会公布为主，也出现了一些有影响的研究成果，发展势头很好，但因战争原因而停了下来。第二个时期可看作是以个案研究为主的阶段，重点是博物院的各项基础业务建设，有一些著作也产生了较大影响，深入研究有了较好基础，一场"文革"迫使研究工作停滞了十多年。第三个时期是专题研究蓬勃开展的阶段。故宫研究的领域逐渐扩大，有分量的研究成果不断涌现，以故宫学者为主体的研究队伍不断扩大；主要问题是缺乏长远、统一的研究规划，重点不很明确，研究力量缺乏必要的整合。第四个时期是由专题研究向综合研究转变的阶段，故宫学的提出实现了故宫学研究由自发阶段进入自觉阶段。

（六）郑欣淼在长期从事政研和文化系统行政管理工作的同时，不间断地开展学术研究，在政策科学研究、文化理论研究、鲁迅思想研究等方面取得过很有分量和影响的成就。近几年，在学术研究方面，以主要精力投入故宫学研究。郑欣淼酷爱诗词，多年来已发表的几百首旧体诗词与时俱进，既遵旧体平仄韵律，又兼容新式情愫物事，备受读者推崇

余三定：您在长期从事政策研究和文化系统行政管理工作的同时，不间断地开展学术研究，在政策科学研究、文化理论研究、鲁迅思想研究方面取得过很有分量和影响的成就。我读到过您上述方面的多部著作和数十篇论文。在我的印象里，行政官员和著名学者的身份是有机地统一在您身上的。我觉得，正因为您是卓有成就的学者，是专家，才更有助于您做好行政领导工作；反过来，由于您是政策研究和文化系统的重要领导干部，才具备更宏阔的视野、具有更关注现实的自觉精神并去选择有现实意义的重大课题进行研究，并有可能组织学术群体对研究对象进行全方位、系统的深入研究。可以说，学术研究与行政管理在您身上很好地实现了相互促进，良性互动。想请您简要回顾一下您的学术研究的历程。

郑欣淼：我的学术研究与我所从事的行政管理工作的确有着紧密的有机联系。我1992年前在陕西工作，曾任陕西省委政策研究室副处长、处长、副主任、主任，中共陕西省委副秘书长。其中，在省委政策研究室工作共有15年时间，主要搞调查研究，为省委决策服务。在第十年的时候，我想，搞了这么多年的政策研究工作，体会很多，也读了不少书，主要还是马克思主义基本理论，便决心写一本政策学著作，那是在20世纪80年代中期，以后写出了《政策学》，该书1989年由陕西人民出版社出版。在当时来说，该书是为数不多的、最早的政策学著作之一。《人民日报》《中国图书评论》等报刊发表了评介文章，给予肯定。顺便补充一下，上述《政策学》里学科框架的构架对

我后来初步构筑故宫学的学科框架，在思维方式、研究方法上是有启示意义的。我1992年11月调任中共中央政策研究室文化组组长，1995年中国青年出版社出版了我的著作《社会主义文化新论》；我1998年12月至2002年9月任国家文物局党组副书记、副局长，这期间我先后发表了《建立全社会参与为重要内容的文物保护新体制》（载《求是》2000年第23期）、《古代文化的独特视角——我看清代宫廷包装艺术展》（载《人民日报》2000年3月1日）以及有关正确处理文物与旅游业关系、博物馆发展、民族民间文化保护等方面的研究文章；2002年9月至今我任故宫博物院院长（兼文化部副部长），在故宫学研究方面发表了不少论文，也出版了著作。

余三定：我还知道，您在鲁迅思想研究方面也卓有成就，曾较长时间兼任中国鲁迅研究学会的会长。我读到过您的《文化批判与国民性改造》（陕西人民出版社1990年出版）、《鲁迅与宗教文化》（陕西人民教育出版社1996年出版，中国社会科学出版社2004年重版）等著作，从《云梦学刊》2006年第5期读到过《鲁迅的方向仍然是中国先进文化的前进方向——中国鲁迅研究学会会长郑欣淼访谈录》（熊元义）的摘录稿，浏览过您主编的多卷《鲁迅研究年鉴》。

郑欣淼：鲁迅不仅是伟大的文学家，更是伟大的思想家。鲁迅研究是一门显学，特别是中国改革开放以来，随着思想的解放，一些新材料的陆续发现，一些新理论和方法的应用，鲁迅研究进入新的阶段。我们今天改革开放的新事业仍然可以从鲁迅吸取思想和智慧的营养，这便是我一直关注鲁迅研究动态，较长时间参与鲁迅研究的根本原因。

余三定：您不但是著名的学者，杰出的行政管理专家，还是很有影响的诗人和散文家，曾发表不少诗词和散文作品。先就散文来说，您不但创作了若干感人的散文作品，而且有些论文就带有散文的笔调和艺术魅力。比如您发表于《光明日报》2005年10月14日的长文《回眸·检视·展望——写在故宫博物院建院80周年之际》，开头一段就表现出一种优美的散文韵味。这一段是这样写的："故宫博物院已经走过80年历程。回眸检视，这是一段不平凡的岁月。时代的风雨使它留下了太多曲折而又始终前进的印痕，也记载着我们民族对自己的历史记忆和文化遗产的认识过程。今天的故宫博物院正以努力开拓新的局面迎来一个重要发展时期，在我们科学地传承文明、再创文明辉煌中发挥着特有的作用。"诗词方面，据我所知，您先后出版过3本旧体诗词集，它们分别是：《雪泥集》（陕西人民教育出版社1994年出版）、《陟高集》（中国青年出版社2000年出版）、《郑欣淼诗词百首》（线装书局2006年出版）。《郑欣淼诗词百首》出版不久，《文艺报》2007年1月25日发表的专题报道中评论道：郑欣淼的诗词作品主要有以下三个特点：一是用韵较宽，郑欣淼历来主张诗韵改革，认为除入声外应皆用今音。二是用典有所选择，反对引用生僻典故。三是风格受杜诗及鲁迅影响较多。《郑欣淼诗词百首》还收录了您对旧体诗创作的一些理论研究，指出了旧体诗创作要健康发展所需要解决的一些重要问题。

郑欣淼：我自幼酷爱诗词，至今已发表几百首，上述评论虽有过誉之处，但确实是我所追求的诗词创作的目标和境界。

余三定：让我深感荣幸，并特别要表示感谢的是，您为我的南湖藏书楼写了一首五言诗《题余三定先生藏书楼》，大作在《光明日报》2007年9月14日发表后，引起学界和文艺界的注意，北京、上海、武汉、广州、长沙等地的多位学界、文界的朋友先后来我的藏书楼做客，更多的朋友则是纷纷主动向我赠书以让我拜读、收藏，让我欣喜、兴奋不已。

最后，再次深深地感谢您！

（原载《学术界》，2009年第1期）

第二编

故宫答问：郑欣淼访谈录

故宫的胸怀

——对话故宫博物院院长郑欣淼

采访者：《解放日报》记者　曹静、尹欣

85岁"高龄"的故宫博物院，近期新闻不断：与台北故宫博物院携手办展、同巴黎卢浮宫签下"文化大单"、回应"故宫里的星巴克"、故宫文物家底大整理、首次在网上开卖纪念品……

一系列动作背后，是故宫博物院一以贯之的文化态度和文化胸怀——不唯我独尊、不孤芳自赏，大气自信地面向世界、面向大众、面向未来。

（一）不能怀着狭隘的想法去计较，而是要以开放的胸怀、长远的思维来看待两岸文化交往

新闻背景：11月18日，两岸故宫博物院第二届学术研讨会在北京举行。会上透露的信息显示，2011年将是两岸故宫博物院携手合作的重要一年：除了将参与《富春山居图》在台北的合璧展出，还有"康熙大帝与太阳王路易十四特展"、两岸故宫博物院第三届学术研讨会。

记者：去年，在两岸故宫博物院实现60年来首次互访后，我们曾专访过您。一年多过去了，现在的两岸故宫博物院交流处于何种状态？

郑欣淼：交流非常频繁。去年，我们和台北故宫博物院合作，在台北搞了"雍正——清世宗文物大展"（最初名为"为君难——雍正

时代文物特展"，后定为此名）。今年上半年，台北故宫博物院来我们这里交流志愿者工作（他们称为义工），下半年，我们也派人过去学习。11月2日，两岸故宫博物院视频连线，召开了工作会议。可以说，我们正通过一件件实实在在的事情，将两岸故宫博物院的交流制度化、常态化。

记者：我们注意到，目前正在北京故宫博物院举办的"明永乐宣德文物特展"，和2011年北京故宫博物院将要推出的"兰亭特展"，都无法见到来自台北故宫博物院的文物。在两岸已经举办的合作展览中，都是北京故宫博物院单方面向台北故宫博物院借出文物。

郑欣淼：限于法令与名称问题，台北故宫博物院的藏品目前还无法到大陆参展。因此，对于我们目前借出文物到台湾，有的人颇有意见，认为这是一种"不对等"，建议我们也不要出借文物。

记者：您怎么看这个问题？

郑欣淼：北京故宫博物院和台北故宫博物院之间有着特殊的情愫，这种紧密联系是客观存在、不可抹杀的。我们能向台湾同胞展示作为一个整体的故宫，展示两岸人民共同拥有的文化记忆，就已经是一件非常好、非常有意义的事情了。所以只要他们提出要借，我们能支持的就支持。我们不能怀着狭隘的想法去计较，而是要以开放的胸怀、长远的思维来看待两岸文化交往。

记者：我们出借了文物，一定也收获了很多。您认为，两岸故宫博物院一年多来的交流，为北京故宫博物院带来了什么？

郑欣淼：我感到，我们的交流是互相尊重、互相借鉴，在比较中细细观察、学习对方的好处，一点一滴地积累、提高。台北故宫博物院在文物展览、文化创意产品开发等方面，都有许多值得我们学习的地方。他们和国际博物馆界开展交流比我们早，视野比较开阔，同样是办展览，筹备经验比我们丰富。去年办"雍正展"，他们下了一番功夫，研讨会组织的论文质量高，对我们很有启发、借鉴作用。因此，我们今年办"明永乐宣德文物特展"，也精心准备，推出150余件

（套）文物，将永乐宣德时期中国艺术发展史的基本概况贯穿于八大类展品中。同时举办的两岸故宫博物院第二届学术研讨会"永宣时代及其影响"，发表了不少高质量的学术论文。

（二）视野限制思考方式，故宫不能只知道在自己这一块田里埋头耕种

新闻背景： 11月5日，故宫博物院和巴黎卢浮宫的代表签下"文化大单"，将未来5年合作计划落上纸面。在明年9月到11月，故宫博物院将首次在卢浮宫举办大型展览，这是中国文物第一次在卢浮宫举办大型展览。

记者： 我们注意到，故宫不仅加强了两岸交流，还进一步走出国门。此次故宫和卢浮宫签订的"文化大单"，包括哪些内容？

郑欣淼： 我们将在文物和艺术展览、人员和经验交流以及信息沟通等方面加强交流与合作。故宫和卢浮宫是世界上接待游客最多的两家博物馆，故宫博物院今年接待游客预计达1200万人次，而卢浮宫去年接待游客800多万人次。怎样在满足不断增多的观众的服务需求的同时保护好文物，这是我们两家面临的共同难题，也将是我们交流的重点。

其实，我可以透露，这不是故宫和卢浮宫首次签订合作协议。早在2005年，我们就签署了第一份协议，并于2008年合作，在故宫博物院举办了"卢浮宫·拿破仑一世展"。除了卢浮宫之外，近年来我们还陆续和美国大都会博物馆、英国大英博物馆、俄罗斯艾尔米塔什博物馆、德国德累斯顿国家艺术收藏馆、日本东京国立博物馆签订了长期战略合作意向书，开展广泛的学术交流与合作。

记者： 古老的故宫逐渐有了面向国际的视野。

郑欣淼： 确实，我感觉最近几年故宫最大的变化就是开放与交流。这种交流，不是看对方的名气，谁的名气大就和谁交流，而是从故宫的实际需要出发。除了博物馆界，我们也和国内外高等院校、科

研院所及其他学术机构合作。比如，我们和德国马普科学史研究所联合开展"中国古代宫廷与地方技术交流史"项目，与四川文物考古研究院、首都师范大学共同研究藏传佛教，与香港中国文物保护基金会合作建福宫花园复建项目，和美国世界建筑文物保护基金会合作倦勤斋保护项目。

记者：这种跨国界、跨学科的合作是否擦出了不一样的火花？

郑欣淼：对我们非常有启发。比如，德国马普科学史研究所是非常著名的科学研究机构。我们的合作项目是从科技史的角度来研究故宫文化遗产，探求中国古代科技的发展与变化。

看看这些研究课题："皇宫与地方建筑内檐装修技术的交流""12至18世纪官民瓷业技术的互动""西藏与宫廷——乾隆时期藏传佛教铜法物加工技术之选择与引进"……这些都是过去只注重器物研究的我们提不出来的。

记者：令人耳目一新的课题，不仅意味着研究方法的转变，也意味着思维方式的转变。

郑欣淼：视野限制思考方式，故宫不能只知道自己这一块田，埋头耕种。人类历史早就证明了，不交流是无法获得更大发展的，汉唐盛世就是打开大门迎接世界后才出现的。我们故宫博物院现在设五个研究中心：古书画研究中心、古陶瓷研究中心、明清宫廷史研究中心、藏传佛教文物研究中心、古建筑研究中心，都延请国内外一流的专家，用开放的心态来做研究，既提升了我们的科研实力，又培养了人才，使故宫的学术逐步走向学术界的前沿。

（三）一小杯咖啡就能打倒故宫？民族自信心不是一种简单的排外，应体现出文化上的大气、大度

新闻背景：10月13日，故宫博物院院长郑欣淼做客《人民日报》，开讲"叩开故宫的神秘大门"。对人民网编辑关于"星巴克出现在故宫引起争议"的提问，郑欣淼首次做了回应。

记者：关于"故宫里的星巴克"的争论已经过去多时。2007年，星巴克最终迫于压力，退出了故宫。而故宫方面对此始终没有表态。此次您为何愿意正面回答这个问题？

郑欣淼：争论发生时，我们有一个基本态度，就是作为当事方，尽可能地不去参与讨论，避免炒作、被断章取义，因此始终没有正面回应。在不久前的这次论坛活动中，人民网编辑提了这个问题。考虑到这一新闻事件已过去好多年了，我就做了回答。

记者：您对此事的看法是什么？

郑欣淼：从当时到现在，我的态度一直都是一致的。我觉得，这件事首先说明了大家热爱故宫，认为故宫是中华文化、民族尊严、民族历史的象征，这一点很让人感动。

但同时，我认为，星巴克作为一个为公众服务的场所，也有存在的需要，我们不应对此"上纲上线"。在法国卢浮宫，里面的经营也是多种多样。假如卢浮宫里有人卖中国茶，法国人就宣称要把它剔除掉，我们会怎么看？

所以我在回答的时候说，我们的国家正在发展，我们的民族也在复兴，有着如此悠久历史的中华民族，难道一小杯咖啡就可以打倒？这个事件过去了，我相信大家可以更理性地来看待。毕竟，中华文化具有强大的包容性，我们也要有一种文化的自信。

记者：您认为将星巴克"赶出"故宫其实是一种文化不自信的表现？

郑欣淼：自闭或自大，其本质都是缺乏自信。我们说中国的崛起，是经济实力的发展，也应该是文化上的崛起，应该体现出文化上的大气、大度。尤其在全球化时代，民族自信心不是一种简单的排外。

故宫作为世界文化遗产，说明它在世界文化中有独特的价值。但我们更应尊重不同文明的贡献。在世界文明的形成过程中，任何民族都有它独特的贡献。对于本国文化，我们确实应该有一种钱穆先生所说的"温情与敬意"，但这种"温情与敬意"不是说其他人都不如我，排斥其他文明，这种心态要不得。

鲁迅先生曾说过，我们许多人缺乏对我们自己的正确认识，缺乏自信。现在，特别是在中国经济崛起的背景下，人们开始重视文化建设、民族素养、人民心态的情况下，我们看问题的态度也应该更理性、更自信。

记者：过度保护与自我封闭，对我们的文化其实是有害无利的。不过现在还有一种不好的倾向，就是把文化遗产当作工具，对这些遗产缺少"温情"，更别提"敬意"了。

郑欣淼：这种情况是有，我们也碰到过。去年是共和国60周年大庆，有关部门提出，贵宾车队要停放在内金水河桥北面，就是太和门前，这样车辆就要驶过内金水河桥，这对石桥保护是很不利的。因此，经过研究，我们认为不宜在此停车，如果一定要停，那就要在桥上临时搭个保护装置，让车在这上面经过，而且方案必须要经过专家鉴定通过。在我们的坚持下，贵宾车队停放在内金水桥内侧的方案最后被放弃。我认为，以文化的态度对待文物，这才是保护。对我们祖先遗留下来的文化遗产的崇敬，应该体现在对它的文化内涵的理解弘扬、对它的物质形态的真正保护上。

（四）打开思路，用故宫学的视野重新审视故宫，有不少令人欣喜的发现

新闻背景：今年年底，历时整整7年的故宫馆藏文物清理核对工作将基本结束。一批曾经被忽略的老物件被提升为文物，每件文物的名称、数量、尺寸、方位等信息全部录入电脑。约150余万件（套）"家底"的故宫文物目录，有望陆续向社会公布。

记者：故宫文物大清点，是否可以视作是为了加强对故宫文物的充分理解，其实质也是对故宫的保护与弘扬？

郑欣淼：是的。只有彻底弄清博物院藏品的种类和确切数量，才

能有效地实施保护，才能对它的内涵、特点以及价值有更为全面、准确的认识，也才能对它进行更为深入的研究和挖掘。

记者：早在1925年成立时，故宫博物院就开始边对外开放，边清点文物藏品，同时整理出版藏品目录。新中国成立后，故宫先后进行了3次文物清理。这次大清理和过去的清理有什么不同？

郑欣淼：这次清理是在故宫学的视野与理念指导下进行的。从故宫学的角度看待故宫，我们对文化遗产的理解逐步深化。我们意识到，不仅故宫古建筑、宫廷文物珍藏有重要价值，原来不被重视的宫廷遗物，是反映宫廷历史文化的实物见证，也有着非常重要的价值。因此，这次清理，我们不仅将过去从未系统整理过，既不算文物，也不算资料的物品，如13万件清代钱币、2万余件帝后书画进行了系统整理，而且对所有资料藏品进行了重新鉴定、研究，完成了共计180122件资料提升文物的工作。

记者：跳出原有的思维习惯，以新视野重新审视故宫，是否有不少令人欣喜的发现？

郑欣淼：确实是。这次发现，从顺治到宣统，乃至慈禧、隆裕的墨迹都有传世，且保存良好。尤其是一批比较完整的"乾隆御稿"，内容多样，有乾隆的朱笔草稿、诗文和诸多随手写下的文句拈条，以及侍从翰林大臣誊清的楷书诗文稿，共数万张，是研究乾隆皇帝的重要的第一手资料。过去，因为帝后不是书法家、艺术家，帝后书画不受重视。但现在看来，它们是重要的历史资料，对于宫廷文化、思想研究也具有重要价值。

还比如，袁世凯要当皇帝时，准备把三大殿名字改了。我们此次就发现了当时特意做的一批门帘，上面的黄条写着新殿名，还没来得及挂起就用不着了，非常有研究价值。还有过去随便夹在包袱里的清宫衣鞋纸样和衣盒等，这次找出了330件。它们是清宫服饰的重要组成部分，有很重要的历史价值。

记者：可以想象，此次大清理后出版的《故宫博物院文物藏品总目》《故宫博物院藏品大系》，将会引起海内外史学界极大反响，对未来的明清史研究、艺术学研究等产生重要影响。

郑欣淼：故宫博物院丰富的藏品是中华民族珍贵的文化遗产，不是故宫所独有的，而是故宫代表国家对其进行保管。对这些文物进行妥善的保护与研究，是故宫对国家、对民族应该承担的责任。

（五）在面向普通大众的过程中，既要保持民族性，又要体现时代性

新闻背景：近日，故宫博物院在淘宝网开通了官方旗舰店。面相憨憨的皇帝皇后、肚子浑圆的八旗娃娃玩偶现身网络，立刻受到了广大网友的热捧。

记者：故宫和淘宝网，很难想象这两者会产生联系。故宫一面在进行文物大清理，一面在网上开卖故宫纪念品，这是出于什么想法？

郑欣淼：今年是故宫博物院建院85周年、紫禁城肇建590周年。一方面，文物大清理是对故宫丰富的历史内涵进行的深入、全面的发掘；另一方面，故宫也要更便捷地接近大众，使故宫文化走进千家万户，变成"流动的故宫""可带走的故宫"。

记者：面向普通大众，其实也是故宫应有的胸怀。

郑欣淼：是。而且，在面向普通大众的过程中，一定要和当代社会相适应，与现代文明相协调，既保持民族性，又体现时代性。

记者：故宫如何在文化产品上体现这一点？

郑欣淼：这次故宫淘宝主推的是适合年轻人的Q版产品。大家看到的"宫廷娃娃""Q版大兵""大明潮人"等，都是故宫专家和设计团队历经几年潜心研究的成果。这种故宫之前未曾使用过的"话语系统"，受到了好评，像"宫廷娃娃"系列形象获得了2010年博物馆文化产品一等奖，销售额在所有产品中列首位。以后，我们还会针对不同人群推出有故宫特色、故宫风格、故宫气派的产品，让更多人了解故宫、亲近故宫。

记者： 故宫开网店，接近了大众，但也令人产生疑问：故宫怎么也开始想到赚钱了。故宫如何把握商业开发的尺度？

郑欣淼： 一方面，我们要开发具有故宫特色的文化产品，让人们在买走它的时候也等同于"带走"一座紫禁城，以后一看到，就立刻想到故宫，想到中华文化。另一方面，我认为博物馆的产品开发不是指产业化，博物馆不是企业，不能以营利为目的，它有它的底线。我们可以赚钱，但要符合博物馆的运作规则以及形象。请大家放心，我们绝对不会以任何不当行为影响故宫的声誉。

（原载《解放日报》，2010年12月3日）

故宫是一座文化底蕴深厚的宝库

采访者：《中国改革报》记者　裴力

　　故宫始建于1406年，是明、清两代的皇宫，那时叫紫禁城，现在仍有8000多间殿宇，在漫长的491年间，曾有24位皇帝相继在此登基执政，是世界上现存规模最大、保存最完整的古代宫殿建筑群。1925年，紫禁城完成它的历史角色转换，由昔日皇宫变身为故宫博物院。这座历经风雨的恢宏建筑群承载着明清500余年的历史，蕴含着中华5000年文明的演变历程。它作为世界遗产受到世人广泛关注，作为国内博物馆的"龙头"，更是从整体上反映着中国博物馆事业的发展水平。就故宫的文化研究和学术发展，本刊主编采访了北京故宫博物院院长郑欣淼。

　　记者：每一个走进故宫博物院的人，对国宝都有一种很神秘的感觉。但是北京故宫博物院一级文物就有近万件，这么重要的馆藏，我们如何保护它？

　　郑欣淼：故宫的保护工作是第一位的，现在对外宣布的文物是150余万件（套）。我们现在有一个现代化的地下库房，这个地下库房有2万多平方米，我们用了10年搞起来的，有100万件文物在地下库房，那里是恒温、恒湿的，相当安全。我们把保管条件要求不高的文物放在地面库房。我们有一个70多人的文物保护部门，叫文物科技保护部，负责故宫文物的保护。同时我们有大量的现代化的设备，为故宫文物保护提供强大的科技保障。

保护任务是很重的，有些是需要日常保养的，比如说钟表，要进行日常养护，使其维持最佳运行状态。书画也要定期检查，对故宫的钟表和字画珍品，我们有一套严格的保护程序。有些书画在休眠期就不能展出。《千里江山图》这幅画20年没有展出了，去年在书画馆展出，在这20年里，除非特殊的需要，一般是不能随便打开的。

记者： 故宫是民族文化的浓缩，而您则浸润在这个浓缩的深宅大院里，守卫着我们民族的精神宝库。终日里与这个深宅大院朝夕相处，您对故宫一定有很深的感情。如果有一天让您离开这个朝夕相处的深宅大院，您会是怎样的心情？

郑欣淼： 这些年来我每天早上6点多就来故宫上班，可以说这里是我生活中很重要的组成部分，甚至已经成为一种生活方式了。刚才你说得好，故宫是我们民族文化的浓缩，能够浸润在这个博大精深的深宅大院里，研究和守护国家这块灿烂的文化遗产，我感到自豪，也感到责任重大。80年来，我们在故宫精神的哺育感召下，创造着新的故宫精神，而这种故宫精神则是古老传统文化血脉的延续。我感受比较深的，故宫有一位老先生叫郑珉中，他是著名的宫廷史专家。郑先生1947年就进入故宫，今年86岁。我们给他配了车，他却坚持骑自行车。当然他早就退休了，但是仍然每天到故宫来上班，每天在故宫的红墙边都能看到他的身影，他和故宫已经融在了一起。我迟早也会离开工作岗位的，但我会仍然热爱故宫，会进行有关故宫的研究。

故宫有一些因守卫需要而引进的外国名犬，有人训练它们。我碰见一个小伙子，他每天骑着自行车，狗就跟着他跑。有无数这样的人，他们把自己的一生献给了故宫，他们以故宫为荣。和这些默默无闻的普通工作人员一样，我对故宫的感情在不断地加深。

记者： 应该说故宫的守卫者们都是一代一代传承，他们也深深地把自己的情感投入到故宫里面。故宫不单是一座皇家宫殿和中国最大的博物馆，它也是一个将建筑、文物、典籍等多种元素融合在一起的文化整体，是中国5000年传统文化的结晶。因此您怀着对故宫古老文化的眷恋与敬重，提出了故宫学？

郑欣淼：你说得好。正是对故宫的深厚感情，2003年我提出故宫学，这几年来，它得到很多专家学者的赞同。台北故宫博物院的周功鑫院长对此极力支持，她说这个提得好。我为什么要提出故宫学，我感觉我们过去对故宫的理解是分散的、割裂的，这个后果就是缺乏对故宫整体的认识，对它丰富内涵的认识。

现在提出故宫学，有这样几个意义。

第一，故宫确实是一个文化整体。比如说我们从传统角度看，青铜器是文物，古代的书画是文物，玉器是文物。但是皇宫大量的一些用品、反映典章制度的用品算不算文物？过去我们把这些不作为文物。还有一些没有引起重视，比如说像清代帝后写的字、画的画，现在有25000多件，这些过去在文物总数里并没有包括它，认为帝后不是艺术家。现在还发现了一批乾隆诗稿。作为故宫学来看，凡是能反映宫廷历史、反映这个时代的都是重要的历史记录，所以故宫学的提出，就是好多我们过去不重视的东西，都从文化遗产角度给予重视，这也反映我们对文化遗产的全面保护。

第二，如何看待流散在外的清宫文物，我认为很有意义。故宫的文物有好多流散在世界各地。这些文物离开故宫原来存放它的场所和环境，其文物价值大打折扣。比如说最近拍卖的乾隆皇帝的宝座、玉玺，如果和故宫联系起来，和当时的典章制度联系起来，和乾隆皇帝的其他收藏联系起来，就有了深刻非凡的意义。所以故宫学的提出，我觉得对于散佚在海内外大量的清宫文物而言有了一个学术上的归属。这些文物在海外可能是孤零零的，放在故宫学里，与故宫联系起来就有了生命，有了灵气，有了丰富的内涵。

所以故宫学的提出，打破了单一学科的界限，也使故宫文物的研究与归属具有了新的视角。我们欢迎世界各地的学者来参与故宫学的研究，因为故宫学是一个开放的学术体系，自然该有一个开放的心态。

记者： 故宫是传统文化的浓缩，但是在故宫文物的展示、保护等方面，我们采用了很多国际领先的高科技手段。譬如说"数字故宫"。"数字故宫"听起来很时尚，应该是与信息化结合在一起的。您能否介绍一下"数字故宫"？

郑欣淼： "数字故宫"有很多内容，包括文物的展示，我们有网上的博物馆，在网上也可以看到故宫的一些藏品等。另外也包括文物的管理系统，比如说我们的文物账目就是电子化的。过去是人工的，人工会出现什么问题？可能登记重了，一个东西登记几张卡片，有的是漏登了。现在通过电子化，账册基本上就避免了这类问题。当然还有办公系统，我到故宫这几年，已经没有在纸上批文件了。

另外，比如我们和IBM搞"穿越时空的紫禁城"，上网就可以看到，还包括一些游戏。我们和日本的凸版印刷公司已经合作快10年了，在故宫里成立故宫文化资源数字研究所，这个研究所是中国文物界唯一的、名副其实的中外合作的研究单位。故宫这几十年来唯一新建的建筑物就是数字化研究所。

我们感觉到它对故宫博物院发展起着相当重要的作用，带来了工作方式的一些变化，当然我们还有一些，比如在展览的时候，辅助利用数字化，辅助介绍，让大家更直观、更好地对展览有所了解。总的来看，"数字故宫"的建设，我们在数字化发展方面目前还是走在比较前边的。当然这方面的竞争也是很激烈的，最近国内各地新办了好多博物馆，一些新博物馆起点很高，这些博物馆在这方面也做得很不错。台北故宫博物院在这方面也下了功夫，我们叫数字化，他们叫"数位化"，在这方面也很有特色的。数字化也是我们和台北故宫博物院合作交流的一个重要方面。

（原载《中国改革报》，2010年8月27日）

永远的故宫　开放的故宫

——专访故宫博物院院长郑欣淼

采访者：《人民日报》记者　李　舫　杨雪梅

　　2010年2月14日，台北故宫博物院院长周功鑫应邀参访北京故宫博物院，实现了海峡两岸故宫博物院60年来首次高层互访，实现了两岸文化交流的重大突破。2011年10月10日为故宫博物院成立85周年纪念日，两岸故宫博物院正在商洽共同重走77年前的"南迁之路"，这也是两岸故宫博物院对不平凡历史的又一次深情回眸。就85年来的文化研究和学术发展，记者采访了北京故宫博物院院长郑欣淼。

　　记者： 故宫是一个文化整体，而现在大多数人对它的认识往往局限在某个方面。如果从当代博物馆的理念来看待故宫，您认为故宫最大的特色是什么？

　　郑欣淼： 所谓故宫是个文化整体，是指故宫古建筑与清宫藏品及遗存有着密切的关系，其中包含着历史上与之有关的大量人和事。有人曾提出，要把故宫博物院的一些藏品划拨到其他博物馆，理由是故宫博物院的展示条件不太好。这说明他们对故宫文物藏品特点缺乏深入了解，把它们只看成一个个孤立的、毫无关联的物品，忽视了这些文物与宫廷的关系，以及文物与文物之间的关系。从文化整体的视野上来研究，故宫古建筑与故宫文物就有了新的价值，就有了生命。从文化整体的角度来看待，故宫博物院就是一个非常特殊的博物馆，是世界上极少数同时具备艺术博物馆、建筑博物馆、历史博物馆、宫廷文化博物馆等特色，并且符合国际公认的"原址保护""原状陈列"

基本原则的博物馆和文化遗产。这就是故宫最大的特色。

记者： 故宫博物院是以故宫及其丰富的珍藏为基础建立起来的中国最大的博物馆。"宫"与"院"究竟是什么关系？

郑欣淼： 故宫作为世界文化遗产，我们必须实现有效保护；而作为博物院，在保护的前提和基础上，也要充分履行研究、展示等适度利用、服务社会以及弘扬中华文化的博物馆职能和历史使命。"宫""院"合一的特殊身份，成就了故宫博物院举世闻名的特殊地位，同时也带来特殊的难题与挑战。多年来形成的各种历史遗留问题带来的不利影响，以及近年来随着故宫保护与博物馆事业的迅速发展产生的一些新问题逐渐显现，并无一例外地聚焦在如何看待和处理"宫"与"院"的关系上。我们只有认真对待并正确处理二者之间的关系，才能为故宫保护和博物馆建设赢得更大的发展空间，从而实现双赢。

"宫""院"关系在某种意义上也可以理解为故宫保护与利用的关系，或者说是故宫保护与博物馆建设的关系。我们认为，二者之间的关系，在一些具体问题上尽管有矛盾，甚至是比较尖锐的冲突，但是作为依托故宫建立的博物院，保护故宫的完整性和历史真实性，其实也是为故宫博物院发展腾飞创建平台。反过来，把故宫博物院建设成为世界一流博物馆，也必将更全面地向公众诠释、宣扬故宫，更好地促进对故宫的保护。

"宫""院"结合的故宫博物院，既不能因为要确保故宫的安全而关门大吉，把观众拒之门外，如此也就谈不上文化的弘扬了；也不能完全照搬一般旅游景点的服务标准而漠视对故宫真实性完整性的保护要求。面对世界遗产保护和对公众开放的不同要求，故宫博物院必须在多方面分析、多渠道探索中妥善处理二者关系，兼顾故宫的有效保护与适度利用，寻求两者的最佳结合点，在保护中实现彰显价值、发挥作用的使命，促进故宫保护与故宫博物院建设协调可持续发展。

记者： 故宫的文物和中华民族的命运紧密相连，它承载着深厚的文化意义和民族情感，是把海峡两岸联系起来的强有力的纽带。两岸故宫博物院的交流一直为大众所关注，现在的交流处于什么样的层面，未来在哪些方面可能有所突破？

郑欣淼：20世纪40年代末，抗日战争时期故宫博物院南迁文物的1/4被运到台湾，1965年台北成立故宫博物院。从此，世界上有了两个故宫博物院。两个故宫博物院同根同源，其一是从1925年至1949年，两家博物院有着长达24年的共同历史；其二是文物藏品都主要来自清宫旧藏，而且有很强的互补性。这就决定了两个故宫博物院具有深层次的关系。

2009年，两个故宫博物院打破60年的隔绝状态，开始了交流与合作，联合举办文物展览，共同召开学术研讨会，并在文物影像资料互惠共享、信息化技术交流、图书资料交换、互派人员到对方从事短期研究等方面都全面展开，虽然还有一些问题和障碍，但总的发展态势是好的。两岸故宫博物院的交流有三个特点：一是交流合作的项目由点到面，范围不断扩大；二是逐步走向制度化、规范化；三是通过两院合作，带动了与相关文博单位的交流。

今年不仅是故宫博物院建院85周年、紫禁城建成590周年，也是世界反法西斯战争胜利65周年。北京故宫博物院与台北故宫博物院将于6月上中旬联合举办"温故知新：重走故宫文物南迁路"的活动，北京故宫博物院还将于院庆期间举办"明永乐宣德文物特展"以及"故宫学国际学术研讨会"等，这些展览和学术活动都有台北故宫博物院的支持和参与。

记者：故宫是中国首批列入《世界遗产名录》的古建筑群，去年有1100多万人参观故宫，几乎达到了承受的极限。2002年10月17日开始的故宫百年来的最大规模修缮，引起海内外的高度关注。请问故宫维修工程有什么重要意义？

郑欣淼：故宫维修是国务院确定的任务，要通过整体维修保护，使故宫重现盛世庄严、肃穆、辉煌的原貌。7年来，工程进展顺利，达到了预期目标。故宫维修的意义体现在两个方面：一是对故宫"完整保护、整体维修"理念的实践，体现出对故宫保护的文化传承意义；二是维修的思路、原则、要求、标准、方法不但对国内，而且也对世界文化遗产保护做出了贡献。

记者： 近年来，故宫尽管身处古老东方，却一直放眼世界，特别是故宫学概念的提出，更引起广泛的关注，请问故宫学的提出有什么意义？

郑欣淼： 故宫学是我们于2003年提出的，其主要依据是故宫为一个文化整体，80来年的故宫研究成果是其重要基础。故宫学的提出体现了对传承弘扬中华文明的强烈的责任感、使命感和自觉性，它倡导的"故宫在中国，故宫学在世界"理念所蕴含的开放的工作思路、自觉的创新意识，不仅引领着故宫学术研究从自发走向自觉、积极规划故宫的学术前景、提高故宫的学术影响力和学术地位，更为故宫保护和博物馆建设事业提供了理论的指导。

（原载《人民日报》，2010年5月14日）

郑欣淼：守望故宫

主持人：东方卫视　杨　澜

杨澜： 大家好，欢迎收看《杨澜访谈录》。从2009年的10月一直延续到2010年，"雍正——清世宗文物大展"在台北故宫博物院正式开展，这是60年来北京故宫博物院和台北故宫博物院的首度合办，因此备受关注。随着展览的举办，一个备受争议的话题再次浮出水面，那就是两个故宫博物院，同样的传承，究竟谁才更能代表故宫的正统？

本次"雍正——清世宗文物大展"自10月7日开展起至11月中旬，参观人数已超过27万人，最高时每周达到62000人次，与本次展览相关的出版物也因此销售火爆，有的甚至需要接二连三地加印才能满足需要。而双方这一次的合作构想早在2004年就已经开始酝酿。

郑欣淼： 在2004年的时候，台北故宫博物院的院长石守谦先生给我来过一封信，介绍台北故宫博物院的人到北京故宫博物院来看一些文物，与这个人研究的专题有关，同时看宫殿，我也给他回了信。2004年的10月份，《光明日报》托人采访到石守谦院长，同时也找我，说把"你们两位都报道一下"。后来在《光明日报》同时登了我们两人的文章，说2005年是故宫博物院建院80周年，各自都想干些什么事，这个也很不容易。2004年的年底，石守谦院长派了一个人，今天我是第一次对外公布，一个姓林的博士，他以休假旅游的身份到北京来，其实是和我们谈两岸故宫博物院交流的事，我们对外都没有公开，我们当然向上级报告了。根据谈的结果，我们拟了一个合作意向书，发给台北故宫博物馆。这以后没有音讯了。时间不长，因为一个重要的原因，我国通过了一个《反分裂法》，台湾地区这个大的环境又发生了变化，院长也换了，这件事又放了下来。此后，还有日本的平山郁夫来找我，就在这儿（漱芳斋）谈的。他想把我和当时台北故宫博物院的林曼丽院长两个人都请到日本去谈，我说可以联系，然后他就到台湾去，但这件事最后也不了了之。今年这个来往，就是我说的是必然中的偶然，两岸联系其实是割不断的。

"雍正展"，我个人是这样理解的，即使台北故宫博物院不借北京的故宫博物院的藏品，也可以办一个像样的展览。但是有北京故宫博物院的这些东西，它肯定是一个更棒的、更名副其实的大展。台北故宫博物院一个副院长到北京来参加一个活动，通过他人问我们，想借北京故宫博物院的一些东西搞雍正展，看我们同意不同意。我知道以后，我说行，怎么不行？

杨澜： 您一拍脑袋就说行啊？

郑欣淼： 我认为这件事任何人都会赞同的。我同意以后，台北故宫博物院马上就行动了，说要来看文物。所谓看文物，这是名义上的，其实是来谈合作的，所以这个"雍正展"它是必然中的偶然。台北故宫博物院院长来以后，我们就定了八条交流合作的内容。2005年3月又来，把这八条确认了并对外公布，定于10月份（展览）开幕。而且这一次展览，台北故宫博物院方面借了37件文物，因为他们本身有几百件展品，但是台北故宫博物院对外宣布说这是两个故宫博物院合办的展览，我认为这是一个善意。11月3号，展览中有一个国际研讨会，这个研讨会叫作"两岸故宫博物院第一届国际学术研讨会"，是由他们来组织的，开了这个头，明年我们要办一个（永乐宣德展），也要办一个国际学术研讨会，就叫"两岸故宫博物院第二届国际学术研讨会"，由北京故宫博物院来承办，这我们对外都宣布了。

杨澜： 您觉得这是不是只是一个开始？

郑欣淼：对，它既是一个开始，也是我们半年多来工作的一个成果。因为这个确实有标志性的意义。这60年来，故宫的文物分开以后，这是第一次两岸故宫博物院的文物放在一起，所以它的意义很大。当然我们现在看，不仅是说清宫的文物在一起了，它深层的意义，在于我们两岸同胞对于我们共同的历史和文化的一个认同，一个共同的回顾，所以这个意义我认为是很大的。

随着"雍正——清世宗文物大展"的成功举办，围绕着北京与台北两座故宫博物院各自藏品的学术争论再次受到人们的关注。历史上的故宫博物院经历过多次的战火困扰，1933年为躲避日本侵略，故宫博物院的文物开始南迁。抗战胜利后南迁文物的一部分又于1948年底运往台湾，而这些文物也就构成了如今台北故宫博物院的主要藏品。

杨澜：过去有一种，大家口口相传的一种认识，就认为北京的故宫是有宫无宝，而台北呢是有宝无宫。但是您在一系列的文章，特别是写论文当中就提出来，其实未见得如此。您能不能谈谈您这个观点是怎么得出来的，是不是只是因为您在这当院长，所以就得出这个结论。

郑欣淼：这我做了大量的考察、调查，做了一些研究，去年的后半年，我出版了一本书，叫《天府永藏：两岸故宫博物院藏品概述》。这个书有20多万字，我是谈故宫博物院的历史，同时谈到两个故宫的，它的这个来龙去脉。各自的特点是什么，藏品有多少，有代表性的东西是什么？这样大家看了以后，就比较明确了。为了这个书的准确性，特别是台北故宫博物院的一些，我也找了好多资料，包括台北故宫博物院现在的副院长冯明珠，她当时是文献处的处长，她给我也提供过一些资料。

杨澜：您这里有什么具有颠覆性的，或者是有一些新的见解？

郑欣淼：对，你比如说像我这个结论，就是两岸故宫博物院的藏品都很丰富的。但北京故宫博物院当然是东西更多了，我们150余万件（套），台北故宫博物院有65万件（套），而且还有一个重大的区别，台北故宫博物院65万件（套）里边，近40万件（套）是明清的档案，主要是清宫的档案。北京故宫博物院，刚才你进西华门，路过第一历史档案馆，这是1980年，再一次把故宫博物院的明清档案部划给国家档案局而建的。当时我们储藏管理的档案已经800万件。

杨澜： 这从数量上来说，的确是很大的一个数量级的对比。

郑欣淼： 同时我个人也有一个观点，总体上北京故宫博物院精品还是多的。当然台北故宫博物院的确运去的多是（精品），但是北京故宫博物院因为它有特殊的一些原因，藏品很多。例如书画，两岸故宫博物院都很重视书画，台北故宫博物院宋代的书画是比较有名的。而台北故宫博物院书画藏品不到1万件，北京故宫博物院有多少？近15万件书画，那是各种样式的都有。

杨澜： 那是不是说精品在台北呢？

郑欣淼： 北京故宫博物院也有一大批精品，书画方面的精品未必比台北故宫博物院少，最早期的一些书画作品，反而在北京故宫博物院。因为故宫博物院成立之前，溥仪就以赏赐他弟弟的名义，把1000多件书画带出去了，而且这一些书画是早期的多，早期的书画多是手卷，像《清明上河图》，包括《五牛图》，这都是早期的。

杨澜： 汉唐的，还有宋代的。

郑欣淼： 这一些作品大致有三分之一多回到北京故宫博物院了。现在辽宁博物馆还有160多件，上海博物馆也有一些。所以北京故宫博物院早期的一些作品，包括《平复帖》，在唐代时候就在内府，这回是张伯驹先生收藏了以后，捐献给国家的。这是我们现在唯一的1600年前的书法，中国最早一件名人的墨迹。你说这个王家，王羲之、王献之，这王家一门多少大书法家，写了多少东西，现在真正留下来的，唯一的一件真品，大家公认就是王珣的《伯远帖》，这也在北京故宫博物院。

杨澜： 乾隆皇帝的三希堂收藏了王家三代的作品，但是现在是两件在北京故宫博物院，王羲之的那一件是在台北故宫博物院。

郑欣淼：对，那也是临摹的。

杨澜：哦，那也是临摹的。

郑欣淼：包括我们的《中秋帖》，王献之的《中秋帖》也是临摹的。大家认为，王羲之的是唐代临摹，《中秋帖》认为是宋代的，宋人的。所以唯一的一件真迹就是王珣的《伯远帖》，这是大家没有争议的。我就说这一个。

杨澜：您想证明您的家底还是比台北厚是吧？

郑欣淼：说实话，我是想采取一个客观的立场。为什么必须客观？你只要一写成白纸黑字，你只要一说出去（你就要负责任），那东西它是实实在在的，没有的你不能说成你有，是不是？我这一本书，台湾一个出版社出版了繁体字本，出版后，有人也借这个制造一些新闻。比如说有两点，一个就是说郑欣淼的书里说北京故宫博物院的藏品好得多，台北故宫博物院一个负责人就说，什么是精品这应该由专家去评说。我赞同这一个观点，当然我们也是一家人，但东西它是实实在在的，主要是你怎么去看。另外一个在台湾有一场风波，我这个书上就说，文物南迁的时候，当时挑选文物，因为多种原因，包括当时人的专业知识的程度，包括这个当时的时间，各方面的要求，在装箱的时候，装得不一定的都好，不是说好的都装走了，有一些也是假的。有一个报纸的记者看到这点，她马上就给台北故宫博物院一个副院长打电话，她说您怎么看待这个事？这个副院长第二天在台北给我说的，她说她表示不予评论。我一看报纸也登出来了，把我书里说的南迁文物有假的与运台文物联系在一起。所以到我们开记者招待会时，我看周院长在那不停地讲，文物临摹的不能算作假的，我开始还没领会，最后我才知道，这是周院长要解释，比如说好多临摹的（不能算假的）。

杨澜：就像您刚才说王羲之的那一幅，可能是唐朝人临摹的。

郑欣淼：所以她说这个，我也感到，我心里觉得对不起周院长，所以在我的新书发布会上，我专门讲了这件事，我说当时南迁文物，包括人们挑选文物的眼光，包括人的专业知识，挑出一些不好的东西，甚至是假的，我说这不是我说的，这都有好多专家，好多当事人写过。但是我说我没有说，南迁装箱的这些文物和运到台湾的这批文物是什么关系，因为之间隔了十几年，1948年底到1949年初才运到台湾的，我说到1933年装的箱，这已经是15年前的事，我说这两个是没有必然的联系，最后报纸也登了，说是郑欣淼专门解释了这一件事。

主持人画外音：说起故宫的这些宝贝，郑欣淼是娓娓道来，如数家珍，那份自信和骄傲都写在他的脸上。究竟谁才更能代表故宫的正统？两岸故宫博物院同根同源，藏品都很丰富，又有很强的互补性，都是中华文明的结晶，同样肩负着弘扬中华文化的使命！他告诉我上任7年以来，他常常在清晨漫步在故宫的红墙下，那时游人的喧嚣还没有打破故宫的宁静，你会产生一种非常奇妙的与历史重逢和对话的感觉，当然这一份厚重的文化感也会给人带来一份沉甸甸的责任。

杨澜：当得知自己要出任故宫博物院的主要负责人的时候，您的心情和考量是怎么样的？

郑欣淼：我当时也是很激动的，感到担子很重。因为在此之前，故宫博物院有十多年没有院长，只有主持工作的负责人，没有院长。多年来故宫的发展比较好，但积累起来的问题也是相当多。

因任命故宫博物院院长在国务院那边有一套程序，得知我将出任这个职务后的一段时间我一直在做功课，做准备，看一些有关故宫的资料。我9月份得到将出任故宫博物院院长的消息，而真正宣布我担任故宫博物院院长是很有意思的一件事，是2002年的10月10号，10月10号是故宫博物院成立的日子，所以我的任命在故宫博物院成立的纪念日，是孙家正部长来宣布的，所以我感到很巧合。

杨澜：那天早晨起来的时候，有一种什么不同的心情？

郑欣淼：知道我要真正到故宫去担担子了，从此以后这故宫的发展就是我的责任了。

杨澜：得知您要上任的消息，您的朋友圈子里是为您感到高兴、羡慕的人多呢，还是为您担心的人多呢？

郑欣淼：应该说是高兴的人比较多，也有人担心这个担子太重。到故宫要干的事很多，而且应该说我来的时候，故宫正处于一个转折的时期。

杨澜：什么样的转折？

郑欣淼：就是作为一个博物院，大家都感到，故宫博物院本身的地位应该是很高的。但是和世界其他大博物馆，我们几乎没有来往，没有交流。

杨澜：没有横向的交流。

郑欣淼：没有建立起这么一个关系。我们也办了一些展览，但是重大的、有影响的展览还不多。我们的游客不少，但好多人是来看皇宫来了，不是看博物院来了。同时加上故宫的维修，这么大的规模，一年花一个亿的人民币，而且要连续搞18年，所以这些事都是交织在一起的，大家担心也是有道理的。

主持人画外音：在郑欣淼上任之前，时任国务院副总理的李岚清曾经找他谈话并且指出，他上任之后最重要的一项工作，就是主持故宫的大修。要知道这是1911年辛亥革命以来故宫进行的首次全面整修，它将耗时18年。

随着清王朝的没落，特别是新中国成立前的38年中，由于战乱不休，故宫建筑日渐破败，不仅多处宫殿群倒坍损毁，往日恢宏的紫禁城甚至垃圾成山而无人问津。新中国成立后，故宫博物院从20世纪五六十年代起陆续进行了数次修整，但整体、全面的大修至今为止尚属首次。

杨澜：这个任务光是想象的话，就已经知道它是一个非常烦琐和巨大的工程了，当时您有没有压力？

郑欣淼：其他压力还不是很大的。关键是故宫要大修、要维修，它牵涉到一系列的工作，因为它既是世界文化遗产地，又是一个大博物馆。怎么样把故宫的维修和其他工作协调、安排好，对我来说是一个很艰巨的事。

杨澜： 作为一个普通人，我都可以想象，故宫这样一个工程，涉及考古、保护、修缮然后工艺等等各个方面的因素，大修是一个多么繁杂的浩大的工程。在这个过程当中，您最大的一种体会是什么？

郑欣淼： 最大的体会就是这个难度很大，但是又相当重要的。我开始给你讲过，就是怎么样协调其他的关系。你想，在里边维修的工人，最多的时候达到过上千人，在大修期间，我们没有因为大修停止过一天开放，每天都开放。要保证游人的安全，要保证工程的质量，又要保证工人的安全，所以这对我们来说，一个是工程的质量，一个是整个的安全，这都是我们大家时刻小心的。

在故宫大修的过程中，尽管整体顺利，但修复过程中一些小的难题和难以调和的矛盾仍然不断出现。

杨澜： 这中间有没有一些比较极端的事情发生，比如对您的压力或者是让您感到最担心的事情？

郑欣淼： 这个也有一些，我们在维修过程中，牵扯到技术的一些问题。比如说过去建房都有专门的架子工搭架子，而现在都是现代化的。但是要搞古建维修，有时还必须搭架子，用传统的办法，我们过去有人干这个事。但是如果不是因为这个具体的工程，这个工种也后继无人了。再一个就是工程的质量，因为时间要求，有时候工期上面还有个批准程序的过程，还要赶季节，这里边我们感觉到每一个环节都不能松懈的，有时候差上一步，可能这半年一年就差下来了。

杨澜： 比如说什么样的事，差一步会造成半年一年的延期？

郑欣淼： 比如说雨季来临了，一些不能在雨季干的活，好几个月都不能干，这一类都是专业性比较强的，时间性也是比较强的。还有一个困扰我们的问题，就是我们中国的古建筑多是土木的，而西方的古建筑多是石头的，国际上有通行的文物修复的基本原则，比如《威尼斯宪章》。但是按照中国传统技法进行维修，包括故宫维修、颐和园维修、天坛维修，国际上有一些专家就提出质疑了，说你是不是准备不足，是不是把古建筑本身修坏了。有一段时间报纸上曾有这样的观点，说你看你这琉璃瓦怎么这么新。西方建筑不用琉璃瓦，琉璃瓦主要是中国用，而且主要是皇宫在用。西方人不用琉璃瓦，不懂琉璃瓦的特性，就说维修用的琉璃瓦是新的，不合规矩。琉璃瓦新烧出来肯定是新的，但是过一年两年，这颜色就沉下来，差别就不大了。比如故宫的武英殿，修好以后看到有些地方是新的，但现在看已经没有那个感觉了。这个议论影响比较大，有些人不仅对故宫，包括颐和园、天坛等古建筑的维修都提出质疑。在2007年的时候，专门开了一个国际性的会议，专门研究东亚地区的古建筑维修，当然以我们中国为主。通过现场考察来判断这样的维修方式是否合理。这次会议有国际上的三个文化遗产保护组织、20多个国家的60多个专家参加，由故宫博物院来承办，国家文物局负责组织。这次会很重要，通过一个《北京文件》，就是对中国的维修，对故宫的维修给予肯定，充分的肯定。这个意义确实很大。

主持人画外音：在郑欣淼的眼中，故宫不仅仅代表着明清两朝的帝王文化，更代表着华夏文明从萌生到发展，再到辉煌的全景的展示。所以他提出了故宫学的概念，同时他也呼吁人们要用温情和敬意来对待自己的民族文化。不过既然提到了温情和敬意，那么他们所针对的必然是冷淡和麻木，究竟是一些什么样的事情曾经深深刺痛了郑欣淼的心呢？

郑欣淼：我来以后就碰到一个。你如果是从午门进来，马上就是（内金水河）那很漂亮的五座桥。再向前走，过桥就是太和门，太和门一过就是太和殿了。我们一般接待重要的外宾、国宾都是从午门进。我发现午门进来以后，车一直经过内金水河的桥，我自己心里很不是滋味，因为我们去过好多国家，我们去看它们的皇宫，去它们的博物馆，接待方是相当认真的。

杨澜：而且很少有车能够开到大门口的。

郑欣淼：是。我说车能够开进来，这就很了不起，这就是一个很特殊的待遇了。我们再要把车开过这个（内金水河）桥，我心里确实不是一个滋味。不是简单说这个桥能不能承受，寿命多长，我是感觉到对我们民族的文化、历史文化的一个态度问题。

杨澜：所以您觉得这应该是武官下马、文官下轿的地方。

郑欣淼：我了解，这样做不是外宾提出的，是我们自己搞的。为什么这么搞？是为了省事。车开进来，看完就能乘车走了。这种情况我心里确实不是滋味。我就让当时的一个副院长去找外交部协调，其实这件事解决起来很简单，外交部说我们重新定规矩就行了。

杨澜：本来也是我们自己定的事。

郑欣淼：是的，没有谁给你要求说我一定要坐车进来的。而且我感觉到，我们对自己的文化越重视，对我们的历史越敬重，那外国人也会更对我们民族尊重。

杨澜：遇到过什么阻力吗？

郑欣淼：当时就是说程序上要变一下，要把这个习惯变过来，大家有个适应的过程。说实在的当时没有遇到什么阻力。

杨澜：那用了多长的时间完成了这个程序？

郑欣淼：起码过了一个多月吧，就是从谈开始。因为外宾来了，负责人不直接和我们院办公室联系，和我们宣教部联系。因为我们几乎每天都有重要外宾，我们一般也不陪同，除非特别重要的一些元首，外交部或者有关领导机关给我们说，你们需要一个人去陪同，有的比如说印度总理，2003年来，说让我陪同。其中环节还好多，比如公安保卫，大家一起最后都认可了，这就改过来了，这也很简单。

主持人画外音：每当提起故宫，人们很自然会想到金碧辉煌的庞大建筑群，而郑欣淼心目中的故宫则远不止如此。在他看来，故宫不单单是一座皇家宫殿，也不单单是中国最大的博物馆，它是将建筑、文物、典籍等多种元素融合在一起的文化整体，是中国5000年传统文化的结晶。

杨澜：我相信您可能每天都会在思考的一个问题，就是故宫对于中国人究竟有多大的意义。比如说我要带我的孩子，小朋友们要来看故宫，说妈妈我们不愿意去，那就是房子，有什么好看的，如果对于这样的青少年，您会用一种什么样的方式让他们对故宫产生兴趣？

郑欣淼：这一个我认为也是多年来故宫的缺失。就是说故宫的价值，这是一个对我们传统的态度，是不是对它采取一种很敬重的态度。像这个皇宫，我们过去搞革命，帝王将相、才子佳人都是我们反对的对象。这几十年来，对故宫的态度也发生过好多事情。比如说，有的要在故宫里边修一条大路，有的就感到它是封建落后的产物应该拆掉。我感到重要的是，是我们对自己这个重要的文化遗产的认识没有达到应有的程度，所以在社会宣传等各方面是不够的。人们都知道，故宫是有宝贝的，知道里面藏了很多好东西，对于故宫本身的价值认识不足，其实是把故宫与故宫藏品割裂开来，认识是不足的。

杨澜：所以，如果能够简而言之，或者是来概括一下的话，故宫对于中国人到底有什么意义？

郑欣淼：故宫存在的意义，在人们心中其实是一个不断认识、深化的过程，今后还会继续再认识，再深化。现在被列入《世界遗产名录》，这说明它不仅是我们中华民族的，也是世界的。这个故宫，你看到的是一个物质，一个建筑物，到明年就590周年了，而它承载的是中华5000年的文明，包括它的建筑物、它的文物藏品，作为一个文化的整体，是不可分割的。我在一些地方也讲过，说有人给我讲，你是故宫的院长，你总要说故宫的东西好，中国这么大，民间的、公立的博物馆这么多，民间收藏这么多，我们的考古发掘也都在不断地进行，经常有惊天动地的发现，难道所发现的东西不如故宫？我说这是两个概念。

一个是故宫的东西。故宫本身是皇宫，皇宫是个政治中枢，明清时代它作为国家政权的中心，本身的政治意义我们大家都是了解的；同时它的藏品，作为宫廷的藏品，它不仅是因为值钱，还带有和它的政权联系在一起（的特点）。就是说，皇帝收藏这些，当然应该是贵重的，应该是好的。同时，这和政权联系在一起，你比如说谁推翻了前一个王朝，当了皇帝，他就继承前朝的收藏，他这个收藏就有政权更迭的意义，等于天命现在到我的身上了，我接收你，这是政权转移的一个象征性的事件。所以中国古代皇家的收藏，有这么一个重要的意义。到中华民国以后，一直到故宫博物院成立，这一批藏品已经被赋予了新的内容。这就是我们民族文化传承的这么一个新的意义。它和民族的感情是联系在一起的。故宫文物保护的精神，应该说是我们民族精神的一部分，这一点是其他文物不可代替的；故宫的文物，我们叫国宝，是和民族的命运联系在一起的，而且它是长期积累的，所以它是不可替代的。

主持人画外音：由于中国人对于故宫有着一种难以割舍的情感，所以故宫博物院在管理上有任何创新或者是改革都会引起相当的关注。从"星巴克风波"到"天价牛肉面"，从一杯小小的咖啡到一碗面条，似乎都可以上升到民族情感和文化尊严的高度，这也成为困扰着故宫博物院管理层的一个课题。

杨澜：其实故宫的一举一动，国人都很关注，而且经常有一些情感因素倾注在其中。比如说当年故宫受到很大的批评，就是因为开星巴克，这种当代的流行的文化和时尚，怎么样能够和一个世界的文化遗产结合在一起，其实很多人是有不同的看法的，您怎么看待这种矛盾？

郑欣淼：因为故宫太敏感了。故宫的一举一动，我们都很谨慎的。

我今天和你第一次谈星巴克，我过去对外也不谈这个，避免引起一些争议。我认为星巴克，它作为一个服务的场所，而且它就占了那么小的一个房间，九卿房里边，直到事情发生之后我才去找星巴克到底在什么地方。

杨澜：都找不着是吧？

郑欣淼： 我的前任院长是张忠培先生，是著名的考古学家。这件事被报纸炒得沸沸扬扬以后，张先生给我打过一个电话，他就批评这种态度，他认为是一种狭隘的民族主义的倾向。所以我们一直对外没有公开谈过故宫博物院是什么态度，我们没有明确说它对或者不对。受到压力大的是星巴克本身，星巴克中国总部的一个负责人给我写了一封信，说总部也很有压力，好像成了破坏中国文化遗产的罪人了，所以也不愿意在故宫开下去，认为自己是在做生意，在这儿老受批判，没有必要。当然他们自己也想找一个合适的机会出去。这也牵扯到我们场馆规划的实施，最后和星巴克商量，星巴克就提出要撤离。

杨澜： 所以这件事给平复下去了，但是从您的内心来讲您觉得公众应该更宽容一点。

郑欣淼： 我认为应该宽容的。如果说卢浮宫有一个中国茶馆，是不是我们中国人就了不起了？我想不能那样说。再一个，你看一下清代的历史，其实皇宫里边是接受新事物最多的。在我们这个屋子看到的，现在这灯具是清朝末期的。

杨澜： 这是原装的。

郑欣淼： 这都是引进的，这在当时应该说也是新鲜玩意儿了，是很新潮的。包括我们看到溥仪骑自行车，包括慈禧太后喜欢照相，包括康熙皇帝那西洋乐队，我认为我们有时候把一些问题过于极端化地来看，我们就缺乏一个比较好的心态。

杨澜： 故宫经过整理后，发现文物超过150万件（套），这是一个浩瀚的数字，但是真正让游客能够看到的，似乎在我的印象里，总是钟表馆、珍宝馆这一点点的东西。为什么这么多年来，不能够有更多的新的轮回的这种展览，能够让普通的游客都能看到呢？

郑欣淼： 是有150多万件（套）文物。其实平时能拿出来展览的，只是极少量的。不是说所有东西都能展的。比如说我们的陶瓷有35万件（套），这样的数量是相当庞大的。我们收藏的服饰也都是几十万件。

杨澜：那您轮流给我们看个几百件我们就很心满意足了。

郑欣淼：我们现在也在不断改变，故宫的展览大致有不同的层次。一个就是我们称为原状或者原状式的陈列。比如说你路过三大殿，里边的摆设就是让大家知道当时是一个什么样子。与此同时，我们也有表现宫廷日常生活的、文化活动的一些展览，比如说车轿展览、乐器展览，包括皇帝大婚展览，它反映宫廷的典制。

另外我们办的重要展览，就是一些专题馆，如珍宝馆、钟表馆。现在我们还有文华殿里的陶瓷馆，这个陶瓷馆我不是吹嘘，是相当有特色的。当时台北故宫博物院周功鑫院长来，她看了也感到很好。另外，我们在武英殿还有个书画馆。

杨澜：所以应该说，现在这种专题性的展览，比过去多多了？

郑欣淼：多了。

杨澜：如果从故宫博物院长远的发展来说，用一种当代博物馆管理的理念来看待现状，您认为最需要改进的是什么？

郑欣淼：博物馆还是（要办）陈列展览。我们现在还需要建立一个现代化的展馆，这也是我们多年来努力做的。我来之前，我的前任他们已经费了很大气力了，准备在地下建一个展览馆，这个已经经过论证，做了很多工作。但是因为一部分专家的反对，现在还在搁置着。

杨澜：您不会将来请贝聿铭再造一金字塔，盖在故宫里吧？

郑欣淼：那我估计这个大家接受不了。就连那个地下展厅，他们都要拿那个卢浮宫的"金字塔"来说事。

杨澜：对，当时他就是为了地下采光的问题，造了那个"金字塔"。

郑欣淼：我们现在也在考虑，（院内）还有一些可以利用的场所，我们正在做这方面的工作。应该说过几年，会有一个大的改观。但是我感到这都属于硬件方面的，最重要的是作为一个博物馆，是办好的展览，包括展览的推广问题，社会教育问题，特别像故宫博物院这样有着特殊（地位）的博物馆，我们要做的工作还是很多的。

主持人画外音：今天当我站在故宫博物院的时候，我依然可以感受到浓浓的历史气息。真正的文化具有这样一种力量，它可以穿越时空，跨越隔阂。当故宫博物院以一种更加包容的心态呈现出多元的文化，并且与我们的当代生活产生更多的呼应和共鸣的时候，这庄严的殿堂也被赋予了更多的活力。感谢您收看本期《杨澜访谈录》，我们下周见。

（本文为东方卫视《杨澜访谈录》的文字稿，首播时间为2010年7月11日）

《问答神州》之郑欣淼

主持人：凤凰卫视　吴小莉

核心提示：本期《问答神州》，吴小莉专访故宫博物院"掌门人"郑欣淼。回望历史，由于战争原因，故宫文物经历过抗战时期的辗转南迁，又由于国共内战，国宝分居两地，两岸故宫博物院各自向前发展着。但是，进入新世纪以来，两岸故宫博物院合作交流成为必然趋势，北京故宫博物院也是几次应台北故宫博物院之请，借出文物供台北展览。但台北故宫博物院文物60多年来却未曾踏上大陆的土地，这不得不说是一种遗憾。郑欣淼认为两岸故宫博物院交流有两大障碍，一是合展署名问题，另一个是司法免扣押的问题。郑欣淼表示，这些问题解决之前，北京故宫博物院对台北故宫博物院能支持的都会支持。

吴小莉：在北京的中心，有一座城中之城，这里曾经住过两家人，一家姓朱，一家姓爱新觉罗，这里就是皇帝的居所紫禁城。

1925年10月10日，紫禁城神武门的门洞上悬挂起了一块匾额，上书"故宫博物院"。从那天起，昔日皇宫首度向公众开放，两天之内就有5万市民拥入紫禁城，真正是"皇帝前脚走，百姓后脚来"。直到今天，故宫博物院已经走过了85年。

前不久，我也来到了这片曾经的禁地，穿过游人如织的御花园，推开一扇并不起眼的院门，等待我的是我今天的向导，也是我们这次问答的嘉宾，故宫博物院院长郑欣淼。

（一）在郑欣淼的提议下，两岸故宫博物院重走昔日南迁路

郑欣淼：你好！小莉，欢迎。

吴小莉：谢谢，谢谢您邀请我到故宫来。

郑欣淼：欢迎。

吴小莉：这个院子本身也很有特色，它本身有一个戏台，因为漱芳斋好像是清朝时候看戏的地方。

郑欣淼：对，这个地方整体这一大片，这都属于重华宫（区域）。这个地方是乾隆皇帝改建的，重华宫是他当皇子的时候居住的地方，他当了皇帝这个地方其他人就不能用了，所以他经常在这里搞一些文化活动。因为乾隆皇帝是一个艺术素养很高的人，他搞的一些聚会啊、写诗啊、和大臣唱和啊，就在这个地方。

解说：乾隆年间，每至逢年过节，皇帝都会在漱芳斋与家人和近臣欢聚。而在漱芳斋的西间还有另外一个小戏台，取名"风雅存"，是专门为皇帝和太后进膳、赏戏用的。郑欣淼告诉我，自从1925年故宫博物院成立之后，漱芳斋就一直被用作接待故宫贵宾的地方。

郑欣淼：你看到这个多宝槅里面放的都是清宫的藏品，也有人问是不是假的，代替的，我说这不是，代替的文物成本可能还更高。

吴小莉：但是多宝槅本身这个架构是清朝的。

郑欣淼：是。

吴小莉：这个木架都是清朝的。

郑欣淼：都是的，这都是清宫的东西。

吴小莉：我们第一次到一个地方采访，告诉我们这不能随便坐那不能随便碰，因为都是文物。

解说：故宫博物院的收藏，主要是来自清宫遗留下来的历代宫廷传世之宝。而这些珍宝的命运，也始终伴随着国运与时局的变化而动荡起伏。

　　1933年，为了躲避战火，国民政府决定将故宫文物南迁。那一年2月5日的深夜，第一批南迁文物从故宫神武门广场起运，随后离开北平一路南迁、西迁、东迁及北归，经历了15年之久的颠沛流离，也因此有了北京、台北两个故宫博物院的局面。

　　2010年6月，故宫博物院建院85周年前夕，两岸故宫博物院人员重新踏上了当年的文物南迁路，而这正是缘于郑欣淼的提议。

　　郑欣淼：去年有一件事对我很有启发，这个故宫（南迁）的文物我们大家都知道，最后分三处存放的，三处里边放文物最多的是（四川）安谷，安谷这个地方啊，有个农民，一个姓王的农民，他已经七十来岁了，做生意赚了一些钱，他用这些钱办了一个纪念馆，叫故宫国宝南迁陈列馆。我就想到，对故宫文物南迁在民间还有这个认知、认可的程度，而我们故宫博物院都缺乏一种对它应有的重视，这是我受到的一个启发。去年的10月份我在台湾的政治大学讲演的时候说到这一件事，由这件事开始我就提出，今年我们要搞一个"重走文物南迁路"的活动，我们邀请台北故宫博物院的同人参加。

　　解说：战火纷飞中，上百万件故宫文物，历时15年，辗转大半个中国，绝大部分毫发无损，这本身就是个奇迹。

（二）战火纷飞，国宝南迁中确有部分损失

　　吴小莉：好几次刚离开一个地方，原来储存的地方就被炸了，所以就是很多的惊险就发生在当中，也有人在问这次的南迁这么长的时间，究竟有没有文物损失，损失得严重吗？

　　郑欣淼：有损失，肯定有损失的，损失相对而言不算大。比如说在陕西的汉中，警卫军人所佩带的手榴弹……

　　吴小莉：走火？

　　郑欣淼：手榴弹突然掉到地下爆炸了，他人不仅死了，还伤到个别人，文物也有（损伤），但所幸不是很大的。所以一些人经常见我说，老郑，你可能在故宫，就吹你故宫的文物那么好，咱中国这么

大，博物馆这么多，出土的东西这么多，就好东西都在你那？我说不是这样的，不能这样看。首先我那存的，包括台北存的都是好东西，这应该承认；同时，这批文物在我们民族危急的关头，它和我们的民族共命运，多少人对它进行保护，所以我说抗战的历史给故宫的文物附加了重要的价值和意义，那你其他的文物，相比之下，你就是不能和故宫文物相比。

解说： 1945年抗战胜利后，南迁的故宫文物陆续回到南京，然而这批文物的征程并没有就此结束，三年之后它们又被一分为二，从此在北京和台北隔海相望，各自前行。

（三）郑欣淼曾建议两岸"三希"合展，因时机不成熟故未成行

郑欣淼： 紫禁城大致这样，它分两个部分，前面叫前朝。皇帝办公的地方是在后边，包括他的寝宫。但是从雍正皇帝以后，就搬到养心殿了，这也成了定制了，雍正以后的包括乾隆啊，包括最后一个皇帝溥仪。1924年的11月5号溥仪被赶出皇宫，他离开的时候也是从这个地方走的。

解说： 溥仪被赶出紫禁城的那天，仓皇之中只来得及选择一件文物带走，而这件文物就是书圣王羲之的《快雪时晴帖》。《快雪时晴帖》曾经是乾隆皇帝最为心爱的宝贝。不仅如此，乾隆还把养心殿西暖阁改名为三希堂，将《快雪时晴帖》与王献之的《中秋帖》、王珣的《伯远帖》一起放置在内，时时赏玩。

如今，养心殿里的三希堂依然保留着当年的样子，而"三希"之首的《快雪时晴帖》在漂泊了大半个中国之后来到台湾，目前收藏在台北故宫博物院。

郑欣淼： 2003年我就在这个漱芳斋接受过一次台湾媒体的联合采访，当时我提了一个，能不能我们两岸故宫博物院联合展览，把三希堂的"三希"，三件书法作品，我们不需要太多的，就拿这样三件东西，或者先在台湾展出，或者先在北京展出，我说能不能作为2005年建院

80周年时我们两院之间的一个合作，但看来当时的条件是不成熟的。

吴小莉：除了向媒体说以外，有没有向台北故宫博物院正式咨询？

郑欣淼：没有，没有。

（四）"雍正这个老头儿"让分隔一甲子的两岸故宫博物院走到了一起

解说：郑欣淼告诉我，60多年来两岸故宫博物院虽然没有正式的来往，但在私底下还是有沟通交流。2004年，时任台北故宫博物院院长的石守谦曾经派人拜访北京故宫博物院，讨论加强两岸故宫博物院的交流合作，当时还起草了一份"合作意向书"。但是后来由于两岸之间的政治气氛发生变化，合作也就搁置了下来，直到2008年。

按照郑欣淼的话说，谁都没想到会是"雍正这个老头儿"，让分隔一甲子的两岸故宫博物院走到了一起。

吴小莉：听说在2008年底的时候，台北故宫博物院有一位副院长来北京参加学术交流的时候跟您提出，希望能够借雍正的一些画像这样的一些珍品，到台北去联展。

郑欣淼：对，我们两岸故宫博物院的交流，应该说它是一个必然的，迟早要发生的一件事。这个台北故宫博物院冯明珠副院长叫"导火索"，她写了一篇文章说导火索就是"雍正展"。但是他们没有雍正的画像。我们这边雍正时期的文物也比较多的，他们就想，能不能向北京故宫博物院借，当时我没有见到他们的人，我们负责这方面（事务）的人就向我汇报，我说你回答一定借给，这个没有商量，我们一定借给的。因为这样，形势马上就起了很大的变化了。

解说：2009年2月15日，在人群和镁光灯的包围中，北京故宫博物院院长郑欣淼和台北故宫博物院院长周功鑫，在紫禁城的红墙之下并肩前行，成为60年"冰封"之后，两岸故宫博物院院长的首次正式会晤。

吴小莉：听说周功鑫院长在北京故宫博物院看了三希堂帖当中的两帖后，她还是非常惊叹的，当时她有没有要求希望看什么，然后北京故宫博物院给了什么样的珍宝让她看？

郑欣淼：我记得当时没有什么特殊要求。书画方面的，我们都满足了，另外她还去看了文渊阁，因为文渊阁的《四库全书》是七部《四库全书》里边最好的一部，现在在台北故宫博物院，她就看文渊阁那些书柜，她也是很有感慨。我第二次去（台湾）的时候是10月份，周院长跟我说，她再一次来北京，要上文渊阁上面，要去楼上再看一下。

解说：2009年3月1日，郑欣淼访问台北故宫博物院。

吴小莉：台北故宫博物院的一些宝物您可能都在画册上看过，亲身去看的时候有没有什么特别的感触。

郑欣淼：我到山洞里边，他们有一批东西在，包括陶瓷等。当时蒋介石把这些文物迁到台湾以后，因长期备战，一直处于紧张的状态。我去看了以后，感受深的就是，他们在文物的管护方面，比如说这个箱子打开，怎么样取（文物），都是有一套程序的。看完以后又装箱，装箱以后又用封条来封，这和我们北京故宫博物院是一样的，这都是几十年来，两岸故宫博物院的一个传统，我对此感触很深。

（五）署名问题成两岸故宫博物院交流障碍

解说：不同于70多年前为躲避日军、仓皇打包离京，这一次的雍正借展文物装箱则是为了"出宫探亲"。由于"雍正——清世宗文物大展"的契机，隔水相望了一个甲子的故宫珍宝，终于得以在台北汇聚一堂。然而台北故宫博物院的文物何时能到紫禁城展出，至今还是个未知数。

郑欣淼：其实我们的交流有两个障碍，一个是名称问题，他们坚持叫"国立故宫博物院"，这样就牵涉到我们一起署名的问题，我们当然是不同意他们用这个名称。所以我们就采取了一个办法，比如说，我们商定了八条协议，这个协议怎么宣布，一起联名、联署，这是按正常的情况。台北故宫博物院无所谓，我们接受不了这个。最后想了一个办法，各自宣布，大家都遵守，条文是一样的。你在你的范围内去宣布，我也在我的范围内去宣布，这样没有实质性的影响，都是互信的。另一个是司法免扣押问题，我认为这个问题不是台北故宫博物院自身能解决的。但是这个问题在没有解决之前，北京故宫博物院的东西，我支持去台北故宫博物院，我这个一定过去，包括他们明年有一个重要的展览是康熙皇帝和路易十四的展览，他们也借我们一批东西，这我们都借给。还有《富春山居图》的事。黄公望的作品在台北故宫博物院数量不多，最有名的《富春山居图》的后半卷《无用师卷》。他们要办一个黄公望的主题展，开始给我们提出借7件黄公望的作品，后来提出要借9件，我认为我们能支持的就支持。

（六）有人说北京故宫博物院有宫无宝，郑欣淼不以为然

吴小莉：1948年的12月27日，一艘名叫中鼎舰的军舰抵达台湾基隆港，船上运载着320只大木箱。当时正是国共内战的后期，蒋介石下令将存放在南京的故宫南迁文物运往台湾，中鼎舰上运的就是当中的第一批。两个月过去后，三批文物总计2972箱的珍宝运抵台湾，虽然这只是故宫南迁文物的四分之一，但都是筛选过的精品。

郑欣淼：有很多人，包括我接待过的人，连我们的一些领导人都过问我，说是不是台北故宫博物院的藏品比我们的多，我说绝对是我们北京故宫博物院的多。也有人说那是不是好的他们都拿走了，我说也不是这样。比如说书画，他们不到1万件，就算1万件吧，我们有15万件。我们这15万件，比如说元以前的，他们总体上比我们多一点，但是我们有一些很了不起的东西他们没有。你说王家一门有多少书法家，王羲之的，或者是临的，或者是摹的，或者以刻本流传，没有一件真迹。真正留下的，王氏一门唯一存下来的书法真迹就是王羲之的侄子王珣的《伯远帖》，是三希堂"三希"之一，这是大家公认的，就在我们这边。早期的绘画，像五代顾闳中的《韩熙载夜宴图》，北宋张择端的《清明上河图》。因为有个很重要的原因，就是溥仪出宫

前他把1000多件早期的书画都弄出去了，像《清明上河图》，台北故宫博物院成立时就没有这件东西；"三希"中除了那个《快雪时晴帖》，《中秋帖》和《伯远帖》就不在台北故宫博物院，而是在北京故宫博物院。溥仪带出宫去的，他一直带到长春的文物，抗战胜利以后，我们有300多件（书画）都是从那个时候拿回来的。

解说：郑欣淼告诉我，目前北京故宫博物院对外宣布拥有藏品超过150万件（套），但这还不是最后的数字。事实上，北京故宫博物院藏品的确切数量是多少，藏品的具体名录又是怎样，还从未向社会公布过。

郑欣淼：北京故宫博物院的东西，外界了解得不是很多，这是一个客观事实。这牵涉到一个博物馆的理念问题，我们的人，过去不愿意公布，好像这些东西是我们的藏品，没有必要叫旁人知道。故宫的书画等都是比较清楚的，还有像铜器、玉器也是这样。但是清宫的一些用品，宫廷类的用品，数量很不清楚，不清楚的原因在于一些该算文物的没有算在内。比如说，我到故宫时，清宫帝后的书画就不算文物，它连资料都不算，说这些皇帝皇后不是艺术家，他们的东西怎么能算文物？帝后的书画有25000件，其中乾隆的就有1万多件，都不算文物。这就是个观念问题。你说应该不应该算文物？肯定应该算的。

解说：郑欣淼接掌故宫博物院之后，制订了一项为时7年的"清点家底"计划，对于每一件文物、宫廷用品和各类资料，每一座宫殿以及库房，都将进行彻底的整理和清查。

吴小莉：今年年底之前，咱们就全部把底账都给做出来了。您目前看到的有没有让您大为惊叹的、以前不知道的发现？

郑欣淼：今天上午我陪我们蔡部长到故宫检查工作，我让他看两个雕龙的雕漆箱子，里面是乾隆皇帝的御稿，有些是他的草稿，有些是大臣给他抄的，朱笔写的，改的地方都很明显，而且是按年份（编排）的，有的一年就分几册，算了算有几万张，按博物馆的算法就是几万件，这些我们不仅没有算作文物，以前也从来没有人谈过这件事，现在正在清理。所以我做的这一件事，目标就是全部弄清楚，弄清楚以后出版两套书，一套叫《故宫博物院藏品大系》，一套叫《故宫博物院藏品总目》。我们公开以后，社会可以监督你是不是管理好了。另外一个，可以更好地为社会服务，15万件书画，35万件陶瓷，我不可能都去展览它，肯定得有主题才能办展览，包括一些小的书画家（作品），可能永远也展不了，但也可能有人要研究它，就需要它，我公布以后大家就能知道。

（七）北京故宫博物院院长：馆藏珍品众多，难评"镇馆之宝"

吴小莉：有好多网友对您有一些提问，特别有意思，我们一起来看看网友的提问。这里有网友问，他说，郑院长平常逛故宫吗？这么多的游客大排长龙就为进太和殿去看一把龙椅，而且还是一把假的。

郑欣淼：这个说法是不对的。我不知道他这个概念是怎么得来的。在故宫我们看到的所谓龙椅就是太和殿那个雕龙髹金的大椅子，这个椅子在袁世凯要做皇帝的时候，他把这个撤走了，搞了个西式的高背大椅子。新中国成立以后把这个换掉了，找到原来的龙椅。这个工作是谁完成的？是著名的宫廷史专家朱家溍先生。听说过吧，朱先生很有名的，很权威的，这个椅子据他考证是明代嘉靖年间在皇极殿用过的，一直用到袁世凯把它撤出去。

吴小莉：也就是说太和殿那把龙椅就是明朝时候的那把龙椅？

郑欣淼：就是。

吴小莉：在展示的就是那个？

郑欣淼：就是那个。

解说：在许多人看来，看过了太和殿的龙椅，才算是来过了紫禁城。按照故宫博物院的设计，太和殿的展示叫作原状陈列，是严格按照明清两代皇帝举行大典时的样子，向游客呈现。像这样的原状陈列在北京的故宫一共有8处，其中颇具人气的还有储秀宫的慈禧卧房，那里的每一把椅子、每一张画，到炕上的水烟袋、梳妆台上的香水，都是慈禧太后用过的，也是照着她居住时的样子——摆放的。

虽然北京故宫博物院藏宝无数，但是对于很多观光客来说，古代皇帝嫔妃们的日常生活，似乎比那些名称复杂的瓷器字画更具吸引力。也有很多游客，抱着一睹中国国宝风采的希望而来，然而偌大的故宫博物院，应该去哪里、看什么才算不虚此行，不少人感到迷惘。

吴小莉：去台北故宫博物院的人都说台北故宫博物院有"镇馆三宝"：毛公鼎、翠玉白菜、肉形石，但是来到北京故宫博物院，大家觉得就是看故宫的宫殿，对于宝藏来说，他们印象中没有特别宣传哪一种，未来是不是也是会对一些重点的文物进行宣传，让大家对于北京故宫博物院的文物也有一些重点式的印象？

郑欣淼：这个其实是应该的，但是有时候这也有它的难度，好多人都像你这样问过，说北京故宫博物院你有什么镇馆之宝？我有时候还真的不好回答，因为我们没有搞过这一类的评选活动。另外一个就是，就馆藏文物的门类来说，北京故宫博物院的更多一点。陶瓷，比如说我们有一件东西，过去叫"瓷母"，乾隆时代的一个大瓶，这个瓶子上，把烧制瓷器的各种釉彩和不同温度要求的制瓷工艺，都集中到这么一个瓶子上，那还真的了不起。我们过去放在地下库房，包括一些领导人来参观，我们只是把柜子门开开，让看一下，都没有人敢拿出来，害怕万一有个闪失我们担当不起。现在就在文华殿陶瓷馆里面展出，展出以后有位老先生给我写信不同意展出，害怕万一出事，我说我们虽然只有一件，但还必须让大家看。

解说：这尊被称为"瓷母"的瓷瓶，出自乾隆年间景德镇的御窑厂。它总共汇集了15种釉彩，16道纹饰，彩绘12幅吉祥图案。在此之前的历朝历代都没有能够烧制出这样硕大而精美的器物，就算到了今天，也没有人能把"瓷母"复制成功。

而郑欣淼告诉我说，像这样的"镇馆之宝"，游客在故宫能够看到的还有很多。

郑欣淼：你到宁寿宫的乐寿堂，那里有个大禹治水玉山，你看过那个吧？5吨重，1万多斤重，玉料从和田运到北京花了3年时间。先在北京画样，样子画好以后运到扬州，在扬州雕刻好了又运回来，前后花了十七八年。这是世界上最大的一件玉雕，从乾隆年间做好放到那个位置，到现在都没有动过。另外像那二十五宝，中国历代皇帝的印章都是有记载，没有实物，唯有清代的25方印玺叫二十五宝，完整地保留了下来。有人说那是假的，其实是真的。还有皇帝的宝座，也是故宫的"镇馆之宝"。怎么样集中地宣传，这个我们会认真考虑的。

（八）台北故宫博物院文化创意产品的开发做得很好

解说：台北故宫博物院曾经评选出院藏"十大国宝"，学者和民众给出了不同的答案。在学者的眼中，散氏盘、《早春图》、《快雪时晴帖》榜上有名；而在网络票选的版本中，翠玉白菜、龙形佩和《清明上河图》（摹本）才真正享有超高人气。这些人气国宝，或许不是专家眼中最有价值的馆藏，但是它们雅俗共赏、名气响亮，也正因如此，它们始终是台北故宫博物院宣传的重点。

2009年3月，郑欣淼到访台北故宫博物院，看完展览之后来到了远近驰名的台北故宫博物院礼品部，以馆藏文物为创意的衍生商品也给郑欣淼留下了深刻的印象。

郑欣淼：我去台北故宫博物院，他们把《清明上河图》画面中的桥制成积木，让孩子看怎么把桥搭起来，以培养孩子的兴趣。再一个是文化创意产品，也很有特色。我前年就让我们一个副院长李文儒同志到台北故宫博物院去学习。我说台北故宫博物院文化创意产品的开发做得很好，是以故宫的文化元素来开发的，游客买了文化创意产品，留下的是对故宫的印象，这其实也是对故宫的一种宣传。

吴小莉：教育和推广。

郑欣淼：或者说带走了一个不可带走的紫禁城。从这个观念出发，我就感到台北故宫博物院做得好，值得我们学习。

（九）故宫部分宫殿的格局不利于用作展馆

解说：建筑大师贝聿铭曾经为法国卢浮宫设计了一座地下展厅。在一次国际会议上，贝聿铭对与会的北京故宫博物院专家说，"迟早你们也得走这条路"。

其实相比于北京故宫博物院，卢浮宫的砖石结构宫殿，已然仿佛是天生为博物馆而造，就算是这样，卢浮宫依然需要扩建新的现代化展馆以实现发展。而在以木结构古建筑为主的北京故宫博物院，本身就需要小心翼翼地来维护，要想引进恒温恒湿的陈列设备、防火防盗的安全报警系统，更是面临种种难题。也正是因为这样的条件限制，很多国宝只能够沉睡在库房，无缘与普通观众见面。

吴小莉：以前是不是因为展馆限制的关系，有些东西不能常年展出？

郑欣淼：对。人家过去修皇宫，不会想到你几百年以后要办展览，对不对？这里边有矛盾的，也有它有利的。你比如说台北故宫博物院要办一个展览，它可能还要造一个三希堂，需要一个情境。我们有这么好的背景，有这么好的环境，有一批文物适宜于在这么一个环境中展出。但是也有一部分，像书画作品，它有个温度、湿度的要求，包括丝织品，也有这样的要求，而且这个古建筑，有的宫殿它的格局不利于展出。这展场问题也是困扰我们的一个问题，我们一直在努力寻找解决办法，周院长已经跟我说了几次了，说郑院长你要搞一个好的展览馆。我说我们会的。

吴小莉：现在展览馆跟古时的建筑能够很好地连接。

郑欣淼：对。其实现在有很多有利的条件。可能你也听过，我们想搞一个地下的展览馆，下了很大的功夫，也做了很多工作，但最后还是有专家反对。

解说：有古建筑专家认为，故宫的基础是一个由夯土和城砖组成的整体板块。当年明成祖朱棣营造紫禁城时，为了防止敌人挖地道潜入皇宫，便以横七层、竖八层的方式，把大块城砖埋填进地基之中，再浇灌石灰浆把它们黏合成一个整体。按照专家们的说法，就算在这样一个整体的板块上打一个洞，都可能会对地上建筑产生影响，而大规模的挖掘后果不堪设想。

吴小莉：是说地下同一个板块有"七横八竖"，然后真的会怕动到一个板块影响到基建。

郑欣淼：不是，没有影响。最后我们找的最好的地质勘探，没有这一类的问题，就是说现在的技术是可以解决的。我认为主要是个文化心理因素，就是大家不主张，这么好的皇宫你怎么在它底下挖来挖去的。我也理解一些先生的这个想法，这件事现在搁置着，我们现在也想其他的一些办法，在故宫内修这个新展馆，我想也还有余地的。

解说：有人认为，在故宫的古建筑内打造现代化的展馆，午门展厅是个绝好的例子。这个植入午门城楼里的"玻璃盒子"，以特制的钢化玻璃建造。展厅内恒温恒湿，非常有利于保护在此展出的文物。而透过消除了镜面反光的玻璃幕墙，参观者还可以充分领略故宫精湛的建筑装饰工艺。

午门展厅开放以来，凡尔赛宫、卢浮宫、克里姆林宫曾经来到这里办展，而此前由于展览条件限制而无缘展出的故宫珍藏，也得以在午门展厅与公众见面。

吴小莉：比如说午门这个展馆，就是一个很好的现代跟古代的结合，当时午门这个展馆，是不是比较好的一个创意？目前的结果，除了面积比较小之外，它得到的反馈还是非常好的。

郑欣淼：对。您看到的现在是午门，午门两边还有雁翅楼，像大雁的翅膀，这两边的东西雁翅楼，里边放的是文物局寄存的一批瓷器，今年应该能把这些瓷器转移完，以后也可以搞一个和午门连成一体的展厅，我认为这个效果会很好的。

吴小莉：其他方式是不是也像午门一样，外面是古建筑，里面就是透明的玻璃展览馆？

郑欣淼：对，我们现在正等它转移完了以后再研究再设计。这个时间不会太长的，我估计今年肯定会运走的。另外，我们也在其他的地方，你比如说中国第一历史档案馆，它修好（新）地方以后，这个已经定了，修好它就要搬走，也是相当的一大块面积。

吴小莉：您觉得这样子全面现代的展馆，在古建筑物里面现代展览的条件，什么时候能够完全具备。

郑欣淼：我们现在有一些就是可以做的，像地库上面的造办处的那一块地方，因为我们现在要修啊，我们要考虑到古建整体与故宫风格的协调问题，我们还要有一定的先进设施的问题，这个矛盾要很好地解决。

（十）尊重民族文化就是对中国历史的尊重

解说：在2002年之前，来到北京故宫博物院的贵宾都能够受到这样的礼遇——国宾车辆从午门驶入之后，可以一直穿过金水河上的汉白玉石桥，直到太和门前的台阶处，再下车步行。而在郑欣淼上任之后，这一惯例被改变。

郑欣淼：我说我们要下决心改一下，我说不能过内金水河桥，这是牵涉到对我们民族文化遗产的态度问题，对中国历史的尊重问题。我说这不能怪外宾，不是人家提出来非要这样，是我们自己来这样设定的。有人就说这个比较复杂，要改就要找外交部啊，我说不管找哪一家，这个问题要解决。

吴小莉：最终在您的坚持之下解决了。

郑欣淼：最后解决了。

吴小莉：据说那次奥巴马来，他就已经是停在午门外了。

郑欣淼：车就停在这了。

吴小莉： 走过去的？

郑欣淼： 走过去的。

吴小莉： 您那时候说了一段话非常好，您说，钱穆先生说过，对自己民族的历史要有温情跟敬意。

郑欣淼： 是。我认为我们对故宫、对故宫的文物、对故宫的古建筑的态度，其实是对我们先人的一个态度，作为后人，我们一定要有敬畏之心。

解说： 有人说，在郑欣淼的身上，有着传统中国文人的印记。他生长在陕西，喜好写作严格合乎声韵的古体诗。工作经历从中央政策研究室的组长，到青海省主管文化的副省长，再到国家文物局的副局长，始终与文化事业相关。2002年，郑欣淼被任命为文化部副部长、故宫博物院院长。而在此之前，故宫院长的位子已经空缺了10多年。

吴小莉： 在您之前，故宫大概有10多年没有院长。为什么？

郑欣淼： 这个我还真的不大清楚，因为我到文物局是1998年底，我来就知道没有院长，我知道，准确地说，起码从1991年以来，一直没有院长。当然我想，它肯定有原因的，原因肯定也是多方面的。但最后叫我来，我也感到意外。

吴小莉： 不过，2002年您要来故宫的时候，据说是主管文化的李岚清副总理跟您说的。当时他跟您说什么？对您的要求又是什么？

郑欣淼： 当时中组部的一个领导找我谈过话，说你去故宫主要工作是主持维修，他跟我谈了意见。

解说： 就在郑欣淼履新之后不久，紫禁城百年以来最大规模的整体修缮拉开了序幕。这一次的故宫大修，从2002年开始，计划到2020年完工，整个预算达到19亿元人民币。同时，这也成为故宫历史上最为细致的一次修缮。

吴小莉： 听说这些修缮用的砖也是金砖？

郑欣淼： 对。

吴小莉：称为金砖的原因是因为它的造价很高？

郑欣淼：有几种说法。一种说法是，当初是从苏州烧造好以后运到京城的，便叫京砖，声音念转了就成"金砖"了。也有人说因为它敲起来有金属的声音，所以叫金砖。当然它也很值钱，很贵的，所以叫金砖也是名副其实的。

解说：这种世界上独一无二的金砖原产自苏州郊外的御窑厂。几百年来，它的工艺代代相传，延续至今。这次大修，故宫大量使用了这种传统材料和民间手艺制成的砖。然而由于太久没有进行大规模的修缮，故宫博物院曾经拥有的三四百人的修缮队伍，已经逐渐减少到四五十人。

郑欣淼：随着一些人快到退休年龄了，我们正在采取一些比较灵活的方式，搞师承制，我们有拜师会，就是由师傅带徒弟，就采取这种办法。

吴小莉：但是只有三四十人。

郑欣淼：有四五十人吧。

吴小莉：四五十人，但是如果我们现在很多宫殿都在修，当然也有跟别的地方合作，所以会有一些外面技术的队伍加入？

郑欣淼：是，我跟你说的我们这一次维修，就采取招标。一般同时有好几个社会上的古建修缮队在我们这干，最多的时候这里面有1000多人进行维修。

吴小莉：那像这些建筑工人，或者是修缮工人，他们本身是不是应该有特殊的技艺？

郑欣淼：他们的工程队必须有一定的资质，就是文物部门承认或者授予他们的古建维修的资质，符合这个资质就有资格来参与竞标了。这都是有一套严格的要求的。包括材料，你像这材料，我们现在采取的都是琉璃瓦，琉璃瓦过去都是御用烧琉璃瓦的地方来供应的。上面的金箔是南京产的，过去就是南京供应的。

（十一）2020年故宫大修结束，众多"游人止步"的区域将陆续开放

解说：按照规划，到2020年，故宫大修工程将全部结束。到那个时候，世人将重新领略历史上康乾盛世之时的紫禁城的面貌。而故宫里众多"游人止步"的区域，也将在修缮之后陆续开放。

吴小莉：以前开放的面积，有人说是紫禁城的大概三分之一，据说在整个修缮完毕以后，可以开放大概70%~80%，是这样子的规划吗？

郑欣淼：差不多。具体采取什么样的开放方式，我们也会再探讨的。比如是不是同时全部开放，或者是在一定时期内，比如说现在没有黄金周，但是也有相对人流比较集中的时候，这个我们会认真研究的。

吴小莉：您来了以后，除了修缮，除了清理家底之外，您还提出故宫学，把故宫当成一门学问，而且现在也是您继红学、继鲁迅研究之后的一门非常重要的学问。

郑欣淼：台湾政治大学有个教授给我提了一个问题，她说，你认为在故宫学研究上，台北故宫博物院是一个什么地位？我听她的意思，是不是说，你认为故宫在北京，你就是老大，其他的只能围着你来研究故宫。我回答说，任何人都可以研究，我为什么要把故宫的藏品公开，就是让社会来研究。故宫在北京，故宫学在全世界。

吴小莉：谢谢院长接受我们的采访。

（一至六于2010年8月28日在凤凰卫视播出，七至十一于2010年9月5日在凤凰卫视播出）

寻幽探胜说故宫

主持人：中央电视台《文明之旅》　杨　锐

主持人：各位观众大家好，我是杨锐，欢迎收看《文明之旅》，今天我们非常荣幸地请到了故宫博物院院长，63岁的郑欣淼先生。郑先生曾任青海省副省长和文化部副部长，而今他却成了故宫的守护人。他学识非常渊博，今天我们特别期待他能够在这里讲述一下故宫600年的历史掌故、文物价值、文物保护，特别是两岸故宫博物院的交流。接下来让我们通过这个大屏幕，了解一下今天的嘉宾。

主持人：想给大家出一个小的测试题。说到故宫，俨然我们上下5000年的中华文明和历史的源远流长及博大精深的所有这一切在这里似乎都能够找到答案，但是如果我要很快问你，一提到故宫，你脑子里首先闪现出的是哪几个关键词？

观众一：我觉得应该是博物院。

观众二：国宝南迁。

观众三：红色，因为它所有的墙都是红色的。

观众四：提到故宫，我最先想到的就是皇权和威严。

观众五：提到故宫，我首先想到的是"对称"两个字，因为它的建筑是中心对称的。

观众六：提到故宫，我就想到文物和中国古代的字画，因为我是美术专业的。

主持人：字画。

观众七：我想到的是沧桑。

主持人：郑院长，刚才我们年轻的学生对故宫的了解有点出乎我的意料，包括权威的巅峰，包括建筑的对称，包括它的墨宝，还有它的沧桑和博物院。您从2002年就开始担任故宫博物院的院长，对于您来讲，这些关键词哪一个最能够涵盖、概括和代表了故宫文化？

郑欣淼：其实大家都谈得相当好，从不同的角度谈到故宫的一些特征。比如说就像谈到故宫的文物南迁，这牵涉到博物院的历史；说到它的对称，故宫确实反映了我们中国传统美学的一个重要理念，那就是对称；还有它的书画，它的藏品。我刚才听到"沧桑"，我感到"沧桑"这两个字比较模糊，但是更有想象的余地。

主持人：您出生在陕西省的澄城县，陕西省是一个文化大省，这跟您后来走上文化部副部长的位置，后来又能够担任故宫博物院的院长有一定的关系吗？

郑欣淼：这个我不敢说一定有必然的联系，但是我常说，一个人他肯定有理想，但自己走的路回过头来看，都不是按自己的想象来实现的。对我来说，在陕西工作的时间长，我也曾经对文化工作是相当喜欢的，以后在青海省工作，管过文化，在中央政策研究室当过文化组组长，我以后又到国家文物局，当过国家文物局副局长。我感到，好像是冥冥之中安排的，最后一步一步走，它的走也是有逻辑性的发展，最后就走到故宫博物院了。

主持人：而且我感觉您的两肩还带有秦兵马俑里的尘土。

郑欣淼：好多人也这么认为，特别是我和国外一些大博物馆的同行进行交流的时候，他们一般对陕西都很了解。陕西是中华文明的一个重要的发源地，而且陕西的文化遗产相当多，所以大家感到，好像我在陕西、在西安工作过15年，这样我虽然走了好多地方，但我在8年前到了故宫博物院，大家也感到这一条路好像是为最后铺设的，只是我自己没有想到这一点，这条路看来走得是与故宫有关，一步一步最后就到故宫了。

主持人：我还有几个小问题，您还担任过鲁迅研究院的院长？

郑欣淼：鲁迅研究学会。

主持人：任学会的会长8年之久？

郑欣淼：对，8年。

主持人：您还担任了中国诗词学会的会长？

郑欣淼：是。

主持人：您当年写了《文化批判与国民性改造》这本书？

郑欣淼：对。

主持人：从哪儿谈起呢？您现在又研究故宫的国学国故，而我想起鲁迅，鲁迅其实在研究孔孟礼教的时候，居然通篇写下两个字，就是"吃人"，血迹斑斑的"吃人"，痛斥了传统文化当中礼教的虚伪。回过头来您又在研究国故，似乎对它饱含深情，您又研究国民性，又对文化进行批判，这个批判与继承之间，我们来审视故宫文化，这有必然的联系吗？怎么成就您今天一脸自信的微笑呢？

郑欣淼：我对鲁迅相当热爱，我写过两部有关鲁迅的作品，一个是主持人讲的《文化批判与国民性改造》，还写过一本《鲁迅与宗教文化》，我主要是研究鲁迅思想的发展。不同的时代有不同的任务，包括我们现在对文化遗产的保护，包括鲁迅当年对孔孟之道的批判。我个人感到，我们有一个共同之处，就是对我们民族的热爱。对我们中华民族，当然可以从不同的角度，鲁迅是从怎么样让我们的民族复兴、民族振兴的角度，更多地看到了那个时代的不足的地方，我们现在所做的其实也是和鲁迅的目的是一样的，在我们新的时代，我们在文化的传承方面可能做得更多一点。

主持人：鲁迅说过，我确实在时时地批判别人，但更多的是我在解剖我自己，那回过头来，我从您的身上一直感觉到您有一种自省反省的文化自觉的高度，但是我们还是赶紧回到故宫本身。尽管有人不愿意这样称呼，可我愿意说您是故宫博物院第五代掌门人。如果不是第五代的掌门人，您怎么能够每天清晨6点就披星戴月地开始工作……

郑欣淼：我当年跟启功先生说过一句（玩笑）话，我说启功先生，我是在为你们家族守皇宫的。他说不是，我不是这个家族的。在我们的今天，刚才主持人也谈到，我个人感到有一个责任，因为我来之前，故宫1991年开始没有院长，我是2002年到任，到任以后事情很多，我也明明白白地知道，故宫是我人生工作的最后一站了，所以我一定要把这几步路、最后的路走好。

主持人：郑院长，虽然故宫博物院的职位，对于您的人生，对于您来讲是最后一站，但绝不是最不重要的一站，接下来我们可能通过海峡两岸的故宫合作来体现您的岗位的重要性。为什么《富春山居图》这样一个旷世合璧、血脉相连的一幅画现在成了海峡东西两岸各执一段的历史的悲剧呢？我们能否从这个历史讲起来？

郑欣淼：好，这个反映了我们民族的一段历史。现在台北故宫博物院有《富春山居图》的大部分，它也是当年清宫的藏品，文物南迁的时候就带到了南方。在1948年底和1949年初的时候，有一大批（现在算起来也就是近60万件）东西运到了海峡对面的台湾，以后成立了台北故宫博物院，《富春山居图》那一段就在对岸了，就在台北故宫博物院了。而我们浙江省博物馆有《富春山居图》的另一部分。这就是《富春山居图》分在两岸的情况。

主持人：《富春山居图》的画家是元代的黄公望先生。

郑欣淼：对。

主持人：他在79岁高龄时花了7年时间完成的这幅画。完成后他本人非常喜欢这幅画。后面收藏它的人也非常钟爱它，以至于黄公望死之前要把它焚掉以殉葬，他侄子发现后赶紧把画从火中抢出来，只剩下了今天的东西两岸各一段。今年的两会，在记者招待会上，温总理好像对于《富春山居图》有一句话，当时这句话怎么说？

郑欣淼：他意思好像就是说，这幅画分藏在两岸令人痛心，画尚且如此，人何以堪？

主持人：人何以堪，情何以堪？确实如此。我们骨肉分离，到今天已经有61年了。

郑欣淼： 1933年，文物就开始运到南方。先运到上海，后来在南京修了一个保管库房。1936年底、1937年初，文物全部从上海运到南京的库房里面。但是时间不长，不到半年时间，卢沟桥事变发生，抗日战争全面爆发之后，近13000箱文物又运到西南偏僻的地方，一直到抗战胜利。抗战胜利以后，又运回到重庆（当时重庆是陪都），后又从重庆运到南京。到1948年底、1949年初的时候，其中的2900多箱文物分三次运到了台湾。

主持人： 也就是说1949年国民党退居台湾的时候带走了2900多箱的文物。哪年成立的台北故宫博物院？

郑欣淼： 1965年。

主持人： 今天台北故宫博物院的院长是周功鑫女士。说起来也特别有意思，我觉得。我不知道郑先生您是不是经常用百度搜索？年轻人经常去百度搜索。我每次输入"郑欣淼"三个字，那个"欣"都是三个"金"加在一起的鑫，于是就有了你们的"双鑫会"这样历史上的机缘巧合。周功鑫与郑欣淼，听起来是谐音双关。您怎么看待这次"雍正——清世宗文物大展"两岸走在一起这样的机缘巧合，记得您当年说了一句"多亏这老头儿"。

郑欣淼： 是。

主持人： 这老头儿是谁？

郑欣淼： 雍正皇帝。两岸各有一个故宫博物院，这是很特殊的一个问题。1925年故宫博物院成立，一直到1949年，这之间的24里其实是一个故宫博物院，然后一部分文物到台湾去，当时故宫博物院也去了少数的我们的同人。去的人和留下来的人，有的是父子关系，有的是一家分开的。另外，还有很有意思的，就像《富春山居图》一样，带走的东西和留下的东西本身就是一个整体，比如说一部大书，可能分藏在两边了。还有一些成对的，像青铜器，有的本身是一对但分藏在两岸，这一类的事例比较多。还有一个深层次的，我认为更重要的就是对故宫博物院的看法。在台湾，它叫故宫博物院，这说明它的文物是故宫来的；另外，大家如果没有到过台湾（我估计年轻人可能去的不多），但是我们看照片，它是仿宫殿建筑的。在台湾，台北故宫博物院的地位很高，它是作为我们民族文化被看待的。而我们北京的故宫博物院，既有宫，也有院。

主持人：现在是一宫两院了。

郑欣淼：一宫两院。刚才有一位女士谈到，对故宫印象最深的是文物南迁。文物南迁，为什么这些文物要南迁，就是大家认识到了它的价值，绝对不仅仅因为值钱。

主持人：好像当时文物南迁参与者，他们当然是相濡以沫的战友和同事，好些人其实是两岸故宫博物院元老级人物，现在还有没有幸存者在世？

郑欣淼：现在没有了，都过世了。

这个故宫文物南迁，也使故宫的文物经历了和我们中华民族共命运这么一个历史，有这么一个过程，所以故宫文物也被赋予了特殊的意义。当时也有一些人反对文物南迁，但多数人主张南迁。这一批文物绝对不是一般的古董，不是因为它值钱，我们5000年的民族文化的载体就在这上面，所以大家说国土丧失了，我们可以夺回来，但是这一批文物失去了，那就是不可挽回的损失了。所以在整个文物南迁的时候，大家对文物高度关注。这一批文物，一部分运到台湾了，大部分留在大陆了，大家对故宫的重视，我认为和这批文物所承载的我们民族的历史文化有关，所以两岸故宫博物院的交流，它就是标志性的一件事，它不是简单地说两个文化机构之间的事，它要引起海内外关注的。

其实去年的2月份，周功鑫院长要来北京之前，日本《朝日新闻》的一个记者，他是日本东京派驻台湾的一个记者，专门到北京来采访我。他跟我谈，这不是一件小事，这件事将来会引起海内外的轰动，果然《参考消息》登了他的那一篇报道，引起轰动了。

主持人：多亏这老头儿，雍正皇帝，咱们去年11月份在台湾举行的雍正大展吧？

郑欣淼：10月份。

主持人：奥巴马来故宫访问也是10月份。

郑欣淼：10月份举办的雍正大展。大的展览都有一个学术研讨会，11月份举办了，而且这个研讨会称作"两岸故宫博物院第一届国际学术研讨会"，就是围绕雍正文物大展的研讨会。

主持人：您瞧他面目有神，天庭饱满，一副帝王之相，就像刚才一位学生讲的，是一个帝王权威的代表。北京故宫博物院和台北故宫博物院同宗同源，一宫两院。而且我告诉大家一个秘密，台北故宫博物院院长周功鑫和我们的北京故宫博物院郑欣淼院长是同龄，对吧？

郑欣淼：是巧合。

主持人：我还可以告诉大家，有时候我这人不信巧合，可有的时候不得不信。台北故宫博物院举办的雍正大展展出200多件文物，有37件是来自北京故宫博物院的，对吗？

郑欣淼：37件是北京故宫博物院的。当时蒋介石带走不少清宫的东西，但清代帝后的画像一件都没有带走。雍正时期的文物我们很丰富，光瓷器北京故宫博物院就有3万多件。这次展览，台北故宫博物院主要借了一些有关雍正的画像。最先他们要借一个"为君难"的印章，他们筹划这个展览时起的名字叫"为君难"，"为君难"是引自《论语》中的一句话，他们当时说"为君难"这三个字反映了雍正当时的内心思想深处的一些矛盾。

主持人：一会儿电视镜头会给一个特写的。

郑欣淼：展览的主题确定"为君难"，但是他们没有这个印章，印章在北京故宫博物院，同时……

主持人：他们也没有皇帝画像。搞雍正皇帝展竟然会没有雍正的画像？

郑欣淼：雍正皇帝这个人，大家的印象里可能感到他很内向的，待人很刻薄，其实他内心有丰富的情感，丰富的内心世界。

主持人： 但是并不像乾清宫上面的那个匾额"正大光明"那么光明，是吗？

郑欣淼： 是，我们有一批清代帝王的《行乐图》，就是宫廷的画师所画的皇帝一些日常生活的场景，包括想象中的一些形象，最多的就是雍正皇帝。雍正的，大家能看到这很怪的，大家看（指画面）。

主持人： 这不是武松打虎吗？

郑欣淼： 西洋的一个绅士，他戴个假发，拿一个铁叉向老虎扑过去，这就是雍正皇帝想象中他自己的一个样子。他还做各种扮相，如儒士、僧侣、道人等。这张画，完全是理想化的读书人的扮相。因为台北故宫博物院缺乏这么一些东西，他们就提出向我们借，当时他们是通过其他人带来这样的话。我听到以后，我说一定借给，结果台北故宫博物院的周院长就来了。前后四天，第一次来待了两天就走了。她是2月份来的，3月1号我就去台北，3月4号的早晨我就回来了。所以，我在雍正展的开幕式上说，我们两岸故宫博物院的交流不能忘了这个老头子。

主持人： 郑院长，打断一下，我们大屏幕上出现了一首诗，您告诉我一下，这首诗是您什么时候写的？

郑欣淼： 这是我第二次去台北，10月份写的。

主持人： "今又凌虚宝岛行，风云幻化看沧溟。别来半载凭栏处，无恙圆山依旧青。"圆山是指圆山饭店吗？

郑欣淼： 圆山饭店。

主持人： 陈江会在那里举行的。

郑欣淼： 对。

主持人： 海协会跟海基会，两岸会谈的地点。这里边"别来半载凭栏处"，近乎"凭栏处潇潇雨歇"，饮马长江，有一番凌云志之类的，在文字之中有何感慨？

郑欣淼： 因为圆山饭店在台湾也算是一个标志性的建筑，我两次去住的那个房间都是801房间，没有变过，陈云林第一次去就是在那个房间里面住的。外面一个露台很大，有栏杆，视野相当开阔，大半个台北市尽收眼底，给人很多想象。

主持人：月出于东山之上，徘徊于斗牛之间，凭栏远眺，把栏杆拍遍，无人会登临意，是不是？

一院两宫，东西两宫，确实有很多故事在这里边。接下来我想问一下，故宫的大修，2001年国务院就下令对整个故宫进行全面的整修，您为什么提出一个20年的计划？

郑欣淼：故宫建成到今年是590周年了，中国古建是土木结构的。

主持人：土木结构，这一点很重要，跟接下来的故事可能很有关。

郑欣淼：我们到欧洲，看罗马的斗兽场，几千年的石头建筑没多大变化。我们这个土木结构有我们的优点，但缺点就是时间一长，它必须要维修的，这是我们的建筑材料、建筑技术决定的。所以故宫在明清两代，是经常要维修的。故宫博物院是1925年成立，1925年成立到今年是85年。我看资料，85年里只有两年没有修过，一个是1927年，那个时候社会比较动荡。

主持人：军阀混战。

郑欣淼：那时故宫的日子也不好过。还有一些特殊的原因，那一年没有安排维修。另外一个是20世纪70年代，有一年安排了一些零星的工程，但没有大的修缮项目。除此以外，即使在日本人占领北平，北平沦陷期间，故宫每年的大修也都没有停过，每年都有维修的项目。所以故宫过去有一个说法，就是"十年一大修，一修要十年"，就是说它永远得不断地维修。

主持人：我看到一份文件，叫《威尼斯宪章》。1961年，一些搞古建的专家和一些技术方面的学者，云集于意大利的古城威尼斯，探讨如何修复文物和古建筑。您刚才谈到一个土木结构的中国古建筑，为什么能在一定意义上修改《威尼斯宪章》？是不是颠覆性修改？

　　郑欣淼：我们没有说修改，也没有说颠覆性。可以这样说，《威尼斯宪章》根据欧洲，主要是意大利的文物保护的实践产生的，虽然它有欧洲的特点，但是这个文件本身对文化遗产保护的理念或精神，大家都是应该遵循的，这个是完全正确的。具体到我们中国，甚至东亚、东南亚的建筑，包括像日本、韩国、朝鲜、越南等，主要是土木结构建筑，这种建筑决定了过一段时间非修不可。所以欧洲的建筑，主要是石头建筑，是不提倡去动的，就维持原样。我们的建筑如果这样时间一长不动的话，可能就毁坏了，最后就消失了。这次故宫的维修，我们的实践，我们的做法，也丰富了世界文化遗产保护的理论，应该说是一个丰富。

　　主持人：非常感谢。郑院长，关于故宫维修，您好像是闪烁其词，拒绝或者是无意直接面对我、直接回答我。

　　另外一个问题，很多游客抱怨咱们故宫的收费太高，对不对？（鼓掌）旅游旺季门票成人一张60元，淡季40元，然后大家讲，一年我们的人次超过1000万，这可不得了，门票收入是不是都拿过来用于修缮了我们的故宫？如果这样，大家或感到聊以自慰，对不对？如果不是，可是您后来又讲，故宫收支两条线，那么这么多钱到哪儿去了？

　　郑欣淼：主持人，我不会闪烁其词。任何一个问题，我不清楚就是不清楚。我们的门票收入是比较多的，因为游客比较多，去年1100多万，今年1200多万，去年门票收入是6个亿，6个亿元的人民币，其实我们故宫能用的也就是一半，其他的我们都交给国家了。我们每天都通过指定的账户交了，所以这个不存在我们为自己做什么。但是这是国家规定的价格。

　　主持人：人们问这个问题，或者有这样的抱怨，是因为那些去过英国的人知道，大英博物馆是不收门票的，后来您在回答网民的提问时也说到了，那是从工党执政开始，实行了免费参观，在那之前也是

287

收费的，是吗？

郑欣淼：是。我个人感到收费不收费不是决定博物馆特点的主要因素，世界上多数博物馆都收费，比如到美国去，到法国的卢浮宫，当然价格的制定与国民的收入这些应该有一个……

主持人：水涨船高，现在提起物价飞涨，大家就心有余悸。

郑欣淼：也应看到，今年特别是国庆的时候，故宫的游客相当多，很多人建议要涨门票，我不主张涨。

主持人：您顶住了压力。（掌声……）赶紧抓紧时间去看，门票60元，赶紧。

郑欣淼：即使涨了，该去的还是要去的，所以这个涨不是解决问题的根本办法。

主持人：其实今天机会难得，各位，我有一个小小的建议，刚才我们的郑院长代表故宫博物院给大家颁发了小礼品，接下来我特别希望郑院长作为中国最具权威的故宫博物院的导游，能够通过我们的电子图，带领大家一起畅游故宫，好不好？

当然我有一个小小的附加条件，因为呢，郑院长年事已高，如果领着大家9999间的房屋挨个转一遍，挨个详详细细地说一遍，恐怕他受不了，我也受不了，大家也受不了。如果是大家故宫一日游，那么您挑选一下最佳旅游路线是什么，来，有请。

郑欣淼：其实，我们所谓故宫的游人太多是某个时段，就是每年的五一和十一期间，另外一个游客所走的路线都是固定的，像我们一般是从午门进去，多数人从午门进了以后，是三大殿。

主持人：前三殿，后三宫，东六宫，西六宫。

郑欣淼：我们现在开放的区域很多，我跟大家说，这边是武英殿，这边是文华殿。在太和殿，太和门的两边各有一个宫殿，武英殿和文华殿。武英殿有我们的书画馆，文华殿是我们办的一个陶瓷馆。然后我们大家看宁寿宫，东北的这一块是我们的珍宝馆，奉先殿这里是钟表馆，这儿还有一个石鼓馆。这边靠后三宫的地方，有青铜器馆、玉器馆、金银器馆等，包括我们搞捐献的景仁宫都在这个地方。

然后，这边是一些原状陈列的，养心殿也是一个。来故宫的，一般说用一天的时间游览，很多游客是转不完的。

主持人： 一天要看完是不可能的。

郑欣淼： 一天安排都在故宫，我估计这个，就像我们到……

主持人： 大英博物馆一样，一天看不了那么多。

郑欣淼： 我们一般也不会安排一天的，但是如果没有一天的话，用半天时间，一般就是从午门进来，这些殿堂现在不让进了，就从两边、从窗子看一下，然后在这儿照个相，后三宫，御花园，从神武门出来；也有一部分人是从神武门进来，沿中轴线游览，这是绝大多数第一次来故宫的人的路线，因为来的人文化层次不一样，或者是需求不一样，很多人可能主要就是照个相，我到此一游了。但是我希望大家能看到，我们有很多展览其实是不收费的。

主持人： 我先问一下，我太好奇了，我是第一个游客，你们先往后靠一靠，我利用一下这个特权。据说当年乾隆大帝，在某一个殿，前三殿，后三宫，东西各六宫，某一个殿举行最高考试的殿试，快速抢答是哪个殿？

郑欣淼： 这个在……

主持人： 保和殿，我隐隐看到保和殿。

郑欣淼： 对。

主持人： 那是一个至高无上的荣誉，但愿别像范进中举一下高兴疯了。

郑欣淼： 大家看我们西边有些宫殿都是开的，收费的就是一个钟表馆，一个珍宝馆。另外，我们办的还有很多展览，包括午门也办了一些展览，神武门也有展览。

主持人： 午门有没有"推出午门斩首"一个特定的项目。这个午门，我一听就鬼森森的。

郑欣淼： 一般来说，恐怕得一天时间参观。如果半天时间，也只能在中轴线看细一点，再照个相。

主持人：中轴线是一个非常关键的词，什么意思？

郑欣淼：中轴线就是这一条线，这是北京城的中心线，老北京城的中心。

主持人：首先是北京的城中之城。

郑欣淼：城中之城，而且中轴线南边是永定门，就在南二环，一直到北边的钟鼓楼，有8公里长，最精彩的一段就是故宫了。中外的建筑学家对这条中轴线的评价是相当高的。

主持人：有风水因素在这里面吗？

郑欣淼：也有，比如说像景山，就是人工堆出来的一座山。

主持人：这个景山是怎么堆出来的，大家知道吗？52米宽的护城河，挖出来的淤泥堆成了景山。崇祯皇帝上吊的"歪脖子树"就在景山吧？

郑欣淼：就在景山，过去叫煤山。

主持人：煤山。

郑欣淼：刚才有一个同学讲故宫的对称，怎么对称，就是中轴线两边的对称了。而且这个对称，不光是它的建筑，最重要的建筑就在中轴线上，根据等级，离中轴线越近的一般越重要，像武英殿、文华殿，包括它的名称，大家也能看出来是对称的。这也是我们传统的中国美学观念的体现。故宫是由不同的四合院组成，它是中国最传统的建筑，不同的四合院组成大大小小的区域，所以故宫虽然千门万户，但是它并不零乱。西方的建筑物，我们去看一个宫殿，它就是一个孤立的宫殿，中国是群体优势，铺展开来，来显示宫殿的雄伟。所以大家要去的话，如果是第一次来，如果有一天的时间，我是希望能两边看看。先在文华殿，我们的陶瓷馆是中国陶瓷通史的陈列，有几十件一级品，其中有一个最重要的叫"瓷母"，不同温度、不同的手法制作的瓷器，把它集中烧在一个陶瓷上，在过去都没有展出过的，台北故宫博物院的周院长看了以后也感到相当好的。武英殿是书画馆，我们有15万件古代书画，我们办了三年展，每年办三期，每一期都有精品，包括像你说的"三希"的《伯远帖》《中秋帖》。

主持人：养心殿里三希堂的"三希"，其中"两希"就保存在这里，是吗？

郑欣淼：在这儿展出过，我们今后还会轮流再展的。

主持人：您讲半天，其实我最想问的就是皇帝们，嫔妃成群，后宫佳丽有三千，三千宠爱在一身，后宫在哪儿？

郑欣淼：后宫就在这两边。

主持人：男性鼓掌比较多。

郑欣淼：就在后边，后三宫的两边。

主持人：这都是后宫。

郑欣淼：对，东西六宫了。

主持人：很多丽人这一辈子都幽禁在那里，从来没有见过皇帝一面是吗？

郑欣淼：有这样的说法。

主持人：反正有这样的记录。为什么郑院长老是鼓励大家去一次不够，去一次60，再鼓励你去一次，两次120，如果是珍宝馆和钟表馆也各去一次，那么每次20，再加第二次再去就是40。谢谢您。

跟郑院长开玩笑了。其实郑院长有一句"雷人"的话叫"文物姓文不姓钱"，金字旁的钱，这话很厚重，怎么讲？

郑欣淼：因为这牵扯到对文物的看法，这有不同的层次。比如说看文物的价值，我们不能用看古董的眼光来看，像故宫的藏品，很多是宫廷的。故宫的文物藏品其实包括两个方面，一个是我们历代传承下来的，皇家收藏的，像青铜器、书画等。另外一部分它是宫廷的生活用品，当时并不是作为文物来看待的，比如说皇帝的宝座，那么多的明清家具，我们有5000多件家具，当时是使用的，并不是文物；皇帝用的宝玺，它也是用来使用的，不是文物。但是今天都作为文物了。如果用现在市场价格来看的话，可能有一些能卖出很好的价钱。

有一些不一定，因为它材质比较一般，重复品太多，可能不一定很珍贵。但从反映宫廷的历史文化方面，它也有自身的特殊意义，也是不可缺少的，所以不能用金钱来衡量它。

主持人： 另外一个我是不是能补充一句，若干年后，其实您做出的贡献，包括您本人的研究，也具有了文物的价值。

郑欣淼： 我感到，我们对文物的研究，其实也是对文物价值的探讨，我们怎么能保护好。无论如何，比如说开发、利用，我们要有文物保护的底线，首先要保护好，不能简单地把它和市场及钱联系在一起。

主持人： 其实61年前，中华人民共和国成立，我们首先应该感谢傅作义将军，和平起义，保护了古老的北京城免于战火的摧毁。始于1931年"九一八"事变后的文物南迁，多少中华儿女携手进行了一场前所未有的"文化抗战"，保护了多少件文物，那个时候。

郑欣淼： 那个时候如果按箱算的话，南迁的故宫文物是13000箱。有一点，南迁其实不光是故宫的文物，还有6000箱是古物陈列所的、国子监的、颐和园的，也是故宫博物院的人在管理，共19000多箱。

主持人： 如此说来，还有沈阳故宫博物院里的一部分也被带走了。

郑欣淼： 在1914年，沈阳故宫的文物和承德避暑山庄的文物，运到北京有20多万件，民国政府在故宫前边的三大殿和文华殿、武英殿成立了古物陈列所，文物南迁的时候，20万件中有一半也南迁了。

主持人： 云里雾里的。郑院长，您看您有承德避暑山庄的、有沈阳故宫博物院的、北京故宫博物院的，据说在南京（当时的三年内战的时候国民党的首都）也有很多文物至今还被尘封在地下，加起来一共您的家底有多少，能不能透露一下？

郑欣淼： 可以，今天首次透露。明天上午，我们要开一个7年文物清理的总结会，我要公布的故宫藏文物总数是1807558件。

刚才主持人问到南京博物院代管的故宫文物，南迁以后，就在南京修了一个库房，叫朝天宫库房，以后改成北平故宫博物院南京分院。现在我们的文物，相当一部分都运回来了，分了三次，1950年运了一次，1953年运了一次，1958年运了一次，现在仍然有2000箱10万件文物在当年的朝天宫库房里面。

主持人：何时能够重见天日？

郑欣淼：我想问题会解决的。

主持人：那么，如此浩大的文物清理工程，意义何在？

郑欣淼：我想有多方面的意义。一个是故宫是博物院，博物院首先就是要有物，得有藏品，藏品的家底不清楚，博物院的定位，博物院的功能的发挥肯定是不好的。

还有一个很重要，我们是受国家的委托来管理故宫博物院，故宫的文化财产是我们民族的文化财产，我们有责任把它保管好，不仅把它的底细弄清楚，而且要出目录，约180万件，每一件我都会公开给大家，给社会公布的。比如说这180万件，不可能都同时展出，有的文物也可能永远不会展出，但是有人因为搞研究，可能需要了解，他通过目录就可以查到。另外，目录出来以后，其实是我们在接受社会的监督，我们管理得怎么样、这些东西在不在，就可以拿这个来查我。

主持人：现在国际社会审视崛起的中国，有一个关键词叫透明度，看来做得最好的应该是郑欣淼院长，对不对？掌声鼓励。

您知道，在1988年全国人大常委会通过了一个叫《村民委员会选举组织法草案》，当时就规定，村民选举村官，透明度非常关键，大家的钱谁来管理，家底谁来管理，看来中国是有草根民主的对不对？好，你看他们报以微笑。

郑院长，我为什么说过些年后，您的研究具有文物价值呢？您提出了一个很核心的理念，叫故宫学，能不能跟大家讲一下，为什么故宫学对于您人生最后一站的工作如此重要？

郑欣淼：故宫学是我2003年提出来的，到今年7年多了。故宫学的提出不是简单的赶时髦，比如说你搞什么就叫什么学，那就泛滥了。故宫学的核心，一个就是故宫本身具有很丰富的研究内容，比如说故宫的古建筑，大家现在看到，建筑学家可以从很多方面去研究，故宫的宫殿建筑也是中国历史上宫殿建筑的集大成者，看起来是明清时代的，其实是几千年宫殿建筑文化的积淀，而且它本身反映了丰富的传统文化的内涵，阴阳五行，包括风水的观念，都用建筑的语言体现出来了。

另一个是，故宫的文物藏品相当丰富，我现在谈的是北京故宫博物院有180万件，台北故宫博物院有60万件。故宫的藏品，它还有一部分，比如说明清的档案，现在在中国第一历史档案馆，有多少？有1000万件，当年1980年，由故宫博物院的明清档案部划出去，成立了中国第一历史档案馆。

主持人：这还不算从敦煌莫高窟运走的、被人抢走的大量的历史的卷宗，是吗？

郑欣淼：那个可以归到敦煌的范围，我们这个就说在清宫里面发现的明清档案。

主持人：可是这180多万件故宫文物，也有从各地方博物馆调拨的，对不对？

郑欣淼：可以这样说，在新中国成立60多年来，我们有数十万件的文物支援给全国，应该说相当一部分省的博物馆都有故宫博物院的藏品，同时也有相当一部分藏品调拨支持了故宫博物院，还有一些是民间人士、社会各界人士捐赠的，这样合起来，大致有24万多件（套），就是故宫（现在藏品中）不属于清宫的文物，24万多件（套），但是起码150多万件（套）主体还是清宫的，占到百分之八九十了，所以还应该说它主要是清宫的。

主持人：私人捐赠的呢？

郑欣淼：私人捐赠有3万多件。

主持人：3万多件，有没有最感人的故事？

郑欣淼：也有，像我们大家知道的张伯驹先生。

主持人：民国四公子之一。

郑欣淼：对，张伯驹先生有几十幅藏品，其中有《平复帖》。《平复帖》是他捐献的，我们中国现在传下来的最早的一件文人墨迹，就是《平复帖》，西晋陆机的作品，到现在1700多年了。张先生当年在抗战的时期，他把这一件文物缝在了自己的身上。

主持人：缝在自己的棉袄里。

郑欣淼：是。新中国成立以后，包括李白的《上阳台帖》，包括很多书画巨品，他都无偿地、无私地贡献给了国家。

主持人：第一个接受他这笔宝贵文物的听说是我们的共和国第一任主席毛泽东同志？

郑欣淼：《上阳台帖》就是张伯驹先生送给毛主席的。

主持人：后来回到故宫博物院了。

郑欣淼：以后政府把许多文物拨到故宫。刚才谈到故宫学，我想再说一点，故宫学它是建立在丰富的研究对象的基础上的，同时这些研究对象又是有机联系的，不是各是各的，文物是文物，建筑是建筑。从1420年到1911年，这491年时间，明清两代有24位皇帝在故宫里边生活、执政。在此期间，文物的收藏，包括这么多宫殿的修建、扩建、改建，都是联系在一起的，所以在这个基础上，我就提出了故宫学，我也发表了一系列的文章。这两年，我出版了4本关于故宫的专著，其中一本就叫《故宫与故宫学》。

主持人：我们今天把您这本书带来了，《故宫与故宫学》，郑欣淼著，这个在台湾出版了吗？

郑欣淼：台湾的远流出版社也出版了。故宫学，经过我们这么多年的努力，经过学者的关注，也产生了一定的影响。

主持人：这本由紫禁城出版社出版。紫禁城出版社也是归您管的吗？

郑欣淼：我今年得到了一个意外的消息，台湾新竹的清华大学，台湾的清华大学，从2009年秋季开始，它开设了一门"故宫学概论"

的课程，这个课程是计入学分的，80个修课指标，电脑报名达到2000多人，它给我寄来资料，我看照片，听课的人居然很多，绝对不止80人，也了解到在那儿学习的，还有从北京的清华和北大去的学生，他们也感到，通过故宫学概论，很直观地、生动地了解了中国的传统历史文化。

我再告诉大家两个消息，一个是明天上午，28号（2010年12月28日）上午，我们和中国社会科学院研究生院要签一个合作协议，中国社科院研究生院决定开设故宫学方向课程，培养故宫学方向的硕士研究生，它已经把课程的设置都列出来了；还有浙江大学决定成立一个"故宫学研究中心"。所以我也感觉到，故宫学能进高校，对故宫学的发展必将起到积极的作用。

主持人：听说您应邀到台湾清华大学做了讲座，关于故宫学的讲座。

郑欣淼：对。今年12月，我恰好有一个机会到台湾去访问，台湾清华大学知道我来以后，就邀请我去讲。本来6号那一天就要讲故宫学，但是我因为有公务不能去，就推迟了一天，第二天仍然安排了一个讲座，来的人也还是不少，包括学校搞研究的一些老师，大家对故宫学还是很感兴趣的。

主持人：我想问您一下，您到圆山饭店，住在801，那是陈云林先生住过的地方，下榻的地方，您又到了台湾清华大学讲故宫学，有没有民进党、"台独"的势力在外面捣乱？

郑欣淼：去年10月份，我在台北的政治大学有一个讲演，我讲完以后，有一个记者就问我，他说他是台湾某某时报的，因为这个报纸经常发表一些（关于两岸故宫博物院交流）不大准确的消息，我就拒绝了这个记者的采访。这个记者给我解释说，他是跑文教口的，学校也反映这个人报道得还不错，但我没有接受他的采访。因为我感到两岸故宫博物院才开始交流，大家都应该爱护，再有一个什么乱报道，可能会产生不必要的误会。

主持人： 从1925年至今，故宫博物院一宫两院之间的历史变迁和风云，给双方带来多大的政治上的影响，但是大家的信念似乎是一致的，大家选择与文物同在。在您这本《故宫与故宫学》书里，我注意到有一篇文章是纪念马衡先生逝世50周年的，马衡先生是故宫博物院第二任院长，从1933年到1952年，他有19年担任院长之职，为什么1949年国民党退居台湾，他没有跟着走而留下来呢？如果他去了台湾，恐怕是台北故宫博物院第一任院长了。

郑欣淼： 马衡先生是一位著名的学者，原来北京大学的，他是一个金石学家，也是我国近代考古学的先驱。1925年故宫博物院成立的时候，他就是理事了，就是古物馆的副馆长，当时故宫分两个业务机构，一个叫古物馆，一个叫图书馆。以后改成三个机构，一个是图书馆，一个是档案馆，再一个是古物馆，古物馆里包括我们现在除了档案和图书以外所有的文物。当时的院长易培基先生兼任古物馆的馆长，马衡先生是副馆长。1933年，易培基院长因为牵涉到所谓"盗宝案"，易先生要打官司，提出辞职，辞去了故宫博物院的院长，这个时候，马衡就当了代理院长，1934年正式当院长，一直当到1952年。整个抗日战争时期，都是马衡先生亲临第一线，包括第一批西迁的文物到贵州贵阳这个地方，都是马衡先生亲自看的。

马衡先生是无党派，凭着他的观察，他看到国民党政权的腐败而决定留下来的。我们现在看到一封马衡先生给杭立武的信，杭立武是故宫博物院的理事，1949年李宗仁当代总统的时候，杭立武当了教育部长，在文物西迁的时候，又任当时的南京国民政府教育部的副部长。在1949年，国民政府给故宫博物院发来一个电报，要求把北平故宫文物精品造册，然后集中起来，准备空运台湾。那个时候除了运走南迁文物以外，也想把北平故宫文物运走，但是马先生以各种理由拒绝。马先生最后说局势太紧张，治安不好，把故宫四个门都关了，文物也运不出去了。我们现在看到马衡先生给杭立武的信，我们过去没有发现，这个信是杭立武本人保存的，台北故宫博物院印的一部《故宫博物院70年》的书里，把这封信影印出来了。当时已经派飞机到北平来接马院长，像胡适，像当时故宫博物院图书馆的馆长袁同礼先生（还兼任北平图书馆馆长），这些人都是坐飞机走的。但是马院长坚持不去，他说，医生给我检查，说我有心脏病，不适宜坐飞机，我不能走的。这样，马院长就等到北平解放。我个人认为他当时是站在民族大义的立场。他本人不是共产党，也不是国民党，他就是看到国民党政权的腐败。他给杭立武的信中说，文物当时运台三次，我希望第三次是最后一次，不能再运了。所以我认为马先生是值得尊敬的。

主持人：非常感谢郑欣淼院长今天面对我们、面对电视机前的观众，讲了这么多尘封已久、鲜为人知、感人至深的故事，无论是文物南迁之路，还是国共历史上的恩恩怨怨，故宫博物院从1925年成立至今，180万件至今保存在北京故宫博物院的文物，它的保留、保护，它的研究，背后都有大量感人至深的人和故事，马衡先生就是其中之一。让我在这儿不揣冒昧地念一段，郑院长在他这本《故宫与故宫学》的书中，纪念马衡先生逝世50周年，开篇第一段中有这样一些文字："马衡又是著名学者，金石学大师。"不知道他有没有收录或研究过李清照的爱人赵明诚的金石学？这一句是我自己插上的。"中国近代考古学和博物馆事业的开拓人。古人云'太上有立德，其次有立功，其次有立言'。此乃人生之三不朽。人生在世求之其一已属不易，而马衡先生在德行、功业、著书立说三个方面都有所立，都令我们永远感念。"谢谢您。

郑院长，现在我们看一下大屏幕上的一首诗，我想请您自己念一下，说说什么时候有感而发落笔成了这首诗。

郑欣淼：台湾的远流出版社出了我的繁体字版的《故宫与故宫学》，他们搞了一个新书发布会，他们叫发表会。这个会上，台湾文化界、艺术界的很多我认识的，还有我不认识的朋友，来的人很多。

主持人：哪一本书？

郑欣淼：就是《故宫与故宫学》。其实，去年我去过台湾两次，我第一次去，台湾的艺术家出版社出了我的《天府永藏：两岸故宫博物院文物藏品概述》这本书，繁体字版，这本书有什么特点？我的副标题是"两岸故宫博物院文物藏品概述"。因为很多人，我估计同学们也会有这样的疑问：文物南迁了，是不是台湾的东西比大陆的多？或者我说还是北京的多，大家可能就会问，是不是好东西都运走了？其实很多领导同志也这样问过，这是人之常情。大家想了解，又没有渠道。这本书我写了20多万字，就是写两岸故宫博物院藏品的来源，而且从12个方面做了比较。这是我去年3月1号去台湾艺术家出版社。我第二次……

主持人：郑院长，我打断一下，您的副标题是"两岸故宫博物院文物藏品概述"，我的目光落在了"文物藏品"这四个字上，这背后有一段故事，就是"雍正——清世宗文物大展"，本来人家是想借我们几件文物，搞自己台北故宫博物院的展览，结果由于您特爽快地答应，把我们收藏的关于雍正的一些文物借给他们，于是就开启了两岸故宫博物院之间的学术交流。可是据我了解，当时台湾对我们心有余悸，很不放心，您是否也希望作为交流，一定是在平等的前提之下，把台北故宫博物院收藏的60多万件的文物，拿一部分过来，到我们这儿，也让我们一睹为快。结果对方非常不放心，担心文物到了大陆会被扣押。但您为什么在不平等的情况下，非常爽快地答应把我们的37件文物，远渡台湾海峡？当然近在咫尺，是一家人。您为什么能在这样特殊情况下，爽快地答应了？

郑欣淼：我认为如果你当故宫博物院的院长也会这样答应。

主持人：很难说，我也不放心呢。因为一旦被台湾当局扣押了，我说不清楚。

郑欣淼：因为我们故宫的东西以前在台湾也展出过，台北故宫博物院的东西暂时不能来大陆，因为有一个所谓"司法免扣押"，不是台湾的所有文物，是指台北故宫博物院的文物。大家知道，台北故宫博物院的东西是从北京过去的，从大陆过去的，所以怕（被扣押）。

当时这个规定，还不是针对大陆，主要是在欧洲、在美国，都提出这个要求，要展出国在司法上有这么一个承诺。这样，在美国展出过，在德国展出过，一直说要在日本展但未展，因为日本没有司法承诺，所以到大陆也提出这个。我们想，台湾是中国领土的一部分，之间不是一个外交问题，是我们内部的事务。

主持人： 兄弟之间好商量，没有什么外部问题。

郑欣淼： 借这个文物，我们认为这样可让两岸同胞，特别是台湾同胞能看到一个完整的故宫。

主持人： 为此您"鼓吹"了七载。回到这首诗。

郑欣淼： 对，是。这本书，我去年10月份去的时候，台湾的繁体字版也出版了，我刚才就说，我也很感动，"鼓吹七载起波澜"，就是我提出已经7年了，"笔翰磨人鬓已斑"。

主持人： 您两鬓已经微霜。

郑欣淼： 是，"我愿诸公多顾念"，希望大家都能关注一下，都能留意一下。

主持人： 对，拜托各位多关注一下哦，郑欣淼先生提出的故宫显学。

郑欣淼： 让我感到欣慰的，特别是三个大学都在搞（故宫学），其中有一个是台湾的。

主持人： 哪三个大学？

郑欣淼： 台湾清华大学开了故宫学概论课程；中国社科院研究生院要培养硕士，故宫学方向的硕士研究生；浙江大学要建立一个故宫学研究中心。

主持人： 最后一句。

郑欣淼： 故宫之学显瀛寰！

我们最近还有一个举措，故宫博物院成立了一个基金会。我们在本月23号下午开了第一次全体会议，研究下一步基金会的工作时，提出将要做的一件事，就是对国际上的研究故宫学的专家，我们会给予资助。你可以来北京，我可以管你的一切费用，但是当然你要有研究题目，你要有研究基础的。

主持人：而他们一路过来的盘缠，都是在座很多人的贡献，我们买故宫博物院的票，门票，对不对？

郑欣淼：所以我也希望，同学们也要多顾念，大家都能关注这个故宫学。其实对故宫学，可能开始还是不清楚，不完全弄得明白，但是只要有多一点了解，都会接受故宫学的。我也希望大家为故宫学的兴旺发展，襄助一臂之力。

主持人：拜托各位了。

郑欣淼：谢谢大家。

主持人：不过，说到文物的交流，其实我们去过欧洲的都知道，在卢浮宫，在凡尔赛宫，在英国的大英博物馆，都有大量当年被侵略者掠夺走的文物。2010年是我们纪念圆明园被毁150周年，历史教训暂且不谈，追讨文物此事，我们也先按下不表，居然我们开展了双边和多边文物交流，这方面您怎么如此虚怀若谷，又做了哪些事情让人记得住？

郑欣淼：我给大家要介绍的是明年，我们初步定的时间是9月28号开幕，在卢浮宫举办故宫博物院的文物展。卢浮宫在欧洲，是有象征意义的，它在12世纪的时候就是一个要塞，以后又成为国王的官邸，它是法国革命以后由皇宫变为博物馆的。卢浮宫是以收藏西方的一些著名的艺术品出名的。

主持人：卢浮宫的"镇宫三宝"，无头女神像、断臂维纳斯和神秘的微笑。

郑欣淼：蒙娜丽莎。

主持人：蒙娜丽莎。咱们故宫博物院也有什么"镇宫之宝"吗？

郑欣淼：故宫的文物藏品比较复杂。比如说书法，我刚才说的《平复帖》，流传到现在1700多年的中国书法墨迹，这是最早的了；绘画方面，像《韩熙载夜宴图》《清明上河图》；瓷器方面，像"瓷母"——清乾隆各种釉彩大瓶；一些宫廷文物，如皇帝的宝座等，这都是很了不起的。我们和卢浮宫建立合作关系已经5年，2005年10月份签订了5年协议。在2008年的时候，故宫博物院办过法国卢浮宫的展览、拿破仑一世的展览。根据协议，明年在卢浮宫举办故宫的一个展览。我给大家说明，在卢浮宫办中国的文物展是很有意义的，因为以卢浮宫的地位，过去中国文物展都没有在卢浮宫办过，都是在反映东方艺术的一些博物馆办，所以在卢浮宫办展是很有意义的，而且在上一个月，11月份，我们故宫博物院和卢浮宫签订了第二个5年的合作协议，这个协议是在两国元首的见证下，我、我们常务副院长和卢浮宫的馆长共同签署。

主持人：您签第一个5年合作协议，当时法国总统是希拉克。我小小透露一下，希拉克总统是收藏中国古玩的一个行家，在他的任期内中法关系迅速地升温。

郑欣淼：他对中国的青铜器也是很有研究的。

主持人：很有研究。

郑欣淼：我们现在要办的这个展览，初步定的藏品有140多件。展览名字叫"重扉轻启"，"重"是重量的重，"扉"是户字下面一个非常的非，"轻"就是轻重的轻，"启"是启发的启。副标题是"明清宫廷生活展览"，这个意思就是打开紫禁城戒备森严的重重门户。

主持人：庭院深深深几许，文物它在珠帘第几重。

郑欣淼：最近，12月8号，我看新华社发了一个消息，到法国展览的赞助商已经确定了，施耐德公司来赞助。

主持人：施耐德公司，法国一个电气公司。

除了英国的大英博物馆、法国的卢浮宫，还有美国大都会艺术博物馆、俄罗斯的艾尔米塔什博物馆、德国的德累斯顿艺术收藏博物馆和日本的东京国立博物馆，一共加起来6个世界知名博物馆，跟咱们签订了战略合作的意向，是吗？

郑欣淼： 我们这个合作不仅是办展览，还有人员的交流，包括技术上，保护技术上，一些理念的交流。我们初步和这几个大博物馆建立，我们同时和一些不一定很大，但是很有特色的博物馆合作。像荷兰有一个自动音乐博物馆，像八音盒的那一类，它是一个国家博物馆，修钟表还很好的，也和我们建立了很好的关系。

主持人： 1994年，我到英国留学的时候，碰巧遇见一位从上海到大英博物馆工作的女士。您知道她的工作是什么？是帮着修复过去从中国抢去的书画。我们且不论国民的感情如何，我们有交流，帮大英博物馆、卢浮宫、凡尔赛宫、大都会、东京国立博物馆等，修复从中国流失到那儿的文物，它们或是被巧取豪夺的，或是被直接抢去的，我们有义务，或者交流当中有这样的项目，帮他们修复吗？

郑欣淼： 我们和大英博物馆有一个项目，是我有一次去大英博物馆那儿谈的。大英博物馆有一批中国的书画藏品，因为缺乏专业人才，没有得到很好的整理，大英博物馆就请我们院里的一个研究员，当时我们书画部的主任，现在我们科研处的处长，想要他去待一年，或者是更长的时间。当时我答应了，但是我说一年可能有点长，可以多去几次。我们在文物修复，特别是中国文物的修复方面，都在建立这一类的联系。还有欧洲有的博物馆对我们馆藏的地毯有兴趣，参与我们馆藏的古代地毯的保护。我认为这是一个双向的事。

主持人： 而且我认为，您不仅谈论双向、多边，超越了历史，超越了政治，站在人类共同的非物质文化遗产的高度进行交流，那么行文至此，我们像写一篇文章一样。关于您对故宫和故宫学的理解、追求，您的理想、信念，我发现您是一个非常典型的中国知识分子，您的身上带有许多中国知识分子的气节、良知、自觉，我不想有太多溢美之词，新闻工作者的职业准则是让事实说话。大家掌声鼓励。

我想在座的各位同学、各位观众一定有很多的问题，其中让我再问一句，您是如何理解知识、知识分子和知识分子的人格？当然这个话题是放在您对中国文物保护这样一个大的框架内，是站在一定的高度来审视这三个问题的，想得到您的答案。

郑欣淼：知识分子这个概念，西方有它特定的含义。在我们中国，我感到我们传统的中国知识分子，我们的文人的一些操守、传统是很可贵的，包括我们的一些前辈、一些学者，一些从事国家管理的。包括各方面的人，他们都体现了对我们这个民族的热爱，对我们国家的热爱。我想，特别是在当前，在市场经济大环境下，我们应推崇这么一种精神，一种献身精神，一种钻研的精神，可能不一定是轰轰烈烈的，也不可能是轰轰烈烈的。

主持人：是要耐得住寂寞的。

郑欣淼：对。

主持人：我再跟进一句，郑院长，您离开了青海省副省长的职位，离开了文化部副部长的职位，您一头钻进了神武门，在那排青砖小平房里默默地奉献了这么多年，从2002年走马上任到今天，推动故宫学，研究文物的保护、维修和故宫博物院的维修，两岸故宫博物院之间的交流，您有没有感觉到，离开官场以后有一种失落？还是目前的工作给您提供了无法用语言表述的一种慰藉，精神上的慰藉，怎么样去表述现在的真实心情？

郑欣淼：我在很多岗位工作过，我想，每一个岗位都需要有人来干的。我到故宫博物院以前，在国家文物局已经工作了三年半的时间。我到故宫博物院，现在第九年了，我感到，这个工作首先是适合我的。不仅是我为故宫干了什么，更看重的是在故宫这么一个文化遗产中得到了什么。而且我感到，我在这么一个充满历史文化内涵的紫禁城里边，我在研究，我在翻阅很多资料，看到我们前人的贡献的时候，我认为我本身在故宫汲取的东西，远远多于我的付出，而且这种汲取，使我自己感到精神的升华，在人格上，在责任上。像我们的前辈，文物南迁的时候，在一个偏僻的地方一待就是六七年，他们在那么困难的情况下坚持。包括现在我们故宫博物院，大家看到故宫每天游客很热闹，其实它有很多似乎很简单的事要做，比如说太和殿里面不通电，冬天那么冷，夏天那么热，里边总要有人值班；像我们的钥匙房，管1500个锁的钥匙，每把锁的钥匙不止一个，有几把是明代的钥匙，还有清宫的钥匙，三大殿一尺多长的钥匙现在还能用。很多人就是为了奉献，他一辈子干的就是这个事。

主持人：这一辈子都能耐得住寂寞，尽管您现在是故宫博物院的院长，远离了副省长和副部长光环，前呼后拥的那样一种世俗意义上的成就感，但是我们都认为您是成功的，对不对？

郑欣淼：谢谢大家。

主持人：1000多把，故宫博物院那1000多把钥匙当中，我们都不怀疑，在您手里有一把通往成功之路的金钥匙。您告诉我们一下，毕63年于一役，您走到人生最后这一个驿站，如此自豪地在讲述着每天默默无闻地从事简单但极有意义的工作，这把金钥匙的含金量到底有多高？

郑欣淼：我人生最后这一站肯定是故宫了，我也63岁了，我不管干多长时间，我想我不在这个位置上，我还会心系故宫，我会力所能及地进行我的研究，或者对故宫的保护。当然，作为一个负责人承担的责任重大，但是即使不当院长，也仍然可以尽自己的力量，我想最关键的是要有一种对我们民族历史文化的热爱，对我们历史文化的敬畏，这也是我心头经常感到的，是一种自省，也是一种自励。

主持人：让学生向您鞠一躬！您对传统的热爱和敬畏感，我想一定深深地感动了我们在座的每一位学生、观众和电视机前的观众，非常感谢您！您同时还兼着中华诗词学会的会长，我们感觉到您像是诗意一样栖息在自己的精神家园。在我们这个节目快要告一段落的时候，大屏幕上出现了另一首诗，我们想以一种诗兴的方式，结束今天非常令人愉快的文明之旅好吗？有请郑院长读一下您自己的诗。

郑欣淼：好。这是我去年10月份第二次去台湾，到台北故宫博物院出席"雍正——清世宗文物大展"开幕式时所作。雍正大展，刚开始主持人介绍了，本来是他们办展览，但最后台北故宫博物院提出采取两院合办的形式，所以我和周功鑫院长都作为主办方，我们都致欢迎词，我们两个同时开启了展览的大门。我在台湾的诗，应该说是纪事诗，都是记一些我的感受，包括一些具体事件。

> 尽教年来望眼穿，
>
> 殊珍至宝本骈连。
>
> 大门徐启看雍正。
>
> 盛世鸿泥总斐然。

主持人："望眼穿"有什么样的感慨呢？

郑欣淼：去年台北故宫博物院同人也很高兴，因为雍正展，它的观众是相当多的，我跟周院长开玩笑，我说这大半年来都是给您做广告的，因为两岸交流当时就是围绕着雍正展，所以到台湾看，我们大陆旅游团去，包括海外很多人都去了。

主持人：但是您毕竟实现了"双鑫会"的愿望对不对？周功鑫和郑欣淼"双鑫会"，只不过她的含"金"量好像更多——三个"金"叠在一块呢。第二句呢？

郑欣淼："殊珍至宝本骈连"，我们两家都藏着祖国的宝贝，本来它们就是连在一起、不可分割的。第三句是"大门徐启看雍正"，就是当时开幕的一个仪式，我们两个同时按下按钮以后，这个展览的大门开启了。"盛世鸿泥总斐然"，我们看到历史所留下的一切，都是让我们感到很好的。

主持人：为什么是"鸿泥"二字呢？雪泥鸿爪吗？

郑欣淼：是。

主持人：有点禅意。

郑欣淼：也不完全，"康乾盛世"有许多都是值得纪念的，因而都是"斐然"。

主持人：虽然人生无常，但我们却迎来了盛世华章，躬逢其盛，谢谢您。有请到这个地方，有请。接下来我相信，听君一席谈，胜读十年书，一点都不夸张，我们请来了故宫博物院最具权威的发言人，他也是故宫1925年成立到现在，第一次在我们中央电视台国际中文频道面向海内外广大华人观众的一次对历史掌故的讲解，相信大家还有很多的问题。

问：您好，刚才您提到故宫博物院与英国大英博物馆、卢浮宫有过一些文化交流活动，我想请问您在这种中西文化的碰撞中，您的感受是什么？

主持人：刚才我们一直讲文明和文化交流的和谐，今天这位先生提出了中西文化交流当中的碰撞。

郑欣淼：对，这里边也有很多。比如说我们故宫博物院，藏品以清宫旧藏为主，在和国外的博物馆，特别是一些大博物馆的交流中，我们在不断地反思，也得到一些启发。当然，我想我们的一些做法也会引起国外的同行的重视。对我们来说，博物馆本身是一个理念问题，近代的博物馆也是西方传来的，有博物馆功能的发挥问题，包括你办这个博物馆是不是开放的，是不是以人为本的。我这儿就说到台北故宫博物院，因为它开放比较早，和国际接轨早，有着为公众服务的理念。特别是西方的一些大博物馆，它们的国际联系比我们更广一点；另外一个也有中西（文化）的碰撞，比如说我们站在国际的视角来看我们的文化遗产，会有一些心得，比如说我们不是简单地去赞美我们过去怎么样，我们要把我们的文化遗产，要把我们的历史文化和当代中国文化建设怎么结合起来，怎么创新，怎么发展，这也是在中西文化的碰撞中让我们感受最深的。不能光说我们的过去，我们的祖先，就像鲁迅笔下的阿Q，说我的祖先比你阔多了，而是怎么让过去这些历史文化在今天发挥它的价值，发挥它的力量，发挥它的作用，它应该和今天不是脱节的，关键是我们做得如何。这是一个大题目。谢谢。

问：郑院长您好，我就想问一个比较简单的问题。我知道故宫有些地方它是不对游客开放的，然后我就想知道，为什么那些地方不对游客开放？未来是否有可能对游客开放？谢谢。

郑欣淼：这个没有开放，有几种情况。一种是它在过去，本身就是库房这么一些地方，现在也仍然是作为保管之用，在我们有那么多宫殿开放情况下，不是说一定要开放它，它还有其他的功能要发挥的。还有一种就是因为它本身的唯一性，比如说我们很多佛堂，都是清宫的，没动过的，到现在那些在乾隆年间修的佛堂，它里面的壁画，挂的唐卡，摆放的法器、造像，位置都没有变过，相当珍贵，像雨花阁、梵华楼，因为它的脆弱性，它的珍贵性；比如到雨花阁，第一层就有三个珐琅坛城，还有很多佛教的文物，如果进去，弄不好可能会撞到文物身上。像这一类，也不适宜于公开，只可以让少数做研究的人，包括一些宗教界的人可以看。这一遗址类的文化遗产，在很多地方也都存在的，特别是清宫里面，其实我们能开放的，我们尽量都开放。

主持人：是不是还有另外一个原因。那一年，我跟朋友一道去山西境内的恒山悬空寺，当时我们看到下边有一段说明文字，警告、忠告、善意的提醒，爬到半山腰的悬空寺上的游客说，上面只能承载多少多少人，但是我能记得真正爬上去的人，比规定的人可能翻了一倍，我当时非常的害怕，内心惴惴不安。这是不是一个原因？去的人太多了，以至于不得不有所控制。

郑欣淼：是。我们最多一天，创纪录的一天，前年（2008年）的10月2号，这一天接待的游客是14.8万人，这是不得了的一个数字。

主持人：应郑院长的要求，我们在座的几位外国嘉宾、外国客人，是不是也有你们自己想问的问题？（英文）

问：我想问一个小问题。

主持人：您是来自于哪个国家的？

问：我是泰国人。

问：9999间房间，以前老师告诉我不能是1万，因为1万是天，所

以我要问，为什么？（英文）

主持人：这个问题问得很好，您听懂了吗？郑先生。这位女士不要有挫败感，我是非常好的翻译，她说故宫博物院有9999间，可能包括半间的屋子，就是没有到1万。据有关权威人士解释，到了1万，就到了天，一步登天，天是代表了皇权，可是你们的皇帝，号称是天子，也就是至高无上的，为什么不能给他一个机会，让这个房间的数到达一万，让他接近天，或者他就代表了天？

郑欣淼：这个关于9999间半，应该是一个传说。大家知道，我们中国的建筑的间，和西方算房间不一样，是四根柱子之间就算一间房，所以太和殿就是很多间，在明代嘉靖年间就有很多改建。清代用了明代的宫殿，以后在乾隆年间，又有很多改建、扩建、重建，一直到清朝的末年，到民国时期，到新中国成立前，我们现在如果从西华门进来以后，有一大片，都是过去内务府的地方，房间以后都倒掉了，现在剩下的就是8700多间，15.7万多平方米的建筑物。

主持人：这是室内建筑，还是室外建筑？

郑欣淼：室外。

主持人：不是17万平方米。

郑欣淼：对。即使这样，它也是目前世界上建筑面积最大、保存最完整的皇宫建筑群。刚才这位女士说的9999间，那是一个传说罢了。

主持人：谢谢您揭示了，我们高10米的城墙、宽52米的护城河之内故宫所有故事其中最精彩的部分，非常感谢您！郑老师在上，学生即兴赋诗一首，与您分享，诗兴栖息在精神家园里，尤其是今天特别有意义的访谈，您多指教。即兴的一首诗：

文明之旅故宫游，

海峡两岸话春秋。

南迁之路今重走，

兄弟一见泯恩仇。

郑欣淼：很好，真的很好的。

主持人：谢谢郑老师的表扬，我诚惶诚恐，谢谢您。感谢各位的光临，各位再见。

（首播于2011年2月14日，中央电视台《文明之旅》）

认识故宫

主持人：光明网　姚　源

　　主持人：各位观众大家好，欢迎您收看这期的视频访谈，今天做客我们演播室的嘉宾是全国政协委员、故宫博物院院长郑欣淼。郑委员您好，首先欢迎您做客光明网。郑委员，故宫博物院这次做了长达7年的文物清理工作，请您介绍一下这次文物清理的成果。

　　郑欣淼：我们从2004年到2010年进行了7年的文物清理。因为故宫藏品的特殊性，我们知道是清宫的旧藏，清宫旧藏是中国历代皇家收藏的结晶，这批藏品非常珍贵，社会也相当关注。故宫博物院从成立以来经常进行文物清理，大的已经进行了4次，每次要搞10年左右，但一直没有搞彻底，这次我们下了决心，一定要清理到个位数。这有一个什么问题呢，过去由于对文物的看法问题，清宫遗存下来的东西有两部分，一部分是传统的铜、瓷、书画，这是公认的传统文物，古玩，艺术品；还有一些是当时的生活用品，反映衣食住行的，包括典章制度的，比如皇帝的玺印，印造出来肯定不是做文物的，是实用的。皇帝的龙椅肯定是用的，包括宫里的家具，用的车、轿、穿的衣服，包括好多东西。对这些，我们过去的文物观念上有一些比较狭隘的地方，视野不够宽广，对传统认为是珍贵的或者是值钱的、材质好的才重视；而对一些可能是材质不怎么好的、量比较大的，就认为它的价值不一定高。还有一些可能是我们的观念问题，比如说清代的帝王他们的文化素养都比较高，从顺治皇帝一直到光绪皇帝每位皇

311

帝的书法作品，我们都有保存，还有一些皇帝的画也画得很好，我们有25000多件，过去我们没有把这个当文物来看待，连资料都不算。还有一批是故宫自己定的，不够文物，但是很有价值，把它叫作"文物资料"。长期以来，有一些东西没有引起我们的重视。包括宫廷的服饰，过去明代、清代宫廷唱戏是相当重要的活动，不光是文化娱乐，到清代的时候唱戏甚至是礼仪的一部分，什么活动唱什么戏是固定的。光剧本我们就有1万多册，还有大量的戏衣、道具，我们把戏衣当文物，但没有把盔头鞋靴当文物，其实只有把它们连成一体才是完整的一套戏服，我们现在有888件盔头鞋靴已列入文物了。这个理念是从故宫学来的。这件东西的价值怎么看，从发掘故宫历史文化内涵的角度看就有价值，它的价值是客观存在的，只是我们没有认识到而已。我们认识到了，它就有很重要的价值，所以这次文物清理有一个重要的观念，不是传统的文物观念，而是从文化遗产的观念出发，凡是能反映宫廷历史文化内涵的东西，我们都把它保护起来了，这是这次清理的很重要的指导思想。当然宫里边也很大，过去有些死角没有完全清理，这次也清理了。这7年大家是相当辛苦的，因为我们还有很多日常的业务，我们完成的最后清点数为1807558件，很不容易。我们在开表彰会的时候，有些人发言的时候泣不成声，大家感到自己的努力是值得的，我们对故宫这个世界文化遗产，我们祖国最优秀的文化遗产，反映古代先人的智慧和创造的东西，我们担负着保护的责任。你要保护，如果连它的底数都不清楚那是不行的，所以这次既是博物馆建设实际的需要，也是我们对国家一个负责任的态度。

主持人：郑院长，故宫在古建筑维修和文物保护方面都取得了哪些进展，今后的发展理念和方向是什么样的？

郑欣淼：这几年来，我们从实际工作以及学术研究中得出了这样的理念，一个是对故宫要完整地保护，另外一个就是故宫学着眼于故宫是文化整体，是一个整体的文化。所以作为故宫遗产的完整性和故宫学的整体性，这两个的结合是我们这几年来取得的最重要的成就，也是我们今后继续发展的一个指导思想。我想稍微具体说一下什么叫故宫的完整保护。我们现在看到的故宫，大家可能认为就是红墙里面的8700多间建筑，其实这还不是真正的完整的故宫，故宫的修建是中国几千年宫殿建筑文化的总结，还有社稷坛、太庙等，在《周礼·考工记》里边就有"左祖右社""前朝后寝"等叙述。故宫从它的功能上来说，除了皇帝在皇宫里边的执政生活，它的祭祀也非常重要。所以"左祖右社"是皇宫不可分割的有机组成部分。景山过去和故宫也联系在一起，还有皇史宬，放档案的地方，是整个皇宫的组成部分。所以在故宫保护上，在1930年，故宫第一任院长给当时的行政院写了一个报告，报告叫《完整故宫保管计划》，当时故宫被好多单位、部队占用，包括当时还有一个古物陈列所，现在看故宫的牌子为什么在北边不在南边。

主持人：为什么？

郑欣淼：故宫博物院成立的时候，其实南边即前朝部分已经开放了，1914年的北京国民政府决定成立古物陈列所，当时已对外开放了。这是另一个在故宫里边开设的比故宫博物院还早的博物馆。所以故宫博物院成立的时候只有后三宫，包括东西六宫，所以它的门在北边，牌子挂在北边，当时就提出应该把南边的古物陈列所这部分也交给故宫。当时这个提案是由理事蒋中正领衔上报的，行政院很快批准了。最后落实则到抗日战争胜利以后，1948年才实行的。

对故宫的保护，新中国成立以来也因为多种原因，一些建筑被划出、占用，那样做肯定有当时的实际状况。但是今天从遗产的完整性来说，认识是在不断提高，眼界在扩大，文物保护的理念在提升。故宫作为世界文化遗产，关键是它的价值怎么样体现，要把它的重要功能联系起来，一起来保护才是一个完整的故宫，才是一个真实的故宫。为什么文化遗产单位要有缓冲地带？另外，一些和故宫有关的古代建筑，统一用世界遗产的管护标准来管理，才能使它们更好地得到有效的保护。所以，完整地保护故宫就是多年来，不光是我们故宫博物院，也是社会上的有识之士，是文物界的几代人，大家共同呼吁的，这已经很有效果了。像大高玄殿，1950年被一个单位占用，到2010年，整整60年后归还给故宫了，我们今年准备进行维修，它是很重要的皇家道教的殿堂。还有端门，端门在20世纪20年代划给当时的历史博物馆了，天安门的北边，午门的南边，就是端门，这应该说划给历史博物馆已经80多年了。现在国家博物馆有了新馆，我们已经商定，我们两家都是文化部管理的，文化部领导明确指示，国家博物馆领导也很支持，现在要交给我们管理。我们管理以后对这一块的治安状况也会加强。所以，完整的故宫保护是我们要做的。

另外，作为文化整体的故宫学，这个完整不简单是形式上的完整，还有它的内在完整性，这个完整性当然也不仅是建筑物，还有文物，包括作为491年的皇宫期间发生的人和事是文化的有机载体，这是我们工作的指导思想，我们要开放、办展览都要与这个理念结合在一起。说起来道理讲得多一点，但这确实是我们的体会。

主持人：郑委员，两岸故宫博物院合作项目引人注目，两岸交流取得了哪些方面的成果？

郑欣淼：两岸故宫博物院的交流，不光是两岸的同胞也是国际社会关注的，我想它的意义大家看得很清楚。当年有这么一批文物到台湾去了，到了今天，文物之间的联系也是我们民族文化血脉的联系，是我们两岸同胞共同重视的问题。大家知道2009年所谓"破冰之旅"，台北故宫博物院院长到北京故宫博物院来访问，我又到台北故宫博物院回访，当时开始的时候是由于办展览，台北故宫博物院办"雍正——清世宗文物大展"缺一些文物。其实从这件事我们看到什么？两岸故宫博物院文物有不可分割性，台北故宫博物院虽然有60多万件，但是仍然缺很多，因为文物是整体的；北京故宫博物院的文物尽管多达180万件，但只有和台北故宫博物院这一部分结合起来，大家才能看到中国古代文化遗产的灿烂辉煌，这才是一个完整的故宫。当然故宫里有好多东西也流散了，但是两岸故宫博物院把最重要的部分保留了下来。开始我们以展览入手，从展览入手以后我感到很重要的是两岸故宫博物院都有一个真切的期望，是要真正地推动交流。比如说，这个展览，其实台北故宫博物院有200多件文物，周院长提出能不能叫两岸合办，我们认为这体现了双方合作的诚意，我们也很高兴。2009年，"雍正——清世宗文物大展"，我到台北故宫博物院去，这个展览是和台北故宫博物院合办的，围绕这个展览举办的国际研讨会，把它叫为"两岸故宫博物院第一届学术研讨会"，有第一届就会有第二届，也会有第三届，这说明了我们的期望。一开始大家都是想继续推动的，而且我们的特点是什么？从一件事入手，就在一个方面议定了一系列的今后发展的方向。

比如说召开了第一届学术研讨会后，我们去年又举办了"明永乐宣德文物特展"，相应举办的研讨会就称为"两岸故宫第二届学术研讨会"，尽管台北故宫博物院没有文物参加，但是他们也来了代表团，也来致辞参与会议。去年台北故宫博物院办的一个南宋的展览"文艺绍兴——南宋文物展"，我们也派专家出席。今年在台北召开第三届两岸故宫博物院学术研讨会。他们要出《龙藏经》，康熙时的在他们那边，乾隆时的在我们这边，他们有一函因为300多年了，东西都打不开了，用的是北京故宫博物院提供的影像。两岸故宫博物院为此商定，今后在文物影像上，凡是用于学术交流、学术研究，都给予对方以优惠，从一件事入手达成一个方面的合作协议。到2011年，我们还在文化产品销售上有一些大的动作，两岸互设柜台，台北故宫博物院的产品在北京故宫博物院就可以买到，他们也有柜台卖我们开发的产品，我们现在还在进行电子商务的研究，应该说台北故宫博物院比我们做得要快，他们动手早经验也多。另外我们在人员的交流上，做过几个专题研究。我们有一套清宫档案叫"陈设档"，就是宫殿里边的陈设记载，这对清宫文物研究意义相当大。我们图书馆的馆长给我提供了一个情况，说我们把这700多件档案都数字化了，去年台北故宫博物院一位处长来的时候我们刚刚完成数字化，她是第一个享受整个数字化陈设档的人。过去大家也用过，但是数字化还未完成，现在可以通检，所有700多件档案任何一个字都可以搜检出来。我们也到他们那边考察他们的学术管理情况，最近我们图书馆馆长要在那边待半年时间，因为两岸都是清宫藏书很多，包括藏书的盒子两岸都有一些，她说这次去重点是看书籍的装帧、包装等。大家知道文渊阁的《四库全书》最好，现在在台北故宫博物院，我们有当年的文渊阁在，书架子在，我们的馆长上次去已经看过一些书了，这次还要看。

我们在展览交流上，今年台北故宫博物院沸沸扬扬的《富春山居图》的展览，我们借给两件黄公望的作品，另两件是明清时代的画家临摹的。台北故宫博物院还办康熙大帝与路易十四的展览，我们借给他们20件藏品。应该说我们力求常态化交流，不求轰动效应，常态化、制度化是我们追求的，不断深入。

主持人：您担任中国鲁迅学会名誉会长，还是中华诗词学会会长，这次两会提案跟鲁迅和诗词有关，能给我们介绍一下您这次的提案吗？

郑欣淼：这次对于中华诗词，我有一个关于大众传媒，特别是中央电视台应该在弘扬中华诗词方面加大力度的提案。另一个提案是，今年是鲁迅诞辰130周年，9月25日是他的诞辰日，我建议把这一天作为中国的读书日。

主持人：为什么想到把鲁迅的诞辰日作为读书日。

郑欣淼：对于读书，国家很重视，党中央很重视，20世纪80年代，我记忆犹新，那个时期对读书十分重视。应该说一个民族的精神境界在很大程度上与全民的阅读水平是有关的。我们的可持续发展，阅读应该是很重要的支撑。我们国家每年12月是读书月，有的地方也定过不同的读书节，但是现在没有一个读书日，在国际上有一个读书日，是4月23号。我为什么要提鲁迅，我认为现在的读书状况不容乐观，一个是网络阅读，怎么处理它和传统阅读之间的关系。另外就是现在阅读的偏重实用的比较多。

主持人：休闲阅读？

郑欣淼：很多是考试辅导教材，或者是赚钱秘笈，或者权谋处世之道，真正经典阅读不够。功利化的阅读使人丧失了创造性，还有现在专业分工越来越细，这样大家的阅读面受到很大限制，所以现在需要有一个创造性的、独立思考的、真正通过经典的阅读，培养大家一个好的读书的习惯。现在国际上读书日是4月23日，这是英国莎士比亚的诞辰日，也是西班牙塞万提斯逝世日，我们中国把鲁迅的诞辰日作为读书日，这符合国际惯例，也满足了大家的要求，这是第一点。第二，现在围绕鲁迅时不时还看到一些争议，但鲁迅的伟大、鲁迅的精神遗产，这是客观存在的，鲁迅是新文化的杰出代表，他很好地继承了中国的传统，而且他的贡献赢得了国际声誉。所以把鲁迅的诞辰日作为读书日也是对鲁迅一种最好的纪念方式。第三，鲁迅一生读书、写书、编书、译书，一生与书有关，他关于书的见解，比如"拿来主义"，鲁迅既不排外又反对对外来的东西一味说好。他提出要吸收精华，他对读书的主张对于我们今天也是有启发的，所以我感觉用这个日子作为读书日是很有意义的。

主持人：您的另外一个提案是加大传媒对诗词的宣传，前两天有代表说央视应该停播商业广告，您认为这个时段如果加大诗词宣传力度效果会怎么样。

郑欣淼：我认为会很好。大家知道中国是诗的国度，诗词是中国传统文化的精华，如果说国粹的话，中华诗词应该是国粹中的国粹。我们知道中华诗词在近代以来受到很大冲击，遭受了不好的命运，但是总体几十年来没有断过，特别是改革开放以来又出现了很好的发展势头。可能有一些人不大知道，仅仅以中华诗词学会来说，现在会员就达18000多人，遍布全国31个省市，现在各级都有诗词组织，省、市，包括一些中学都有，解放军部队及消防、公安都有，学校、企业也都有诗词组织。现在的各种诗词刊物有600多种，每年包括内部发行的刊物要发表上百万首诗歌，这确实是很了不起的。但是我们不能说中华诗词已经振兴了，它还没有真正繁荣起来，现在面临如何继承传统中的精华，特别是它在当前如何得到新的发展，提高质量的问题，这是大家所关注的。在这种情况下，我们怎么样让社会关注诗词事业，为更多的人普及诗词知识，这是我们长期要做的工作。你要提高质量，要培养现代诗家，日常的宣传是很重要的。而且这个宣传传播中，大众传媒特别是电视可以发挥更多的作用，我们现在是一个网络化的世界，中国的电视、手机拥有量，上网的网民数量都是世界第一的，而且我们生活节奏在变快、生活方式在改变，在这种情况下电视等大众传媒起着重要的作用。

现在总的来看，我感到还有几方面的不足存在，比如说对中华诗词作为中国优秀的传统文化以及当代文化建设的组成部分的重要性，还是认识不足，再一个就是传媒对于中华诗词的介绍没有计划性，也缺乏针对性，缺乏系统性，时断时续。另外我们也看到一些大的传媒虽然有诗词讲座，有的也有结合传统节日的传统诗词介绍，但是力度和深度都不够。特别是讲传统的比较多，对现代和当代的，特别对当代的诗词创作的状况缺乏介绍，我们在电视上看不到。所以我就提出这么一个建议，在大众传媒，特别是电视，特别是中央电视台，应该加强这方面的宣传。我个人想，比如说在合适的频道，我不好说一定是哪一个频道，电视台可能认为哪一个频道最合适办一个固定的栏目，每天可能一两个小时，让我们能知道几点钟是中华诗词节目。这里面包括什么内容，一个是中国经典诗词名篇、名诗人介绍与赏析；第二是现当代诗词名家名作的介绍和赏析；再就是关于诗词知识、创作经验的介绍；另外还有诗词与书画艺术、诗词与音乐结合的问题，诗教的问题，这些都应该有。包括当代诗词创作动态的反映，可以设不同栏目来做，当然中华诗词学会会积极配合。其他的地方电视台也是大有可为的，利用当地的历史文化遗产并结合当前文化建设的实际，可以探索不同的传播弘扬中华诗词的形式，也可以办讲堂，我认为会受到大众的欢迎。通过它们的切实努力，我认为对于我们整个诗词创作水平，对大家的欣赏能力会起到重要的提升作用。

主持人：感谢郑委员的精彩解答。由于时间的关系，今天的节目就结束了。感谢各位网友的收看，也感谢郑委员，再见。

郑欣淼：再见。

（原载光明网，2011年3月12日）

郑欣淼：守护国人的文化宝库

主持人：新华网　赵　艳

主持人：欢迎收看《高端访谈》，我是主持人赵艳。当人们走进故宫的时候，不应该只是来看"皇帝住的地方"，在这里，可以看到华夏文明从萌生到发展，再到辉煌的文化链。可以说中华5000年文明的足迹在博大精深的故宫都有收藏。今天来演播室做客的嘉宾是北京故宫博物院院长郑欣淼。欢迎您！郑院长。

郑欣淼：谢谢主持人。

主持人：您是故宫的守卫者，守卫着我们国人精神的宝库。您对故宫的感情是怎样的？

郑欣淼：我到故宫工作已经7年多了，我几乎每天早上6点多就上班。这几年来，故宫同人对故宫进行维修，我们搞了很多展览。我们感到，守护国家这块灿烂的文化遗产，我们很自豪，也感到责任很重大。但是对我个人，我感受最深的还是故宫的人。

故宫博物院成立80年来，故宫精神哺育了这一代人，这一代人也在创造着新的故宫精神。比如我感受比较深的，像一些年老者，我们故宫有一位老先生叫郑珉中，他是著名的宫廷史专家。郑先生1947年就进入故宫，今年86岁。我们给他配了车，当然他早就退休了，但是像这批专家仍然每天到故宫来上班，每天中午12点前后，当我往食堂走的时候，我就发现他在红墙边骑着自行车过来，他和故宫的感情已经不一般了。

故宫有一些引进的外国名犬，每天下午5点钟左右，有人训练它们。我碰见一个小伙子，他每天骑着自行车，狗就跟着他跑。有无数这样的人，他们把自己的一生献给了故宫，他们以故宫为荣。我对故宫的感情，发自对故宫的了解，同时也是在对同事进一步了解的过程中，不断地加深。

主持人： 应该说故宫的守卫者们都是一代一代地传承，他们也深深地把自己的情感投入到故宫里面。故宫不单单是一座皇家宫殿，也不单单是中国最大的博物馆，它是一个将建筑、文物、典籍等多种元素融合在一起的文化整体，是中国5000年传统文化的结晶。您提出故宫学是基于什么样的考虑？

郑欣淼： 故宫学是2003年我提出来的，这几年来，它得到了好多专家学者的赞同。台北故宫博物院的周功鑫院长对此极力支持，她说这个提得好。明年是我们建院85周年，一个重大活动是故宫学的国际研讨会，我已经邀请周院长出席，她已经答应了。我为什么要提出故宫学，我感觉我们过去对故宫的理解是分散的、割裂的，这个后果就是对故宫整体的认识，对它丰富内涵的认识不足。现在提出，有这样几个意义。第一，故宫确实作为一个文化整体，比如说我们传统看什么是文物，可能你也知道，青铜器是文物，古代的书画是文物，玉器是文物，但是皇宫里大量的日用品、反映典章制度的用品算不算文物？过去我们认为这些就不算文物。还有一些没有引起重视，比如说像皇帝写的字、画的画，现在有25000多件，这25000多件在过去的文物总数里并没有包括它，当时认为帝后不是艺术家。

现在还发现了乾隆御稿，上万件的作品。从故宫学角度来看，凡是能反映宫廷历史、反映那个时代的，都是重要的历史记录。所以，故宫学的提出，就是好多我们过去引不起重视的东西，都从文化遗产角度给予重视，这也反映了我们对文化遗产的全面保护。

还有一个我认为很有意义的，比如现在圆明园在追索它的文物，其实故宫文物有好多流散在世界各地，博物馆、大学，包括民间。这些东西离开故宫原来存放它的场所，离开了这个环境，就文物谈文物，它也是很宝贵的。比如说最近拍卖的乾隆皇帝的宝座、玉玺，它的价值也很大。但是和故宫联系起来，和故宫的古建筑联系起来，和当时的典章制度联系起来，和乾隆皇帝的其他收藏联系起来，就有了深刻非凡的意义。故宫学的提出，我觉得对于散失在海外大量的清宫文物有了一个学术上的归宿。这些东西在国外可能是孤零零的一个东西，就是一件文物，但是放在故宫学的视野中来看，它就有了生命，有了灵气，有了丰富的内涵。

所以，故宫学的提出，在研究上是多学科的，能打破学科的界限。比如过去在博物馆内，搞书画就是搞书画，搞玉器就是搞玉器，但从故宫学角度看它们是相通的。同时也彰显文化遗产是全中国人民的，它的财富也是全世界人民应该共同享有的。对故宫的内涵挖掘，也要社会各界的参与，故宫在北京，故宫的藏品在北京故宫博物院，台北故宫博物院也有很多重要的藏品，但是对故宫学的研究是世界的，我们欢迎世界各地的学者来参与故宫学的研究，所以这是一个开放的心态。

主持人："故宫"已经是大文物，呈现的是一种中国的文化。2005年10月10日，北京故宫博物院迎来它80岁的生日。80年的风雨路，对于博大精深的中国文化历史来说只是沧海一粟，而故宫博物院其间又经历了哪些具有代表性的发展阶段？

郑欣淼：这个问题要说的话，牵扯到两岸故宫博物院。因为故宫博物院是1925年10月10号成立的，1949年是我们新中国成立。在这个同时，故宫南迁文物四分之一被运到了台湾。应该说在此之前，1925年到1949年初，这是两岸故宫共同的历史，这是一个阶段。另一个阶段，1949年一直到"文化大革命"，这是北京故宫博物院恢复发展的时期。

"文化大革命"之后，从十一届三中全会一直到现在，可以作为一个比较长的历史时期。每个时期可以分不同的阶段，每个阶段也有不同的特点，我不细说了。部分故宫南迁文物，从1949年运到台湾以后，一直在库房保管。1965年，在台北成立故宫博物院，但他们不叫成立，叫恢复，他们认为他们是故宫博物院的正统，1965年成立，到现在已经44年了，这一段发展也是不错的。可以说从今年开始，两岸故宫博物院进入了一个新的历史时期，这个新的历史时期就是两岸故宫博物院的交流与合作，突出成果就是大家瞩目的雍正皇帝的展览。当然，两岸还有一些具体的协议。

主持人： 提到雍正大展，这是两岸故宫博物院60年来首次合作举办。您作为参与者，从开始到成功地举办，这一系列的过程您都非常熟悉，您对这次大展怎样评价？

郑欣淼： 大展确实很重要，很有意义。从社会各界、海内外的关注就可以看到。我想它最大的意义在于开启了两岸故宫博物院的交流与合作。所以我在台北雍正展的开幕式上开了一句玩笑，说我们两岸故宫博物院多亏了这个老头儿（雍正皇帝）。台北故宫博物院要办这个展览，他们知道北京故宫博物院有一些藏品，如果能借过来，这就是一个很好的展览，是一个名副其实的大展。他们这个意向给我们透露以后，我们感到很好，决定支持。这样周院长在2月初就率人来了，就谈展览。

其实以展览为由头，我们开展了全面的交流。接着我又去了台湾，又进一步深化、确定、扩大一些项目。最后，这个"雍正——清世宗文物大展"，引起国际社会的关注，包括两岸同胞的关注，这不仅是两个故宫博物院的事，也绝对不是两个故宫博物院之间简单的文化交流，而是两岸文化的交流，文化是根，同根同源。它不仅是分割60年之后故宫文物的重新聚首，也是两岸同胞对于共同的历史、共同的文化的深情拥抱，这表明我们一个民族的凝聚力，民族文化的认同感。同时我还提到，两岸原来互不来往，后来则发展到不断升温的交流中，也反映了中国文化的包容性和传统文化的力量。

主持人： 由于历史原因造成两岸各有一个故宫。台北故宫博物院对于大陆的大多数人来说既熟悉又陌生，熟悉是因为它闻名已久，陌生是还不是那么容易亲历。从您的视角介绍一下台北故宫博物院目前情况是怎样的。

郑欣淼：台北故宫博物院我去过三次，我到他们地下库房看过一次，到山洞里面，他们也是备战，好多都运到山洞里，我们去看了。我也做了大量的研究，特别是我写了一本《天府永藏：两岸故宫博物院藏品概述》，去年在大陆出版，今年3月份我去的时候，台湾的一个出版社也出版了。这对台湾社会民众了解北京故宫博物院起了积极的作用，同时对我们了解台北故宫博物院的状况也有所帮助。我个人总体印象是这样，台北故宫博物院从1965年建成以来，确实是发挥了重要的作用。作为博物馆，它在理念上，特别是为公众服务方面，精心筹办一些展览，都是做得很好的。同时在对外交流方面，应该说在传播中华文明方面都做了很多工作。我还有一个感受，台北故宫博物院和台湾社会的关系是比较密切的，台湾人对于台北故宫博物院是很敬仰的，有一种很神圣的感觉。台北故宫博物院在台湾社会整体文化素养提高方面起了积极的导向作用。我感觉这是很好的。

台北故宫博物院的藏品现在有65万件，有60万件是南迁的文物，5万件是到台湾以后征集的。我简单给大家介绍一下这60万件，其中有三分之二是明清档案，这些档案整理得很好，包括这次的雍正展，好多就用了档案文献。它和北京故宫博物院不同的是，北京故宫博物院现在档案基本都交出去了，大家知道有一个中国第一历史档案馆，还在故宫的红墙之内，1980年，故宫的明清档案部交给国家档案局了，当然之前还有一些变化。

1980年，我们当时交出的档案有800万件。我感觉到两岸故宫博物院还有很多共同的地方，就是我们认为24年的那一段历史不是过眼烟云，当时制定的一些规章制度在许多年后，特别是文物南迁中的一些严谨的工作作风，两岸故宫博物院都保留了。我到台北故宫博物院山洞里看文物，文物一看完，马上贴一张封条，北京故宫博物院也是这样的，都是很严格的。它也是在国际上很有影响的一个博物馆，它和北京故宫博物院一样，实际上都是在传播中华文明。

主持人：每一个走进故宫博物院的人，对国宝都有一种很神秘的感觉。但是北京故宫博物院一级文物就有上万件，这么重要的馆藏，我们如何保护它？

郑欣淼：故宫的保护工作是第一位的，现在对外宣布的文物是150万件（套）。对它的保护，在设施方面，比如我们现在有一个现代化的地下库房，这个地下库房有2万多平方米，我们搞了10年建起来的，有100万件（套）文物在地下，而且是恒温、恒湿的，相当安全。另外我们在地面的库房，保管条件相对不是要求很高的文物在地面库房。对它的安全，不一定在库房的文物就是安全的。为什么这么说？因为在库房，文物本身有一个老化的过程，特别是自然环境等各方面都可能带来变化，而且一些确实是时代久远的，包括材质比较脆弱的，受到其他一些因素影响的文物，对它的维护、管理、保养是很重要的。我们有一个70多人的文物保护部门，叫文物科技保护部。包括我们有大量的现代化的设备，这在全国博物馆中也是绝无仅有的，在国际上也是不多见的。我们保护文物根据种类不同而采取不同的方法，既有传统的，也有现代的，包括我们和兄弟博物馆合作进行一些文物的修复、保护，也给予一些帮助。

总的来说，保护任务是很重的。有些是需要日常保养的，比如说钟表，日常保养就是要检修，过去一直有。比如说书画等，都是要定期检查的，有一套严格的程序。比如说有些书画就有休眠期，最近书画馆进行了第六批书画展览，《千里江山图》这幅画20年没有展出了，在这20年里能看见它的人也不过是四五个，而且是出于检查保护它而看的，看的也是片断，不是全部。这个不是说谁想看就能看的，我们都是有严格规定的。

主持人：我们这么细心地保护这些藏品，就是希望它有机会面向世人。北京故宫博物院有150多万件（套）文物，85%是清宫旧藏。除了有形的宝库，其实故宫也蕴藏着众多非物质文化遗产，我们如何传承和保护它？与时俱进地看，您对非物质文化遗产有什么样的思考？

郑欣淼：这个问题提得确实好。提出故宫学以后，我们文物保护的理念也在变化，视野也在开阔。文物保护不光是保护你看得见的东西，还有些是属于技艺型、工艺型的，你看不见，它反映在人的身上，对它的保护也相当重要。比如说我们的书画装裱技术。书画装裱（技术）很多，包括日本都有装裱不错的，但是故宫包括装裱在内的这些技术，基本上是清宫流传下来的，起码是一二百年以上的技术。我们的书画装裱技术去年被国务院公布为第二批国家级非物质文化遗产项目。

今年我们又报了三项。比如说钟表。当时清宫有个专门做钟的，叫做钟处，既有做钟的，也有维护保养的人，这批人一直延续到什么时候？1924年的11月份把溥仪赶出宫去，宫里有一批为他服务的人，其中就有维修钟表的，我们就把维修钟表的人留下来了，这些人一代一代传承，到现在钟表的维修仍然是我们的强项，因为这很重要，世界上没有哪一个国家像我们的博物馆这样集中了一批欧洲早期的钟表。

另外，我们还有青铜器的修复技术，还有书画的临摹技术，这些都是传承有序的。他是怎么进故宫的，他的师傅是谁，师傅的师傅又是谁，都可以找出来。今年我们申报了几项非物质文化遗产（项目），我们感到过去也有不足的地方，需要从理论上研究提高，也需要和现代的一些科技更好地结合起来。我们现在做的一件事就是整理、总结，正在拍摄一个电视资料片，就叫《故宫绝活》。

我对你那句话很感兴趣，即故宫是一个大文物，它不仅是看得见的铜瓷书画，还有一个大宫殿，本身就是了不起的文物，对故宫宫殿的维护也是非物质的传统的技术，也需要传承、维护。故宫从20世纪50年代初就有一支维修的队伍，最多时曾经达到300人。这批人（好多）都是身怀绝技的专家。比如说现在修房子，脚手架都很好，都是很现代化的，过去故宫有专门搭架子的工人，特定的维修场所只能用传统的搭架，我们现在就恢复了架子工。

一些油饰彩画技术，这些都是需要传承的。故宫古建筑、故宫"官式建筑"的营造技艺也作为国务院公布的一个非物质文化遗产项目。对这个传承我们搞拜师会，我们搞了多次。维修一开始就花了上百万元，买最先进的摄像器材，随着维修同步记录下来，记录的目的（主要是为了）技术的传承，故宫博物院维修的过程也是我们培养人才的过程。

主持人： 我们在文化遗产保护当中提出了很多概念。之前也提出一个新的概念，叫"数字故宫"，与信息化结合在一起。您给我们简单介绍一下数字故宫？

郑欣淼： "数字故宫"包括很多内容。比如文物的展示，我们有网上博物馆，在网上就可以看到故宫的一些藏品等。另外也包括文物的管理系统，比如说我们的文物账目就是电子化的，过去是人工的，人工的会出现什么问题？一个东西登记几张卡片，可能登记重了；有的是漏登了。现在电子化账册基本上就避免了这类问题。当然还有办公系统，我到故宫这几年，已经没有在纸上批文件了。

另外，比如我们和IBM搞的"穿越时空的紫禁城"，上网就可以看到，还包括一些游戏。我们和日本的凸版印刷公司已经合作快10年了，在故宫里成立了故宫文化资源数字研究所，这个研究所是中国文物界唯一的、名副其实的中外科技合作研究单位。故宫这几十年来唯一新建的建筑物就是数字化研究所。

我们感到数字化对博物馆发展起着相当重要的作用，带来工作方式的一些变化。当然我们还有一些，比如在展览的时候，辅助地利用数字化介绍，大家可以更直观、更好地对展览有所了解。总的来看，"数字故宫"的建设，我们在数字化发展方面目前还是走在比较前边的。当然这方面的竞争也是很激烈的，最近国内各地新办了好多博物馆，一些新博物馆起点很高，在这方面也做得很不错。台北故宫博物院在这方面也下了功夫，我们叫"数字化"，他们叫"数位化"，在这方面也很有特色的。数字化也是我们和台北故宫博物院合作交流的一个重要方面。

主持人：文化遗产保护需要不断地与时俱进。近年来，文化传承、历史遗迹的保护和城市现代化建设的高速进程之间出现了一些不和谐现象，比如京城名人故居1/3已被拆除，对此网友纷纷提出异议，梁思成林徽因故居拆迁问题最终得以解决，随着北京35中新址拆迁，鲁迅和周作人的故居的拆迁也引起网民的热议。如何保护一个城市文化的厚重标志和不可再生的人文资源呢？

郑欣淼：应该说北京的状况现在比以前好多了，但是也要看到现在已经破坏的、损失的也是相当相当地大。像北京这样一个厚重的、有历史文化沉淀的城市，不仅仅有紫禁城，不仅仅是明清的皇家建筑，不仅仅有一批全国重点文物保护单位，城市文化积累是由不同层面构成的，文化名人的故居不仅仅是个建筑，也是和特定的历史人物经历、事件与国家发生的一些大事联系在一起的。

这个我认为没有谁会公开反对说必须拆它或者以其他这样那样的理由拆掉它。但是我感觉到，报纸上能有这么多引起反弹的，说明舆论的情绪或者大家的共识越来越多。北京城如此，其他各地也都碰到过类似的情况，我个人感觉一定要慎之又慎，拆掉比较容易，如果拆掉感到后悔了要恢复，那不是能够简单恢复的，新建不能代替原来的，这方面的教训我们太多了。

有时候出现这类问题，大家都感到很吃惊，这几年大家都认识一致了，怎么又出现这样的问题了。这说明文化遗产保护意识从决策层、政府的层面到民众的认识都需要提高，特别是决策层面，特别是对一个城市文化的理解认识。这几年出现的对中国文化遗产的破坏，特别是在城市改造上，这些教训是记忆犹新，我们不应该让它再出现了。

主持人：各地纷纷出现了因为城市建设而遇到的文化遗产保护

措施上的一些不和谐现象，体现了我们在文化遗产保护方面有一些欠缺。这方面的欠缺如何能够改善？也希望听到郑院长的一些建议。

郑欣淼：我们对文化遗产的认识，比如说这几年来出现了很多要打造什么文化城，打造什么新的东西，我觉得这是对文化简单的理解，可能认为修一个文化宫就是一个文化，建一个博物馆就是一个文化，他没有想到文化是一个积累的过程。

什么是文化遗产？文化遗产到底为什么要保护？保护它仅仅是因为能吸引来游客或者说能作为旅游的资源来开发，还是把它真正作为我们一个城市文脉的传承？甚至城市的精气神就反映在你看不见的胡同里面或者是其他场景，我感觉这个问题还要解决，真正解决为什么要保护文化遗产、文化遗产到底有什么作用。文化遗产并不是说都能赚钱。比如说周口店的北京猿人（遗址），它也是世界遗产，是重点文物保护单位，知名度也很高，但是去的人少，那你说对它保护不保护？是必须保护的。

还有很多老建筑，不一定说游客多的地方就一定要保护，一定要加深对文化遗产的理解，明确什么叫文化遗产，我们为什么要保护文化遗产。我想这个问题不解决，今后还会出这样那样的问题。

主持人：您有一句话说得特别好，您提到保护文化遗产不一定是能赚钱的。有网友问：像法国的卢浮宫、英国的大英博物馆等等，它们在面向公众时更开放，门票价格也更便宜，而故宫门票有点贵，不知道您怎么看待这个问题？您觉得国外在保护文化遗产方面有什么值得我们借鉴的？

郑欣淼：这也是很多人关心的。我个人是这样理解的，比如说大英博物馆，现在不收门票，并不是说过去一直不收门票，是工党上台以后才决定不收门票的。卢浮宫去年有600万游客，它是收票的。我感到欧洲这些著名的大博物馆，总体上它们在为公众服务、在展览方面有很多是值得我们学习的。

这几年我们和大英博物馆、卢浮宫签订了合作协议，已经分别举办了它们的展览，现在我们正在筹划到它们那边去办展览。通过这样的合作，我们感到它们的历史，包括理念都有我们学习的地方。我感到最重要的地方，就是它们以人为本，认真地办展览，让公众能更好地观看。

北京故宫博物院这几年也在改进，我要说的一个很重要的和它们的不同，就是我们的游客人数不得了。今年截至10月22日，游客数量已经达到1000万人次。我说的1000万人次是买票的，不包括各种免费的，这个游客数是其他博物馆都没有碰到过的状况。所以联合国教科文组织世界遗产委员会给我们提出一个重要的建议，就是旅游风险的防范问题。这么多游客，怎么处理好安全问题，这个安全既有文物的安全，也有游客的安全。对我们来说还有一个提高服务质量的问题。比如去年10月2号，故宫博物院一天最多是多少人？14.8万人。这是一个什么概念呢？就是人多到一般年龄大一点的人，你要上太和殿的台阶都是要小心的，你可能是上不去的。

故宫的门票现在是60元钱，淡季是40元。里面有两个馆，一个是珍宝馆，一个是钟表馆，各收10块钱，此外所办的其他展览都不收钱。还有书画馆、陶瓷馆以及午门一些特展，我们都不收钱。这个价位专家也研究过，认为目前在国内好多（景区）纷纷涨价的情况下，我们这个还是比较适合的。

当然我还要说，故宫门票收入是收支两条线，收得再多我们也是不能花的。如果故宫不收门票或者门票很便宜，可能带来管理上的问题，人多给文物带来的影响就会更大。所以我们国家让大家都能很好地享受到我们民族的文化遗产，绝大多数的博物馆都在免费。像遗址类、古建类的博物馆，国家没有让免费，我想都是经过多方面考虑之后做出的决定。比如说三大殿，其实过去是可以进去的，以后人越来越多，不能进去了。这是"原状"陈列类型的展览，我们通过窗户能看到里面的摆设，这个摆设就是当时宫（殿内陈设）的样子，大家有一个直观的了解。第二个方面就是我们办了一批清宫历史文化的展览。

如果从午门进来，路过太和门、太和殿、保和殿，它的东西（两庑）我们都办了展览，比如说武备展、车轿展、宫廷乐器展等，让大家知道皇宫的历史文化。我们有近15万件书画，决定用3年时间，每年分3期，3年9期展示出来。我们通过3年9期的展览，每一期的展览都有不同历史时期的精品。

我们还有一个陶瓷馆，上一次台北故宫博物院周院长来看了，对这个相当赞赏。我们在展品的选择上以及展示的方式上，甚至灯光上，包括辅助的介绍设施上，都是很有进步的。还有钟表馆、玉器馆、青铜器馆等，这些都是很多的。但是一个人到故宫来待的时间不会太长，随团的往往就是半天时间，有时候从南到北，顶多到两边看一下，可能大家就筋疲力尽了。但是对我们来说，感到还是有差距的，我们的工作还要继续提高。包括我们展示的水平，每一个都要做成精品，每一个都要相当的用心，我想这也是社会对我们的期望，也是我们国际上大的一些博物馆的经验对我们的启发。

主持人：故宫作为国人的精神家园，需要一代一代传承。我们的网民也能体会、理解由于国情的不同所带来的一些门票上的小问题。很多网友最近关注圆明园组织专家海外寻找遗失的文物，他们非常期待我们的文物能够"回家"，您认为这个愿望能实现吗？

郑欣淼：我在这儿先介绍一个很有意思的事情，我今年3月1号到台湾去，恰好是国外对圆明园兽首的拍卖会。这次我10月5号再到台湾去，台湾方面又传出圆明园的兽首要给台北故宫博物院、台北故宫博物院拒收的事。有人说我们两院合作怎么都出现和圆明园兽首有关，是不是有人有意为之，时间怎么这么巧合。这次（包括3月份）我在台北的时候，我被问到最多的就是这个问题，他们问的就是你认为应该不应该（拍卖），另外就是台北故宫博物院拒收这个东西你怎么看？

我想，关于这件事大家的心情是可以理解的，这与我们屈辱的一段历史，与我们民族的感情是联系在一起的。我们国家这么多年来，经过改革开放以来的重大发展，经济实力的提高，或者说中国的崛起，我们不仅在经济上，而且在文化上，大家的自信心也在增强，我认为希望文物回归是一种很合理的要求。这种要求不光是中国有，我想这是任何一个文明古国都有的。

我个人感到这个问题比较复杂，特别是牵涉比较早流失出去的。比如我们说的圆明园，追溯到19世纪后半期，一直到20世纪前半期，都有因为战争而被掠走和非法流失的文物。国际社会有这方面的公约。但对公约生效前发生的事是没法追索的，所以这牵扯到很复杂的问题。我感觉我们要理性地来对待这件事，它不单是你要有一腔热情，在公约的框架范围之内，怎样通过外交途径合法合理地解决。当然，我们是坚持不懈的。我想政府的立场也是如此，对我们过去流失出去的文物，一直有自己的立场，什么时候是合适的时机，采取什么样合适的方式，我觉得这是需要认真研究的，不是凭热情就能简单办到的。

还有一个，目前很重要的就是，我们要管好我们现在的文物，我们也要防止新的流失。最近几十年来，因盗墓、走私，文物流失在海外的不在少数，而且文物的重要性不亚于过去流失出去的，这个是我们现在应该更加重视的，不要一味追索过去。过去的是要追索的，圆明园现在采取一个很好的做法，就是出去调查，这个消息当时我还不知道，中央电视台给我打电话，采访我是什么看法，我说真不知道这个事。我说这是一个好事，好就好在它和追索是两回事，不能说其中没有关系。作为圆明园，知道自己流失的文物现在在什么地方，这是一个好事。但我们也要防止新的文物流失。

另外，展示很重要。以故宫博物院来说，就是怎么尽可能地让更多的好东西跟国人见面，让世人参观。如何办好展览，这是包括故宫博物院在内的整个博物馆界都应该做好的一件事情。

主持人：您刚才说得太好了，除了要追回我们流失的文物，更重要的是要更加保护，不要再有文物流失出去。您提到，我们现在可以做到的就是尽可能地办好展览，能够使更多的展品面向世人展出。其实新中国成立以来，故宫文物征集组一直在为流失的国宝重归故里而奔波，其中有众多不计名利的捐献者，他们也是让我们国人非常感动的，很多网友希望您分享一些其中的故事。

郑欣淼：刚才我说了，150余万件（套）文物里面，130万件（套）是清宫旧藏，有20万件（套）是新进的。新进的，一部分是国家拨给我们的，一部分是我们买的，一部分是捐献的。国家拨交的一部分里面，有一些是捐献者把他的文物捐给国家，国家给到故宫的。比如说给我开车的师傅，他的老师说（自己家藏）赵孟頫的一幅画捐给故宫了，故宫捐献榜怎么没有自己的名字。昨天我们有人去查，是王冶秋局长给这位老师发的证书，画是捐给国家文物局，然后文物局拨给我们的，所以景仁榜就没有这位老师的名字。这些人是很了不起的，文物局很清楚。现在捐的，截至现在有700多人，捐献的东西有3万多件，不要小看这些东西，都很了不起的。

我举几个例子，大家都听说过张伯驹先生，他是"民国四公子"之一。我们国家最早的一幅墨迹本，就是用墨写的字，是《平复帖》，到现在1700多年了，还是完好无损地保存着，这也是我们的镇馆之宝，这就是张先生当年不惜花巨资收藏的。在战乱期间，他把这件东西缝在自己的棉袄里面，最后他捐给国家，由故宫保管。还有展子虔《游春图》，张伯驹为了不让这幅作品流失海外，他卖掉房产和夫人的首饰给买下了，捐给国家，我们都很感动的。

还有朱翼庵先生，他也是精于收藏和鉴赏。1935年故宫博物院的文物首次到英国展览，书画文物就是他挑选的。他收藏的最有名的是一批碑帖，过去清宫里面碑帖收藏得并不多，不是很受重视，现在北京故宫博物院的碑帖收藏，主要就是朱翼庵先生一家捐的。当年他是故宫博物院专门委员会的委员，当时马衡当院长，说故宫出10万银圆给买下，朱先生说我不卖，以后我要捐给故宫博物院。

朱翼庵先生是1937年去世的。20世纪50年代初，他的夫人和四个儿子遵从他的遗愿，把706件碑帖全部无偿捐给了故宫博物院，所以故宫博物院藏中国碑帖是世界第一，就是因为有朱先生一家这样的人捐献。这一家人很了不起，朱先生的大儿子朱家济在文物南迁时就是故宫的人。另一个儿子朱家溍是清宫史的专家。他们一家收藏的明清家具很有名，都捐给了承德避暑山庄。朱先生还有一个儿子朱家源在中国社科院工作，古籍善本捐给中国社会科学院了。在前几年，家人把朱先生仅剩的书画藏品和名人用过的一些砚台，捐给了朱先生家乡的浙江省博物馆。我觉得这种精神那不是一般的，确实是高山仰止，我们感到这一家人确实是了不起的。

还有一个香港的医生叶义先生。叶先生给我们捐过50多件犀角雕刻品。这种雕刻容易腐烂，不好保存。他还把一批外销瓷捐给台北故宫博物院，把一些竹雕捐给香港艺术馆，这都是了不起的。当然还有很多是特殊情况下的捐献，比如说周绍良先生，他收藏的东西很多，种类也很多，"文化大革命"开始时"破四旧"，弄不好这些东西就会被毁掉，他就把一批清代的墨捐给故宫博物院。周先生的父亲曾是中国佛教协会副会长兼秘书长，周先生（后来）也是中国佛教协会副会长兼秘书长。墨作为一种学问是他提倡的，而且他写了好几部关于墨的著作。他去世以后我专门到他家吊唁。最近我们出了他的几本书，他的女儿一定要我给她父亲的书写序。他不仅给故宫捐，也给很多地方捐了。

前些年李敖先生到故宫博物院，我们常务副院长带他到景仁宫，上面有一个景仁榜，是多年来捐给故宫文物的人的名字。李敖看了以后说，你们的意思我清楚了，我也要捐一件。他捐了一幅乾隆写的字，是通过凤凰卫视的刘长乐先生捐给我们的，因为李敖没有再来，就用了一个录像，他讲了很多，说"我让乾隆又回宫了"。最后他开了一个玩笑，他说：以后大家少到故宫去，一到故宫，看到这么多东西，你可能良心发现，你的"赃物"可能就要拿出来捐献。

所以，这次我到台湾专门拜访李敖，向他表示感谢。我们也经常碰到一些人，包括海外的，比如刘墉的后代，去年捐了一幅字给我们。这些都是大家自觉自愿的，好多人都是基于对故宫的信赖，感觉我把东西放在你这儿是放心的，他的东西能和中华民族最优秀的一些遗产放在一起，他感到自豪。

这些年不光是书画，其他如国家级工艺大师的一些作品也有捐献给我们。包括这些年一些著名的人物，比如吴冠中先生、范曾先生等等，我们给这些先生办过展览，他们捐献一批书画了。在这些人身上，我们感到了一种可贵的闪光的精神，它激励着我们一定要保管好这批民族文化精品。

主持人：我们要感谢这些捐赠者。文化遗产保护需要我们世世代代的共同努力，故宫作为国人的精神家园，也是要坚守的。再次感谢郑院长做客新华网，本次访谈到此结束。

　　（本文为作者在新华网接受访谈的文字稿，首播于2009年11月6日）

一杯咖啡打不倒中华文化

——郑欣淼回应"星巴克事件"

整理者：《人民日报》记者 杨 宁

2010年10月13日，故宫博物院院长、故宫学首倡者郑欣淼做客《文化讲坛》，讲演结束后，听众和网友热烈回应，踊跃发问。针对大家关心的文物保护与商业开发、海外流失文物追索等问题，郑欣淼院长条分缕析，娓娓道来，赢得阵阵掌声。

听众：听说每年国家有一些专款用来回购流失文物。我想知道这个款项的使用情况如何？故宫已回购了哪些宝贝？海外文物追索，有没有新的想法？

郑欣淼：海外文物追索这一块，我没有参与，所以不大清楚。故宫博物院现有的文物征集经费，来自国家一年划拨的1000万元。当然国家很支持故宫，如果看准的好的文物，价格高一点，也会给予支持的。因为经费有限，所以，我们对文物回购有一定侧重，还是以清宫流失出去的一些重要文物为对象。而且，用这个经费，也只能买一些一般性的东西，大量回购还做不到。

2003年我们曾经买过《出师颂》，当时花了2000万，加上手续费，2200万。这几年还买过一些，但是在拍卖会上买得比较少。

听众：每到节假日，故宫游客很多。有人将之比喻成"庙会"，既热闹，但也受罪，这既影响了参观质量，对文物保护也会造成不好的影响。是否考虑过通过限制参观人数等办法来改善这一局面？

郑欣淼：故宫的人流量大，已经持续很长时间了。卢浮宫最高的纪录年均800万人次，而故宫年均已经接近1200万。今年国庆黄金周，故宫游客总量也达到61万人次。

游客多了，必然会影响服务质量，包括参观感受。但是，我不主张通过简单限制游客流量，或者提高门票价格来解决。我的想法是，首先疏导人流，避免游客在相对集中的时间，出现在相对集中的区域。其次，可以通过实行电子门票，来实时监测游客数量。另外，还可以在机场、火车站等地设立售票点，方便游客提前买票。

听众：故宫是中华文明的标志之一。前几年，星巴克出现在故宫，引起了很大的争议，请问您对这个事怎么看？

郑欣淼：关于这个问题，由于种种原因，我们很少正面回应。我觉得，这件事首先说明了大家热爱故宫，认为故宫是中华文化、民族尊严、民族历史的象征，这一点很让人感动。

同时，我个人认为，星巴克作为一个为公众服务的场所，存在也是有必要的，有的时候不应"上纲上线"。比如在法国卢浮宫，里面的经营也是多种多样。假如卢浮宫里有人卖中国茶，法国人就宣称要把它剔除掉，我们会怎么看待？

国家正在发展，民族也在复兴。有着如此悠久历史的中华民族，难道一小杯咖啡就可以打倒？尽管这个事件过去了，我相信大家可以更理性地来看待。毕竟，我们中华文明具有强大的包容性，我们也要有一种文化的自信。

听众：现在很多地方都在依托文化遗产进行开发。您如何把握故宫在商业化开发方面的尺度？

郑欣淼：我们现在都提文化产业化，博物馆现在也提倡开发产品。但是我认为博物馆的产品开发不是指产业化，因为博物馆有它的底线。它不是企业，不能以营利为目的。我们可以赚钱，但要符合博物馆的规则以及形象。

当然，我们的思路也在改变，比如开发一些具有故宫特色的文化产品，相当于让买走这些产品的人，带走一座"紫禁城"。事后，大家一看到，就立刻想到故宫，就想到中华文明，想到中华文化。这是我们要做的事情。

10月10日，故宫还成立了一个文物保护基金会，向社会募集一些资金。募集来后，我们当然不是要给自己发钱，改善福利，而是要做一些研究项目。总之，我们绝对不会以任何不当行为影响故宫的声誉，请大家放心！

（原载2010年10月14日《人民日报》）

大哉！故宫

——阎崇年对话郑欣淼

采访者：《新京报》记者　张　弘

前不久，由阎崇年主讲的"大故宫"登陆央视《百家讲坛》，据此而成的《大故宫》第一部也由长江文艺出版社出版。阎崇年所讲述的"大故宫"，打开了故宫外延，首次将颐和园、圆明园、避暑山庄、沈阳故宫、南京故宫、台北故宫博物院等，纳入故宫姻系，并以此为脉络，透彻解析绵延千百年的封建皇家族系、机制构架、社会人文、文化渊源，以及建筑、文物、民风等。就人们如何认识和了解"文化和历史中的故宫"，如何认识作为现实中实物存在的故宫等问题，3月12日，本报特邀阎崇年和北京故宫博物院前院长、"大故宫"概念的首创者郑欣淼进行了对话。

（一）遐思空间之大——实体故宫包藏着文化故宫

"大故宫"这个概念如何形成，一般公众应当怎样认识故宫、理解故宫，以及它和中国历史、文化之间的关系，阎崇年和郑欣淼的视角既有统一，也有互补。

阎崇年："大故宫"这个概念，其实还是受了郑欣淼院长的故宫学的启发。把故宫作为一个学科来建设是郑院长第一个提出来的。他提出，故宫这个范围不仅仅是紫禁城圈里，天坛、颐和园、避暑山庄，包括南京故宫、沈阳故宫，都算故宫学学会的团体会员，这样一来，我们的视野就扩大了。

郑欣淼：阎崇年先生既谈了故宫外延的大，又谈了它内涵的丰富。外延的大，现在已经很清楚了，北京的故宫是从南京故宫和凤阳的中都延伸发展而来，而它也集中国历代宫殿建筑之大成。沈阳故宫作为世界文化遗产是故宫博物院的拓展项目，所以，两者在精神上是不可分割的。另一个，特别是在典章制度的这一方面，故宫也是集大成的。所以这个"大故宫"相当丰富，我跟阎崇年先生说，你永远都讲不完。

阎崇年：公众在参观故宫时，要想收获大，既要看内在的，也要联想到外延的，或者看了外延的，联想到内在的，两者联系起来，收获就大了。其实还有一个层面，文化层面，我举个例子，比如说咱们文渊阁和武英殿，你看《四库全书》《古今图书集成》这几部书，再一对比，文渊阁那《四库全书》现在在台湾的故宫博物院，这自然就延伸了。我们参观台北故宫博物院的时候就联想原来书在这儿，参观这儿又想着后来文物南迁在那儿。

比如说《永乐大典》，严格说起来，讲故宫博物院不能讲《永乐大典》，因为它在南京文渊阁呢。南京文渊阁和北京文渊阁有一个历史的联系，这样就把南京文渊阁收藏的《永乐大典》也拉进来了，这范围就大了，内涵就更丰富了。我们把视野再推开来看，乾隆修《四库全书》大概20多年，这20多年，全国的精英集中在一块，一本一本抄书，对于知识精英的创造精神和思维精神，某种意义上是一种扼杀。这个时候，法国百科全书派是一种创新，他们沿着那条路下去，后来就产生法国大革命；我们沿着这条路径，就抱残守缺。结果中国与西方各自走上不同道路，这很值得人们深思。文渊阁则成为这一历史的见证。

郑欣淼：对我们同胞来说，到北京要到故宫。对国外的人来说，如果到中国没去故宫，就等于你到法国没到卢浮宫。还有，我们到欧洲去，看教堂的多，因为它历史上是政教合一、宗教大于世俗的政权，很多艺术品都在教堂里，比如壁画、建筑等等。

在中国是皇权至上，比如，过去佛教并没有禁止吃肉，就是梁武帝定的不准吃肉。好多规矩是皇帝定的，皇权始终高于宗教。我们看到的故宫，首先是一种建筑语言，它体现的是一种封建的伦理关系，皇权至上，而且里面有阴阳五行，有传统文化。比如说像三大殿，8米高的高台，在那么大的一个广场，你看太和殿，就会受到震撼，那确实是一个泱泱大国给你的威武之气，像唐诗里面万国来朝的那么一种感觉。而且，三大殿是土字形的，五行土在中间。这里面学问很多。

故宫的建筑给游客的视觉冲击会很强烈，不了解的人就看黄瓦红墙，千门万户。特别是秋高气爽的时候，故宫的建筑在蓝天白云之下更显得丰富多彩。但是对于建筑里面所蕴含的内容，就需要一定的知识储备了。

2009年2月，两岸故宫博物院交流，首先是台北周功鑫院长带人来的，她提出要看文渊阁，因为七部《四库全书》，文渊阁是最好的，但她没有到过。文渊阁的书柜都很完好，摆得整整齐齐。周院长来看了。等到我去回访，她说，她再来故宫时要去文渊阁二楼看看，因为她第一次来没上楼，感到很遗憾。这说明什么？说明两者之间有丰富的联系。

（二）文化内涵之大——要看到"物"后面的"文"

故宫的文物很多，相当一部分人可能关注的是它值多少钱。要想全面认识故宫文物的价值，不仅要看到表面的"物"，还要了解"物"背后的"文"。

阎崇年：我们平常会注意，这个杯子是金的、玉的、瓷的，如果能够看这个物背后的文，这个物就有生命了。

举一个例子，比如台北故宫博物院的翠玉白菜，他们还送我一个仿制品，摆在我的书桌上。我们看到翠玉白菜，都很喜欢，就看它是不是翠玉。可是翠玉多了，为什么这个白菜就这么好？这次台北故宫博物院从数十万件文物藏品中评出100件，因为那边精品多，翠玉白菜文物价值没有这么高，按说它评不上。那为什么把它评上了？其中一条就是工艺，大家就喜欢这个。为什么它知名度高？就因为大家喜欢（白菜）摆财，发财，这还是表面，还有更深层的东西。

这个翠玉白菜，原来摆在瑾妃的宫里。瑾妃哪儿弄来的呢，现在初步研究是她娘家陪嫁时候给的，瑾妃的这件东西，和她妹妹珍妃又连在一起了。作为姐妹的陪嫁，又和光绪的活动连在一起了。就这样，一个翠玉白菜，和当时的历史人物、宫廷就都联系起来了，还有文物背后的文化生命，这个信息就丰富了。

再一个是以传统文化为魂，因为故宫要不跟传统文化联系起来的话，那它就是黄琉璃瓦盖的一个纯建筑。我再说一点，传统文化是有负面的东西，但更多的是正面的东西。我总的想法是通过大故宫，把传统文化的负面东西也评评。故宫的这些建筑中，有的地方也让人不寒而栗。我讲过乾清宫的三个案子，叫"乾清三案"，第一个案子是永乐宫案，永乐皇帝死了之后，妃嫔殉葬，换上好衣服，一个人一个小床，推到乾清宫，每个人都站在床上，房梁上拴上绳，太监把那床一撤，几十个人同时吊死，这也是故宫的一部分，这是恶的一面。殉葬制度，到明英宗才取消。但是，故宫里也有善的一面，我们就是要扬善抑恶。

郑欣淼：这次两会，有委员提出，故宫的文物展览条件有限，建议把其中一些书画藏品拨给有条件的博物馆。这个问题，我是这样看的：

故宫的文物藏品是中国历代皇室收藏的结晶和延续。在封建时代，皇家收藏有很强的政治性，与其政权的继承性、合法性联系在一起。国民党败退时，把南迁文物的一部分运到了台湾，美国与台湾的一些学者都持有这么一个观点，即蒋介石不仅认为这些文物珍贵、值钱，而且认为与其政权的延续性有关。美国华盛顿大学有个人叫沈大伟，写了一本书叫《中国皇室收藏传奇》，书中的观点就是这样的。故宫博物院的成立，这批皇家收藏被赋予了民族文化命脉的新意义，抗战时期的文物南迁，既是为了保护这些文化瑰宝，也宣示了中华民族不屈不挠的决心和信心。

故宫所藏古代书画，许多收藏过程就很复杂，很有意思。王羲之的《快雪时晴帖》原放置在乾清宫，王献之的《中秋帖》原在御书房，公元1746年乾隆皇帝得到晋人王珣的《伯远帖》后，把三件书迹移置在养心殿西暖阁，名为"三希堂"。乾隆在《快雪时晴帖》上的题跋达73处，在他认为是真迹的《富春山居图》上的题跋也多达55处。乾隆皇帝喜欢在书画、瓷器、漆器、玉器上题词题诗，国家图书馆出版了一本他的题文物的诗集，有3200多首，多数是题书画的。这些题跋，反映了他的艺术观、他的审美趣味，而且与当时发生的军国大事联系在一起。因此，这些书画就不只是一般的艺术品，还有与宫廷历史文化有关的丰富的内涵，有独特的价值。

（三）史料意义之大——故宫和故宫文物不可分割

有观点认为，故宫文物对外展示的部分太少，可以考虑在其他有条件的地方展示。前者涉及对文物的认识，后者涉及故宫的文物能否与故宫分开——对此，两人都不赞成。

阎崇年：故宫的建筑，和故宫的文物有着不可分割的血缘关系。我举一个例子，比如内阁大堂，其实那个大堂就是很普通的三间房子，还是硬山顶的，盖的琉璃瓦。从建筑艺术的角度看，没多大特别。但是，内阁大堂里发生的事情就有文化价值，比如说明朝宰相杨廷和，他就在这个内阁大堂当宰相，让嘉靖皇帝继位，是他提出来的，因为正德皇帝没儿子，死得又很突然，国不可无主，那么让谁做？他建议让嘉靖来继位，"父死子继，兄终弟及"，太后也同意。这中间，皇位空了38天，因为嘉靖从湖北安陆来北京，路程很远。这38天，实际上是杨廷和这个忠臣在这里主持朝政，他利用了正德皇帝死后新皇帝还没继位这个空当，做了几个重要决定。其中一个就是把锦衣卫裁了14万人，不但机构精简，减少国家财政支出，对于那些胡作非为的人，邪恶势力，也是一种打击。

杨廷和的儿子杨慎就更有文化了，他考中状元。因为嘉靖干了一件事，杨慎不赞成，嘉靖就把他发配到云南的永昌（现在云南的保山）。《三国演义》开篇的《临江仙》（滚滚长江东逝水……），就是杨慎写的。你把这些事情和内阁大堂联系起来，和整个故宫联系起来，它就有生命了。

郑欣淼：故宫文物藏品与宫殿有着密切关系。多年以来，台北故宫博物院都有研究人员来北京故宫博物院看宫殿。前年，台北故宫博物院还有一位研究人员在北京故宫博物院待了好几个月，就是想弄清楚运台文物当年存放在哪些宫殿。

台北故宫博物院的前院长石守谦先生写过一篇有关"清室收藏的现代转化"的文章，他认为"皇帝的收藏品有时也在其特定时空中的政治脉络内获得新的意义"。如乾隆皇帝1776年在一件质量并非很好的钧窑碗上刻辞。除了鉴定该碗的制作年代，更重要的是它是乌鲁木齐的驻军农垦时从地里边挖出来的，而此地正是乾隆皇帝1759年才平定的。乾隆皇帝在刻辞中宣示，现在在大清国的庇护下，此地的人们可以过上好日子了。这样，这件钧窑碗连同刻辞，就像记功的石碑一样，被赋予了新的政治含义，而它的艺术价值已不重要，质量虽非上乘，但仍能成为皇室收藏中的珍品。

故宫的好多东西就是这样，不能简单地说它好不好，问题是怎么评价。有人是从他的专业角度出发提一些建议，有他的合理性，但是，这个行不通，原因就在于故宫丰富的文物和宫殿是不可分离的，而且它本身具有丰富的历史文化价值。故宫的文物为什么不能随便调出去？简单地说，不是一个所有权问题，而是它不可分割的整体性。

（四）交流价值之大——两岸故宫博物院有很强的互补性

台北故宫博物院和北京故宫博物院关系千丝万缕，随着两岸交流的密切，有很多大陆游客游览台北故宫博物院后可能产生一个印象，北京的故宫是壳，瓤却在台北。对此，两人都不认同。

郑欣淼：产生这样的印象，还是因为大家对当年文物迁台的历史感到好奇而且不甚了解，以为运走的肯定是更好的，不然他为什么运？大家不清楚，其实当时已经决定将精选出的文物全部运走了，但只运了三次，是因为来不及再运了。我写过一本书《天府永藏：两岸故宫博物院文物藏品概述》，在台湾出版了，影响很大，我将两岸故宫博物院藏品的来龙去脉，分了12个专题进行比较。比如说书画，台北故宫博物院1万件，我们15万件。最近有人出了《宋画全集》，收录台北故宫博物院的宋画是250来幅，北京故宫博物院是260来幅。

相对而言，台北故宫博物院的藏品是公开的，比如说在20世纪六七十年代，欧美学习中国艺术史看的书法和绘画，主要都来自台北故宫博物院。有的学者，就是根据台北故宫博物院的东西梳理出中国绘画史的概念。北京故宫博物院的藏品当时他们不可能更多看到。另外，连北京故宫博物院内部的人都不清楚家底，我们没有对外公布过，开放程度确实不够。在对外界的开放和作为博物馆的陈列展览方面，台北故宫博物院有很多经验值得我们借鉴。

但是，我们两家其实有很多不同的地方，社会上很多人可能不了解。比如说，台北故宫博物院的文物有65万件，其中近40万件是国史馆的档案。我们过去有明清档案部，1980年划归国家档案局，成立了中国第一历史档案馆，我们当时交给它们的档案是830万件。现在已达1000万件。但是据我了解，这些档案还有很多未编目，底子不清，现在正关门搞清理。再一个是图书，台北故宫博物院有十六七万册。真正的铜、瓷、书、画等台北故宫博物院有10万件，我们是100万件。现在谈论这个，不是要去比较谁的东西多，这是很狭隘的。这些文物，都是中华民族创造的。而且，文物是不可替代的，它的价值和附加值，可以不断去加深认识，就看你能不能认识到它。

另外，台北故宫博物院现在很羡慕我们宫廷里的一些东西，这些过去好多都没有当文物，我们的明清家具就有5000多件，还有十几处原状保持基本完好的佛堂、道场等，而且这些东西的价值随着时代的变迁，会越来越重要。这也关乎保护文化遗产的理念问题。

阎崇年： 准确地说，现在是两宫三院。两个故宫：北京故宫、沈阳故宫，台北没有故宫。三个故宫博物院：北京故宫博物院、沈阳故宫博物院、台北故宫博物院。作为一个学者，我经常要利用两岸故宫博物院的档案。我讲一个具体的事吧。昌平有个郑家庄王府，有护城河，有城墙，有人说是吴三桂的王府，我说绝对不是，他说谁的王府能有城墙，有护城河？结果把我给问住了，我就查台北故宫博物院的档案。那边的院长也帮我找，结果找到了一个满文的档案，里面记载得太具体了，护城河多长多宽，城墙多长多宽，多少间房子，柱子多高，甬道多宽，甬道中间是方砖，两旁是普通的砖，都记载得很详细。

但是，孤证不成立。回北京以后，我就到故宫博物院找关于这个王府开工的档案。那时，60多万件满文档案，好多还没整理。我就从内务府找，内务府档案有10万件，我说王府在康熙六十年（1721年）竣工，往前推5年，从康熙五十六年（1717年）开始查，查了20多天，最后查到了王府开工的满文档案，两个一对，完全符合。而且，做的账显示，财政预算最后省了20两银子。两岸故宫博物院的档案各有所长，我把它统合起来，经过研究，证实这是康熙的儿子，废太子胤礽的儿子弘皙的王府，弘皙是理亲王。这个王府旁边还建了康熙行宫。因为这个废太子不能住在皇宫（故宫）里面，就让他到那儿住去。还没有来得及处理这事，康熙就死了，所以雍正体会康熙的意思是让胤礽去，但是又没说让胤礽去。怎么办，让他儿子去，就让弘皙搬去了。

（原载《新京报》，2012年3月17日）

故宫保护需要社会的支持

"我订了深圳的两份报纸，经常翻阅《深圳商报》的《文化广场》栏目。你们对基金会的报道，我也看了。"4月19日上午，故宫博物院院长郑欣淼在接受记者采访时，接过名片后第一句话就这样说。4月17日至19日，故宫博物院郑欣淼院长一行来深参观考察，在深圳走访了雅昌、万科、腾讯等知名企业，谈到近日引起关注的"故宫文物保护基金会"，他对深圳企业的人文精神表示赞赏，并详细介绍了基金会目前的运作情况。

作为由故宫博物院发起的我国首个国家级博物馆基金会，"故宫文物保护基金会"的成立在国内引起特别关注。这不仅由于其理事会成员中包括了王石、万捷、刘长乐、宁高宁、马化腾、陈启宗、陈东升、冯仑等8位知名企业家，更由于基金会采用的"非公募"方式。引发人们对我国国家博物馆在吸纳社会力量参与管理，以及在制度管理创新方面的积极探索的关注。《深圳商报》记者在第一时间披露了这一消息，并专访参与筹划基金会的雅昌集团董事长万捷。而此次故宫博物院院长郑欣淼接受本报记者采访，则从博物馆的角度，解读了"故宫文物保护基金会"的意义。

（一）支持文化遗产保护显现企业境界

记者： 为什么要在此时成立"故宫文物保护基金会"？

郑欣淼：故宫从成立以来，一直接受海内外捐款。我们不仅把这看作一种捐款，还把它作为一种社会参与的形式。早在20世纪20年代末，故宫博物院就接受了一个美国人的捐款，这是故宫接受的第一笔捐款。新中国成立后，特别是改革开放以来，我们感觉社会对故宫越来越关注，比如恒隆基金对故宫建筑修复投入已经超过3000万。故宫有和社会合作的传统。改革开放以后，内地企业的实力越来越强，很多企业非常重视企业文化建设，有人文理念，强调社会责任，回馈社会，企业有钱了，而且愿意把钱拿出来支持文化建设，支持文化遗产保护，这是企业的境界。另外，国家法律法规也都鼓励社会力量参与文化遗产保护。

记者：非公募基金在国内一直面临许多制度上的限制，比如缺乏免税制度等。"故宫文物保护基金会"在这方面有什么应对之策？

郑欣淼：不仅是基金，还包括文化遗产保护方面的捐款。在西方，只要企业愿意在公益事业方面投入资金，国家都会对企业实行相应的免税，但我们国家还不能做到这一点。现在有关方面也在呼吁加快这一问题的研究和解决。

但在现有情况下，仍然可以做一些事，比如我们的基金会，有8家发起单位。这些企业的企业形象良好，社会影响很大，也愿意在文化方面投入，而且，其中很多企业自己也有基金会，比如腾讯、万科、香港恒隆等。如果相关问题解决，可能会更好，但现在也不影响大家投入公益事业的热情。

记者：故宫文物保护基金会的成立，能否促进相关法规尽快出台？

郑欣淼：我想这是所有基金会的共同愿望。作为国内第一家博物馆基金会，我想"故宫文物保护基金会"运作得好，运作得成功，会有利于大家对基金会的进一步认识。

（二）我们的目标不在于吸收多少钱

记者： 除了最初发起的8家企业，基金会是否接纳其他企业捐款？

郑欣淼： 除了现有的8家发起单位，我们可能还会增加一两个发起企业。但理事会成员不会再增加，以后其他企业可以加入基金会来捐款。我们这8家企业非常有代表性，它们中大部分是民营的，也有国营的，有内地的，也有两家香港的，既有房地产企业，也有IT企业，还有传媒，比如凤凰卫视，也有雅昌这样和文化更贴近的企业，而且这些企业都是相当有名气的。

记者： 除了1600万的启动资金，这8家企业还将继续定期投入资金吗？

郑欣淼： 很多人问，你们吸收资金的目标是多少？准备要多少钱？我可以说我们的目标不是预先确定一个吸纳资金的数字，而是首先确定基金会要干些什么事，根据项目来争取社会力量的支持。用项目来吸引资金是我们的宗旨，我们没有固定规定每家一年要给多少钱。

（三）基金将用于国家拨款达不到的领域

记者： 基金将主要用于哪些领域？

郑欣淼： 现在在文物保护方面，我们还是以国家投入为主。我们成立基金会干的事情，相当一部分是国家的正常预算里面不会批的。比如，基金会马上要开展的是对故宫学研究的推广和资助。国家有用于科研的经费，但还有些费用，国家财政不可能投入。比如说，海外研究故宫学有成绩的学者，可以向基金会提出申请，到北京进行深入研究。再比如，美国梅隆基金会近10年来，每年在中国选拔几个人到美国的大型博物馆参加培训。我们也准备设立类似的项目，现在已经确定，准备通过基金会，把我们的一些学者送到欧美的大型博物馆进修。而且为了保证公平，操作这件事的，不是我们的院内专家，而是委托一个中间机构，对有资质的申请人进行考查。

除此之外，我们今年在法国卢浮宫要办一个展览，还要举办一个《兰亭集序》的展览，围绕这些展览，基金会要组织一系列活动。也就是说，这些展览是国家拨款的，而基金会将围绕展览，开展一系列活动。

记者：基金会资助哪些项目，由谁来确定？

郑欣淼：由理事会来定。不过理事会只是确定一个大的方向，至于项目的具体落实，将由专业人员进行筹划和组织。基金会的工作与故宫有关，但同时它也是一个独立机构，要独立运作。我们每年要请外面的审计机构，按照国家规定进行审计。不管怎样，基金会的运作还在开始阶段，工作制度和章程还要继续完善。我们会吸收一些其他基金会的成功经验。

（四）大企业在深圳发挥着示范作用

记者：深圳有很多企业热心社会公益事业，尤其是关注文化发展，对此您怎么看？

郑欣淼：这几年我来深圳比较多，我对深圳印象不错。深圳这几年的文化活动比较多，从我参观的几个企业看，这些企业所起到的示范作用，它们所体现出来的精神、价值观，以后会对深圳发展起重要作用。比如我到腾讯参观，它们把它们的平台用于公益、慈善，成绩很显著。重要的不是它们出了多少钱，而是它们愿意花心思在文化事业上。我想，这些大企业的善举，体现在它们经营生产中的人文关怀、企业理念，对于深圳的长远发展是非常有利的。

（原题为《深圳企业愿意花心思做文化》，原载《深圳商报》，2011年4月20日）

保护一个完整的故宫

采访者：《南风窗》记者 兰燕飞

随着郑欣淼入主故宫，被称为"百年大修"的故宫维修也拉开了帷幕，这一持续时间长、资金投入多的工程一直为海内外所关注，也一度引起争议。至今维修已进行了9年，记者就维修以及与故宫保护有关的问题采访了故宫博物院院长郑欣淼。

记者： 您上任的时候，为什么故宫维修是当时最重要的任务？怎样理解这是一次"百年大修"？

郑欣淼： 故宫维修是我去故宫工作之前国务院确定的事项，我去后具体组织实施。故宫维修其实是一个经常性的工作，向来有"十年一大修，一修要十年"的说法，这是中国土木结构工程的特点所决定的。故宫博物院1925年成立，第二年就有两项维修工程，除1927年和1970年外，其余每年都有维修项目，即使在抗日战争北平沦陷期间，维修也未停过。从1949年到2001年，故宫的各种维修项目达600余项。

这一次被称为"百年大修"，是因为从清末直至20世纪末，由于社会动荡或经济条件的限制，故宫从总体上没有得到足够的维修机会，很多问题积累下来，有些非常严重。最主要的是自然力造成的影响。西华门内原内务府和造办处的一批房屋在20世纪初期倒塌。慈宁宫、寿康宫、英华殿等建筑群整体均年久待修。有一些大木结构材料存在严重隐患。外表完整的钦安殿、武英殿、熙和门、太和殿都在检修中发现部分承重梁、柱严重糟朽。建筑外表面材料、艺术品损坏普遍：约8万平方米石质材料和总长约6500米，石栏杆普遍风化或严重风化，局部污染。故宫屋顶琉璃瓦和琉璃装饰构件自身的破碎和脱釉现象非常普遍，造成瓦强度降低，污染变黑，古建筑屋顶色彩和光泽改变。具有鲜明历史特色的外檐彩画老化严重，有的甚至百年未修，完全破损。地面、墙体的砖普遍风化，抹灰层少量空鼓脱落，红涂料色调不一。古建筑的内装修基本未维修，老化破损严重，大部分亟待抢救。因此，故宫大修的决策是审慎做出的。

我认为，国家决定故宫大修，还有更重要的意义。故宫是世界遗产，我国加入《世界遗产保护公约》，说明我国向国际社会承诺保护遗产是国家的职责，进行故宫大修，保证故宫的历史真实性和完整性，是中国政府对国际社会庄严承诺的认真履行。

我的理解，所谓"大修"，不只是指其时间长、投资多，而且是指导思想上的重大转变，即从过去仅是宫殿的一般维修保护变为"完整保护、整体维修"，既要保护故宫的文物建筑，还要保护整体布局，彻底整治内外环境，系统改善和配置基础设施，合理利用文物建筑功能，改善文物展陈及保存环境等。因此，这是一次名副其实的大修。

记者：为了大修，故宫都做了哪些准备工作？

郑欣淼：准备工作很多，最主要的有这么几项：一是与中国建筑设计研究院建筑历史研究所合作，制定了《故宫保护总体规划大纲（2003—2020）》，这个《大纲》很重要，提出了保护原则、对策和工程方案，这是修缮工程计划安排的依据。国家文物局根据国务院办公厅要求批复了《大纲》；二是成立了包括古建、考古、博物馆等多方面专家在内的专家咨询委员会；三是组织队伍，调整管理机构。文化部也成立了由部长任组长的故宫修缮工程领导小组。此外就是具体工程准备，包括材料供应，等等。

记者：大修进行中遇到了哪些困难和问题？

郑欣淼：我们感受最深的是新的建筑法规和古建维修实际的差距。现在建筑法及其法规体系是针对新建的项目而言的，但对古建维修没有针对性。古建是文物，文物就要按照文物保护法的体系来操作，绝不能搞破坏性的建设或者建设性破坏。古建筑维修的各个环节都有自己的特殊性，不可预见的因素很多。因此，方案、预算也都有很大的可调节余地。整个程序非常复杂。如果是新建的楼就不存在这些问题。例如中轴线东西庑，原定屋面只是揭瓦，结果瓦面揭下来后，发现灰背是在20世纪50年代维修中使用了焦渣背，这不符合古建筑的传统做法，因此确定揭背；揭背后又发现望板大部分在以往维修时，使用了劣质的木板，包括一些包装箱板，这次维修必须更换；待揭除望板后，又发现有糟朽的椽子。所以，工程量发生了很大的变化。工程量增大，预算增加，原定的工期也自然拖延了。

此外，古建维修工程队技术力量良莠不齐，但现在的招标最后还是谁家预算最少谁中标。我明明知道这家最好，但就是定不下来，按照一些程序后它必然被淘汰。这就是劣币驱逐良币。还有人才相当稀缺。颐和园、天坛和故宫同时在进行修复。因此，我们用的还大多是农民工，他们没有经过培训或很少训练。对于古建来说，具体到一些工艺上的操作他们没有办法，这也是个大问题。

记者：失传的工艺有多少是得到解决的？

郑欣淼：只能说我们碰到的都要解决。原材料及工艺技术的问题，有些已经失传，有些面临失传，我们是在尽力恢复。例如修倦勤斋的通景画时，就碰到了纸张问题。这幅画至今保存基本完好，与其所用的"命纸"——乾隆高丽纸优良的质地有着至关重要的关系。命纸是直接托在通景画背面上的纸，因纸质的结实程度直接决定着画面保存时间的长短，所以人们把这层纸看作画的命根，简称"命纸"。乾隆年间，按照高丽纸的生产工艺制作出来的高丽纸称为"乾隆高丽纸"，这种纸的特点是柔性大，抗压耐折度可与人民币相比。由于非纤维素杂质含量少，纸呈中性或弱碱性，不易被空气氧化，故纸的色泽、纸质经久不变。但是，这种纸的制造工艺已失传。我们请国家纸张质量检测中心检测，对乾隆高丽纸的理化指标有了科学的了解，然后到安徽、浙江等省考察，最后选定了一个小造纸厂，又从原材料的选择、加工，水质的掌握，"纸药"的使用及工艺流程等各个环节认真探索，反复研究工艺技术，多次改造设备，实验了30多次，前后大概花了3年，终于仿制出了基本满意的高丽纸。

记者： 在故宫维修中曾发生过争议，现在对维修的认识怎么样？

郑欣淼： 在故宫维修中确实发生过争议，2007年以后就基本平息了。

故宫与天坛、颐和园三处世界遗产地的维修几乎是同时进行的，从一开始就受到海内外关注。

自2003年第27届大会以来，世界遗产委员会讨论了关于北京三处遗产地的若干个保护状况的调查报告，并且对这些遗产地面临的诸如来自城市发展的压力、缺少适当的缓冲区、管理机制方面的难题以及当前修复工作的理念与文件依据等问题表示关切。在立陶宛维尔纽斯举行的世界遗产委员会第30届会议上，世界遗产委员会特别关注到关于当时在故宫博物院、天坛和颐和园正在进行的修复工程的报告。报告称，这些修复工程"仓促进行，缺乏文献依据和清晰的原则以指导修复工作"。

故宫维修工程是中国政府决定的，有众多国内相关方面颇有影响的专家的咨询、指导，有周密的计划、严格的程序，而且当时已进行了4年，武英殿试点项目为大家所称赞，其他工程也得到肯定，而如果真的像世界遗产委员会报告中所质疑的那样，故宫维修工程就存在着严重的问题，甚至是修坏了。

中国政府是负责任的。中国国家文物局、国际文化财产保护与修复研究中心、国际古迹遗址理事会和联合国教科文组织世界遗产中心于2007年5月24日至28日在北京联合举办了"东亚地区文物建筑保护理念与实践国际研讨会"。此次会议针对世界遗产委员会第30届大会

（维尔纽斯）就故宫博物院、天坛和颐和园当时的修复工作所提出的关切与建议进行了研讨。会议组织了赴北京三处世界遗产地的实地参观考量。在故宫的神武门，考察了彩画工艺所使用的传统工具及其工艺特点；在太和殿工地，考察并详细了解有关琉璃瓦知识及其加固技术；在慈宁宫工地，考察了故宫维修的必要性以及工程管理状况。会议最后通过的作为《北京文件》附件的《关于北京世界遗产地保护与修复的评价与建议》表达了与会专家的共识，是会议的重要成果。这次会议不仅通过对故宫等三处世界遗产地维修工程的考察，澄清了事实，消除了疑虑，也体现了世界遗产保护领域的多样性。故宫维修的实践与经验是中国对世界遗产保护理论的丰富。

故宫大修工程已进行了9年，进展顺利，达到了预期效果。从2003年到2010年底，竣工的项目48090平方米，总共包括建筑127座；目前施工的项目共29座建筑，面积4895平方米。从2012年到2015年，计划项目是18410平方米。我们原来计划是到2020年，但现在看来到2020年肯定完成不了，起码还要再干5年。5年也可能完不了，完不了再继续干。这都要从实际出发，需要多长时间就干多长时间，我们绝不会去突击，去赶任务。

记者： 您在介绍中，十分强调故宫保护的整体性，您能再具体解释一下吗？

郑欣淼： 整体性就是完整性，整体保护就是强调完整保护。现在说到故宫，一般指红墙以内的72万平方米的皇宫，其实完整的故宫文化遗产，还包括与其有关的一些重要的明清皇家建筑，它们是故宫不可分割的部分。很多人都奇怪，为什么"故宫博物院"的牌子挂在北门即神武门，而不是传统习惯上的南门即午门。其实1925年故宫博物院成立时，南边的外朝三大殿已由民国政府开辟为古物陈列所，故宫博物院只有北边内廷这一部分。1930年10月，故宫理事会向南京国民政府提出"完整故宫保管计划"，要求将天安门以北各宫殿直至景山由故宫博物院进行管理，当即得到批准。这一年故宫博物院接管了太庙和景山。由于时局动荡，直至1949年3月才接收了古物陈列所，从此故宫作为一个文化整体和一个完整的建筑群由故宫博物院来管理。新中国成立后，为了安排其他功能，由故宫管理的一些古建筑进驻别的机构，按照文化遗产完整性保护的要求，故宫存在诸多问题。近年来，通过持续艰苦努力，已解决了一些，但还有一些有待继续解决。

记者： 我们注意到，大高玄殿、午门地区已由故宫博物院管理，这应是故宫完整保护的一件大喜事。

郑欣淼： 确实是一件大喜事。因为这两处古建都与故宫关系密切。大高玄殿位于景山西侧，为明清两代的皇家道观，建于明嘉靖二十一年（1542年），建国前即由故宫博物院管辖，新中国成立后由于开辟道路从地理上与故宫分开，但产权一直在故宫博物院，1950年借出。多年来，大高玄殿的保护问题一直受到社会各界高度关注。部分全国人大代表、全国政协委员多次在人大和政协会议上呼吁并呈交提案，敦请把大高玄殿归还故宫博物院。2010年，大高玄殿在借出60年后重回故宫。端门也与故宫关系密切，1917年划归历史博物馆。在国家博物馆新馆建成后，在文化部的协调下，端门地区于2011年4月30日回归故宫。

收回这些与故宫有关的古建筑，不是为了扩大故宫的地盘，而是有利于对故宫的完整保护。完整保护故宫是非常必要的，首先它是一个历史文化整体，完整保护才有利于在现代社会中凸显其见证历史和展示历史的无比价值。这也是民主革命时期先行者的意愿。实施完整保护，有利于将这片珍贵的北京历史文化核心地区按照世界遗产的统一标准进行管理、保护和开放。

记者： 按照这一观点，故宫的完整保护不仅包括古建筑，也应包括故宫的文物藏品，不知道故宫在这方面有什么要求？

郑欣淼： 故宫古建筑与故宫文物不可分割。但由于历史原因，故宫不少文物被外借或因其他原因而仍未能收回。突出的有两项：一是当年故宫文物南迁，至今仍有约2000箱10万件文物在南京；二是洛阳白马寺借用故宫大佛堂的文物。

大佛堂是故宫西路慈宁宫的后殿，明嘉靖十五年（1536年）建成，为后妃礼佛之所。该殿面阔七间，进深三间，殿宇宏敞，直至1973年被拆之前，仍完整地保持着明清皇宫内佛堂的历史原貌。佛堂中有目前国内仅存的整堂元代干漆夹纻十八罗汉像、三世佛像、天王像、韦陀像等23尊，均属一级文物。干漆夹纻像是佛教造像中珍稀的品类，它靠多层麻布、彩漆成型，重量较轻，造型精美，但因不易保存，存世极少。总之，大佛堂及其所藏文物，内容完整，工艺精美，文物价值极高，在紫禁城中的地位也非常重要。台北故宫博物院征集了一尊清代金漆夹纻观音像便如获至宝，广为宣传，大佛堂这23尊元代干漆夹纻像，其价值更可想而知了。1973年，原河南省革委会为充实在"文革"中遭破坏的洛阳白马寺供柬埔寨西哈努克亲王参观，报经国务院批准后，将故宫大佛堂内的全部佛教文物2900件迁运洛阳，佛像都被安置于白马寺内，其余文物如两座九级木塔等则为洛阳各文物部门分别占用。这次在特殊历史时期下发生的特殊事件，使历史文物价值极高、历经明清两代而保存完整的故宫大佛堂被拆空。

对于大佛堂的这批文物，文物界一直呼吁归还故宫，中央领导也有过批示。最近《谢辰生先生往来书札》出版了，其中有谢老1984年向国家文物局副局长齐光同志反映此事的信件。据该书"编者注"披露，此事报告给了李先念主席，李主席于1984年8月12日做了如下批示："静仁、穆之同志：十九尊元代夹纻罗汉，可否完璧归赵，另塑泥像，由你俩协商解决。"此事还未解决，有识之士仍在呼吁。

收回这些与故宫关系极为密切的文物，更有助于研究及发掘文物的价值，有利于作为世界遗产的故宫的保护。在社会各界的支持下，我们希望这些历史遗留问题能尽快妥善解决。

（原载《南风窗》，2012第1期）

故宫要有"营销"的态度

采访者:《中国经济周刊》记者　姚冬琴

　　冬日的午后,故宫里不像旺季那样游人如织,暖暖的冬阳照在高高的红墙上,故宫方显出600年皇家建筑的宁静与祥和。

　　来到故宫工作的10年里,郑欣淼曾无数次这样漫步在故宫72万平方米的重重宫阙。在办公区,每一位经过的工作人员都主动和他打招呼;而进了景区,众多游人和他就是相见不相识了。

　　记者问他,以故宫博物院院长身份,行走在来来往往的游人当中,是一种什么样的感觉?他笑了笑。过了一会儿,他说:"那些在故宫里发小广告的人,最令人讨厌。"守着近几年来每年千万以上的游人,小广告屡禁不绝。

　　在前往太和殿的路上,郑欣淼突然指着脚下的青砖对记者说:"看,这些砖泛出碱来了。"10年之久,让郑欣淼对故宫的一草一木都很熟悉。他还尤其关注细节,从电源插座,到厕所用纸。看到有人身着清宫服饰在招揽游客,他也会询问身边的工作人员,他是谁,哪个部门的?在故宫这个就连小卖部都有60年历史的博物院,再小的细节也不容忽视。

　　10年前的2002年10月10日,故宫博物院成立77周年之际,郑欣淼正式担任故宫博物院院长。他还在2002年9月至2008年10月兼任文化部副部长。

　　在郑欣淼到来之前,故宫博物院已经有10多年没有院长,只有主持工作的负责人。上任前，时任国务院副总理的李岚清曾和他郑重谈话，对他说到故宫后的重要工作，就是主持故宫大修。

"如今，故宫宫殿建筑已经进行了整整9年的维修，进展顺利，达到了预期效果。我们把中轴线以及周围重要的建筑，120多座单体的宫殿，进行了维修。"郑欣淼告诉记者。

10年之后，郑欣淼早已过了耳顺之年。刚刚过去的2011年，对于故宫和郑欣淼来说，是个多事之秋。从2011年5月8日香港两依藏博物馆展品在故宫展出被盗开始，故宫一度成为舆论的热点，承受了前所未有的拷问与信任危机。

郑欣淼认为，人们对故宫的拷问十分正常，"正是反映出大家对故宫有特殊的感情、特殊的期望，我们也感觉责任重大。社会的关注是一种动力，也是一种监督"。

因为，作为建筑的故宫，是世界上现存的规模最大、保存最完整的古代宫殿建筑群；作为博物馆的故宫，也是世界最大、接待参观者最多的博物馆。截至2010年底，故宫博物院收藏文物总数为1807558件。截至2011年12月25日，故宫博物院当年接待游客超过1400万人次，比2002年的参观人数翻了一番。作为文化遗产的故宫，则是中国1985年加入《保护世界文化和自然遗产公约》后诞生的第一批世界文化遗产。因此，完整地保护故宫，不仅是故宫博物院的责任和使命，也是全社会都在关注的大事。

"故宫要发展，而且故宫的发展不仅是一个博物馆的发展，也反映了中国文化的发展。"郑欣淼说。

2011年12月26日，在故宫博物院郑欣淼办公室，《中国经济周刊》对他进行了专访。

（一）保护故宫就是保护文化根基

记者：对故宫的保护，重点在哪些方面？

郑欣淼：保护故宫，最重要的，就是让它完整地传承下去。

故宫和故宫博物院是不可分割的。把故宫保护好，完整地传承下去，这对于中国文化，是带有根基性质的东西，是我们文化发展、文化建设中一个基础性的工作，很重要。

对故宫宫殿建筑而言，按照完整保护的理念，我们对它已经进行了整整9年的维修。已经维修的达4.8万平方米，正在维修的还有5000多平方米。在实践中，我们感觉到，不仅要重点抓好修缮，还要抓好日常保养。故宫世界文化遗产监测中心近日成立了，就是起这个作用。这是一个涵盖了文物本体、气象变化、游客监测等全方位的监测体系。

对故宫藏品而言，我们进行了为期7年的清理。这当中很重要的是观念的转变。过去我们传统地认为青铜器、瓷器、书法绘画、工艺品、玉器等是文物，但是，有相当一部分反映当时宫廷典章制度、衣食住行的历史遗存，并没有引起我们应有的重视。比如说，皇帝、皇后的字画，在我来故宫的时候，这些都不是文物，连资料都不是。现在，我们藏有帝后书画两万多件。这体现了文物保护观念的变化，对故宫也是一个有效的保护。

记者：除了宫殿和藏品外，故宫对非物质文化遗产有哪些保护措施？

郑欣淼：我们现在被列为国家级非物质文化遗产的有四项。比如故宫官式古建筑营造工艺，这就是故宫特有的，我们采取师承制的办法，包括木工、瓦工、油饰彩画等，四五个师傅收了十几个徒弟来传承。

还有青铜器修复、钟表修复、书画装裱、书画临摹等，我们对这些工艺都是认真传承的。为了保护故宫的非物质文化遗产，我们正在拍摄一个纪录片叫《故宫绝活》，把一些专家的技术用影像资料保存下来。

让传统技术和成熟的现代科学技术应用结合起来，这也是我们对故宫价值的认识。故宫价值是很丰富的，非物质文化遗产是看不见的，我们保护故宫，也要保护这些传统技艺的传承者。

记者：故宫的文物保管体系是怎样的？

郑欣淼：全国文物系统大部分单位都有保管部，故宫没有。10多年前改革后，故宫的文物由各个业务部门去管。故宫有书画部、图书馆、宫廷部、古器物部等，过去不管文物，只是搞研究和展览，现在书画的文物就由书画部的人来管，陶瓷、玉器、青铜器等由古器物部来管，宫廷的文物就由宫廷部来管。没有保管部了，这个管理体制有争议，国内博物馆大多不是这样的，但是国际上普遍如此，台北故宫博物院也是这样，很难说哪一种一定好。

记者：2011年发生的失窃事件，是否反映了故宫在文物保护上还存在一些问题？

郑欣淼：2010年前在故宫没有发生过失窃事件，但不代表以后不会发生。2011年发生的失窃案，给我们敲响了警钟。具体情况我已经谈得很清楚了（详见《人民日报》2011年8月20日刊登的《打开故宫"十重门"》）。我们要吸取在一些环节上的教训，警钟要不断敲响，因为我们的责任是重大的。

（二）管故宫重在管人

记者：失窃事件，给了故宫怎样的教训？故宫在管理上，会有怎样的提升？

郑欣淼：管理制度最重要的是人的方面，规章制度要严密。但是再严格的制度、再先进的设施也要靠人来完成。人的培养、人的觉悟也是我们重视的一件事。故宫保管条件有的比较好，有的条件不尽如人意，我们也在努力改进。我们最近正在做对故宫规章制度的修订，修订后有140项规章制度，有39万多字。

记者：故宫有多少职工？怎样使每个人都全身心投入到故宫保护当中？

郑欣淼：故宫在编的有1400多人，直接和文物打交道的有200来人。故宫各方面的人员的积极性都要调动起来，每个人都要有明确的责任。2011年，我们对一线部门的职工普遍进行了培训。

我们感觉到，随着事业的发展，故宫要干的事很多，对人的要求重在两方面：一是首先要有足够的力量，才能保障正常的工作，现在有些部门仍然人力不足；二是重在提高素质，要有高度的敬业责任心。故宫的有些工作是单调枯燥的，年复一年，人干久了可能就会松懈，怎么让大家不松懈，这是我们需要做的。这几年，我们对故宫职工进行了故宫历史、故宫精神的讨论和教育。

记者： 刚才您提到近来修订了一系列的规章制度，有39万多字，这里面主要的内容是什么？怎样保证每个人都忠于职守、善待文物？

郑欣淼： 那是很复杂的，除了文物管理，还有对外活动、安全消防、招标采购、财务管理等，是规范各个方面工作的规章制度。

记者： 就直接接触文物的200多人而言，对他们有哪些规章制度？

郑欣淼： 故宫博物院文物管理制度主要有藏品日常库房管理、出入库管理、文物在陈列展览过程中的管理三个方面。这些规章制度，对库房管理，藏品的保管、修复、提用、出入院等都有详细的规定，实现对文物安全的保障。

事实上，在故宫，文物不是随便能接触的，为搞研究，文物交接、文物提取都是有规定的。文物库房的监控设备24小时开着，地下文物库房也有总监控室，随时的影像资料都在。

（三）故宫也需要"营销"和"经营"

记者： 现在公众都特别关注故宫，过去大家感觉故宫是皇城官殿，形象博大、厚重，但有些封闭，现如今，尤其是十七届六中全会提出推动文化大繁荣之后，您认为故宫应该展现什么样的形象？

郑欣淼： 我认为应该既是一个古老的民族文化、文明的历史形象，同时又是一个开放的、热情地为社会为公众服务的现代文化形象。故宫的形象仍然有你说的那一方面，但不少人对故宫的内涵不是很了解，故宫是古代文明的精华，它的魅力在这方面，它的财富也在这方面。但是故宫和公众的联系，可以通过今人的诠释。今人对它的认识，赋予新的意义。

这里面有一个古老文化、传统文化与当代文化的关系问题，有一个传统文化如何在现代文化建设发展中发挥应有作用的问题。比如，就拿大家现在很关心的文化产业来说，传统文化、故宫文化和现代文化创意产业有没有关系？应该不应该、能不能发挥很重要的作用？我看故宫文化应该成为现代文化创意产业的重要推动力量。如今来谈文化创意产业，故宫的优势在什么地方？应该在于可以提供丰富的创意资源，通过对故宫文化内涵的发掘，充分利用故宫文化、传统文化的文化艺术元素，研发创造出有中国文化特色的、受公众欢迎的文化创意产品。这些产品有中国文化的特色，也有故宫的特色，也承载故宫的声誉。可能过了几十年，一看到这个东西，仍然会想起曾来过故宫。

对故宫博物院在文化创意产业中应该起到更多的推进作用，这个推进作用不在于故宫的文化创意产品能卖多少钱，而在于承载着古人智慧的艺术品能给今天的人们带来一些启发，带来一些灵感。

故宫的价值要从不同方面理解。故宫的文物不是完全僵化的，它也能在实际生产和生活中产生作用。我们对文物价值的认识和发掘程度，决定了故宫价值在国人、世人中发挥作用的程度。

记者： 您刚才提到一个概念是"博物馆营销"，故宫的营销和普通意义上商业层面的营销有什么不同？

郑欣淼： 其实这是一个新的理论，在国际上很流行。台北故宫博物院院长周功鑫也很重视这一理论。它不是一般商业意义上的营销，博物馆营销就是博物馆可以通过战略管理和市场营销进行博物馆文化的推广传播。对故宫来说，通过"营销"这一途径，真正将社会需求放在首位，坚定为社会和社会发展服务的信念，提供满足社会发展和公众需求的优质的服务。"营销"和"经营"是分不开的，博物馆需要我们很好地管理经营，当然这也不是一般经济意义上的"经营"，而是要以经营的理念，认真、细心地对待故宫，精心地组织和开展各项工作，这首先是一种态度。

记者：这就好像一个当家人要把自己的家庭方方面面都照顾好一样。可是故宫这个家庭实在太过于庞大了，"经营"起来是不是有困难？

郑欣淼：随着时代的发展，我们新的工作不断增加，我感觉责任越来越大。这几年，故宫参观人数从700万增加到1400万，而且逐年增加的态势是不可逆转的，我们碰到的困难也是比较多的，保护故宫的任务越来越重。但不管怎样，我们还是要前进，要发展。故宫的发展，当前面临大好的形势，包括各方面对故宫的关注，关注是一种监督，也是一种动力，也使我们感觉到自身的责任。

（四）故宫要"走出去""走下去"

记者：故宫作为中国乃至世界最大的博物馆之一，它的意义不仅在于藏品的珍贵和丰富，更在于它的文化传播能力和社会教育功能。故宫在这方面有哪些做法？

郑欣淼：1935年，故宫文物曾赴英国，这也是中国文物第一次走出国门展览。从20世纪80年代初到2002年，我们组织到海外的展览有80多个，涉及24个国家和地区。从2003年到2011年，对外展览已经达到70多个，发展很快。而且这些展览都在海外产生了重大影响。

比如，2011年9月故宫文物在卢浮宫的展览就具有重要意义。大家知道，卢浮宫在西方古典文明里具有代表性，具有象征意义。这是中国文物第一次在卢浮宫展出，打破了过去东方和中国文物都是在法国吉美博物馆展出的惯例。故宫文物在卢浮宫的展出引起了重大的反响，为海外提供了一个了解中华文明新的机会，也是国外对中华文明在进一步了解之后更加尊重、更加重视的一个反映。

记者：作为中国的文化龙头单位，故宫对文化走出去有怎样的理解？

郑欣淼：通过故宫文物在海外的展览，世界会了解一个历史悠久、有着古老文明的国家，以及这个国家今天的精神风貌。因为对古代文明的保护和管理水平，也反映了我们对传统文化的理解和传承。通过这些展览也反映了这个国家、这个民族创造新生活、走向未来的努力。

文化走出去，当然不是简单的文物出国展览，最重要的是看展览产生的影响，能不能加深外国人对中华文明的理解和尊重，能不能增加他们对中国历史文化的了解，能不能使他们认识到改革开放给中国带来的变化，以及今后中国发展要走的路。在这方面，我们还要继续努力，提高故宫文化走出去的质量。

记者：除了"走出去"，故宫是不是也要"走下去"，更加走近民众？

郑欣淼：这几年来，我们一直在努力做这方面工作。首先做好每年千万以上来自祖国四面八方和世界各地的普通观众的服务工作，让他们参观好故宫，深入理解故宫文化。我们还最先实行对中小学生集体参观免费开放。我们也到各地参加地方的展览，把故宫珍藏、故宫文化送到各个地方，让当地公众有直接欣赏的机会。2003年至今，我们已经在各省市办过103个展览。

另一方面，我们也重视故宫知识在公众中的普及。2005年，故宫与中央电视台合作拍摄了12集系列片《故宫》，得到了很好的社会反响，其音像制品至今仍是中央电视台最畅销的产品之一。从2012年1月开始，新拍的百集纪录片《故宫100》也会在央视播出。我们一直很重视数字故宫的建设，重视故宫文化的现代传播，据统计，故宫网站2011年的点击量超过了4.7亿人次。

（原载《中国经济周刊》，2012年1月10日）

故宫掌门人详揭紫禁城家底

采访者：《北京青年报》记者　王　岩

新闻背景： 故宫藏品，不仅是学者们经年累月的研究课题，更是街头巷尾人们的故事，是文学创作的题材，是无数影视作品钟爱的演绎的题材。然而令人尴尬的是，故宫的深深院墙里究竟藏了多少宝贝，一直以来无人知道，就连故宫的人也不能够说清。

今年春节前夕，故宫博物院终于向社会公布了自己的"家底"。故宫馆藏文物的准确数字为1807558件，其中珍贵文物1684490件，一般文物115491件，标本7577件。这是故宫博物院自建院以来在藏品数量上第一个全面而准确的数字，也是该院历时7年的文物藏品清理工作的结果。

与此前坊间流传的故宫藏品百万件的说法相比，这个数字陡然增加了几十万件。为何两者相差如此悬殊？故宫增添的"文物"从何而来？如此浩瀚的文物藏品保存状况又是怎样的？带着诸多好奇和疑问，本报记者专访了故宫博物院掌门人——郑欣淼先生。

记者采访的地点安排在故宫博物院行政办公室。这里是故宫神武门西侧一排不起眼的平房，暗红的门窗油漆斑驳，每间办公室的窗玻璃都配有白地绣花的窗帘。"故宫人"办公用的桌椅板凳都是那种最中规中矩的样式，令人想起20世纪90年代《编辑部的故事》里的场景。朴素，甚至有些古旧，这样的办公环境倒是与古老的故宫配合得十分协调。

郑院长是一位温和的长者。他的普通话里夹杂着陕西口音，见到记者开门见山就说："关于故宫，什么样的问题都可以问。"如此直截了当的开场白，在一位官员身上很少见。接下来近两个小时的采访之中，可以体会到院长的思维清晰敏捷，凡涉及文物的各种详尽数据他会毫不含糊地随口举出，无须查阅任何一本资料——故宫的"账本"俨然就在他心中。

在郑院长主持之下，故宫博物院的文物数字终于向公众有了一个确凿的"交代"。这在故宫的几百年历史中是首次，在我国文物保护进程中也将是一个重要的成果。他同时提出了故宫学的概念，将作为"世界文化遗产"的故宫宫殿建筑，以及其珍藏的皇家文物作为不可分割的整体来看待，拓展了故宫的文化内涵。然而，作为一位对故宫有着如此深入研究的学者，郑欣森院长仍旧以"诚惶诚恐"来形容自己对待故宫研究的心态。担任院长已经9年，他在采访时这样告诉记者："我刚到故宫时写了一篇文章，说了自己对故宫的感受。但是这些年过去，随着对故宫了解得越多，我却越不敢再写了，生怕自己是浅薄的。"

（一）"故宫文物"被重新定义

记者：我们知道从故宫建院开始，进行过数次文物清理工作。与之前几次相比，这次历时七年的故宫文物清理是在什么背景下展开的？它的特殊点在哪里？

郑欣森：刚刚结束的文物藏品清理工作，在故宫博物院历史上是第五次。这一次文物清理是从2004年正式开始的，之前有过详细的调研报告。它是在文物认识视野不断开阔日益取得共识的思想基础上进行的，由几大因素促成：一是故宫是我们国家最大的博物馆，也是世界上有影响的博物馆。在我看来，博物馆就是物，这个物的底数不清楚，就会影响你这个博物馆的功能发挥，包括你博物馆的特色，在某种程度上对博物馆的性质也有影响。所以，作为博物馆管理者的我们

367

必须弄清楚藏品数字，这是博物馆最基础的工作。

二是我们提出故宫学的概念。应该认识到，故宫的古建筑不只是一个"壳"，是个场所，它与故宫的珍贵藏品一起，成为中华传统文化的一个载体与中华文明成就的一个标志。不是说古建筑就是一个壳，文物就是一个物。其实它在长达几百年的时间里，有24个皇帝在这里执政生活，这些是有机联系的整体。我们过去对故宫的认识比较简单，比如这个东西好，这就是珍品，历史上如何如何重要。但是它跟宫廷的历史文化是什么关系？它怎么收藏到宫里来的？这里发生过多少故事？这些我们过去不是很重视。

记者：您认为是什么原因导致了此次故宫文物藏品数量有极大的增加？

郑欣淼：故宫学和文物清理的关系密不可分。举一个例子：我刚就任故宫博物院院长的时候，故宫对外宣布的文物数量是94万件。我们现在增加了什么文物？其中很大一部分是古籍，有60万件。故宫藏的古籍相当珍贵，包括皇帝抄的佛经、内务府保存的没有刻印过只供皇帝御览的书，等等，你说这算不算文物？我们有那么多珍本古籍，包括20多万件印书的刻版，过去都没有当作文物来统计。另外，帝后书画我们有2万多件，还有从顺治一直到光绪，每个皇帝的字都有，但是这一批我们过去都没有计入。我们搞文物清理，从故宫学的需要出发，对这些我们曾经忽略的文物此次都有了新的认识。

记者：为什么会有那么多"没有计入"的文物？是不是因为故宫里的好东西太多了，所以这部分不被人重视？

郑欣淼：我认为还是观念问题，所以这就牵扯到什么是"好东西"。曾经有个典型的例子就是，皇帝的马鞍子上有一个小钟表，镶嵌得特别漂亮，但是过去人们居然把钟表取下来送到工艺组保管！他们认为钟表就是器物，而忽视了它和马鞍子其实是不可分割的一个文物的整体。

故宫过去曾经处理过大量的东西，因为认为它们没有用处，或者在故宫这个东西太多，重复品太多，或者材质是很平常的，不把它算作文物。但是现在从故宫学的角度，凡是能反映宫廷历史文化的都有它的价值。譬如腰牌，就像现在的出入证一样，上面有人名字，有的说出人的体貌特征。现在我们看，这些腰牌有上千个之多，它是当时禁卫制度的重要反映。如果我们仅仅从以前什么是"好"的标准来看，它显然不够珍贵。但是作为历史文化，全中国就是故宫文物里才有，因此它当然是"好东西"。

通过这次文物清理工作，我感觉到我们对文物的观念必须变了。不能简单说它珍贵，它是难得的。我很赞成用文化遗产的角度来看。从故宫的宫廷文化特殊性来说，比如故宫文物里面有唱戏的戏衣，但唱戏行头里的盔头、鞋靴等就没有算入文物，感觉这个太一般了。可是现在我们会认为，只有它和戏衣结合在一起才是完整的，是服饰道具不可缺少的一部分，这样的"文物"我们这次就清理出888件。

（二）故宫文物账目将向社会公开

记者：为什么故宫文物的清理历经5次，直至今日才对社会有个数字清晰的交代？这是否意味着之前故宫藏品的管理状况混乱？

郑欣淼：这次文物清理很复杂，难点就在于我们要处理一些历史遗留问题。比如这次文物藏品清理工作要解决的首要问题就是"总账与分类账不一致"的问题。故宫馆藏文物有一个总账，还有一个分类账，还有卡片和实物，这四个账要核对一致的。说起来轻松，但其实这是很费劲的一件事。

我们了解到，文物的账对不上有不同的原因。历史上经历的藏品管理权限的移交、提陈手续不清就是其中之一。比如像毛主席曾经托中办转交我院收藏的《钱东壁临兰亭序十三跋》手卷，先由保管部工艺组的国内礼品库保管，后移交书画组管理。移交的时候原来的号没有销掉，到新的组又给增加了一个号，这就导致总账与分类账数字不符。原来的调走了就要销掉，但你不销，又多出一件，这都是以后很费事的。这次我们经过核对，理清了管理和提陈的关系，重新办理了提陈手续。

还有相反的情况，比如有个楠木边油画山水围屏，分类账记录拨出去了，总账没有记。这次清理，我们到民族文化宫查到它确实还在，这证明总账漏登了。故宫文物是民族的文化财产，我们作为管理者不能让它受到任何损失，前提就是必须把账建立起来，不能再出现问题。经过7年，我们调查清楚故宫文物藏品总数是1807558件，在此基础上我们将出版《故宫博物院文物藏品总目》。现在整理好的可以出版的已经有100万件，还有80多万件今年上半年可以编完，大部分出纸质版，还会出一部分电子版。

记者：故宫文物现在做到了账目清楚，这个账本会向社会公开吗？

郑欣淼：国家委托我们管理文物，我们就一定把它弄清楚。故宫以前的账本是内部的账。我们现在做的这个目录就是给社会发行用的，要让社会知道故宫里到底有什么宝贝，表明了我们对国家文化财产负责任的态度。现在账本公布了，最后保管的状况怎么样，大家也能监督，也对我们自己是一个激励。同时，我们希望故宫藏品能够更好地为社会服务。就像书画，我们有14万多件珍藏，其中有一些东西可能是永远不会展出来的。但是作为书画研究机构可能会用到这些，那么从新的目录就可以查到。

记者：此次文物清理涉及文物数量巨大，在这一过程中是否会发现一些"赝品"文物？

郑欣淼：经过历史上数次对故宫文物的清理，"真伪"问题已经不是此次文物清理的重点。历史上倒是不乏在清理过程中，从"文物废料"中发现珍贵文物的故事。比如在1954年开始的第二次文物清理中，从"次品"及"废料"中就清理出文物2876件，其中一级文物500余件，如商代的三羊尊、宋徽宗的《听琴图》以及一批瓷器等都极为名贵。在这次文物清理中，我们也有一些牵扯到定级的文物。比如现在的一级品，有一些已经发现它们的问题，我们准备把它们从一级品中拿下来，有的是很好，但是过去的级别低，我们要提上去。

（三）故宫文物藏品不会全部向公众展出

记者：未来全部公开的故宫藏品目录可能供一些学者来研究调查，但对广大的游客来讲，这180多万件的大多数藏品可能永远也看不到，这必然会让热爱故宫文化的游人产生很大的心理落差。我们怎么理解这种现象？

郑欣淼：任何一个博物馆，包括国际上著名的博物馆，它的藏品都是不可能全部拿出来展的，包括台北故宫博物院也是这样。台北故宫博物院现在的院长上任以后，马英九给她提议希望尽可能多地展出文物，但是她也讲了是不可能都拿出来展的。因为博物馆做展览不是简单地把每样东西拿出来摆上，展览要组织一个主题，而且在展出的时候要有一定的导引，有一定的学术研究为基础的才可以。

故宫现在展出的文物，有20个宫殿之多，每个展馆都各具特色。比如武英殿书画馆，几年以来我们将深藏宫中的书画拿出来做了9次展出，收到很好的社会反响。其实我们的文物展出量也还是不小的，因为不集中，所以给大家的印象不是很深。我们还会到各地办好多展览，包括各地一些博物馆的开馆展上，多有故宫文物亮相。新建的国家博物馆现在也给我们留出了一个展示厅。我们尽量将故宫文物的精华拿出来展现给公众，这也是一个逐步增加的过程。

记者：很多读者都很关心文物在故宫的保护状况。民间有一种说法是，故宫文物太多了，多到甚至会烂在库房里。当然这个词可能有一些口语化，但大家很好奇故宫的库房究竟是处在什么样的状况？

郑欣淼：库房文物的安全问题也是这几年来国家文物局很重视的。其实普遍存在的一个问题就是库房的文物不一定是很安全的，因为保管条件各方面可能对文物本身有影响。不同类别的文物，比如书画、丝织品对温度、湿度要求比较高，而瓷器问题就不大，青铜器弄不好会生锈。我们现在的地下库房里有100多万件的文物，都是处在恒温恒湿的环境中，绝对不会有"烂"在库房里的情况发生。

（四）故宫博物院收藏面临资金困境

记者：故宫虽然已经有如此丰富的文物藏品，但是对于一个博物馆而言，是否会有继续扩大馆藏的计划？现在社会上的收藏热对故宫博物院丰富自己的藏品有怎样的影响？

郑欣淼：博物馆必须不断地充实新的藏品，这是博物馆生命活力的体现。从博物馆的特点来说，证明你的藏品不断在延续。比如故宫藏品中一方面是清宫流失出去的重要文物，另一方面就是中国历史上比较重要的一些文物。这是我们过去收藏的两个主要的方向。

故宫曾经花重金购买过文物。比如2003年曾经以2200万元购入了具有极高艺术价值的国宝级文物隋人书《出师颂》卷，引起社会各界的空前关注。但是现在的情况今非昔比，艺术品收藏拍卖已经完全市场化。现在国家财政部批给故宫的收藏经费，一般一年在1000万元人民币左右。尽管国家也给故宫的收藏开了口子，只要我们认为"合适的、非要不可的"文物可以向国家打报告申请特批，但是以目前市场动辄过亿的艺术品拍卖价格，我们实在不好意思向国家开口。还有就是如果我们也参与竞拍，很可能会进一步抬高艺术品市场价格。

记者：这种现状会不会对故宫博物院未来的收藏产生局限？

郑欣淼：以陶瓷和书画为代表，故宫总体收藏在世界范围有许多值得称道之处。多年来故宫也接到了不少社会各界的捐赠，包括南宋佳作《萧翼赚兰亭图》卷和元代书法经典赵孟頫临《兰亭序卷》等，都是中国书画史上的杰出作品，极大地丰富了故宫博物院的收藏数量和门类。在2005年故宫博物院成立80周年之际，故宫博物院在景仁宫内设置了景仁榜，镌刻了自故宫博物院建院以来682位向故宫无偿捐赠文物者的名字，这也是故宫未来丰富自己馆藏的一个思路。

除此以外，这几年我们把中国当代艺术家的一些作品列入了故宫收藏。一直以来，故宫要不要收藏当代的艺术品，当代艺术品收藏的标准怎么样，对我们来说也是一件大事。我认为中国的艺术是一个长河，不能中断，不能说故宫就到清代为止。故宫当代的收藏中，包括齐白石、李可染，还有李苦禅先生的作品，还有去年刚刚去世的吴冠中先生也有三幅代表作留在了故宫。今年秋季我们还准备在工艺品方面收藏国内当代国家级大师的作品，包括工艺类、织绣和陶瓷类。我们和国家非物质文化遗产研究中心合作，跟各地政府合作，入选收藏的都要是国家非遗传承人的代表作。

（五）台北故宫博物院文物藏品来京办展面临两大障碍

记者：伴随着故宫历史上的文物南迁避寇，一部分故宫文物精品落户在台湾。您如何评价台北故宫博物院的藏品？

郑欣淼：今天台北故宫博物院的藏品，有在当年文物南迁途中挑选出来，赴伦敦参加展览的文物精品。那是第一个在国外举办的中国文物展，当时选择文物的标准是很有意思的，不是好的不能够选，因为要代表一个国家；另外一个，最好的不能选，怕万一在途中发生意外。今天台北故宫博物院的藏品就包括这60多箱文物。

台北故宫博物院收藏是很丰富的，种类也是比较多的，而且其管理工作做得也好，因为它运走以后账目都很清楚。台北故宫博物院还有一点很重要，就是基础工作做得很好，与国际的交流比我们早多了，早了整整20年。过去国外一些研究中国艺术的人都是以台北故宫博物院藏品为研究对象。但是从20世纪80年代改革开放以后，两岸故宫博物院之间的了解不断在加深。去年两岸故宫博物院联手重走故宫文物南迁路，就是双方共同追忆过去，以今人的视角重新审视历史的一个方式。

记者：此前在台北故宫博物院举办的"雍正——清世宗文物大展"上，台湾观众首次看到了来自北京故宫博物院的文物。但是来北京故宫博物院参观的游客们何时能够看到台北故宫博物院的藏品呢？

郑欣淼：现在交流过程中，台北故宫博物院认为障碍就是要求司法上的承诺，核心是不能扣押他们的东西。这个规则制定得比较早，也不是针对和大陆交流才定的，但是成了现在最主要的障碍。现在两岸从经济到文化的交流都非常密切，这个问题是绕不过去的，我个人感觉到凭借中国人民的智慧，这个问题肯定会解决的，但是这件事目前还没有看见有什么具体的动作。

除了文物的借展，两岸文化交流中的另一大障碍就是名称载示的问题。台北故宫博物院坚持用"国立故宫博物院"的称呼，但是我们绝不能接受"国立"两个字，这就给出版等一系列事情带来很大困难。不光是我们文化交流，教育上也有这个问题，很多场合会很尴尬。我认为这是个应该认真研究的问题。

（六）故宫学研究有望成为显学

记者：您在不同场合多次提到故宫学的概念，在《故宫与故宫学》等著作中也有很清晰的阐述。但这对于广大的游客而言有什么意义？他们如何从故宫学的角度去欣赏这座被列为"世界文化遗产"的皇家宫殿，而不仅仅把它作为一个停留在纸上或书中的概念？

郑欣淼：故宫学应该说是一个学术概念，它不可能成为群众性的话题。故宫学有它特定的含义。我们组织专家、研究人员对它进行研究。对广大观众来说，则是研究的成果怎么普及、研究的成果怎样让大家知道，包括写一些通俗的但又富有新意的导引性的册子让大家欣赏故宫，不是简单地来看个热闹，其实这也是不容易的。包括我们对故宫的一些解说词也好，还有拍摄的12集电视片《故宫》，这里面就贯穿了故宫学的理念。

提出故宫学概念的初衷，是希望它能够为社会所用，它绝对不是为学术而学术的。实际上，故宫学已经引起不少机构的重视，比如台湾的清华大学，从2009年的秋季开始设立"故宫学概论"的课程，已经搞了一年半，它是计入学分的。它有80个选修名额，结果有2000

多人报名，然后又增加了15个名额，参加的还有大陆的清华大学和北京大学在台湾的清华大学交换学习的学生。中国社科院研究生院去年11月份也做了一个决定，培养故宫学方向的硕士研究生，浙江大学决定成立故宫学研究所。我个人感觉到，故宫本身确实有很重要的值得研究的地方，它的内容太丰富了。作为中华文化的载体，故宫的"标本"作用无可取代。

（原载《北京青年报》，2011年1月29日）

交出一份合格的故宫财产账

采访者：《光明日报》记者　李　韵

几天前，故宫博物院公布了自己的藏品数量为1807558件。这个精确到个位的藏品数字，无论对公众还是故宫博物院都意义重大。日前，故宫博物院院长郑欣淼就此事接受了本报记者专访。

（一）为什么要进行为期7年的文物清理工作？

记者： 本次文物清理是故宫博物院的第一次吗？

郑欣淼： 不是的，这次已是第五次了。

1934年，故宫博物院第二任院长马衡在呈行政院及本院理事会的报告中即曾明确指出，文物藏品整理"非有根本改进之决心，难树永久不拔之基础"。所以，在故宫博物院的历史上，只要工作秩序正常，这种清理就一直未停止过。在此次清理之前，自建院以来，故宫博物院已经进行过4次大规模的清理，而且每次都持续在10年左右。但是由于宫廷藏品及遗物数量巨大、种类繁多、存贮分散，以及过去对文物认识的局限性等原因，虽进行过多次清理，仍存在某些文物账物不相符合、大量重要的宫廷藏品未列为文物、一些库房尚待进一步清理等问题，院藏文物一直没有确切的数字。

记者： 日前的新闻发布会曾介绍，在清理过程中，为确保文物安全，几乎所有的文物搬运都是肩扛手抬，而不使用机械。此次清理耗时7年，投入的人力物力之巨可想而知。故宫为何要进行这项浩大的工程？

郑欣淼：文物藏品是博物馆赖以存在的必备条件，是博物馆开展各项业务活动的物质基础。只有彻底弄清博物馆藏品的种类和确切数量，才能有效地实施保护，才能对它的内涵、特点以及价值有更为全面、准确的认识，也才能对它进行更为深入的研究和挖掘。这是博物馆的基础工作，是实现博物馆科学管理的前提。

故宫博物院作为中国文物藏品最为丰富的博物馆，彻底弄清文物藏品的家底，是几代故宫人持续为之努力的一项工作。过去每次清理都不够彻底，这次则要求一定全面清理，彻底弄清。经过7年之久的努力，藏品清理工作终于圆满结束。

经过清理，我院藏品总数达到了1807558件，其中珍贵文物1684490件，一般文物115491件，标本7577件。这是我院自建院以来在文物藏品数量上第一个全面而科学的数字，标志着我院的文物管理工作进入一个历史性的新阶段。

（二）本次文物清理与故宫学有何关系？

记者：在本次清理之前，故宫博物院的账目上有多少文物？

郑欣淼：我们原有的在账文物（指珍贵文物）94万余件。1990年和1997年，故宫博物院先后建成了一、二期地库，原存放于地上库房的约60万件藏品陆续搬到了地下库房，剩余地面库房也随之做出调整。藏品的收藏位置发生了变化，必须进行重新核对认定和确定方位。通过7年的工作，我们全面完成了这94万余件文物的核对工作。

记者：我记得，故宫曾一度公开宣称自己的藏品数为150万件（套），为什么清理后的数字增加了？

郑欣淼：主要是由于文化遗产概念的发展，将以前未纳入文物范畴的历史遗存也纳入进来了。

2003年10月，我们提出了故宫学的学术概念，主张对故宫及其丰富的历史文化内涵进行深入、全面的发掘。从故宫学的角度看待故宫，我们对故宫的价值有了更加充分的认识，不仅意识到故宫古建筑、宫廷文物珍藏的重要价值，而且看到了宫廷历史遗存也有着同样重要的意义。

在故宫学的影响下，我们对文化遗产概念的理解逐步深化，认识到原来众多不被重视的宫廷遗物无疑是有一定的文物价值，能反映宫廷历史文化某些方面的实物见证。同时，故宫学所体现出的故宫博物院对传承、弘扬中华文明的强烈责任感、使命感，也要求我们更加自觉地对故宫进行全面的保护。可以说，这次文物藏品清理是在文物认识视野不断开阔并日益取得共识的基础上，是在故宫学理念的具体指导下进行的。当然，这次文物藏品清理也是故宫学自身深入发展的需要，是一项服务于故宫学研究的基础性工作。

记者： 请您举一些具体例子。

郑欣淼： 比如，13万件清代钱币、2万余件帝后书画，过去既不算文物，也不算资料，从未进行过系统整理。这次清理中，不仅对这类遗物进行了系统整理，还对所有资料藏品进行了重新的鉴定、研究，完成了共计180122件资料提升文物的工作。

新提升成的文物里，如织绣类文物里来源于"文革"时期从房山上方山、云居寺中收缴的数千件经书的封面，它们绝大多数是纪年准确的明代织物，且品类众多，织工精细，纹样精美，保存完好。这在全国博物馆同类藏品中也十分罕见和难得，对于研究明代丝织品具有重要意义。其他如888件盔头、鞋靴，从戏曲演出的形态看，盔头和鞋靴与身上的戏衣一样，都是传统戏装"行头"的有机组成部分，同样具有历史价值。另外，图书馆所辖大量的古籍善本特藏、20万余件书版，古建部所辖大量建筑构件、"样式雷烫样"等也首次纳入文物账进行管理。

（三）摸清家底的同时，本次清理还有哪些收获？

记者： 故宫博物院在文物清理的同时，还做了哪些相关的工作？

郑欣淼：在故宫学整体保护、全面保护理念的指导下，这次文物藏品清理不只完成了摸清家底、账物相符的任务，而且与加强文物的科学管理、安全管理等工作结合起来，使文物管理水平得到很大的提高。

比如，文物库房整体面貌发生了重大的变化。从过去的皇宫变为现在的博物馆，故宫部分古建筑被用作文物库房。本次清理结合古建筑大修，合理调整了文物库房布局，着力改善了部分库房的保管条件，文物防震工作取得了显著的成效，与相关科研单位合作，设计研制出4套雨花阁瓷塔木塔"弹性滑移减隔震系统"。

文物信息化管理也日渐成熟。文物管理系统中文物藏品的收藏位置数据和文物档案影像等信息得到了进一步充实、完善，且更加准确。现在，故宫博物院文物流通的全过程，包括院藏文物的账目管理、库房管理、文物修复管理以及展览信息、文物利用信息均可通过系统直观、实时地反映出来，实现了馆藏文物流通的全面信息化管理。

在文物管理方面也有了些新举措。逐步实现了账物分开，推行文物库房不定期抽查制度，规范人员入库和观摩文物等各项规章制度，开展了长年外借文物的清理和催还。这些新举措在文物管理工作中，查遗补缺，堵塞漏洞，取得了显著的成效。

记者：您是如何看待本次文物清理成果的？下一步，故宫博物院在文物管理方面将有何举措？

郑欣淼：故宫博物院丰富的文物藏品是中华民族珍贵的文化遗产，也是全人类共同的财产。故宫博物院代表国家进行保管，对它们进行妥善的保护与研究，是故宫博物院对国家、对民族应该承担的责任。通过这次清理，我们向国家，也向全世界交出了一份合格的财产账。

今后，故宫博物院的文物管理工作将转入带有研究性质的编目工作，并将以更加开放的姿态，继续编印《故宫博物院藏品总目》《故宫博物院藏品大系》等清理成果，向社会刊行，为院内外乃至海内外的故宫学研究者提供便利，接受来自社会各方面的监督，真正担负起传承和弘扬中华优秀文化的重任。

（原载《光明日报》，2011年1月31日）

故宫和卢浮宫：欧亚两端的对视与交集

——对话故宫博物院院长郑欣淼
与卢浮宫博物馆馆长亨利·卢瓦耶特

采访者：《中国文物报》记者　孙秀丽

　　2010年，法国卢浮宫博物馆年接待观众860万人，故宫博物院的观众则达到了1283万人。这两座气质完全不同、又有着相似历史的国家级博物馆，在过去6年里开始有了交集。2005年以来，两座博物馆两次签署框架合作协议，可以预见未来的合作充满各种可能性。在2011年故宫"重扉轻启——明清宫廷生活文物展"赴卢浮宫展出期间，故宫博物院院长郑欣淼和卢浮宫博物馆馆长亨利·卢瓦耶特就合作关系、管理理念、经营发展等问题接受了本报专访。

　　记者：卢浮宫和故宫是处在亚欧大陆两端的，有着很多相同命运的两座博物馆，在《故宫博物院与卢浮宫博物馆2011至2015年合作协议》签署的背景下，故宫和卢浮宫将会有怎样的合作？

　　卢瓦耶特：中法博物馆之间有过丰富的文化交流，过去多是在吉美博物馆和中国的一些学术机构之间。现在，卢浮宫取代了这一位置。卢浮宫的收藏和展览主题非常具有世界性，也在面对全世界的参观者。比如说自从我上任10年以来，卢浮宫的中国游客从十几年前的每年几万增加到近40万。面对这样的需求，卢浮宫有着强烈的愿望想与中国进行合作。而由于中国没有一家关于欧洲艺术的博物馆，所以我们没有能够与专业学术研究机构进行对接式的合作。最终选择故宫博物院，我们基于一个非常深刻的缘由——卢浮宫和故宫博物院在历史中承担过同样的角色。

郑欣淼： 自2005年至2011年9月，故宫博物院举办和参加的各类涉外展览共计80起，其中出境展66起、引进展14起。其间，故宫先后同世界上8家博物馆签署了战略合作框架协议，其中包括法国卢浮宫博物馆。这是故宫"走出去"战略的一部分，我们与其中大部分博物馆实现了互换展览或专业人员互访以及项目交流等活动。卢浮宫的管理理念启发了我们在展览方面可以做更多的事情。

卢瓦耶特： 两大博物馆首先围绕历史主题开始了最初的合作，通过"重扉轻启——明清宫廷生活文物展"，我们平行地把两座皇宫进行了一次类比介绍。我觉得我们还可以就这一角度，来进行其他主题的策划。比如说，法中风景画对比，法国艺术大师如何从中国文化中得到灵感进行创作，中国18世纪的一些艺术品受到法国艺术怎样的影响，等等。我们与故宫之间在博物馆陈列、策展学、博物馆如何加强多媒体信息功能等领域也有重要的合作与讨论。除此之外，合作关系也将会在针对博物馆作为社会公共设施怎样更好地迎接社会公众、开展公共服务等方面进行全方位讨论。

记者： 故宫和卢浮宫都拥有世界瞩目的皇家建筑群和文物瑰宝，如何为海量的观众提供更好的服务，是双方管理思想的重心。20世纪80年代末，法国提出了"大卢浮宫"概念，目标是场馆的扩建以及对观众服务质量的提升。大卢浮宫计划使博物馆的面积达到了6万平方米，容纳的观众数量也从400万增加到800多万。但后来所谓"大卢浮宫"开始为其成功所累，政策逐渐从挖掘展厅面积扩展到在法国国内及世界范围内建设分馆。而故宫博物院在郑欣淼担任院长后的2003年开始，提出故宫学概念，用于统领、提升故宫的管理、科研水准，并耗时7年进行了一场文物家底大清查。

卢瓦耶特： 小时候，我看到的卢浮宫只是早上开门晚上关，人们对博物馆里的事情不太关注。而现在，卢浮宫每一天都是完美的演绎。每个游览卢浮宫的人都可以欣赏独具匠心的艺术品，听听古典音乐，观看与艺术史有关的电影……近40年卢浮宫一直在蜕变：从建筑结构到层次空间，甚至职能都发生了变化。过去卢浮宫专事于藏品展示，供部分藏家和专业人士鉴赏；而现在，我们致力于吸引所有人和全世界的眼光，为国家、地区和城市的发展做出努力。

整理和保护文物当然是卢浮宫的第一要务。但像参观路径设计以及知识产权这些以往较次要的问题，现在已经成为当务之急。今日的卢浮宫开始迎接主动来访的游客，甚至走出去，用文化体验、感受博物馆方式，把卢浮宫的影响推广到原本无法企及的区域。

郑欣淼：故宫学所说的故宫，实际也是"大故宫"的概念。关注点不只局限于宫墙之内，还有像左祖右社、天坛、避暑山庄、沈阳故宫、皇家陵寝、三山五园、台北故宫博物院等，这些地方都和故宫有着不可分割的联系。所以我们始终强调，故宫有着非同寻常的价值及特殊地位。认识了它的价值及地位，才能明确故宫在当代的意义。

在故宫学概念提出以后，包括紫禁城宫殿建筑群、文物典藏、宫廷历史文化遗存、明清档案、清宫典籍及故宫博物院历史在内的学科建设和文物管理都被纳入博物馆的工作内容。推进故宫学研究，是故宫在21世纪的学术使命和学术责任。这几年，故宫博物院虽然没有建设分馆，但我们积极地参加各地的展览。大凡国内省市的重要博物馆开馆，一般都有故宫的藏品或专门展览参加。在日本长崎的孔庙，故宫文物已经连续十几年在那里办展。我们有意愿进一步扩大故宫在国内外的影响。

记者：故宫的文物展览一直给人"墙内开花墙外香"的印象。虽然每年拥有1200万以上的观众，但他们往往更关注宏大的建筑群。在博物馆大变革的时代，像故宫、卢浮宫这样的最传统、最古老的皇宫式博物馆如何应对？

郑欣淼：在故宫本体上的展览影响确实比外展小，这与故宫的建筑布局、展场分散、宣传不到位等因素有关系。而且游客有不同文化层次，需求不同，或者会受驻留时间的限制。今后我们需要一个更集中的展示场所，完善指示，加强展览的宣传方式，加强志愿者队伍和公众服务水平。可以看到的是，近年来"太阳王路易十四——法国凡尔赛宫珍品特展"、俄罗斯"克里姆林宫珍品展""英国与世界（1714—1830）展""西班牙骑士文化与艺术——马德里皇家武器博物馆珍品展""卡地亚珍宝艺术展"等引进展都受到广泛的欢迎。2010年的"兰亭特展"中还分别向日本东京国立博物馆和中国香港中文大学文物馆商借了文物参展，经验和操作越来越国际化。

更重要的是，故宫的外展项目现在已经从以前的单一展览发展到现在的全方位、多层次的综合展；从单方面赴外展发展到引进展和交换展并重；从只针对发达国家到兼顾发展中国家。我们在涉外展览中更多地拥有了自己的话语权和决策权，也更加能真实客观地展示故宫的文物藏品。除了文物展览，还增加了人员互访、培训、文物保护、管理、数字化建设等专题内容，领域在不断扩展。

卢瓦耶特：卢浮宫博物馆在19世纪和20世纪前半叶是作为一个以面向世界为目标的博物馆，希望涉及所有的人类文化及历史。随后因为场地限制的问题，这个主题逐渐减弱。今天，卢浮宫博物馆就展品来讲不再是覆盖整个人类艺术。我们提出的重要问题是，怎样与我们感兴趣的国家、文化和科研机构进行合作及交流。

郑欣淼：在当今全球化背景下，博物馆的大变革时代到来了。随着各种新博物馆形式的涌现，中国博物馆开始打破传统模式，并面临着很多机遇和挑战，比如文化遗产理念的变化，全社会对博物馆前所未有的关注，等等。2011年故宫一度成为舆论的热点，就是这种理念提升的一个结果。我们需要从积极的方面来看待这件事。

卢瓦耶特：卢浮宫在担当着历史赋予的社会责任的同时，也承担着普及教育者的角色。经济利益与社会责任在卢浮宫的运转中相辅发展。最近几年，我们努力使博物馆处于最佳运转状态，博物馆的门票收入在我们的财政中处于非常重要的地位；但同时，我们一直致力于最大限度地在法国及世界其他国家向各种层面的人群进行开放和交流，这一点完全可以在我们对低收入人群和年轻人推出的特殊政策中看到。我觉得这是卢浮宫博物馆至为重要的一个成就。

记者：据了解，卢浮宫博物馆每年带动的消费可以高达6亿至10亿欧元，国家每年对卢浮宫等国立博物馆的补贴有逐渐减少的趋势，私人和企业赞助则慢慢增多。无论是故宫还是卢浮宫，作为国家级博物馆，其经营管理都在公众的注视之下。合理适度的经营也是不能回避的，都需要通过自己的方式保持博物馆的生命力。

卢瓦耶特：在20世纪90年代后期，卢浮宫的许多展品被拿到其他地方展示，这个政策不是特别具有刺激性，因为有时候一些展品不能收回。所以卢浮宫希望能在省一级地区以及国外设立一些分馆，建立一些现代博物馆来展示卢浮宫放不下的展品。这让我们走出卢浮宫的界限而且使我们能够赢得更多的观众，也让我们有更多的主动性，使得我们可以在法国的领土内以及世界其他地方展示我们的藏品。

"大卢浮宫"计划目前仍在继续。将于2012年投入使用的卢浮宫伊斯兰艺术部正在紧张施工，还有可容纳70万观众的巴黎近郊朗城卢浮宫分馆、法国北部的伦斯市卢浮宫新馆都将在2012年底开馆。2012年，法国和阿联酋合作的阿布扎比卢浮宫也将开馆，在30年的合同期内，法国卢浮宫将向该馆出借展品、提供展览策划等服务，而阿联酋方面将为使用卢浮宫的名号和展品支付资金。

郑欣淼：自2008年起，故宫门票作为非税收入，全额上交中央财政。支出根据故宫每年需求，由财政部在文化部部门预算中统筹安排，资金支付按照国库集中支付有关规定执行。作为世界文化遗产和国家一级博物馆，故宫博物院的性质是公共文化服务机构，多年来我们严格遵守文物保护法的规定，坚持把社会效益放在第一位。而且故宫这几年不是在商业化，而是在杜绝商业化。比如，取缔了原来各宫殿说明牌和参观线路座椅、遮阳伞，甚至垃圾桶上的知名企业广告；取缔了神武门前的停车场；在持续进行的大规模古建筑维修过程中，一部分过去用作经营的地点开辟成为新的展厅，撤销、调整了不合理的经营地点，逐步形成一系列具有故宫特色的观众服务区和经营网点体系。这是出于新形势下观众对博物馆服务的期望和要求。目前故宫有限的经营活动主要有三方面：一是为观众提供餐饮、旅游必需品等服务；二是针对不同需求的观众提供的各种导览、语音讲解等服务；三是开发富有故宫文化特色的博物馆文化产品和出版物，使它们成为"带得走的紫禁城"。目前故宫特色文化产品已达到3000种。故宫的经营活动必须服从文物保护前提下的诸多限制，每年的经营收入与支出全部纳入预算，补充用于故宫文物保护和事业发展，接受财政和审计部门监督。

卢瓦耶特：文化是法国的主要经济动力之一。卢浮宫博物馆拥有悠久的传统，现在又是一个非常年轻的行政管理机构，所以在运作时需要有灵活性。我认为，什么都指望国家支持的做法最终是要改变的。我们有越来越多的自主权，而我们自身的结构、我们的公共政策和科学文化政策也要适应我们取得的自主性。

现在卢浮宫博物馆每年预算约两亿欧元，其中近一半由国家支付，另一半自筹。从2004年开始，我们保留门票收入作为自己运行的费用。这些门票收入的20%用来购买新的藏品，国家的公共资助主要用于员工开销和日常维护。因此，我们大力发展赞助募捐，专门设立了一些捐助管理部门，并获得了一些有利的税务政策，主要鼓励企业参与对博物馆的资助，但企业的资助只能用于购买文物；我们还设立了一些中介机构，如美国卢浮宫友协、日本卢浮宫友协及法国卢浮宫赞助企业联合会，这些政策已经取得了很大的效果。

郑欣淼：在新形势下，我们仍然在不断探索经营服务和文化产品的定位、发展等新课题。2010年成立的故宫文物保护基金会，也在试图为对文化遗产公益事业有意愿的企业，找到一个发挥社会责任感的出口。卢浮宫"重扉轻启——明清宫廷生活文物展"开幕时，故宫文物保护基金会的部分理事曾赴法与卢浮宫的赞助企业和基金会代表座谈取经，以更规范的方式参与到故宫文化遗产的保护中来。无论如何，"故宫"二字价值就很高，不能有任何亵渎。

记者： 今天的博物馆面临着全球性的机遇和挑战，我们应该如何看待国家级博物馆的使命？

郑欣淼： 我们是传统的博物馆。故宫文化的整体性、丰富性及象征性，使故宫成为取之不竭的文化宝藏。保护故宫及其藏品，就是保持我们与祖先联系、沟通的渠道，就是保护中华民族的文化根基。展示中华文明，弘扬中国传统文化，这是故宫不变的使命。故宫的内涵和价值在不断得到发掘、积累和提升，人们对故宫的认识也在不断加深，随着时代的发展，又赋予它新的价值、新的使命。今年大家的关注和批评，正说明了它在大家心目中具有某种象征意义，很神圣。我们应该认识到这一点，完整地保护好故宫和它的文化遗产。

卢瓦耶特： 我们博物馆的展示方式今天还是很时髦的，但是明天我们不能仍然这样下去。我们应该向更广大的公众开放，使更多的公众喜欢，不能让他们看过后反而觉得没意思了。我们要更多地考虑那些认为我们的展品不好理解的人，让我们的活动适应他们。我们的使命是，要采取更加适合广大公众的方式来发挥博物馆的作用。从某种意义上讲，无论对专家还是普通公众，卢浮宫都应极具魅力。

今天，博物馆不再是那个守着历史的财富，锁在自己编织的时光经纬里的博物馆。今日的博物馆是个参与者，在都市生活、经济发展、旅游观光和可持续发展中演绎着真实的角色。卢浮宫的使命，不仅在于还原历史，展现人类发展漫长曲折的进程，还在于鼓励创新，激发当代人的思考，展示最新的科技成就，吸引新的观众群。卢浮宫既保留它独特的气质，又融入全球化的浪潮。

（原载《中国文物报》，2011年11月9日）

故宫学的视野和梦想

——在"解放论坛"上的讲演

主持人：杨　澜

　　从刚才彼奥特罗夫斯基馆长的介绍中，我们看到一个具有非常丰富历史的艾尔米塔什（冬宫）博物馆，也得直面21世纪信息化的挑战和机遇。如果大家有机会去参观这个博物馆的话，我建议大家选择夏天去，不仅可以欣赏到博物馆精美的收藏，同时也能欣赏到圣彼得堡白夜的奇特景观。

　　下一位演讲嘉宾，我想不需要做过多介绍。说起故宫博物院，在中国无人不知。作为世界上现存最大最完整的古代宫殿建筑群，中国故宫博物院也被联合国列为"世界文化遗产"。但是大家可能有所不知，故宫是第一个对公众开放的中国博物馆，那可能是早在北洋政府时期的事了。

　　今天我们请来了郑欣淼先生，他从2002年起担任故宫博物院院长，致力于博物馆学的研究。2003年，他提出了故宫学的概念，今天他要谈的是"故宫学的视野和梦想"，掌声有请！

（一）故宫是中华文明的重要象征

　　尊敬的尹明华社长，尊敬的各位女士、先生，大家好！

　　博物馆是集中收藏与展示人类文明的专门文化场所。人们从博物馆的展示中获取知识、得到启迪、净化心灵，这就是文明的共享；文明在共享中延续着自己的生命，焕发着新的光彩，因此共享的同时，也是文明的弘扬。观看不同民族、不同地域、不同类型的文明展示，更使人们看到世界文化的多样性，也有利于从世界文明的大格局中认识自身，从而加深彼此的理解，达到互相尊重，促进世界的和谐，这就是文明的对话。

博物馆对于文明的共享与弘扬的意义，是个很大的题目，我试从故宫学探索的角度，说明科学研究在博物馆实现自身历史使命中的重要作用。

博物馆要发挥好作用，首先要对自身有明确认识，弄清自己的特点。

故宫博物院有什么特点？它是在故宫古建筑以及主要是清宫旧藏的基础上建立的博物院。故宫又是世界文化遗产，它是中国古代宫殿建筑的集大成者与典范，它的藏品包括了中国古代文化艺术的主要门类，反映了中华文明5000年的历史。因此，它不同于一般的博物馆，它是集中国古建筑、中国艺术、中国历史以及明清宫廷文化为一身的博物馆群。

故宫博物院的这一特点告诉我们，故宫及其藏品所形成的故宫文化，在中国传统文化中，具有经典性、丰富性和唯一性。

中国皇室收藏有着久远的传统，皇室收藏的意义，不仅因为藏品的珍贵，还在于它具有政权合法性的政治意义。这是故宫博物院藏品的一个重要特点。

清代又是皇家收藏的顶峰。故宫现今的150万件（套）藏品中，85％是宫廷旧藏。最早的有北宋宫廷藏品，至今已有千年历史。例如，北宋赵昌的《写生蛱蝶图》。此图流传有绪，著录于清内府《石渠宝笈》，图上有宋、元、明、清的收藏印章及乾隆皇帝题诗。它最早为南宋权相贾似道收藏。入元后，它为元仁宗孛儿只斤·爱育黎拔力八达之姊鲁国大长公主所收藏。明初，被内府收存。清代转入大收藏家梁清标之手，旋即又归入清内府，备受乾隆皇帝赏识。晚清宣统时又流入民间。1952年政府获得此卷，交由原东北博物馆收藏，后转入故宫博物院庋藏。在故宫博物院的15万件书画藏品中，这幅画并不是很有名，但从它的曲折经历中，我们仍可以感受到这些珍品流传至今的不易。

在抗日战争中，故宫的藏品又南迁西运，辗转十多年，与中华民族的命运联系在一起，倾注着深厚的民族感情，成为人们共同爱护的国宝。

故宫文化还有一个重要特点，就是故宫藏品、故宫古建筑与长达491年间24位在此居住执政的皇帝联系在一起，与在此发生过的人和事联系在一起。这一切，使故宫成为一个文化整体，而且有着丰富的内涵。历史的积淀，已使故宫成为中华文明的重要象征。

故宫不同于一般的名胜景点。故宫博物院有责任让参观者了解故宫深厚的文化底蕴。故宫每年的参观人数以10％的速度增加，去年达到930万人次，今年预计将超过千万。其中六分之一为海外观众。他们的参观，既是文明共享，也是文明对话。

（二）故宫学提出的意义

一门学科的成立，要有丰富的研究对象，要有重要的价值与意义，要有社会的需要，也需要一定的研究基础和学术积累。故宫学具备了以上的条件，它于2003年提出，是水到渠成。

提出并确立故宫学有以下几个方面的意义：

第一，建立在故宫学基础上的文物保护观念，要求深化对文物的理解与认识，把故宫作为一个"大文物"来看待，对历史文化遗产进行全面保护。

过去由于受传统的"古董""古玩"等观念的影响，在文物认识上有很大局限性。大量反映宫廷历史文化及帝后生活的物品，多不作为文物看待，只当作"文物资料"。

现在从故宫学研究来看，凡是反映宫廷历史文化的遗迹、遗物，都有价值，都是故宫遗产的一个部分。还有一些，我们并未把它与文物藏品联系起来，但本身价值很高，例如三大殿铺的金砖就相当珍贵。金砖是苏州生产的，是用太湖澄江泥经过复杂的工艺加工而成。据记载，入窑以后要先用糠草熏一个月，再用片柴烧一个月，之后还要用棵柴烧一个月，最后用松枝柴烧40天，才能灌水出窑。前后烧制要130天。包括火候等各个环节的要求都相当苛刻，程序烦琐。故宫博物院前几年收购了700多块个人收藏的金砖，平均一块砖就花了8000多元。

　　第二，故宫学要求把馆藏文物、古建筑和宫廷史迹作为相互联系的整体来研究，有利于打破故宫文物研究的学科界限，深化和拓展对宫廷历史文化的研究。

　　例如清宫戏曲文物很多，故宫现有不少清宫演戏的戏台，还有1万多册清宫唱本、乐谱，1.2万多件戏服、道具和2100多件乐器。它们由不同的部门管理，仅从某个方面来看，都有其不同的价值和丰富的内涵，若把它们联系起来，作为一个整体研究，则更有利于加深我们对历史上清宫演戏制度和情况的全面了解。

　　第三，故宫学的提出，将使流散海内外的清宫旧藏有个学术归宿，它们的文化精神是故宫学的一部分。

　　由于历史的原因，从近代以来，清宫中的不少书画、陶瓷、青铜器、典籍、档案等流散到海内外一些机构或个人手中。特别是1948年至1949年，有60万件故宫的器物、书画、文献被运往台湾地区，1965年在台北建立故宫博物院，形成北京、台北两个故宫博物院同时存在的现状。两岸故宫博物院同根同源，有很强的互补性，文物藏品有着方方面面的联系，如乾隆时的藏文写本《甘珠尔经》共108函，其中96函在北京故宫博物院，12函在台北故宫博物院；《满文大藏经》108函，76函在北京故宫博物院，32函在台北故宫博物院。由于故宫文化的整体性，两岸故宫博物院的研究就有着割不断的联系，在两岸文化交流、促进祖国统一方面有着不可替代的作用。

　　第四，从故宫学角度审视，故宫不仅是举世闻名的物质文化遗

产，同时也承载着重要的非物质文化遗产内容，其中最突出的是中国
古代宫殿建筑的工艺技术。故宫有专门的维修管理机构和施工队伍，
涌现过一批古建筑大家和专门工艺人才。这次故宫大规模维修，进行
全过程跟踪影像记录，实行"师承制"，就是为了使古建筑技术薪火
相传。

（三）故宫学的提出与确立，正在推动着故宫博物院学术视野的扩大与研究的深入

以故宫藏传佛教文物研究为例，我们感到必须开阔视野，加强与
各个方面的交流合作，这也是故宫学的要求。故宫有10余处佛堂至今
仍然较好地保存着自乾隆以来的历史旧貌。故宫收藏的有关藏传佛教
文物有5万多件，主要有造像、唐卡、法器、法衣、经籍等。其中珍藏
着的近2000轴唐卡，大部是清代皇家的藏品，汇聚了18世纪西藏与内
地艺术家创作的一大批珍贵画作，是这一时期唐卡艺术的精华。

10余年来，故宫的业务人员在藏传佛教艺术史和宫廷佛教史方面
已经取得了相当的科研成果，形成了相对稳定的科研队伍。今年，故
宫将成立"藏传佛教文物研究中心"，以更好地整合研究资源，开展
积极主动的学术研究活动，扩大国内外学术交流。这些学术活动稳步
扎实地推进，给故宫的藏传佛教研究注入了新的动力。

故宫学的视野推动着故宫研究的深入，促进着故宫博物院收藏、
展示、文物保护等各项工作的全面发展。那么，故宫学的"梦想"这
个词是怎么产生的？这和我们这次文化讲坛有关。2006年9月19日我
参加了《解放日报》报业集团第六届文化讲坛，后来《解放日报》的
同志又来找我，说要办一个全球博物馆高峰论坛。当时我们故宫的很
多同事都说，这怎么可能？是梦想吧。但是你们锲而不舍的精神，终
于让梦想成真。

虽然故宫学是我提出来的，但我认为这是时代的要求，所以我也
有一个梦想，就是通过几十年甚至更长时间的努力，使这门学科逐步

发展，研究不断深入，为更多的人所关注，成为国内甚至国际的一门
学科，同时使故宫的价值为人们所充分认识，使中华文明得到进一步
弘扬。

（原载《解放日报》，2008年3月21日）

故宫学的七载光阴

采访者：《人民政协报》记者 谢 颖

在刚刚结束不久的国庆假期里，许多去故宫参观的游客都被两个精彩的展览所吸引，这便是为庆祝故宫博物院85周年华诞暨紫禁城建成590周年而举行的"明永乐宣德文物特展"和"故宫文物南迁史料展"。为纪念这个特殊的日子，故宫博物院还举办了故宫学国际研讨会。至此，故宫学已经历了7年的发展，在其开创者郑欣淼看来，作为一门初具雏形、正在建设中的特殊学科，故宫学别具挑战性和魅力。

（一）故宫与"大故宫"

记者：故宫学从提出至今已走过了7个年头，在这段时间里，故宫学作为一个学科，是否已初具形态和规模？

郑欣淼：故宫学是2003年10月提出来的，但是对于故宫的研究其实从1925年故宫博物院成立后就开始了。80多年来有关故宫的研究成果成为我们提出故宫学的基础，而故宫学的提出并确立使这种研究由自发阶段进入自觉阶段，从整体上提高了故宫的研究水平。

7年来，故宫博物院与关注故宫学的专家一起探讨故宫学，取得了不少共识，一些基本思路正在理清，作为学科的框架正在初步形成。同时，故宫学也作为故宫工作的指导思想，促进着文化遗产的保护和博物院的发展。

记者：故宫学的称谓很容易使人望文生义，比如理解为研究紫禁城城墙内的一切。请您谈谈故宫学的研究对象？

郑欣淼：故宫学包含着丰富的内涵，最重要的是紫禁城的古建筑、文物藏品和博物院三个方面。宫殿建筑是最能代表中国古代建筑风格和成就的建筑类型，而紫禁城是中国古代宫殿建筑的集大成者，是中国古代建筑史中最辉煌的篇章。宫廷收藏曾是皇权的象征。故宫的收藏，延续了中国历代皇家的收藏，是一部浓缩的中华5000年文化艺术史。而故宫博物院的成立，将昔日帝王居住的宫苑禁区变成平民百姓可以自由出入的场所，使象征君主法统的清宫旧藏为人民所共有共享，故宫被赋予了新的意义。抗日战争时期故宫文物南迁18年，使故宫文物与中华民族的命运联系在了一起，倾注着深厚的民族感情。部分南迁文物运台建立了台北故宫博物院。一个故宫，两个博物院的存在，在弘扬中华民族文化以及两岸的交流上发挥着重要作用。这些丰富的内容，都是故宫学的研究对象。

记者：那么故宫学视野里的故宫又是怎样的？

郑欣淼：简单地说，就是要把故宫当作一个"大文物"来看待。故宫学的研究范围不应局限在故宫，而要树立"大故宫"的观念。明清故宫作为世界文化遗产，是指明清宫城——紫禁城内的72万平方米地面上的一切，而实际完整的明清故宫文化遗产，则不止这个范围。从横的方面看，如明清太庙、社稷坛、天坛、地坛、日坛、月坛、先农坛等，都是以皇宫为中心的整体规划中的重要部分；从纵的方面看，故宫与中国历代皇宫，与朱元璋在凤阳老家修的明中都及南京的明故宫以及清代沈阳故宫，也都有着关系。

此外，包括一切流散于故宫外的清宫旧藏，如台北故宫博物院的60余万件器物、典籍、档案，台湾"中央研究院"的30余万件清宫档案，国内外各个收藏清宫器物、档案、典籍的博物馆、学校、研究机构等，都应纳入故宫学的研究范畴。故宫学的提出，将使流散海内外的清宫旧藏有个"学术归宿"，它们的文化精神是故宫学的一部分。

（二）学术寻根与交流

记者： 您刚才提到了一个故宫，两个博物院。我们都知道，台北故宫博物院的藏品丰富，且实力也很强。目前，两岸故宫博物院已开始了交流合作，这对于故宫学意味着什么？或者说，故宫学在两个博物院的交流中有什么作用？

郑欣淼： 两岸故宫博物院都是故宫学研究的重镇，并且都有着重视学术研究的良好传统，在故宫学研究上也都有相当的成果和基础。海峡两岸两个故宫博物院同根同源，其藏品都以清宫旧藏为主，都是中国传统文化艺术的精华。从1925年至1948年，又为两个博物院的共同院史。这种血脉相连的渊源，决定了两个博物院之间有着难以割断的关系，而故宫学则是连接"一个故宫"和"两个博物院"的纽带，也是两个博物院交流合作的内在动力。

2009年，两岸故宫博物院打破60年的隔绝状况，迈开了交流合作的步伐，并且达成了一系列互利双赢的协议，特别是去年在台北故宫博物院合办"雍正——清世宗文物大展"、召开两岸故宫首届学术研讨会，引起社会高度关注，产生了积极效果。由于在故宫学上达成的共识，这种交流合作的不断加强必将促进故宫学研究的深入。

记者： 今年引起很大反响的两岸故宫博物院重走文物南迁路正是这种交流合作的体现吧？

郑欣淼： 是的。两岸故宫博物院共同重走南迁路，是一次唤起共同历史记忆的"寻根"行动。两岸故宫博物院都保留了大量有关南迁的文献档案，虽然都感到南迁史研究的重要性，但从未进行过实地调查。这次故宫博物院在建院85周年与抗战胜利65周年举办"故宫文物南迁史料展"，同时举办"重走文物南迁路"考察活动，立即得到台北故宫博物院的积极响应，并建议以"温故知新"作为此次重走活动的主题。

活动由北京故宫博物院的16人与台北故宫博物院10人组成。串联起当年文物南迁、西迁、东归的部分运输路线，按照将历史考证与现状调查、档案文献与口述历史相结合的思路，调查收集了散存各地的文献、档案及研究资料，考察了遗址、遗迹的保存状况，聆听了当年参与"护宝"行动人员的介绍，并通过摄影、摄像、录音等多种形式，补充、完善了相关影像资料，取得了丰硕的成果。这次活动以"重走"的方式共同回顾这段不寻常的历史，追寻先辈足迹，让个人记忆变成集体记忆、民族记忆，不仅对文物南迁的精神和意义加深了认识，也进一步增加了两岸故宫博物院的相互了解，有利于继续推进交流与合作。

（三）作为工作指导的学术研究

记者：我们知道故宫博物院肩负着故宫保护的重任，作为学术理论的故宫学与故宫的保护、故宫的实际工作有什么关系？

郑欣淼：故宫学不只是个学术概念，它也成为指导故宫保护和博物馆事业发展的理念。例如，从故宫古建筑的价值与地位出发，开展百年大修，努力保存完整真实的历史信息；从故宫是个文化整体的观念出发，开展文物清理工作；从全面保护故宫的要求出发，重视非物质文化遗产的保护等。这也说明，故宫研究与文物的收藏、保护、展示不可分割。因此，故宫学术研究不是经院式的烦琐论证，也不是从书本到书本，它直接面对故宫的文物、古建筑、档案、文献，对此进行客观分析、比较，解决宫廷历史人物和事件的物证和历代文物的真伪鉴定及其艺术价值、文化联系等诸多问题。总而言之，即以物证史、以物论史，或以物鉴物、以史论物等，都离不开史与物的辩证关系。

在故宫学研究中"故宫学派"已逐渐引起学界关注。所谓"故宫学派"，即故宫博物院的研究者在关注故宫学学科理论建设和实践总结而形成的具有一定特色的学术流派，其共性是要求研究者以具体文物入手、以相关的文献档案为依据，利用、借鉴有关研究方法，做到以物证史、以史论物、史物结合、物物相证。

记者：您能用实际工作中的例证来说明吗？

郑欣淼：就拿我们开展文物清理工作来说吧，以前受传统的"文物""古董"观念影响，许多宫廷遗存未引起重视，大量物品未当作文物对待，仅列入"文物资料"的就10万余件；还有不少连资料也未列入，例如约2.5万件清代帝后书画，过去什么也算不上，因为帝后不是艺术家，他们的这些东西不为重视。而从故宫学的角度，从故宫是个文化整体的观念出发，它们却有重要价值。故宫博物院因此从2004年到2010年，进行了为期7年的文物清理工作，摸清了文物底数，使大量宫廷遗存进入文物保管行列，为故宫学研究提供了更为丰富、完整的资料。从这里，我们可以看到，故宫学不只是个学术概念，它也成为指导故宫保护和博物馆事业发展的理念。

记者：如何在当代学术发展的视野中看待故宫学？

郑欣淼：从当代学术发展史的角度看，故宫学是一门新兴的、独特的学科。建立在具有丰富性、特殊性及唯一性的故宫价值上的故宫学，也不是当今社科学科分类所能简单包括或对应的。学科往往具有系统性、体系性的特点，从这样的角度看，故宫学还是一门初具雏形、正在建设中的学科。学科建设有其自身规律，不能揠苗助长，提出不切实际的要求，而要坚持不断地切实推进。正因为故宫学是一门初具雏形、正在建设中的特殊学科，对当代学者来说才特别具有挑战性，具有无穷的魅力，因此故宫学提出以来，就受到学界的广泛关注。我们对故宫学的发展前景也充满信心。

（原载《人民政协报》，2010年10月11日）

古老的故宫　年轻的故宫学

采访者：《中国社会科学报》记者 祝晓风　李 欣

2003年10月，故宫博物院院长郑欣淼在庆祝南京博物院成立70周年举办的"国际博物馆馆长论坛"上首次提出了故宫学概念，当即引起了学术界的关注。经过6年的认识和探索，2009年2月，郑欣淼的《故宫与故宫学》在北京出版，收集的21篇文章成为故宫学学科探索的一个阶段性成果。同年10月，《故宫与故宫学》繁体字版在台湾地区出版，此时正值台北故宫博物院与北京故宫博物院合办的"雍正——清世宗文物大展"展出之际，台湾地区各界对故宫与故宫学的认同，大大促进了两岸文化的交往，增强了凝聚力。

从故宫学提出至今，已经7个年头。故宫学经历了怎样的发展？取得了哪些成果？故宫学对弘扬优秀的中国传统文化，推动中国文化的交流起到了怎样的作用？带着这些疑问，本报记者独家采访了故宫学概念的提出者郑欣淼先生。

（一）一个故宫，两个博物院

记者：郑院长，您好！大家都知道，去年，北京故宫博物院和台北故宫博物院有很频繁的交流与合作，您率团访问了台北故宫博物院，两岸故宫博物院合办的雍正大展也取得了巨大成功，您能介绍一下这方面的详细情况吗？

郑欣淼：好的。2009年可以说是两岸故宫博物院交流有了历史性突破的一年。去年2月，台北故宫博物院院长周功鑫参访北京故宫博物院，作为回访，我于去年3月1日率团抵达了台湾，虽然只有4天时间，但是成果丰硕，两岸故宫博物院有了更深一步的了解，特别是达成了8项共识，落实了两岸故宫博物院合作的具体方案。雍正大展是其中一项具体的合作事项。所以，就有了第二次访问台湾，那是去年10月初，参加了7日举办的"雍正——清世宗文物大展"开幕式。这次展览引起了巨大的社会反响，据统计，吸引了超过75万观众前往参观。

记者： 雍正大展可以说是两岸故宫博物院交往合作取得的最大成果吧？

郑欣淼： 可以这么说。这个展览在社会上的反响很大，台北故宫博物院做的满意度调查显示，社会各界对这个展览的评价是很高的。另外，这个展览本身意义也很重大，一方面说明两个博物院取长补短，将文物放在一起能发挥更大的作用；另一方面也反映了两岸文化源自中华民族文明长河，是一脉相承不可分割的。

我要补充的是，两岸故宫博物院交往合作所取得的成果不仅有展示在世人面前的这次展览，还有由此带来的人员、研究和资讯等方方面面的交流。两岸故宫博物院已经建立了两院人员互访机制，每年双方各推选一至两名研究人员到对方博物院进行两至三个月的研究访问，目前台北故宫博物院派的研究人员已经在北京故宫博物院访学了，我们也正在落实选派人员到台北去。此外，我们双方还加强两院信息资料与研究的业务交流，互相交换出版物等。我们还准备利用高科技设备实现视频通话，到时两岸博物院的信息交流就更畅通了。可以说，两个博物院的交流合作将来会越来越丰富。

记者： 我们期待两岸故宫博物院交流带来更多的成果。故宫学对两岸博物院，甚至两岸文化的交流，以及对中国传统文化的弘扬有哪些积极意义？

郑欣淼： 我认为两个故宫博物院合作会产生"1+1＞2"的效果。两个故宫博物院同根同源，一脉相承，其藏品具有很强的互补性。把它们放在一起，更能全面地认识中华文明的源远流长与灿烂辉煌。两岸故宫博物院交流与合作具有三个方面的意义：首先，对于两个博物院来说，加强交流合作是双方事业发展的需要，对两院的发展有很大助推作用。其次，这是两岸同胞的福祉。两个博物院交流合作给两岸的同胞呈现出一个完整的故宫，受惠的是两岸同胞和学术界。两院的遗产、藏品，是中华民族几千年文化的结晶，一脉相承，我们不能人为地阻断这血脉的交融，这也是两岸民众的文化权利。最后，两岸故宫博物院的交流与合作具有世界意义，对于在世界上弘扬中华文明，让世界人民更深入、更全面地认识中国文明的博大精深有着积极意义。而且，这种交流合作体现了中华文化中那种刚健、坚韧、包容、和合等精神内涵，显示着中华文化的旺盛生命力。

（二）故宫学——连接"一个故宫"和"两个博物院"的纽带

记者：大家都很高兴看到两岸故宫博物院有突破性的合作，但是这些合作能否持久下去呢？

郑欣淼：我认为两岸故宫博物院的合作是有内在动力的。两个故宫博物院有其特殊性。一方面，大家都知道，台北故宫博物院的藏品是过去北京故宫博物院的一部分，战乱中南迁文物的一部分，这部分藏品和北京故宫博物院的藏品一样，基本都是清宫旧藏，它们是一脉相承的，有很强的互补性，两者结合起来，才能看到真正清宫旧藏的原貌和全貌。另一方面，两个故宫博物院拥有一段共同的历史，就是从1925年到1949年，这20多年是中华民族的多事之秋，包括抗日战争、国共内战、中国的民主革命等等。故宫博物院的这段历史，特别是文物南迁，和中华民族的命运相连，所以赋予了故宫博物院这段历史的特殊意义，这里面有我们民族的感情，大家都很珍惜这段共同的院史。另外，在这段时期形成了对博物院管理的一些规矩、习惯，对文物研究的特点，这在我访问台北故宫博物院的时候也深有体会。所以基于这些原因，两岸故宫博物院是有长期合作的内在动力的。

我去年10月第二次访问台北故宫博物院的时候就感到，两岸故宫博物院的进一步发展，结合点就在故宫学。故宫学是我在2003年提出来的，是基于对故宫是一个文化整体的认识上提出的。故宫学不仅把故宫古建筑、宫廷文物珍藏以及宫廷历史文化当作一个整体，而且包括了两岸故宫博物院成立以来的80多年历史。这一整体性，也使流散在院外、海外的清宫旧藏文物、档案文献、宫廷典籍，都有了一个学术上的归宿。故宫学这一提法也得到了台北故宫博物院院长和副院长的高度赞同和认同。台北故宫博物院的藏品虽然在数量上不及北京故宫博物院，但主要门类也是齐全的，法书、绘画、陶瓷、玉器、青铜等，一应俱全。只有将两岸博物院的藏品放在一起研究，价值才能全部体现出来。试想一下，如果北京故宫博物院的研究人员不了解台北故宫博物院的藏品，不了解台北故宫博物院的研究状况，那么他的研究肯定不能说是最好的。就像这次"雍正——清世宗文物大展"，台北故宫博物院向北京故宫博物院借了27组（37件）藏品，展览取得了很大的成功。如果没有这37件藏品，台北故宫博物院也可以办一场很不错的展览，但是这些承载了雍正时期记忆的代表性珍品就会缺失在世人视线中，人们对这一时代的认识就会有局限性。同样的，如果北京故宫博物院要办雍正大展，它同样需要借助台北故宫博物院的藏品才能呈现给大家一个完整的雍正时期全貌。从这点出发，两岸故宫博物院要有更大的发展，就必须与对方交流合作，这是割不断的联系。只有通过对文物的全面研究，才能对当时的时代、工艺等有更深刻的认识。

非常可喜的是，两岸故宫博物院的同人都意识到了这一点，所以去年第二次会谈时的合作议题就不仅限于合办展览了，我们感到更深层次的交流合作是对文物的研究，也就是我提的故宫学。这就是两岸故宫博物院割不断的内在联系。

我认为，两岸故宫博物院是不会人为阻断彼此间的交往的，即使由于政治大环境等原因有一时的曲折，但总的趋势还是会合作的。

我们有一个故宫，两个博物院。博物院想要发展，就必须互相取长补短。去年的交流从文物的相聚到后来着眼于故宫学，是两岸故宫博物院交往发展的必然，也昭示着两岸故宫博物院的交往将持续下去。

（三）故宫学五年来又上一个新台阶

记者：您刚才提到了故宫学。5年前，您接受我采访时谈到《故宫学刊》是故宫学明确创立的标志。一个学科能不能成立，有几个重要方面，一是这个学科研究的对象是什么；二是这个学科的研究，它的研究成果，要有一定的基础。5年过去了，您能介绍一下故宫学在这几年取得的最有价值的成果吗？

郑欣淼：这几年故宫学学科一直在不断深化发展。主要取得了以下几个方面的成果：

首先，搭建了国际性的学术交流平台。故宫学研究涉及许多方面，但从北京故宫博物院的文物藏品优势和其他特点来说，相对突出的有五个方面：对明清宫廷藏瓷、制瓷、用瓷的研究，对明清宫廷绘画机构及创作和收藏品的研究，对明清宫廷建筑的研究，对明清宫廷史的研究和对清宫藏传佛教文物的研究。由此，我们在2005年成立了古陶瓷研究中心、古书画研究中心；在2006年成立了古建筑研究中心；2009年10月，成立了明清宫廷史研究中心和藏传佛教文物研究中心。聘请了海内外相关领域的著名专家学者作为客座研究员。这五个中心均属于非建制性的研究机构，目前挂靠在相关的文物部门。在这个平台上如何展开有影响力的学术交流活动，如何既各有特色又能形成整体合力，正是目前筹划进行的工作。现在，我们已开始筹备"故宫学国际学术研讨会"，以庆祝故宫博物院成立85周年，五个中心都有重要的学术活动。

其次，组织了大型的出版工作。故宫将要出版《故宫百科全书》，这是专门知识的大型百科全书，大约有25000个条目，总计2000多万字，在撰写这部辞典的过程中，故宫学的学科体系以辞典的形式向学界和全社会展示，这在向海内外传播故宫学方面有着不可替代的作用。目前，列条目名称的工作即将转入尾声，大约需要三五年的时间可以出版。参加撰写的人员，以故宫的专家、学者为主，也聘请了许多国内外的知名学者一并开展工作。另外，2003年创办了《故宫学刊》，目前已经出版了四期，主要给研究故宫学的国内外专家和学者提供学术平台。今年还准备出版第一批"故宫学研究资料丛书"，其中的《故宫治学之道》《故宫学术沙龙》《故宫学术论坛》《明清宫廷建筑大事史料长编》《清宫金砖档案研究》《民国故宫史料汇编》《故宫博物院学术成果总目》《故宫研究论著索引》八种争取在院庆之前出版。

记者：有没有重要的学术活动？

郑欣淼：最后，在研究机构和高校开办学位教育和学术讲座，也是最近几年重要的工作。我们在高校举办"永远的故宫"系列讲座。目前高校还没有独立开设故宫学这门课程，但是，许多高校邀请故宫的专家和学者讲授故宫学的理论、故宫学的实践成果等等，受到广大师生的好评。我们与中国艺术研究院研究生院联合培养硕博士研究生，其中就有故宫学研究方向的，现在已经有了研究故宫学的博士研究生。以后待条件成熟后，故宫应该成为研究故宫学博士后的流动站，最终成为学界瞩目的研究中心。"永远的故宫"系列讲座是由故宫博物院与北京部分高校联合主办的旨在广泛传播故宫传统文化知识的活动。从2006年启动以来，已经在北京大学、清华大学、北京师范大学、中国人民大学等11所高校举办了31场讲座，内容涉及故宫学、博物馆研究与比较、明清古建筑、清代宫廷生活、文物珍赏等。

（四）故宫学在与多学科的互动中发展

记者：故宫学研究范围广泛，包括故宫古建筑（紫禁城）、院藏百万件文物、宫廷历史文化遗存、明清档案、清宫典籍和85年的故宫博物院历程等六个方面。它是一门综合性学科，涉及历史、政治、建筑、器物、文献、艺术、宗教、民俗、科技等。那么，它与相关学科，如明清史研究、满族学研究有怎样的关联？

郑欣淼：从明清皇宫到故宫博物院，故宫学涉及范围的确很广，其理论要旨是以明清宫廷文化遗产（可移动文物与不可移动文物，物质文化遗产与非物质文化遗产）的保护、研究、展示、传播为核心，联系并打通相关学科，从研究内容与研究方法两个方面形成特色鲜明的故宫学派。故宫学研究方法上的最大特色是跨学科性。

用故宫学研究宫廷文化，使相关学科产生有机联系。如研究满学，就其范围而论，涉及东北满族和满族入关后的八旗等等，用故宫学的视角去研究满学，就会将满学与清宫史联系起来，那就是研究满学在清宫的生存和发展，又由于清帝特别是康熙、乾隆皇帝热衷于汉文化，使汉文化对满学产生了积极影响，这样，在故宫学的视角里，清宫史、满学和汉文化产生了积极的交互影响。

例如，汉文有篆书，满文也有篆书，它是在汉文篆书和蒙古文篆书基础上创制出来的新字体，其各种篆体的命名，都沿用了汉文篆书的原名，乾隆皇帝的《御制盛京赋》，就曾用32体满汉文篆字编印，每种篆体各一册。乾隆皇帝钦定的"二十五宝"，其中21种都是满汉文两种篆书镌刻，以使之协调。

记者：故宫学与相关学科是如何交互影响的？

郑欣淼：故宫学一方面吸收历史、文学、考古学等其他学科的发展成果，另一方面本身的成果反过来对其他学科也有推动作用。比如说故宫学与明清史研究，明清史研究不等于故宫学研究，但明清史研究中的明清宫廷史研究应该是故宫学研究的重要组成部分。明清两代大部分的皇帝都在宫廷活动，留下了大量的文物和痕迹，这对明清史的政治、历史、文化、艺术、工艺方面都有重要的互动的作用。我们对明清宫廷史的研究对整个清史研究就有促进作用。

记者：故宫本身是一个巨大的有物质形态的存在，如何利用这种优势，推进故宫学的发展呢？

郑欣淼：物和史，本是两个不同类的事物，前者是文化载体；后者是记述历史发展的文字。我认为："物非鉴史物非物，史无物证史无史。"故宫学就是要把这两个分家的事物牢牢地联系在一起，这就是"以物证史、以史论物、史物结合、物物相证"。过去，研究上古史，非常注重出土文物，研究明清史，非常注重文献，但对实物注重得不够，这与博物馆的开放程度有一定的关系，故宫学研究方法的要旨之一就是要将宫廷文物的研究与宫廷历史的研究紧密地结合起来。

记者：古代中国人的文化和精神很大程度上是由历代思想精英和皇家统治集团提升、确立、散播天下的，如儒家文化就是成为官方意识形态后成为中国人核心价值观的。也就是说，皇家宫廷文化与古代中国人的文化精神关联极大，与中国传统文化密切相关。比如治国理念的确立、变化，牵涉国计民生的重要政策的讨论、确定的过程与程序等均可寻出文化意味。在这方面故宫学是否有过研究？故宫学在中国文化传统中是个什么样的位置？

郑欣淼：中国传统文化从哲学层面上说，有儒家文化、道家文化和佛教文化等；从社会层面上说，有皇家文化（即宫廷文化）、官宦文化、文人文化、民间文化等；从传统文化自身来说，其社会科学包括哲学、历史、文学、艺术等，其自然科学则更广泛，如天文、地理、算学、医药等。这些文化之间虽各有不同，但没有鸿沟，互有联系。故宫学所处的位置是皇家文化这一部分，或者说，故宫学所研究的核心是皇家文化。

皇家文化代表了一个国家执政家族在拥有物质文化艺术财富的程度、享用物质生活的质量达到的当时的最高水平。皇家文化的物质水平是最高的，但不等于精神生活一定是最高尚的，因为其精神境界与水能"载舟"和"覆舟"密切相关，在他们面临上升的时期，其精神状态是比较健康的，当他们面临崩溃之时，其精神状态是极度空虚甚至是相当肮脏的。所以，我们要纠正那种"以皇家文化为最高"的片面思想。那么，具体地说，研究皇家文化应当包括精神和物质两大类。在精神方面，研究他们的统治理念及其演变和衰落，研究他们与宗教的关系和民族关系，研究他们的统治策略，研究他们的各种礼仪等，特别是研究他们治国方略的得失成败，研究几代帝王和大臣们的执政水平，总结其经验教训，对我们国家目前所进行的建设事业是大有裨益的。在物质方面，研究皇家的生活方式，如他们的各类建筑、饮食、娱乐、医疗、养生等，研究他们收藏的各类艺术品及其对这些艺术品的整理和判断力，研究他们所从事文化艺术创作的成就等。

记者：最后，我们了解到今年是故宫博物院建院85周年，紫禁城肇建590周年，在学术方面，故宫博物院是否有重要的纪念活动，能否提前给我们透露一些？

郑欣淼：好的。一个大的纪念活动是举办"明永乐宣德文物特展"。明代永乐宣德时期有很多的特点，之前没有专门关于这个时期的展览。另外，我们会举办"两岸故宫博物院第二届学术研讨会"。这是继去年11月在台北召开的"为君难——雍正其人其事及其时代"研讨会后第二次由两岸故宫博物院合作举办的学术研究活动。我们还计划在10月份前后举办一个国际性的故宫学学术研讨会，台北故宫博物院院长周功鑫也将出席。我们3月份就开始做准备工作，计划分为古建筑、古文物（陶瓷、书画等）和宫廷历史文化三个专题，同时还有综合性的对故宫学本体的学科理论和学科建设的探讨。再有一个活动就是关于文物南迁资料的展览，主要展示的是档案，包括当时的电文密信、各种文献。最后值得一提的一个活动是我们计划组织一次重走文物南迁之路的活动，那些守护中华民族瑰宝免遭破坏的护宝人的精神值得我们永远铭记和发扬。

（原载《中国社会科学报》，2010年2月11日）

以学术研究推动故宫发展
以开放理念完善公众服务

——郑欣淼院长专访

采访者：南京博物院院长　龚　良

郑欣淼，男，1947年生，陕西省澄城县人。故宫博物院院长，曾任国家文物局党组副书记、副局长，文化部副部长等职。着力于政策理论、文化理论、文博建设等方面研究。特别是近年来对故宫学的创立与建设，不仅引起学界的关注，更是有效地推进了故宫博物院事业的发展。

2010年3月，南京博物院龚良院长带领部分院领导、中层干部应邀访问故宫博物院，并受本刊编委会委托，就故宫、故宫学及博物馆的遗产保护、学术研究、服务公众等内容，对郑欣淼院长进行了专访。

龚良： 郑院长您好！早在您任职国家文物局副局长时，作为文化学者，您已经给文博系统和学术界留下了深刻的印象，所以大家都比较关心，也比较期待：一个学者型的院长，对于故宫会有怎样的认识和评价？

郑欣淼： 我是作为一个院长来故宫的，我的任务是管理好古建筑及其藏品，办好故宫博物院。刚开始它给我的印象，是中国的一座最大的博物馆，现在的认识则进了一步，故宫不单单是一座皇家宫殿，也不单单是中国最大的博物馆，还是将建筑、文物、典籍等多个方面融合在一起的文化整体，可以这样说，故宫本身就是中国传统文化的一个结晶。

在故宫现有的150多万件（套）文物中，论其年代，上自新石器时代，下至宋元明清直至近现代；论其范围，囊括了古代中国各个地域的文明精华；论其民族，包容了汉族和古代许多少数民族的艺术精粹；论其类别，我们藏有25大类69小项文物。中华民族上下5000年的文明史，在故宫博物院的各类藏品中都能一一得到充分的印证。

另外，故宫最为人们所瞩目的皇家建筑，也是文化整体的一部分。故宫的建筑群包括了政治、宗教、祭祀、文化、家居、休闲、娱乐等各种功用，它代表了中国古代建筑的最高艺术成就和管理水平，甚至可以说是古代东方建筑的典范之作。一条中轴线、金色的琉璃瓦、朱红的高墙，故宫的一砖一瓦都将皇权、礼制的语言铸造在其中。故宫的建筑以凝固的形态留住了历史的精神气质。这种精神气质，无形却有力地透视出时代、社会、国家和民族的政治、宗教、伦理等深层次的文化内涵。

这是从我做院长到现在最大的收获。

龚良：您上任伊始，就着手实施故宫的大规模修缮，目前维修已进入第二阶段。这次世纪大修是1911年以来的首次全面维修，再加上故宫在国人心目中的特殊地位，因此备受国人关注。郑院长能不能详细介绍一下具体情况？

郑欣淼：此次故宫大规模修缮任务由国务院确定后，故宫博物院与中国建筑设计研究院历史研究所合作制订了《故宫保护总体规划大纲》，这其实是文物保护法以及《中国文物古迹保护准则》在故宫维修工程中的具体化，是故宫保护工程的指导文件。按照要求，故宫保护工程必须完成保护故宫整体布局、彻底整治故宫内外环境、保护故宫文物建筑、系统改善和配置基础设施、合理安排文物建筑的使用功能、提高文物展陈艺术品位与改善文物展陈环境等几大任务。

我们的维修计划分为两个阶段。第一个阶段是从2002年一直到2008年，主要是把中轴线及其以外的主要建筑修复好。第二阶段是2009年到2020年。2020年是紫禁城建成600周年。到2020年的时候，我们的目标就是要把所有的建筑物都修复一遍，实现制度化、规范化、数字化的维护管理，走上良性循环，使故宫能焕发青春。

龚良： 您是一位学者型的领导，重视和坚持学术研究是您多年来始终秉承的理念。因此，紧接着这项世纪大修，您又提出了故宫学的学科概念，并为建设这一学科著书立说、躬身实践。记得您是在2003年南京博物院成立70周年举办的馆长论坛上正式提出这一概念的，概念提出以后，旋即引起学界的广泛关注，其后也出现了一些针对故宫学作为一门学科的争论。您当时是在怎样的背景下，或者说是基于哪些考虑提出这一概念的？

郑欣淼： 故宫学的提出，在故宫博物院发展史上是一件大事。能不能成为一门学科，首先要确定有没有可研究的内容与对象，同时要看研究的成果和基础，两方面都具备了，才有可能成为一门学科。博物馆都有收藏、展示、研究的任务和功能，大型的博物馆对于学术研究则更为重视，但像故宫博物院有着明清两代的皇宫，有着以宫廷旧藏为主的150多万件（套）文物，有着80多年学术研究的大量成果，这是一般博物馆无法比拟的，这就使得故宫学有了作为一门学科所具备的研究对象、内容与研究成果和基础。2005年是故宫博物院成立80周年，2003年我们已开始筹备80周年的庆祝活动。我到故宫时间不长，结合院庆，对故宫80年历程进行了回顾总结，包括学术研究。80多年的故宫研究，总的来说，已取得令人瞩目的成果。但从故宫本身的地位、作用及当时（2003年）的研究状况看，故宫研究还需要提升、创新、突破。其时还存在一些问题：缺乏长远、统一的规划，重点不是很明确，一些重要课题的研究还不够深入，研究方法还比较单一，研究力量缺乏必要整合，海内外的学术交流还不够广泛，故宫对院外研究者提供必要的服务还做得不够好，等等。因此，有必要提出并加强故宫学的建设，即明确故宫学是一门学科。

因此，故宫学是我们在总结以往经验教训、立足故宫现实情况、着眼博物院未来发展的基础上提出的。故宫学不仅是学术研究从自发走向自觉的理论概括，也是处理好"宫"与"院"关系的方法论，指导并推动着故宫保护与博物馆建设全面发展。

龚良： 的确，无论是从故宫本身的特殊地位及其藏品所蕴含的文化的特殊性，还是从一门学科的角度，故宫学的研究内容与研究对象确实涵盖甚广，我们很想了解故宫学更为具体的内容以及如何理解故宫学。

郑欣淼： 故宫学的研究对象是故宫。我们说的"故宫"有两方面的含义：一是紫禁城古建筑（故宫），二是故宫博物院，二者密不可分。故宫学的研究内容主要有六个方面：一是紫禁城宫殿建筑群，二是文物典籍，三是宫廷历史文化遗存，四是明清档案，五是清宫典籍，六是故宫博物院的历史。

如何理解故宫学？要弄清这个问题，首先要把握故宫文化的内涵和定位。故宫文化是以皇帝、皇权、皇宫为核心的皇家文化，属于中华传统文化的重要组成部分。宏伟的皇宫建筑，珍贵的皇家收藏，丰富的宫廷遗存，以及大量的宫中所藏档案及图书典籍，是皇家文化不可分割的组成部分，是中华文明最重要的载体和象征之一。国运的兴衰、帝王个人的爱好以及典章制度的变化，都可以从皇家文化的嬗递中探求出带有规律性的东西来。从这点看，故宫学不是杂乱的、零碎的、毫无关联的，而是有完整的内在体系的一门独立学科。它的重点是与皇家文化有关，而不同于一般的明清史研究，也不同于一般的艺术史研究或建筑史研究。

我提出故宫学就是把这些看成一个文化整体。我认为故宫本身是一个独立、完整的学术概念。故宫是个文化整体，敦煌文书不一定与敦煌有直接关系，而故宫与它的藏品、与发生在其中的人和事，是有密切联系的。故宫是明清两代皇宫，与朱元璋家乡的凤阳故宫、南京明故宫及沈阳故宫都有关系，与整个北京城的明清皇家建筑也有关系，反映了好多政治理念、文化内涵。提出故宫学，有利于整合各方面的力量，发挥其积极作用，对流散在海内外的清宫文物来说也有个

411

学术上的归宿。

我们重视传统文化在当代文化建设中的作用，特别重视全球化过程中怎么保持我们文化的自主性和独立性，我认为故宫可以发挥它独特的作用。

龚良：创立任何一门学科都是筚路蓝缕、充满艰辛的，尤其关于学科的研究对象、研究方法、学科定位等诸多基础理论方面的建设，往往是至关重要且十分紧迫的。这些年对于故宫学这样一门新的学科，您倾注了大量精力。事实上，您通过相关著作对这一学科体系的构建已经为学术界接受和认可。记得您在接受相关媒体采访的时候曾提及"故宫学是一门综合性学科"，事实上，作为一门综合性的学科，它的研究对象太过丰富；但如果仅从学科发展的角度出发，问题难免空泛。郑院长能不能具体描述一下故宫学的近期发展前景？

郑欣淼：故宫学涉及对中国整个文化的研究，包括中国文化史、美术史（包括工艺美术）、明清史，另外对宫廷文化史的研究意义也很大。正是因为故宫学研究内容很丰富，要一下子铺开不可能，只能从我们的实际出发。

从我们文物藏品与研究现状的实际出发，目前确定了几个重点：一个是古书画的研究，我们有14万件左右的中国古书画，占世界公立博物馆中国古书画所有藏品总量的1/4。二是我们有古瓷35万件，而且这两方面学术力量已经形成梯队，有一定的研究成果，得到了海内外的公认。三是古建筑研究，包括中国古建筑的传统工艺技术，这是珍贵的非物质文化遗产。四是明清宫廷历史文化研究。我们期望这四个方面能有大的突破，并吸引专家学者参与研究，我们也相信有一批年轻的学者会伴随着故宫学的研究成长起来。

为此，我们先后成立了古书画、古陶瓷、古建筑、明清宫廷史文化以及藏传佛教文物五个研究中心，聘请了一批国内外专家学者做研究员。各研究中心将根据不同的研究对象和范围，采取不同的活动方式，创造必要的条件进行研究。研究中心不是空牌子，为了确保研究质量，从研究场所、研究设备到文物资源的利用与保护、学术成果的出版与管理等方面都有一套完整的章程和办法。研究中心的成立为国内外专家学者开展合作性课题研究提供了学术平台。同时，我们也希望能借此提高故宫整体学术研究水平。当然，这五个中心是重点，但并不是说其他方面就不重要了，都要重视，都要努力进行。

龚良： 的确，故宫学让故宫的学术研究更具开放性了，而且故宫学所倡导的"故宫在中国、故宫学在世界"的理念所蕴含的开放的工作思路、自觉的创新意识，不仅引领着故宫学术研究从自发走向自觉、积极规划故宫的学术前景、提高故宫的学术影响力和学术地位，更为故宫保护和博物馆建设事业提供了理论的指导。前面我们谈到的故宫修缮，便是故宫保护极好的例子。故宫作为世界遗产，在修缮中即遵循了遗产保护的理念和规范。

郑欣淼： 此次大修是对故宫"完整保护、整体维修"理念的实践，体现出故宫保护的文化传承意义。此次维修与以前最大的不同在于，以往维修都是哪儿出了问题对哪儿进行抢救性维护的被动行为，而此次维修有详细的计划和步骤。另外，此次维修将是对东方木构建筑进行保护的一次成功实践，维修的思路、原则、要求、标准、方法不但对国内，而且也将对国际文化遗产保护做出贡献。

在已进行的故宫保护工程中，相关技术对于更准确地记录故宫现状、文献，分析和认知故宫古建筑，补充传统技术的缺憾，筛选新保护材料、新工艺和采用新技术，发挥了重要的作用。在这次古建筑维修中，将对每处宫殿编制完整的档案，公开出版，总名为"故宫古建筑实录"大型丛书。其性质是科学报告，是古建筑维修的真实记录。

可以说此次故宫维修，为今后中国传统建筑的保护性维修以及保护方式，走出了一条有中国特色的道路。

龚良： 自您提出故宫学的学科概念后，近年来，故宫在学术研究方面还有哪些重要的举措或者说是规划？

郑欣淼： 一是在制订《故宫博物院发展总体规划纲要》和《故宫

保护总体规划》中，把建立故宫学的学科目标、规划故宫学学科框架作为重要内容，制订全面、系统的故宫学术研究计划。

二是重视基础工作，加强"非文物"与"文物资料"的整理。从全面保护文化遗产的角度，真正弄清故宫的"家底"。加强故宫基础资料、史料的整理，编辑出版有关故宫文化遗产的志书、实录、编年、记事等。

三是故宫在中国，故宫学在世界。树立开放心态，吸引社会学术力量介入，加强与海内外的合作、交流，通过客座聘任、课题聘任、项目合作等方式，完成一批重大课题。发挥中国紫禁城学会、中国博物馆学会、宫廷史学会等社会学术团体的作用。重视紫禁城出版社的作用，继续出版好故宫学术文库。

四是根据学科建设需要，积极培养和引进各类人才。建设高水准的文物研究学者、文物保护专家和博物馆管理专家团队，拥有相关学科带头人并形成合理的知识结构和年龄梯队。

我认为最重要的一点，就是要让社会参与故宫的研究，包括故宫的学术、文化整理。对此我们有些重大的举措，如故宫藏品的整理，故宫已做出宏大的计划，要将藏品目录向社会公布。

龚良：说到公布藏品目录，我想起故宫从2004年开始、预计今年内完成的另一项工作，即规模空前的文物清理工作，这是您到任第三年部署实施的又一件重要的工作。事实上，故宫清查家底已经不是一次两次，不过到目前为止还的确没能向社会公布一个确切的藏品目录，可见这项工作的艰辛与繁重，但这又确确实实是博物馆的一项重要且必要的基础工作，它关系到博物馆的综合实力、能力和保护、管理水平。

郑欣淼：以前我们在文物的理解上是比较狭隘的。现在我们对文物的观念已经扩展到文化遗产，宫廷的所有遗物都是历史的见证物，也应该得到保护。

在清理文物的过程中我们发现，我们对宫廷遗物的认识是不够的，长期以来，许多物品是不被当作文物看待的。举个例子，近年来，我们整理出帝后的字画2万多件，仅乾隆皇帝的就有2000多件，因为其中有代笔或后人认为水平不高，所以未被重视，仅当作"资料"看待。武英殿的"殿本"相当有名，现在故宫还存有20多万块殿本书版，质地是梨木、枣木，刻工相当漂亮，也未被当作文物。

事实上，经过几代故宫人的整理、鉴别、分类、建库等，故宫对于馆藏文物基本上做到了账目比较清楚、管理制度逐步健全。但是由于故宫藏品及遗物数量巨大、种类繁多、贮存分散，以及过去对文物认识的局限性等原因，虽进行过多次清理，仍存在某些文物账物不相符合、大量重要的宫廷藏品未列入文物、一些库房尚待进一步清理等问题，而且至今院藏文物还没有一个确切的数字，所以我们需要进行这次大清查，包括点核、整理、鉴别、评级等一系列工作。相信这次清查将全面摸清故宫的文物家底。

龚良：这同时也是故宫在践行一贯奉行的"开放的故宫"的核心理念。

郑欣淼：80多年来，故宫一直致力于继承、发扬优秀的传统与学风，秉承"开放的故宫"这个理念。当年清宫善后委员会一方面公开文物藏品，边清点清宫物品边整理出版，至1930年3月基本结束清查，《故宫物品点查报告》6编28册就向社会公开刊行，117万余件物品赫然在列。这在当时是非常了不起的。另一方面认真整理档案文献，也尽量向社会公布，还有故宫典籍目录、书画集等。最有影响的是连续出版510期的《故宫周刊》，图文并茂，图为介绍院藏各类文物包括古建筑物，文字部分有专著、考据、史料、笔记、校勘、目录、剧本等。

目前故宫还在对文物进行清点，在清点完文物后，故宫将编印《故宫博物院藏品总目》和《故宫博物院藏品大系》，向社会发行，以更好地为人们的鉴赏、研究等不同需要服务，也希望社会能够更好地对故宫的文物保护等进行监督。这和建院初的"绝对公开"一脉相承。

龚良：您在2008年出版的专著《天府永藏：两岸故宫博物院文物藏品概述》中，对两岸故宫博物院文物藏品渊源、发展及全貌的梳理，已经让人们对于故宫的价值、意义及地位有了进一步的认识。故宫藏品目录的公布将进一步让大家对故宫博物院有一个全面的了解，特别是能让一些留有"北京故宫博物院有宫无宝，台北故宫博物院有宝无宫"印象的人，通过了解和对比，对相关事实有一个客观的认识。

郑欣淼：这个问题很多人不清楚，有误解，其实北京故宫博物院不仅藏品远多于台北故宫博物院，而且总体上精品也多于台北故宫博物院。首先，故宫博物院成立之前，逊帝溥仪将1200余件书画精品、古籍善本和大量珍宝盗出宫。新中国成立后，其中相当一部分重新回到了北京的故宫博物院，如《清明上河图》《韩熙载夜宴图》《五牛图》，以及早前流出宫外的《伯远贴》《中秋贴》等。其次，1933年故宫南迁文物共13491箱，但北平故宫本院所留文物仍相当多，其中有不少是珍品，沦陷期间继续清点未曾登记的文物，并征集了一批珍贵文物。1949年，国民政府曾下令马衡院长选择留平文物精华装箱，分批空运到台湾，马院长虽将珍品编目造册报南京，但以各种理由推延装箱，后来一箱也没运走。南迁文物运台2972箱，占南迁箱件数的22%，当然多是精品。其实留下的78%中精品也相当多。国民党向台湾运文物，因战争形势突变只运了三次，第三次拟搬运1700箱，由于运输舰舱位余地有限，加之仅24小时装船时间，结果只运出972箱，另728箱也留在了大陆。最后，两岸故宫博物院文物藏品构成上稍有不同。运台故宫文物约60万件（套），其中清宫档案文献38万件（册），善本书籍近16万册，器物书画5万余件；加上抵台后征集的文物，总计65万余件（套）。北京故宫博物院原有明清档案800万件，善本特藏50多万册（件、块），器物书画100万件，总计曾达960万件。1980年明清档案划出，成立中国第一历史档案馆；又将包括部分宋元版书在内的14万册宫廷藏书拨交国家图书馆及一些省市和大学图书馆。现北京故宫博物院有藏品150余万件（套），其中1949年以后征集24万多（套），80%以上仍为清宫旧藏。

我还要说明一点，两岸故宫博物院可以做这样的比较，但文物是不可替代的，而且它们都各有自己的价值。特别是故宫出去的这些东西，都是皇家宫廷收藏的，本身就是一个整体，所以它们有很强的互补性。我们两家过去长期缺乏交流，但这个关系却是割不断的。因为这些文物的互补性，人为地阻断交流只能是暂时的。从2009年以来，两岸故宫博物院的交流有了很大的发展，其根本动力就是这种同根同源的关系。

龚良：近年来，无论是国际博协倡导的理念还是我国的精神文明建设与和谐社会构建的需求，都有力地推进了博物馆融入人类的文化生活、社会发展等各个方面。博物馆的收藏功能固然重要，但是更多的人会比较关心当他们走进博物馆，究竟能看到多少文物。因此，博物馆开始关注并着力拓展自身的服务功能。2007年以来，我国博物馆陆续向公众免费开放，依托丰富的馆藏举办丰富的展览便成为公益性文化设施服务社会的一个重要举措，也成为博物馆的独特魅力。故宫有着如此丰富的馆藏，来自世界各地的观众络绎不绝，因此在吸引观众、服务公众方面一定有着丰富的经验和骄人的成绩。

郑欣淼：故宫的宝藏可以分两类，一类是有形的，看得见的，如紫禁城古建筑、大量的历史艺术瑰宝等；一类是无形的但也是相当重要的文化遗产，如古代官式建筑的技术、文物保护的传统技艺等。

故宫的展览大体有三个方面：第一个方面是专题性质，属于长期的陈列。已办好的有珍宝馆、钟表馆、石鼓馆，以及武英殿的书画馆、文华殿的陶瓷馆。第二个方面的展览是宫廷原状或原状式的陈列，就是三大殿啊，西六宫啊，基本上按原来的样子，里面有大量的文物。第三个方面就是临时办的一些展览，包括许多重要的引进展览，主要在午门、神武门举办，每年我们到国外办的展览以及参加的展览也有十个左右。

目前故宫的藏品有150余万件（套），约占全国文物系统馆藏文物总数的1/10，其中一级文物约占全国一级文物总数的1/6，不仅藏品等级高，而且品类全，包括了历代各门艺术的珍品。目前故宫的开放面积约占总面积的1/3，经常在院展出的文物近万件，另外每年有上千件文物在国外展出。

参观故宫的游客人数近年来增长很快。2005年是830万人次，2006年是870万人次，2009年达到1182万人次。大英博物馆免费，2005年才700万人次，卢浮宫也不过600万人次。2008年10月2日，故宫游客曾达14.8万人次。故宫是中华文明的重要标志，无论是中国人或是外国人，首次来北京而不看故宫，一般是不可能的，就像到了拉萨而不去布达拉宫。很多人一生只能来一次故宫，所以限制人数是不现实的。博物馆是公益性事业，社会效益是其永恒的主题。

龚良：观众是博物馆最珍贵的资源。从这一个角度说，故宫拥有绝对的资源优势。所以，你们秉承开放、服务和追求社会效益的理念，即使是在修缮的情况下也坚持正常开放，一方面坚持履行了服务公众、服务社会的职能，另一方面也有效解决了文化遗产领域普遍存在也最为棘手的"保"与"用"的矛盾。

郑欣淼：我们是一边维修保护，一边开放展览。从目前来看，维修工作基本没有影响到我们的开放服务。

龚良：站在公众的角度，自然也是希望故宫开放的面积越大越好，展出的文物越多越好。但是当故宫为了满足公众日渐高涨的观览热情，一步步迈向更加开放的时候，对于故宫保护上的忧虑正日益加剧。郑院长怎么看待这个问题？

郑欣淼：这个问题故宫确实比较突出。游客的增多，在向世人证明紫禁城价值的同时，也对古老的建筑及环境构成较大的压力，同时也有一个服务质量的问题。但故宫有个好处，就是大，可看的多。我们打算以拓展开放、促进保护的策略，促进开放总体规模，实施分片轮展等方式，促进文物建筑日常维护工作，有效改善文物建筑的延续性。以展存结合的对策，强调采用原状陈列方式，突出宫廷文化展示主题，寻求故宫不可移动文化遗产的有效保护和优质展示，全面扩大遗产的文化传播影响，提升社会效益。

目前正在进行的古建筑大修，将使开放面积逐步扩大，最后将占到故宫文物建筑区的百分之八十以上。文物建筑利用强度将受到科学合理的控制，展示院落实行开放和分片轮换开放相结合的方式，价值突出、空间有限的建筑和宫廷园林要划分特展区，按照保护要求严格限定参观人数。我们还要特别加强"黄金周"期间的开放管理。

龚良：许多人经常会拿故宫和国际上其他一些一流博物馆进行比较，往往觉得故宫的藏品展出太少，"藏"与"展"的矛盾还是比较突出。对此，郑院长怎么看？

郑欣淼：确实如此。当然，故宫博物院也有一些特殊情况。故宫博物院是世界上现存建筑面积最大、保存最完整的古代宫殿建筑群，是世界文化遗产。许多游客来故宫，主要是看古建筑，加之故宫面积又大，从南到北，即使走马观花，匆匆一过，也很费时费力，旅行社又对游客有时间限制，这样不少好的展览往往就只能割爱了。

龚良：近年故宫着力拓展了新的途径，进一步扩大藏品展出的规模，保证了更多的珍贵文物的展出，切实提升了服务公众的水平和能力。郑院长能否详细介绍一下？

郑欣淼：故宫的午门经过改造，已经成为一个近千平方米的现代化展厅，并获得联合国教科文组织亚太文化遗产保护创新奖，主要用于展示书画等条件要求比较高的文物。这里我要特别介绍一下武英殿书画馆的"故宫藏历代书画展"，从2008年以来，每年展三期，每期都以中国美术史为脉络，所选的展品均为我国美术史上的经典之作，展览分为晋唐宋元、明代和清代三个部分，连续三年办九期，把我院的书画精品呈现给广大观众，现已办了六期，今年第1期即将开展，已展出的有王羲之的《兰亭序》和阎立本的《步辇图》（传）、周文矩的《文苑图》、顾闳中的《韩熙载夜宴图》、黄筌的《写生珍禽图》、展子虔的《游春图》、韩滉的《五牛图》、赵佶的《芙蓉锦鸡图》、顾恺之的《洛神赋图》（宋摹）、王希孟的《千里江山图》、李白的《上阳台帖》等。

目前，故宫正在筹备建立一个现代化的展馆，从而解决一些不适合在平常环境下展出的文物展示的难题，比如丝织品、书画的展出等。新馆建成后，平常少有机会露面的一些文物就有较多的机会跟公众见面了。当然，更多的文物还是利用原有的宫殿展出，我们还举办了颇有特色的宫廷史迹展览。这是故宫的一个优势。

故宫还经常与一些国内外博物馆合办重要展览。以书画为例，仅仅在21世纪初的四五年间，故宫用于国内外书画展览和涉及书画的综合展览以及各种形式的电子展示、出版照相、学术交流的书画就达万件次。这样大量公开书画原件、影像的举措是空前的，其受益的人群在百万以上，其中有40余万人次亲眼观赏过张择端的《清明上河图》卷真迹。

龚良：大规模的维修对于故宫硬件的改善无疑是巨大的利好，软件服务上的提升对于博物馆各项事业的发展更为重要，特别是近年来博物馆界在数字博物馆、开发观众体验互动项目等方面取得的新突破，全面推动了博物馆的公众服务能力。我们很想知道在这方面故宫都有哪些规划和举措？

郑欣淼：作为公共文化服务机构，故宫一向重视对软件服务的提升。2006年，我们与IBM公司合作正式启动了"超越时空的紫禁城"项目。目前将通过运用全球领先的交互式观众体验系统和互动、实时的高科技手段，为实地和网络的全球观众提供超越时空的独特体验，实现与祖先和古老文明的对话。在"交互式文化环境"中，参观者可以通过完全互动的方式，深入了解紫禁城及馆藏文物更丰富的背景知识，还可选择参观紫禁城历史上的某些事件，以戏剧般的形式体验曾经的历史情境，获得在历史情境中角色扮演的难得机会。这种"交互式文化环境"开创了故宫博物院在观众导览方面的历史性变革。

我们很早就提出了"数字故宫"的目标，经过多年的努力，故宫博物院内的自动化办公系统、古建筑信息系统、文物管理系统、历史文档信息系统，以及观众文化信息展示系统等多个工作平台日渐成熟完善，标志着我院的信息化建设已经进入快速发展的新阶段，对弘扬文化的促进作用日渐显著。

我们还在加强"数字馆"的建设，故宫博物院网站收录了逾万张院藏精美文物和古代建筑的图片和文字内容，2009年平均每天的点击次数为65万人次。我们还建起了高清晰度的电子画廊，基本可以满足一些专业研究者的需要。

龚良：您到故宫任院长至今已是第九个年头了，九年里您为故宫的事业发展做了许多工作。站在第九个年头的春天，如果对故宫的发展历程做一个回顾，您认为故宫最核心的理念是什么？

郑欣淼：80多年来，故宫一直致力于继承、发扬优秀的传统与学风，秉承"开放的故宫"这个理念。应该说"绝对公开"的好风气，在相当一段时期里我们坚持得并不够好。改革开放以来，这个好传统得到恢复并发扬光大，特别是近些年来有了更大的进步，它不只反映在文物清理上，还表现在学术研究、文物陈列展览、文物保护、古建维修等多个方面，主要特点就是树立开放心态，勇于打破封闭，加强对外交流与合作，加强博物院与社会的联系。这是故宫保持生机与活力的重要保证。故宫现在正这么做，今后要越做越好。

龚良：展望故宫的未来，您对故宫有一个怎样的规划和定位？

郑欣淼：故宫博物院是依托故宫（紫禁城）建立的，它是中国最大的博物馆，有以清宫旧藏为主的150多万件（套）文物，还有丰富的宫廷历史文化遗存。它所在的紫禁城是世界上现存建筑面积最大、保存最完整的古皇宫，是世界文化遗产。故宫博物院是世界上极少数同时具备艺术博物馆、建筑博物馆、历史博物馆、宫廷文化博物馆等特色，并且符合国际公认的"原址保护""原状陈列"基本原则的博物馆和文化遗产。这一特殊地位，使故宫成为最有代表性的中华文明的象征。

故宫博物院未来发展，是在博采众长的同时坚持并发扬自己的特色，更好地发挥在保存、传承中华文化并创造新文化中的作用，这其实就是对世界文化的贡献。现在我们正在进行历时十多年的大规模修缮、对文物藏品的全面清查和整理、建设新的展览馆以及加强学术研究等工作，力图使故宫成为中国与世界交流、传统与现代对话的文化圣地和精神家园，这是我们的决心，我想也是全国人民的期望。

龚良： 谢谢郑院长！相信我们广大的读者也将通过您的谈话内容对故宫、故宫学和故宫理念有一个更全面的认识和更深入的了解。我代表读者感谢您！

（原载《东南文化》，2010年第4期）

两岸故宫博物院之"脉"

——对话故宫博物院院长郑欣淼

采访者：《解放日报》记者　曹　静　吕林荫

在不久前实现两岸故宫博物院60年来首次互访后，北京故宫博物院院长郑欣淼接受了《解放日报》的独家专访。

谈历史，两岸故宫博物院血脉相连；谈今朝，两岸故宫博物院对中华民族文化一脉相承；谈将来，两岸故宫博物院之间割不断的交流勃勃脉动……郑欣淼院长谈兴甚浓，采访中，不时走到书柜前翻检有关资料，或翻阅在台北故宫博物院的影像纪念。

（一）血脉相连

两双手，紧紧地握在一起。

一个故宫，两个博物院。纠缠一个甲子的政治风云，改变不了同根亦同源的文化本质。

记者： 从台北归来，您能不能简要评价一下这次两岸故宫博物院互访的意义？

郑欣淼： 这次两岸故宫博物院互访，是两岸文化交流中的标志性事件，它的意义不仅局限于单纯的文化交流。两岸故宫博物院的交流，是中华民族的一大幸事。

记者： 当您的手和台北故宫博物院周功鑫院长的手紧紧握在一起的时候，内心一定有一种特殊而复杂的感慨吧？

郑欣淼： 是的。北京故宫博物院与台北故宫博物院之间，有着特殊的情愫。世界上没有哪两个博物院像台北故宫博物院和北京故宫博物院这样，拥有如此紧密的关系。

记者：这种特殊的情愫来自于相同的血脉。

郑欣森：对。两岸故宫博物院同根同源，其藏品都主要来自清代宫廷。北京故宫博物院现有文物藏品150多万件（套），其中130多万件（套）是清宫藏品和遗存，占藏品总数的85%。台北故宫博物院现有文物藏品65万件（套），清宫旧藏和遗存占到92%。两岸故宫博物院是收藏中华历代艺术品最为丰富的博物院，都充分反映了中华文明5000年灿烂辉煌的历史，而且都是序列完整的，在世界上都很有影响力。

记者：两岸故宫博物院的收藏都是对历代皇家收藏的延续。美国两位汉学家曾经感叹，中国2000多年来的皇家收藏，有两点让人印象深刻：一是它异乎寻常的丰富，二是它屡遭涂炭的命运。

郑欣森：的确如此。北京故宫博物院和台北故宫博物院，是和中华民族的命运紧密联系在一起的。

1925年故宫博物院成立，1928年被南京国民政府接收。"九一八"事变后，考虑到日军一旦入侵华北，文物就有被毁或被劫的危险，故宫博物院选择院藏文物中的精品迁往上海储藏。1936年，南京朝天宫文物库房建成，存于上海的文物分批转运到南京储存。不久后，日本侵略者接连发动"七七"事变、"八一三"事变，刚刚转迁到南京的南迁文物，又不得不再次避敌西迁，分散在贵州安顺，四川重庆、乐山、峨眉等四处，抗战胜利后，全部东归南京。

记者：西迁文物经历了10年难以想象的颠沛流离，万幸的是保存了它的完整性。但到1949年，中国皇家收藏被一分为二，在北京和台北各自前行。

郑欣森：对。1948年9月以后，国民政府决定选择文物精品运往台湾。运台文物一共3批，总计2972箱，抵达基隆后，先后存放在杨梅、台中糖厂、北沟等地。1965年，在台北近郊的外双溪辟建了博物馆，这就是台北故宫博物院。从此，世界上有了两个故宫博物院。

　　记者：这也就造成了故宫文物互相关联却两地分离的现象。元代黄公望的《富春山居图》是不可多得的精品之作，前半部分保存在大陆，后半部分保存在台北。被乾隆并称为三希帖的王羲之《快雪时晴帖》藏于台北故宫博物院，王献之《中秋帖》、王珣《伯远帖》存于北京故宫博物院。

　　郑欣淼：两岸故宫博物院之间这种天然的、不可分割的联系，是由历史和文化铸就的。这次周功鑫院长访问北京故宫博物院，特意提出要看文渊阁。乾隆皇帝修《四库全书》，其中一部藏于紫禁城文渊阁。20世纪30年代，文渊阁所藏《四库全书》南迁，随后又迁台，收藏于台北故宫博物院。在文渊阁，不见《四库全书》，但当年存放《四库全书》的书柜都保存完好。这次周功鑫院长特意来看，看得十分专注。我在台北故宫博物院，也看了离开文渊阁的这套《四库全书》。

（二）一脉相承

　　60年各自前行，道路曲折，却殊途同归——为弘扬中华传统文化而默默努力。

　　这种"不约而同"，体现的是中华民族的文化自觉。

　　记者：这次您访问台北故宫博物院，印象最深刻的是什么？

　　郑欣淼：印象最深的一点是，几十年来，台北故宫博物院在台湾社会中发挥了重要的作用，对台湾民众的文化提升起到了积极的导向作用，促进了传统文化与台湾社会的结合。

　　记者：台北故宫博物院是如何做到这一点的？

　　郑欣淼：台北故宫博物院的教育推广做得很好，在为民众服务方面，已经和国际接轨。他们针对不同的观众，如身心障碍者、年轻人，举办各种各样的教育活动，周六还实施夜间免费开放。文化产品的开发，也是台北故宫博物院的长项，产品类型从食品到玩具，五花八门。这次我参观了台北故宫博物院的儿童学艺中心，他们将《清明上河图》里各式各样的桥梁制成模型，鼓励儿童来搭建，这个创意很不错。台北故宫博物院还有完善的志工（义工）制度，就是志愿者制度。目前台北故宫博物院有成人志愿者400位，还有29位10~12岁的小志愿者。通过种种举措，台北故宫博物院将历史文化和台湾社会联系得很紧密，在台湾民众中享有很高声誉。

记者：台北故宫博物院有不少值得我们学习借鉴的地方。在此之前的2月中旬，您还接待了周功鑫院长一行来访。他们对北京故宫博物院又有何感受？

郑欣淼：他们感觉到，我们在古建筑的保护、文物的维修、信息化建设等方面做得比较好，把传统技能和现代科技结合起来是我们的长项。在参观时，他们对我们的古陶瓷、古书画研究中心以及有些陈列专馆等给予很好的评价。参观了陶瓷馆后，台北故宫博物院的一些人员直言，感觉像是读了一本陶瓷通史。

最近几年，我们对故宫的研究下了一定功夫，在科研上投入了很大的人力、物力。"故宫博物院学术文库"、《中国紫禁城学会论文集》、"明清论丛"等，这些使得台北故宫博物院对我们的学术研究状况有了较多的了解。现在，我们和香港中华书局合作，10卷本2500万字的《故宫百科全书》也在编撰中。

记者：经过60年来的各自发展，两岸故宫博物院形成了各自的特色，但应该也有不少共同的地方吧？

郑欣淼：珍惜、保护文化传统的精神，是两岸故宫博物院共同继承的。我这次到台北故宫博物院的文物登记部门看了看。1935年，故宫文物南迁到上海后，曾搞过一次清点，形成了127册文物清册，这次我在台北故宫博物院看到了，他们将其保存得十分完好。我感觉非常亲切，因为这127册文物清册北京故宫博物院也有，我们保存得也很好。

故宫博物院从1925年建院以来，对库房的管理就很严格，有一套完整的手续。即使南迁到上海后，不能适用原来的方法，还是坚持了库房管理的准则。尽管分隔两地，两个故宫博物院都继承了这一传统，文物保管得很好，制度很严密。这次，我到台北故宫博物院库房，感受到了这一点。箱子打开一次，封一次，3月2日打开看完后，封条上就写着3月2日。而北京故宫博物院的库房管理，有人评价说太死板，我不这么认为。对文物的珍惜、爱护，是故宫长期形成的传统。在严谨的态度、一丝不苟的精神上，北京故宫博物院和台北故宫博物院是十分相似的。

记者：两岸故宫博物院对文物的尊重、保护，体现的正是对共同的中华传统文化的尊崇和守护。

郑欣淼：确实如此。我在台北故宫博物院看到"三希堂""闲居赋""至善园"等从样式到名称都很有中华传统韵味的建筑，能感觉到台北故宫博物院对中华民族传统文化的向往之心，这是非常可贵、感人的。这恰恰说明，因为台湾文化是中华文化的一部分，台湾文化在自觉地融入中华文化的传承中。而台北故宫博物院，就是两岸文化一脉相承的重要标志。

记者：无论是台北故宫博物院还是北京故宫博物院，都是中华民族文化的圣殿，都是中华民族文化的传承者和弘扬者。

郑欣淼：两个故宫博物院，继承了共同的早期的故宫的历史遗产，努力保护好这笔丰厚的文化遗产，并为弘扬中华传统文化、使中华文明赓续不断而努力，是两岸故宫博物院庄严而神圣的历史使命。

（三）勃勃脉动

本是同根生，交流遮不住。

大门开启时，不仅是珍贵文物的重新聚首，更是两岸民众以故宫为起点，对中华民族共同的灿烂文化和悠远历史的深情拥抱。

记者：60年来，两岸故宫博物院一直没有正式交往。两个故宫博物院的藏品，至今没有到对方办展览，或者合作办展览。这次两岸故宫博物院互访，是否具有"破冰"意义？

郑欣淼：此次北京故宫博物院和台北故宫博物院在交流、合作方面达成了八项共识，我非常高兴。这是两院合作迈出的实实在在的一步。这些共识包括使用文物影像互惠，如台北故宫博物院出版《龙藏经》，以《龙藏经》两套交换北京故宫博物院提供的影像；此外，还有加强两院信息展示与研究技术的业务交流，互赠出版品等。

记者：其中大家最关心的一件事是，台北故宫博物院今年秋天将举办雍正——清世宗文物大展，北京故宫博物院向台北故宫博物院出借27组（共37件）文物。

郑欣淼：对，这个特展的名称是"雍正——清世宗文物大展"，合作形式是通过第三方机构出借展品。"为君难"是雍正的一枚印章，藏在北京故宫博物院，也是这次出借给台北故宫博物院的珍贵展品之一。值得一提的是，协议上的后一句话——"之后展览由两院共同研商决定"尤其重要。

记者：后续还会有各种展览？

郑欣淼：对。至于将来的展览是什么形式，是合办，是北京出借文物给台北故宫博物院，或者是台北故宫博物院文物出借给北京故宫博物院，都以后再说。

这次会谈达成的八项协议，有一个共同特点——从个案入手，达成某一方面的机制。比如，今年11月5日至6日，将于台北召开"为君难——雍正其人其事及其时代"研讨会，我们将其定义为"两岸故宫第一届学术研讨会"，之后各届学术研讨会由两院共同研商议题。

记者：形成了机制。

郑欣淼：是的。除建立展览交流机制外，两岸故宫博物院还将建立两院人员互访机制。每年双方各推选一至两位研究人员，到对方进行两至三个月的研究访问。两个故宫博物院同根同源，其藏品互补性很强，只有把它们作为一个整体来看待、研究，才能全面认识中华文明的源远流长、灿烂辉煌与一脉相承。

这次访问台北故宫博物院，我还建议，明年是故宫85周年大庆，两岸故宫博物院可以开展对共同院史的研究。比如，一批1949年前故宫的档案被带到了台湾，其中包括一些重要的信件。北京故宫博物院也有1925年成立后的一大批重要档案。对我们共同的历史档案文献进行交流、开发和利用，是很有意义的。

记者：这一研究是否可以统一在故宫学的概念之下？

郑欣淼：对。对于故宫学的研究，台北故宫博物院也非常支持和赞赏。周功鑫院长曾不止一次地在不同场合表示，故宫学这个概念很好。故宫学概念，是在基于对故宫是一个文化整体的认识上提出来的。故宫学不仅把故宫古建筑、宫廷文物珍藏以及宫廷历史文化当作一个整体，而且包括了故宫博物院成立以来的80多年历史。这一整体性，也使流散在院外、海外的清宫旧藏文物、档案文献、宫廷典籍，都有了一个学术上的归宿。

记者：两岸故宫博物院交流的成果，值得期待。

郑欣淼：我相信，"1+1"的效果绝对大于2。因为，两岸故宫博物院交流有三个层面上的意义。

首先，从两个博物院来说，加强交流合作是双方事业发展的需要，对两院的发展有很大助推作用。

其次，两个故宫博物院的交流与合作，是两岸同胞的福祉。两个故宫博物院的交流和合作可以向两岸同胞共同展示故宫的全貌，这也是民众的文化权利。

最后，两岸故宫博物院的交流与合作，对于在世界上弘扬中华文明亦有积极意义，可以使世界人民更深入、更全面地认识中华文明的丰富博大。而且，这种交流合作体现了中华文化中那种刚健、坚韧、包容、和合等精神内涵，显示着中华文化的旺盛生命力。

记者：而您恰恰亲身参与、见证了这一历史性事件。

郑欣淼：是的。在台湾举行的新闻发布会上，我十分激动，思绪涌流。我说，访问台北故宫博物院这几天，我们都互称"同人"。

这个称呼，对两个故宫博物院来说都有特殊的意义。"同人"是《易经》六十四卦里的第十三卦，"同人卦"。"同人卦"前面一卦是"否卦"；"同人卦"后面一卦是"大有卦"。"否"就是"不通"，穷（穷尽）则思变，变则通，通则久，"否"发展到极端，必然要扭转过来。"同人"是齐心协力、同心同德。正因为同心同德，下一卦就是"大有卦"。

现在，北京故宫博物院和台北故宫博物院已经过了"否"这一关，正处在"同人"阶段，下一步，我们要同心协力，为"大有"而共同努力。

（原载《解放日报》，2009年3月27日）

架起两岸故宫博物院交往之桥

——访故宫博物院院长郑欣淼

采访者：《人民日报》记者　刘　琼

20世纪40年代末，故宫博物院抗日战争时期南迁文物的四分之一被运到台湾，1965年台北故宫博物院成立。自此，北京与台北两个故宫博物院同时存立，话题不断。台北故宫博物院今年10月即将举办"为君难——雍正时代文物特展"，由于没有收藏雍正画像而向北京故宫博物院商借，60多年互不往来的两岸故宫博物院开始破冰交流。

继台北故宫博物院院长周功鑫2月中旬来访，3月1日至4日，应台北故宫博物院邀请，郑欣淼首度以北京故宫博物院院长身份率十人团赴台访问。短短四天，双方在不涉及名称表达等问题的前提下，在落实双方合作机制、使用文物影像互惠机制、建立展览交流机制、建立两院人员互访机制、出版品互赠机制、资讯与教育推广交流机制、学术研讨会交流机制、文创产品交流机制等八个方面达成共识并制订了具体方案。台北归来，郑欣淼院长就相关话题接受了本报专访。

记者：此次台北故宫博物院举办"雍正——清世宗文物大展"，北京故宫博物院答应出借哪些展品？为什么之前计划的双方联展没有实现？

郑欣淼：北京故宫博物院允诺借展的展品清单，包括雍正帝朝服像（轴）、"为君难"玺、美人图等27组37件。我在台湾接受采访时曾说："我这一次带着北京故宫博物院的工作人员来台湾，就是进一步落实上次周院长访问时协商的意向，你来我往相互正式交流，这一条路已经开始了，万事开始难，我们将继续走下去。"访问中，我感到我们之间首先都有诚意。有了诚意，就会搁置一些争议，而从实际出发，从能办到的事情入手，一步一步地走。原来准备办联展，因为牵涉到名称表达等具体问题，一时半会儿不好解决，我们就通过借展实现。我们还约定，两院常务副院长每年举行会谈，确定下一年包括以后的交流计划，建立"检讨"（总结、分析、研讨）机制。两院交流不仅是两个博物院的交流，也是我们要共同面对的历史和文化的大事。台北媒体认为，向北京故宫博物院借展，北京故宫博物院表现出极大的诚意，不仅可充实雍正大展的内容，也为两岸故宫博物院间的馆际交流迈出重要而关键的一步。

台北故宫博物院对此反应也很积极，台北故宫博物院绝大多数人主张交流。这次周院长来访，互送礼物时，同时选择了《清明上河图》复制品，是巧合，也意味深长。张择端的原本在我们这里，台北故宫博物院藏的是清代的院本。《清明上河图》中画了很多桥，桥起着沟通作用。今天两个故宫博物院也需要桥来沟通，更何况我们都秉承着共同的故宫精神。

两岸故宫博物院在互访期间，都互称"同人"，这对于两岸故宫博物院也有着非同寻常的意义。它和故宫的历史联结在一起，也意味着大家将共同面向未来。现在，两岸故宫博物院的交流已经克服闭塞不通的"否卦"阶段，达到了"同人"的同心同德阶段，下一步就是"大有"了，我对未来两岸故宫博物院合作的前景充满信心。

记者：为什么长期以来在公众印象中，北京故宫博物院只有古建筑，好东西都在台北故宫博物院？

郑欣淼：这是误解，当然有多种原因。故宫院藏可移动文物150多万件（套），其中宏富珍贵的清宫旧藏和遗存即达130多万件（套）；台北故宫博物院文物藏品65万件（套），清宫旧藏及遗存有60万件（套）。北京故宫博物院文物总数相当丰富，过去由于受展览条件限制，以及文物一直未对外公布，出版物也少，对国内外公众宣传不够等原因，人们以为好东西都在台湾。去年，我在《天府永藏：两岸故宫博物院文物藏品概述》中第一次对两个故宫博物院的源流、文物藏品做了全面介绍，分古书画、古陶瓷、青铜器、工艺类文物、宫廷类文物、文献典籍等12个方面，把两个故宫博物院的文物藏品进行了详细对比分析，指出了双方各自的特点。北京故宫博物院的文物不仅数量上远远多于台北故宫博物院，就精品而言，北京故宫博物院总体上也多于台北故宫博物院。

近年来，我们在陈列展览、社会宣传、学术研究以及出版物方面，都有很大提高。对北京故宫博物院来说，保护好紫禁城是我们的重要任务。在此基础上，北京故宫博物院利用原址布置的三大殿原状陈列，是独一无二的。我们的书画馆、珍宝馆、钟表馆、陶瓷馆、青铜器馆等专题馆，与台北故宫博物院按照编年史陈列不同，集中反映一类藏品，或者某类艺术的发展通史。周功鑫院长说，台北故宫博物院也打算重新规划，改变现有的陈列展览方式。

台北故宫博物院在国际上产生影响比较早。20世纪60年代，台北故宫博物院曾在美国五大城市搞文物巡回展，其中的中国书画艺术在欧美产生了重大影响。许多欧美观众对古老的中华文化艺术的认识主要是从台北故宫博物院的展览中获得的。直至20世纪七八十年代，一些欧美研究中国艺术史的人也主要是以台北故宫博物院的收藏品为依据，这是历史原因形成的。台北故宫博物院在发挥博物馆职能上下了功夫，在博物馆建设方面积累了很多经验。他们认真筹办展览，还到各地搞巡展，重视对公众的宣传教育。台北故宫博物院利用文物资源开发文化产品，非常有特色，对宣传故宫本身也起到了重要作用。我们这次去台湾，同行的人都买了他们的不少商品，足见这些产品很吸引人。

记者：常说两岸故宫博物院文脉相连，文物典藏伯仲相依，能否举几例来说明？

郑欣淼：拿今年10月台北即将举办的"为君难——雍正时代文物

特展"来说，展览以雍正皇帝的一颗玉玺"为君难"为题，而这颗玉玺就在北京故宫博物院。因此，策展小组向北京故宫博物院提出借展品以充实展览内容。乾隆时期敕编的文渊阁《四库全书》从大陆带到台湾，而用来存放《四库全书》的文渊阁至今伫立在紫禁城，当年珍藏《四库全书》的柜子也在北京故宫博物院。《龙藏经》共两套，康熙时期的在台北故宫博物院，乾隆时期的108函，台北藏36函，北京藏72函，台北故宫博物院要出版康熙时期的《龙藏经》，但因为相隔340年之久，其中一函无法揭开，便请北京故宫博物院协助，解决了问题，并以送我们两部《龙藏经》作为交换。许多互有关联的书画分藏两岸故宫博物院，甚至台北故宫博物院有些文物如唐代怀素《自叙帖》等精美的原包装盒留在北京故宫博物院，珠椟相分，令人感慨。台北故宫博物院王羲之《快雪时晴帖》与北京故宫博物院王献之《中秋帖》、王珣《伯远帖》合为乾隆皇帝的"三希"。我们一直希望合作办一个"三希"展，海外也有人做这方面工作，这是大家的一个美好愿望。

（原载《人民日报》，2009年3月27日）

故宫学：搭建两岸合作的"虹桥"

采访者：《中国报道》记者　刘梦羽

记者： 您的新书《天府永藏：两岸故宫博物院文物藏品概述》首次对两岸故宫博物院文物藏品进行梳理，并向社会公布，能否谈谈这部书的创作背景？

郑欣淼： 背景就是近年来故宫学的研究，北京故宫博物院和台北故宫博物院都是故宫学的研究对象。长期以来，由于各种原因，两岸同胞对彼此了解不够。我希望通过这本书，展示一个相对完整的故宫，让人们对故宫的藏品有一个全面的了解。故宫藏品是两岸故宫博物院继承的重要文化遗产，同时也折射出中华文明的源远流长，以及两岸故宫博物院的一脉相承。本书有几个特点：它首次正式向社会公布北京故宫博物院的藏品。比如，分12个大类介绍150余万件（套）藏品，具体到青铜器、书画、瓷器等各有多少，对每一类又进行了细分。因为有些藏品记载着两岸故宫博物院共同的历史，有些则是后来各自增加的，书中对后一类藏品介绍得很多，包括是通过什么渠道增加的，等等。特别是北京故宫博物院很多过去不被重视的宫廷物品，如宫廷医药类的文物，甚至包括地毯等，进行了详细介绍。

记者： 为什么近些年才展开对藏品的梳理工作？

郑欣淼： 应该说以前的时机不够成熟，包括理念上的制约，比如要不要向社会全部公布北京故宫博物院的藏品，哪些东西应该算作文物等。这些看似简单的问题，没有达成共识。比如，北京故宫博物院藏有帝后书画约25000件，在我刚到故宫的时候，它们还不被当文物看待。我们应该把故宫的文物彻底清理，对有的文物进行重新定级，然后向社会公布。今年这项工作将基本结束，从今年开始，陆续出版《故宫博物院藏品大系》。

记者：您在什么情况下提出了故宫学的概念？

郑欣淼：2003年我提出了故宫学的概念。我认为，故宫学主要是对故宫价值的重新发现和认识。我们应该把故宫作为一个文化整体来看待。比如乾隆帝下令编的《四库全书》，现在流传的有好几部，北京故宫博物院的文渊阁和书柜虽然还在，但《四库全书》则在台湾。建筑与书的关系是割不断的。将古建筑、藏品、有关的人和事之间三位一体的关系结合起来研究，就是故宫学。故宫学的研究是一个过程，不可能在较短时间内产生很多成果。学术有学术的规律，研究应是实实在在的。

记者：现在国内研究故宫学的多吗？

郑欣淼：在我提出故宫学的概念之前，就有不少人在进行有关故宫的研究，可以说都属于故宫学。我提出来这个概念以后，大家对三位一体的研究方式更加认同，促进了这个学科的成长。

现在我在中国艺术研究院带一个博士研究生，专业就是博物馆学（故宫学）。我们还办了一本叫《故宫学刊》的刊物。当然，现在北京故宫博物院并不是所有研究人员都研究故宫学，但故宫学对故宫来说，是一个重要的、主要的研究任务。

记者：台湾对于故宫学的研究，是否和我们有相通的地方？

郑欣淼：是的。他们的研究主要也是故宫学的研究，只是没有提出明确的概念。但是，我提出的故宫学研究，已经得到台北故宫博物院同人们的赞同。而且两岸故宫博物院的交流合作对故宫学的发展也是一个机遇。

记者：这种机遇具体表现在哪些方面？

郑欣淼：比方说一些同时出土、出自同一工匠之手的青铜器，有的在台北，有的在北京，两岸藏品各有特点，而故宫学的研究只有把它们结合起来才更完整。比如，今年10月台北故宫博物院要举办"雍正大展"，要借北京故宫博物院的雍正的行乐图等藏品。其实，不借藏品也能办成展览，但有了这些藏品，效果肯定更好。现在台北故宫博物院正在大力宣传这个展览，在民众中也产生了很大影响。

记者： 您到故宫7年，带给故宫博物院的最重要的东西是什么？

郑欣淼： 我到故宫不到七年，算六年半吧。应该说通过对外宣传和我们自身的努力，全社会对故宫的关注度更高了。让故宫走向了大众，走向了社会。对我来说，一方面，想让社会更了解故宫，使得故宫在群众中的印象和观感、认识越来越深刻；另一方面，在以前的基础上，继续故宫的工作，包括文物的清理、展览、对外交流、其他建设等。还有就是故宫学，我认为它的发展是无限的，也可能并不轰轰烈烈，但随着社会对故宫认识的加深，以及两岸故宫博物院交流的加强，我认为将来故宫学研究将会有大的成果。

（原载《中国报道》，2009年第4期）

穿越一个甲子，我们深情相拥

——全国政协委员、故宫博物院院长郑欣淼访谈录

采访者：《人民政协报》记者　朱　奕

（一）双方的合作源于台北故宫博物院一次偶然的投石问路

记者： 由两岸故宫博物院合办，在台北故宫博物院举行的"雍正——清世宗文物大展"自10月6日开幕以来，在海内外引起巨大反响。从年初台北故宫博物院院长周功鑫首访北京故宫博物院，到10月双方合办的大展开幕，在分离整整一个甲子之后，两岸故宫博物院跨越时空的千山万水深情相拥，仿佛冥冥中的注定。作为亲历者，您能讲讲"破冰"的始末吗？

郑欣淼： 双方的合作源于台北故宫博物院一次偶然的投石问路。

去年年中，台北故宫博物院计划举办一个雍正展，但策划者在策展选件的过程中觉得少了雍正的肖像画、行乐图、朝服像等（它们都在北京故宫博物院），感到非常遗憾，于是就考虑是否可以向北京故宫博物院借展。今年年初，他们试探着向北京故宫博物院提出这一要求。我们毫不犹豫地就同意了。

很快，他们就来了。2月14日台北故宫博物院周功鑫院长一行抵达首都国际机场，开始了对北京故宫博物院为期4天的访问。这是海峡两岸同根同源的故宫博物院的院长第一次相聚，打破了两岸故宫博物院60年的隔膜，被称为"破冰之旅"。

实际上，借文物的事我们已经同意了，都不用怎么谈了。我们"醉翁之意不在酒"，谈得更多的是双方合作的事。两岸故宫博物院

经过磋商，在八个方面形成了共识。

半个月后，3月1日至4日，我率领10人访问团回访台北故宫博物院，这是两岸分隔60年来两岸故宫博物院院长首次正式互访。赴台的第二天，双方在台北故宫博物院举行座谈会，就双方进行实质性合作达成八项共识，包括人员互访、图书交换、影像授权、网站互联等。

8月14日，台北故宫博物院与北京故宫博物院进行视频连线，共同宣布在10月份至明年1月合办"雍正——清世宗文物大展"。本次展览预计展出总计246件雍正王朝的文物精品。其中台北故宫博物院提供203件展品，北京故宫博物院提供37件，另外还有来自上海和台湾有关机构的器物、文献等展品。由借展到合办，文物还是那些文物，但意义却更加深远，说明双方的交流又向前迈进了一大步。

10月6日，我如约来到台北故宫博物院，为"雍正——清世宗文物大展"揭幕。

（二）由于北京故宫博物院的参与，"雍正大展"成为名副其实的大展

记者： 北京故宫博物院的参与，能让"雍正——清世宗文物展"有着怎样的不同呢？

郑欣淼： 对于雍正皇帝，其历史评价从来就是毁誉参半。然而不可否认的是：他是一个勇于改革的皇帝，并且带动了一个革新的时代，在清代具有承前启后的历史地位。

例如，雍正皇帝在位时间并不长，只有13年，却是中国古代最关切宝岛台湾的君主之一。在"和夷"（即和睦同心）思想指导之下，雍正皇帝不断强化台湾的军政管理机构，升澎湖巡检司为澎湖厅，改台厦道为台湾道，将台湾总兵升为挂印总兵。他选拔内地出色的官员经略台湾。雍正皇帝对台湾原住民更是施恩布教，维护其耕猎之地不受侵扰。自雍正三年（1725年）起，清政府和福建泉州、漳州等地每年包销大量台湾稻米，以平抑大陆沿海粮价、缓解台湾粮食滞销。

雍正五年（1727年），他删改禁令，谕准垦荒的大陆民众可以携眷过台，令宝岛人丁兴旺、粮果丰登。经过数代人的奋力，台湾成为清代"康乾盛世"下的一片热土。因此，在台北故宫博物院办一个雍正展，我认为是很有意义的。

这次雍正大展，正是要重新诠释历史上清世宗雍正皇帝的本来面目，而所借之途径正是珍贵文献档案与精美书画器物。

两岸故宫博物院有着24年的共同历史。它们都是中华民族文化的圣殿，都是以清代皇家庋藏的历代文物精华为基础，这当中包括大量雍正朝的文物精品，具有不可分割的联系和互补性。台北故宫博物院拟定的展览和研讨会主题是"为君难"，这件开题文物"为君难"印章是北京故宫博物院的藏品。而此次北京故宫博物院借出的《十二美人图》画面上陈设的一件汝窑椭圆花盆，则是台北故宫博物院的精品。两岸的珍贵文物在这次雍正大展上重新聚首，珠联璧合，交相辉映，从而使展品具有非同寻常的完整性、代表性，这也使该展览成为名副其实的大展。

记者：那么北京故宫博物院赴台参展的文物有着怎样的特点？有哪些精品、孤品？

郑欣淼：本次我院赴台雍正大展参展文物共计37件（套）。其中，书画类21件，器物类12件，宫廷类4件，包括一级品7件。

37件（套）虽然数量不多，但涉及我院主要文物收藏类别，并且是其中的精品甚至孤品，特别是雍正帝朝服像、"为君难"玺、泥塑雍正像等，均为本次雍正大展的"点睛"所在。这也说明两岸故宫博物院收藏各具特色，优势互补。

此外，这些文物内容丰富。既有反映雍正皇帝御容以及从事政务活动的内容，也有表现其日常生活及精神层面的题材，特别是雍正行乐图（行乐图是中国人物画的一种，一般以描绘皇家的娱乐生活为主题）、清人画美人图等，对观众感性上"认识"雍正其人，进而从理性上探究他的内心世界具有重要意义。

比如，皇帝着装奇特、服饰类别丰富是雍正行乐图重要特点。满族人入关以来，为防止被汉族同化，清政府明令禁止满人穿汉族服装。但是雍正在行乐图中，大多着汉服，扮为村夫、文士、官吏等。不仅如此，雍正还有穿蒙古族、藏族和西洋文艺复兴后期、新古典时期服装的行乐图。这在中国古代可以说是绝无仅有的。从题材看，雍正行乐图反映的是皇帝日常生活的情景，或者是皇帝追求的生活意境。举个例子，如这幅《刺虎》。狩猎刺虎是清初满族皇帝的常见之举，清中期的乾隆皇帝亦有刺虎图。这幅画作奇特之处在于雍正皇帝的穿着，他头戴西洋假发，着西洋装，俨然欧洲人的装束。这反映了雍正皇帝内心世界是非常丰富的，有标新立异的一面。

另外，这些文物还有着鲜明的时代特色。雍正朝虽只有短短13年，但上承康熙，下启乾隆。这些艺术珍品无不承载着康熙朝的兴盛，也开启了乾隆朝的繁华，充分展示出雍正朝在继承与创新方面所取得的成就。

（三）是文物的重聚，更是心灵的共鸣

记者： 在亲临台北出席雍正大展的日子里，有哪些事给您留下了深刻印象？

郑欣森： 通过此次两岸故宫博物院的交流与合作，我深切地感受到这已不仅是珍贵文物的重新聚首，更是两岸民众对于中华民族共同的灿烂文化和悠久历史的深情拥抱。在台湾和回到北京的这短短几天内，我能感受到这样的交流已在两岸民众中引起了深深的共鸣。

这次赴台的4天期间，除了出席10月6日的雍正大展开幕式之外，10月8日我还参加了我的《故宫与故宫学》一书繁体字版的发布会。继今年3月出版《天府永藏：两岸故宫博物院文物藏品概述》之后，这是我在台出版的第二本书。发布会上，主办方精心筹办了茶席，同时邀请著名京剧艺术家李宝春与新生代演员黄宇琳演出《四郎探母》唱段《坐宫》，以京剧雅集与香茶品茗的方式祝贺新书出版。整个活动

中，我时时都能感受到台湾文化界的深情厚意。

10月9日上午，我应邀来到台湾政治大学以"故宫与故宫学"为题做了专题演讲，也引起不小的反响。当地媒体以《郑欣淼院长谈故宫学　风靡政大师生》为题报道了此事。其中有一个花絮，让我印象特别深刻：我演讲的时间为上午10点，但我9点半就到了。我说：我来得早了。会议主持人政大文学院周院长接过话意味深长地说：不早不早，已晚了60年了。

出席雍正大展开幕式期间，台北故宫博物院原研究员、著名书画家、年过九旬的张光宾先生专门托人送我三本自己的著作，有书画作品集，有研究论文集，表达他对两岸故宫博物院交流的期许。我非常感动。在给他写的信中，我说："先生为故宫前辈，早岁即以绘画名世，又以书画史研究驰誉于学界，而今年虽望百，犹身健笔雄，令人敬佩。我在《天府永藏：两岸故宫博物院文物藏品概述》中所述台北故宫博物院碑帖法书，主要得益于先生的文章。两个故宫博物院，80多年，名家辈出，如先生等的研究成果，不仅属于故宫，亦为民族的文化财富。今年以来，两岸故宫博物院交流合作进展顺利，先生当为之欢忭。我们会继续努力，把这项顺应潮流、有益同胞的事业坚持下去，为传扬中华民族文化而尽绵薄。"

这次我还见到了一位老故宫人的儿子。他叫庄灵，是台湾著名的摄影家，今年已70多岁。他的父亲庄严曾参与故宫博物院的筹建，后到台湾，任过台北故宫博物院副院长，也是1948年底第一批故宫南迁国宝运台的押运者。庄严先生生前一直有个愿望，就是希望原藏乾隆帝三希堂书斋的王羲之《快雪时晴帖》（现藏台北故宫博物院）、王献之《中秋帖》及王珣《伯远帖》（后二者现藏北京故宫博物院，三者并称"三希帖"）三件稀世珍宝有朝一日能再度团聚，但这个愿望他临终也没有实现。而今，它也成为庄灵先生的一个心结。近几年我们通过几次信，但没见过面。在这次雍正展的开幕式上，我们见面了。他对我说，他有一些故宫文物南迁时的珍贵资料，想捐献给北京故宫博物院。他说，两岸故宫博物院原本是一家，乐为两岸故宫博物院的广泛合作做一些实实在在的事。

回京后，在香港的当代国学大师饶宗颐先生托其来京公干的女婿专门给我带话："两岸故宫博物院的交流很好。"

从台湾刚回到北京后不久，我还收到一个寄自高雄的邮件。是一幅带有镜框的素描画像，画的是我和周功鑫院长共同手持一幅画有台北故宫博物院的小画像，高80厘米，宽60厘米，挺大的。通过联系，得知作者是一位家住高雄的女画家，名叫刘姮妤，对她的其他情况我一无所知。我很感动，便给她回了一封信，信中说："刘姮妤女士：您好！很高兴收到惠寄的大作。画面上周功鑫院长与我都很传神，这说明您画技的高明。谨致谢忱。您的画作，表达了对两个故宫博物院及两岸的文化交流的赞许和期望，我从中感受到了台湾同胞的厚意。这也是鞭策，我们会继续努力，进一步加强交流合作，共同弘扬中华民族传统文化。"

（四）两院未来将持续进行更宽广的实质合作

记者：今年两岸故宫博物院交流的效果如何？未来互访交流有着怎样的前景？

郑欣淼：今年年初定的几项交流合作项目都落实了。我院自4月至今先后接待了来自台北故宫博物院的7批人员来我院提看文物、查阅资料、参观访问。其中，台北故宫博物院的陈博士于今年8月3日到9月18日，在我院文物保护与古陶瓷研究方面进行了近两个月的学术交流。9月22日、23日，台北故宫博物院志工协会参访团一行30人来访我院。我院专门安排了参访团与我院相关部门进行了座谈。

此外，刊物资料书籍的互相交换等机制也都建立起来了。今年年底，两岸故宫博物院还将开通视频，届时，双方可以随时召开电视电话会。

另一个值得一提的是双方的学术研讨会交流机制。也就是前几天

（11月4日），台北故宫博物院召开了为配合雍正展举办的两岸故宫博物院第一届学术研讨会"为君难——雍正其人其事及其时代"。我院派出副院长为团长的一行八人出席了会议。会开得很好。此次会议双方合办，他们承办。明年10月，将举办两岸故宫博物院第二届学术研讨会，由我们承办，主题围绕"时永乐宣德文物特展"。我想今后一定还会举办第三届、第四届。

"雍正——清世宗文物大展"是半年多来两岸故宫博物院交流的重要成果，也是下一阶段两岸故宫博物院合作良好的开端。两院均表示未来将持续进行更宽广的实质合作。

两院未来新增合作计划包括：合作开展南宋玉器、宋代名窑瓷器、清内府鉴定、清代书籍版本、装帧、装潢等方面研究，两院互换院史档案和图片，等等。

记者： 雍正皇帝几百年前肯定想不到，几百年后，他还能起这么大的作用。

郑欣淼： 是啊。84年前的10月，故宫博物院宣布成立。84年后，同样是10月，两岸故宫博物院同人在分离整整一个甲子之后，为"雍正——清世宗文物大展"重聚一堂。两岸故宫博物院的交流是历史的必然，必然性中又有偶然。台北故宫博物院举办"雍正大展"，北京故宫博物院参展，共襄盛举，就是必然中的偶然。的确，在此我们应该感谢雍正皇帝，正因为有了他，才有了这次令世人瞩目的"雍正大展"；也正因为有了这个展览，才有了两岸这一个难得的契机，才有了两岸故宫博物院人翘首期盼的这一次亲密合作。

（原载《人民政协报》，2009年11月17日）

故宫博物院有两个，但故宫只有一个

——郑欣淼访谈录

采访者：《中国文化报》记者　卢毅然

在岁末年初、春机孕育之际，在北京故宫博物院院长郑欣淼去年下半年推出的新著《天府永藏：两岸故宫博物院文物藏品概述》首次系统全面地介绍两岸故宫博物院的沿革、渊源和各自收藏的特点，在海内外引起反响之时，北京故宫博物院和台北故宫博物院在近期策划运作和即将进行的一系列互访交流、合作办展活动为两岸文化交流带来浓浓的春意——在这样的背景下，北京故宫博物院院长郑欣淼在百忙中接受了本报记者的专访。

需要说明的是：故宫，只有一个，就是北京的紫禁城——下文中的"两岸故宫"指的是同根同源的北京故宫博物院和台北故宫博物院。这"一宫两院"、国宝分居的格局是历史造成的，而在牛年之春，两岸故宫博物院一系列表达加强合作交流愿望的"春天行动"正是顺应历史和现实要求、合乎两岸同胞人心的必然之举。我们相信，这不仅仅是一个令人欣慰和憧憬的良好开端……

（一）两个故宫博物院：延迟太久的正式互访

记者：郑院长，感谢您在新春之际接受本报的采访。据了解，您将在今年3月到台北故宫博物院访问，而台北故宫博物院院长周功鑫即将率员于2月14日来京"进宫"访问。请问这是否是两岸故宫博物院发展和交流史上前所未有之举？

郑欣淼：两岸故宫博物院长时期以来一直没有正式的交往，虽然我也去过台北故宫博物院，我们很多人员都去过，但是绝大多数都不是对方邀请的，我们之间还没有一个正式的协议，两个故宫博物院的藏品，至今仍没有到对方办展览，或者合作办展览。但是因为两岸故宫博物院的文物藏品来源一样，而且互补性很强，有的东西，譬如一套书，他们有一部分，我们也有一部分。藏品有这么一个历史渊源，事实上我们的来往是割不断的。多年来特别是学术上的交流是不断的，两岸的研究人员经常互相参加对方一些学术研讨会，包括我们成立的两个研究中心——古陶瓷研究中心、古书画研究中心，也都聘请了台北故宫博物院的研究人员做我们的特约研究员；学术研究的文章，都曾在对方的学术刊物上发表。

两岸故宫博物院的交流目前确实出现了新的气象，这也是在两岸交流有了一个更好的氛围的大背景下进行的。这里我要特别说的，是这几年对于两岸故宫博物院的合作交流，不光是中国人——大陆的（内地的）、台湾的、香港的、澳门的同胞积极关心，还包括国外的朋友，例如日本的平山郁夫先生，他想促成两岸故宫博物院的交流，专程到北京、到台北，当时台北故宫博物院的院长是林曼丽，平山郁夫先到北京与我谈，从我这儿离开就直接去找林曼丽了……由于条件还不成熟，许多人的努力都没有结果，但事实上还是起着积极的促进作用，对此我们都是表示感谢的，因为两岸故宫博物院应该加强交流。现在有了好的机遇，我们当然会抓住，两岸故宫博物院都有这个愿望，而且是直接在联系，并不是通过第三方，我认为这是一个突破，是难得的。

我们一直期待两岸故宫博物院合作办展览，台北的能过来，我们的能过去。一些法律问题和具体问题可以通过协商解决。台北故宫博物院将在今年秋天办雍正展，他们期待届时北京故宫博物院的文物能到台北展览，对此我们抱着积极的态度，不只是文物到台北故宫博物院，而且建议以两岸故宫博物院的名义合作办展览。

（二）所谓"有宫无宝"和"有宝无宫"

记者：有关两岸故宫博物院的历史渊源和各自的收藏情况与特点，很多人并不清楚，甚至会有一些误解。比如有人居然说北京故宫博物院是"有宫无宝"，台北故宫博物院是"有宝无宫"；台湾学者李敖以前未来过大陆，认为北京故宫博物院"有皮无瓢"，2005年他参观了北京故宫博物院，了解了收藏情况后为他以前说过的话表示"忏悔"。您能否由您的新著《天府永藏：两岸故宫博物院文物藏品概述》介绍一下两岸故宫博物院各自的收藏特点？

郑欣淼：《天府永藏：两岸故宫博物院文物藏品概述》这本书我用了大量的文献档案及其他资料，也得到了台北故宫博物院同人及台湾朋友的帮助，去年8月出版。这本书讲两岸故宫博物院的文物藏品，讲文物的历史渊源以及变化情况，同时也论述了两个博物院的发展进程。对于两岸文物，我放在一起论述，叫作"通览"。我把文物分成12个类别，如古书画、碑帖、青铜器、陶瓷器、玉器、典籍、宫廷类文物等——台北故宫博物院有多少？它的精品、代表性的东西是什么？特点是什么？北京故宫博物院又是什么情况……

台北故宫博物院现在的藏品是65万件（套），北京故宫博物院我们对外宣布是150余万件（套），这还不是最后的数字，肯定要多于这个，过去好多文物没有算进去，现在正在清理的过程中，到2010年基本完成，会公布藏品总目录。两个故宫博物院，首先文物构成上有些区别，台北故宫博物院的65万件（套）里面，60万件（套）是大陆过去的，5万件（套）是他们到台湾以后征集的，这60万件（套）里面，最多的是档案文献，有38万多件明清档案。北京故宫博物院过去有明清档案部，20世纪50年代后期划给国家档案局，在60年代末又归还给故宫，到1980年它又再次被划给国家档案局，成立了中国第一历史档案馆，当时有800多万件档案，现在已达1000万件。如果你从西华门那边进故宫的话，就能看到西河沿有中国第一历史档案馆，地方也没有变，还在我们故宫里面。现在搞清史研究、编清史，就主要依靠这些档案。我们也留了少量的档案，譬如部分陈设档，这是清宫内务府每年对其所辖各处殿堂陈设物品清点的清册，还有一些其他的档案，如舆图、"样式雷"建筑档案、帝后服饰和器物小样等。

北京故宫博物院150余万件（套）文物藏品中，古籍特藏、殿本书书版等有50多万件（套），其余的百万件（套）是书画、器物等，台北故宫博物院约55万件是明清档案、古籍善本，书画器物约10万件（套）。以古书画来说，台北故宫博物院有9400多件，早期作品（元以前）比北京故宫博物院的多，尤以两宋书画收藏丰富著称。台北故宫博物院的山水画很有影响，宋元帝后和一些历史名人的肖像画颇具特色，其书法亮点是一批唐人摹晋的书迹及唐宋文臣的真迹。北京故宫博物院书画有14万件之多，收藏的种类较全面，并有明清大幅宫廷书画的庋藏；20世纪五六十年代的大规模收藏，弥补了清宫收藏的缺项；北京故宫博物院的早期藏品引人注目，东晋顾恺之的《洛神赋图》《列女图》（均为宋摹本）和传为隋展子虔的《游春图》，分别是我国现存最早的名家人物画和山水画作品，为画史探源的珍贵资料；西晋陆机的《平复帖》是现存最早的名家法书，王羲之的《兰亭序》三种最佳唐摹本皆在北京故宫博物院，王珣的《伯远帖》是王氏家族唯一的传世真迹。

再如青铜器，台北故宫博物院有5615件，先秦有铭文的约500件。北京故宫博物院藏历代铜器1.5万余件，其中先秦青铜器约1万件，有铭文的1600余件，这三者数量均占中外传世与出土数量和的1/10以上，北京故宫博物院是国内外收藏中国青铜器数量最多的博物馆。另有历代货币1万余枚、铜镜4000面、印押1万余件。两岸故宫博物院青铜器都以传世品为主，台北故宫博物院收藏品的总量和精品数量都较少，但毛公鼎、散氏盘、宗周钟等重器则十分有名。两岸故宫博物院青铜器因为系出一源，故时代序列完整和器类齐全且多传世品是其收藏的共同特色，有不少成组的器物分藏于两岸故宫博物院。如清代晚期山东益都县苏埠屯出土的亚丑组器，台北故宫博物院收藏鼎6件、簋2件、尊5件、角1件、瓿2件、觯1件、卣2件、方彝1件，北京故宫博物院则收藏鼎3件、簋1件、尊1件、瓿1件、斝1件、卣1件、罍1件。成周王铃是一对仅存的西周早期有铭文的青铜乐器，传世仅两件，一件阳文的藏于北京故宫博物院，另一件阴文的藏于台北故宫博物院。

在宫廷类文物中，北京故宫博物院具极大优势，从代表皇权的典制文物到皇家日常生活用品文物，无所不藏。例如清代玉玺"二十五宝"、卤簿仪仗等为台北故宫博物院所无，帝后冠服也最为齐全；反映清代科技发展水平以及中外文化交流的天文仪器、钟表亦为北京故宫博物院特藏。清代皇帝重视文玩鉴赏，其鉴赏所用的印章，绝大部分藏在北京故宫博物院。清代皇家信仰多种宗教，以本民族传统的萨满教、道教与藏传佛教为主。北京故宫博物院收藏有大量萨满教与藏传佛教的法器、祭器、造像、唐卡等，还完整地保存了宫廷中一些藏传佛教及道教殿堂的原状。还有一些种类，如刻石、画像石与画像砖、墓志、甲骨、封泥、陶俑、匏器、敦煌文献等为北京故宫博物院特有。总的来说，两岸故宫博物院文物藏品各有特点，但北京故宫博物院不仅数量上远远多于台北故宫博物院，精品也远远多于台北故宫博物院。

台北故宫博物院是个新建的博物馆，它的建筑设施是为展陈服务的；北京故宫博物院是宫殿，是古建筑，这对文物藏品的展览是有局限的。这些年通过维修改造，我们增加了不小的展览面积，既有宫廷原状陈列，又有武英殿的书画馆、文华殿的陶瓷馆、奉先殿的钟表馆、宁寿宫的珍宝馆等基本陈列，每年又办好多临时展览，但是因为故宫太大了，到故宫来的一些人用半天的时间，从南走到北，光看宫殿就很费劲，再看展览往往就没时间了，也有很多人是来专看皇宫的，所以好多人看过故宫，印象最深的还是皇宫的宫殿建筑。因为北京故宫博物院从没有完全对外公布过藏品的具体目录，人们对我们的藏品状况并不清楚，有这样那样的说法是不奇怪的。

（三）故宫学的亲情内涵和文化意义

记者：您曾提出"故宫在中国，故宫学在世界"，那么，两岸乃至世界共同参与的针对故宫、故宫文物等中华民族文化瑰宝的故宫学研究以及两岸故宫博物院交流有什么样的文化意义？请您谈一谈您在这方面的深入分析和最新见解。

郑欣淼：两岸两个故宫博物院在世界上都是有影响的，这在世界上是绝无仅有的。台北故宫博物院从1965年在台北外双溪修成新馆到现在也40多年了，这批文物运到台湾已60年了，我感到它对台湾的民众、台湾的社会，在文化上起了一个很好的导向作用，一个提升的作用。在台湾，台北故宫博物院的地位是相当高的，这个高不仅在于它的院长的级别高，更重要的是人们以神圣的眼光来看它。台北故宫博物院有象征意义，有导向作用，有很重要的地位。

美国有个人，中文名字叫作沈戴维，是乔治·华盛顿大学的教授，他与他的姑妈（也是一位汉学家和艺术收藏家）共同写了一本书，叫作《中国皇家收藏传奇》。这本书写的是两岸故宫博物院，一再论及的中心论点是：在中国，历朝历代的统治者都将皇家收藏视为其合法性的主要来源，不论执掌政权的是古代的王朝还是现代的政府。作者认为，在今天的中国，故宫国宝长久以来的分割象征着国家的长期分裂。国宝分别被收藏在北京的故宫和台北的博物院，已达半个多世纪。从1949年以来，两个博物院一直在大陆和台湾扮演着十分重要的政治象征角色。当然对这一观点，并不是所有的人都赞成，但我认为还是启人思考的。该书指出，既然大量国宝滞留台湾，收存于一个仍然叫作故宫博物院的机构，那就意味着台湾和大陆、和民族的过去联系在一起，它无形中成了一条重要的纽带。这个认识是深刻的。作者后记中的一段话也很有意思，我不妨全文引用，他说："也许有一天，两处博物院会进行直接的交流，共同展出国宝，为某种形式的政治联合搭建一座文化的桥梁。这样或许会为两院重新合并馆藏打开一扇大门。如果这一切能发生，就将在中国皇家艺术收藏史中开创出政治服务于艺术而不是艺术服务于政治的新篇章。"

对故宫的认识，我是一步步深入的。2003年的后半年，我提出故宫学的概念。提出故宫学的依据是什么？就是故宫是一个文化整体，这个整体包括故宫的古建筑、故宫的藏品、故宫里边近600年的人和事，它们是不可分割的。像养心殿里的三希堂，作为乾隆皇帝的书房，三希堂已经成为中国一种高雅文化的象征。台北故宫博物院对三希堂是很推崇的。作为建筑物的三希堂还完好保存，三件著名的书法作品分藏在两岸故宫博物院。围绕这三件书法作品的收藏有一段曲折的历史，你看《快雪时晴帖》上乾隆皇帝那么多条题跋，把它写得满满的，它反映了乾隆皇帝的审美观，他的艺术趣味，也反映了他当时的心境以及当时发生的一些事件，把这些结合起来研究，我认为就是故宫学。前几年我们一个副院长到台湾去，当时台北故宫博物院院长是石守谦先生，我曾让我们这位副院长向石院长征求对故宫学的看法，石院长听后说觉得"有道理"。

提出故宫学，是把故宫当作一个大文物看待，为了深刻地发掘和认识故宫的文化历史内涵，使流散各地的清宫文物在学术上有个归宿。故宫学的提出，是以故宫博物院成立以来的丰富的故宫研究成果为基础的，但我认为以前的故宫研究是自发的，提出故宫学，把它当做一门学科来建设，故宫研究就到了自觉的阶段，或者说一个新的阶段。这些年来我发表了二十来篇有关故宫研究的文章，已结集为《故宫与故宫学》，不久就会面世。

故宫博物院有两个，但故宫只有一个。北京故宫博物院在故宫学研究中负有重要责任，台北故宫博物院也是故宫学研究的重镇。北京故宫博物院与香港中华书局合作，正在编写约10卷2500万字的《故宫百科全书》，但是尚没有台北故宫博物院藏品的内容，没有这个部分，"全书"也不算全。两岸故宫博物院交流合作，不只是办展览，共同进行故宫学研究也是一项重要内容。

两岸的交流中，文化交流十分重要，故宫的交流又具有特殊的作用。故宫，包括它的藏品，是中华民族文化的根；它的建筑，它的文物珍品，是中华民族历史文化的结晶，反映了5000年的中华文明；同时它又有象征意义，就像埃及有金字塔，希腊有雅典神庙，紫禁城也已经成为中华民族文化的一个代表，具有了象征性的意义。因此，两岸故宫博物院交流所具有的重要意义是不可替代的。

（原载《中国文化报》，2009年2月11日）

两岸故宫博物院交流需有更多智慧

采访者：《网易新闻》栏目组

在备受关注的紫禁城里，身为故宫博物院院长的郑欣淼，用长达7年的时间发现了很多以前不为人知的宝贝。与此同时，在两岸关系趋缓的时代背景下，他也小心、聪明且积极地与海峡那头的台北故宫博物院开展交流。面对故宫的守与变、旧与新、分与合，郑欣淼用线性的逻辑思考并解决着一个又一个"宫里宫外"的问题。

网易新闻对话故宫博物院院长郑欣淼，听一听这位故宫掌门人与故宫的故事。

（一）85 年来故宫博物院有变化，有的不大，有的不小

网易新闻：很多人之前也来过很多次故宫，但是每次来都看不到特别大的变化，现在故宫博物院85岁了，这种变化体现出来了吗？

郑欣淼：这个大家说的也是有根据的，但是故宫博物院的变化也是在不断地发生着，这个变化主要在我们办的一些展览。

我们的博物院是依托清代的宫廷、宫殿建立起来的，宫殿本身的藏品就是我们博物院的藏品，故宫古建筑是世界文化遗产，故宫本身又成了专有的，大家一说故宫就是皇宫了。古人修宫殿是为皇帝用的，没想到（后人）要办博物馆。

网易新闻：故宫现在还有一个大家特别关注的问题，就是百年大修，要经历20年的时间。咱们这个大修到了什么样的阶段了，在大修

过程当中有没有遇到困难？

郑欣淼：正式开始是2003年，到现在已经七八年时间了，进展还是比较顺利的，原来的计划就是用大致20年的时间，每年拿一亿的投资来进行维修。当然古建维修有很多不可预见的因素，不像盖新房子一样，我的投入是多少，需要多少。维修过程当中有很多不可预见的情况，比如说实地勘测时发现它不是我们想象的那样，当然有的状况还不错，我们不需要大的动作。总的说这一段维修，我个人的体会，也还是一个不断总结和摸索的过程。

（二）今年底，故宫藏品会有准确数字

网易新闻：故宫的藏品很多，您当院长以来进行了很多清理、查证的工作，现在想问您一下，咱们有没有一个精确的数据，故宫的藏品到底有多少万件？

郑欣淼：故宫的藏品可以这样说，作为清宫遗存下来的有两类，一类是传统的古物、古董，过去就是很珍贵的，像古代的书画、铜器、玉器，这些账目是很清楚的。但是我们还有一些，当年它们并不全是当作文物来看待的，比如说有大量宫廷的服饰，衣料也很多的，成捆的在那儿。比如说皇宫里面，清代帝王的字都写得不错，从顺治以来，一直到光绪，每一个皇帝写的字我们都有，甚至慈禧太后的字都有。乾隆的最多，起码有1万多件乾隆的书法作品，还有乾隆画的画，这些帝后画的画有4000多件，也不算少。但是过去我们不把这些算作文物，原因就是感觉到书画是艺术品，皇帝的怎么能算，咱们今天谁也不能说不算文物，可能它的价值还更高。

网易新闻：这算不算是新发现？

郑欣淼：这个也不算是新发现，我来的时候，这个有账，但是没有列进文物，比如说过去我来故宫的时候，故宫对外公布的账是多少？98万件。现在我们公布的是150多万件（套）。

比如说我们有10万件"文物资料"，这是故宫特有的，这批东

西很不错的，但是它不算是文物。其实都应该算文物的。再比如说很珍贵的一个瓷器，就是因为它有一个裂纹，或者是器形不完整，就不算文物，但是这些器物可能就填补了某一方面的空白。所以有人就说在中国维纳斯可能不会被当作艺术品，因为它是残缺的，中国人的观念，残了，价值就没有了，不考虑它的其他的价值。

网易新闻：您举的这样的例子，是说这样的东西在故宫里面有很多？

郑欣淼：对，我们有10万件的资料，这10万件都应该算进去。我们现在把相当一部分也都重新列入文物，我们还有一批古籍，也要列入文物。最后我们会公布一个文物数字，我想会比这个多的。

网易新闻：您准备什么时候公布最后的数字？您预想会是在什么时候？

郑欣淼：应该是年底，今年年底，因为我来以后抓的一个大事就是文物的清理。刚才我跟你讲了，其实书画等传统的文物，都是很清楚的，复杂的是宫廷的东西，怎么来看待它，算不算文物，就是这么一个问题。

（三）台北故宫博物院有好东西。我们这边的，一时不大好说

网易新闻：您一直在查家底，社会上也很关注，通过这么多年的查家底，能不能确定一下北京故宫博物院有没有什么"镇馆之宝"？

郑欣淼：很多人问我这个问题，这也说明大家希望了解一个博物馆有影响的文物。台北故宫博物院的"镇馆之宝"，一般人都知道翠玉白菜，那个东西工艺不错，人气很好，人喜欢看。包括书画，台北故宫博物院都有一些好的东西。我们这边的，我一时不大好说。

网易新闻：您的心目当中没有"镇馆之宝"，但是我们有很多非常名贵的藏品。

郑欣淼：我感到"镇馆之宝"的说法太笼统了。我举一个很典型的例子，你到宁寿宫，东北方向的，乾隆皇帝准备他退休以后给他

自己修的一处宫殿，你看那个规制就像一个小紫禁城一样的。你到后面，离珍妃井不远的宫殿里面有一个玉雕，是大型的玉山，大禹治水玉山，5000多公斤重的，从新疆和田运到北京，在北京设计雕刻的图案，然后运到扬州，在扬州雕好以后，又把它运到北京，最后安放在那儿，从乾隆时期到现在没有动过，你说那算不算"镇馆之宝"？

我们还有很多，比如说皇帝的宝座，这个值钱不值钱？清宫的"二十五宝"，清代之前包括明代在内，真正的玺印一般都没有了，唯有清宫的，25件，乾隆时代最后确定的这25件玺印，不同的印章有不同的用途，这个我们现在是完整地保存了。还有很多这样的东西，随着我们对它认识的加深，文物的价值也就更加凸显。

（四）两岸故宫博物院对文物的保护都很不错

网易新闻：今年温总理两会上说，希望两岸将来合展《富春山居图》，这幅画的一部分在大陆这边的浙江省博物馆，一部分在台北故宫博物院。两岸各存部分文物的情况是不是更多？

郑欣淼：更多，包括书籍，都有这样的情况。我就说两岸的这种联系是客观存在的。还有一个很重要的原因，1925年成立故宫博物院，1949年大陆解放，蒋介石他们最后逃到台湾。当年走的那一批故宫人，也不是他们的选择，是上边的命令，但是这一批人谨记一条：我是保护文物的。台北故宫博物院对文物的保护是很不错的，这是很难得的。我们有着共同的历史。1933年到1949年十几年的时间，文物南迁，在民族存亡的关头，故宫人对文物保护的那一种意识，大家颠沛流离，克服困难，一切为了国宝。

网易新闻：今年85周年院庆，您做文物南迁展是不是也有意传承这种精神，让两岸联系更紧密，有没有这样的想法在里面？

郑欣淼：当然有。但是我感到，我们做得已经晚了一步，应该做得更早一点，做得更好一点。今年我提出"重走故宫文物南迁路"活动，得到了台北故宫博物院的响应。他们开会，提出要加一个主题，

叫作"温故知新——重走故宫文物南迁路"。"温故知新"四个字是
他们提出来的，他们感到有必要加这么一个主题，我们就是通过温故
而知新，纪念这段不平凡的事情，让个人的记忆变成集体的记忆、民
族的记忆，不应该忘记这一点。

（五）大陆不会扣押文物

网易新闻：两岸故宫博物院之间的学术交流很顺畅，但是我们了
解到两岸在文物之间的交流中好像还有一些现实的困难。

郑欣淼：这个是大家都很关注的，我们北京故宫博物院的东西可
以去台湾，他们的为什么不来呢？他们有一个所谓"司法免扣押"的
规定，即台北故宫博物院的文物要到什么地方去，当地法律上要给我
们一个保证：不能扣押我们的东西。

网易新闻：好像20年前，美国华盛顿的一个美术馆找台北故宫博
物院借的时候，他们用的也是这样的方法。

郑欣淼：美国人后来给了司法上的保证。现在在日本为什么不能
办展，也是要求对方要做这么一个保证。我想这是外交问题。大陆怎
么给他们做这个？他们也知道大陆不会扣留他们的东西，但是他们坚
持这一点。现在大家都很关注，有关部门也会重视这个事，只要大家
想办法，我认为是可以解决的。

网易新闻：如果可以成行的话，台北故宫博物院的文物到我们这
边来展出，需要变通的只能是咱们这边做一些积极的工作，因为他们
那边比较坚持。

郑欣淼：这就看两岸故宫博物院怎么去谈，最后以什么形式来
实现，我想只要大家共同努力，只要有这个诚意，问题是会解决的。
比如说就像北京故宫博物院的东西到台北故宫博物院去展出，我们
和台北故宫博物院也是不能签协议的，因为它的名称叫"国立故宫博
物院"，我们不同意"国立"两个字，我们也试图劝说他们用"台北
故宫博物院"，我们用"北京故宫博物院"。其实我们的名字也不叫

"北京故宫博物院"，就是"故宫博物院"。这种说法他们不赞同。他们要是用"台北故宫博物院"，没有这么一个机构，在法律上就没有效力。最后采取的是，我们的东西借给他们，是通过第三方的，我们找了一个基金会，我们和基金会建立联系，基金会把我们的东西借过去，基金会又和他们签订协议，借给他们。

网易新闻：*问您一个有趣的问题，如果您跟周院长互换角色，您最想做的事是什么，怎么推动两岸故宫博物院交流的工作？*

郑欣淼：我看台湾的环境是很复杂的，但是如果叫我在台北故宫博物院，我想我会努力克服困难，不管怎么样，要两岸交流，尽最大的努力，我想是来加强的，加强这个联系的。其实台北故宫博物院我认为也还是比较努力的。我个人感觉到，因为我们博物馆有博物馆的特点，我们的工作应该是扎扎实实的，我们不是简单做个样子，好像做个姿态一样，我们得真真正正地，一步步地推进。

（六）星巴克开在故宫，亵渎不了中华文化

网易新闻：*前些日子，社会上特别关注星巴克的问题。您前几天有了一个表态，时隔这么久，您表态的意图是什么？*

郑欣淼：那是我在人民网有个访谈，我讲的过程中有一个提问问到我的，我不是有意识发布。这一类事情，如果是早一点，我可能也不会回答的。我是感到，经过这一段的时光，大家可能能更加冷静地来想，大国应有大国的心态，我们的文化不是你在我这儿开这么一个店，你就亵渎了中华文化了，影响中华文化的传播了，我认为多数人都会理智地考虑。我们原来的老院长，他曾给我打过电话，他说不赞同让星巴克出去，说这是一种狭隘的民族主义。他态度很明确。我们所谓汉唐气象，盛唐的气象，就是敢于大胆吸收外来文化。其实清宫里面，应该是当时通过正规渠道接受外来东西最多的，慈禧太后喜欢照相，其他的包括电灯，在宫里面都是比较早的，电灯、电话，包括其他的。所以当时发生这个事，也有人说，可口可乐能不能再卖？其

他的外国饮料呢？这就比较复杂了。

网易新闻：当时引起社会这么大关注，它确实对故宫进行商业开发有一定的关注。您作为院长，您在故宫商业开发模式上，有没有自己的一些想法？

郑欣淼：这不叫商业开发，这是一个服务的行为，给公众服务的，当然它本身是一个商业行为。现在我们需要开发一些文化产品，带有博物馆特色的，对故宫来说就是带有故宫元素，现在喜欢用"元素"两个字，故宫元素的。我认为在这方面我们做得还是不够，台北故宫博物院做得比我们好，他们产品开发得很多。我们现在也把它提得很高，提到什么程度？其实它也是宣传故宫文化的，比如说游客买走一件东西，它有故宫的元素，有故宫的纪念意义，他就带走了一个不可带走的紫禁城。

网易新闻：所以这两天的新闻关注故宫开网店，文化中心这边是在开网店，卖一些文化产品。

郑欣淼：4年前，台北周功鑫院长上任之前，我就让一个专门管经营的副院长到台北故宫博物院学这个。对故宫博物院来说，文化产品要大力开发，它的意义是很大的。但同时也要守住基本的底线，因为我们毕竟是一个公益性的博物馆，我们不是企业，不是工厂，我搞这个，不是简单为了改善职工的生活；我搞这个，既有宣传故宫的目的，也满足了游客的需要，还创造一些价值，我认为是必要的。台北故宫博物院也是很灵活的，包括授权复制一些书画或一些元素。前一段时间，你看有一个公司，可以造金币的，它做金的"正大光明"的金条，我想只要能卖，总还是社会需要的，对故宫也没有造成什么负面的影响。

（七）这辈子我都离不开故宫

网易新闻：您是陕西人，连战来到大陆的时候，一听您的口音就听出来了。

郑欣淼：其实那时候我还不知道连战主席是在陕西出生的。我和他在故宫漱芳斋一起喝茶休息，他说：郑院长，我听您的口音是西北人。我说我是陕西人。他说他是在西安出生的。我就问：您在台湾能不能吃到陕西的小吃？他说羊肉泡馍可以吃到，肉夹馍可以吃到，但是这么厚的锅盔吃不到。他用手指比画着。一说家乡就有这么一个感情，都感到很亲切了。

网易新闻：有人说陕西是中国的文化大省，让一个来自于文化大省的人当故宫博物院的院长特别合适。您当时接受任命的时候，领导有没有这方面的考虑？

郑欣淼：我想可能是碰上了，谁也不可能设计它的；好像下棋一样，最后走到这一步，前面很多步是怎么来的，是按它自身的、你看不见的逻辑在那儿发展。我自己也没想到，但我感觉到很庆幸，我喜欢文物、文化，我跟很多老外讲，我说我们陕西西安，外国人都感觉这个地方是不错的，我跟他们讲，我就在华清池边的华清中学上的学，这个地方离兵马俑并不远。我在上学的时候，曾在秦始皇陵上植过树，华清池我也经常去，跑步就到了。而且在临潼这个地方，我感觉骊山好像是一个有故事的山，鸿门宴什么的，许多都是和历史联系在一起的，中国封建社会，所谓强盛时期的周秦汉唐的首都都在那儿。

网易新闻：所以说您当院长是偶然中的必然。

郑欣淼：不能这样说。以后我有幸搞了文化工作，在一个省当副省长的时候也是管文化的，我又有幸在国家文物局工作了4年，我认为这是一个转变。我自己有一个特点，就是干什么喜欢钻研什么，这个事也是很快就喜欢了。再以后到故宫来，从这一点来说，也可能以前的那一切都是做了铺垫。

网易新闻：最后一个问题，在您的任内，您想把故宫发展到什么程度，有没有一些重点发展的领域，您想达到什么样的状态？

郑欣淼：因为我现在已经干到第9年了，也不短了，退休年龄早就超了，60岁一过就超了。但是我想有一个起码的，事业是不会中断的，即使我不在这个岗位上，但是我考虑这辈子都离不开故宫了。故宫不单是一个旅游景点，房子和藏品是联系在一起的，它里面有很多故事。很多人和事是联系在一起的。只有用这个联系的观点，你才能生发出新的，寻找新的意义。所以我们现在不能光见物，要见人，要见事。这个工作，我想我在任不在任，都会力所能及地以我能参与的方式继续做下去。

网易新闻：谢谢郑院长接受《网易新闻》的专访，谢谢您！

（原载《网易新闻》访谈，2010年12月8日）

打开故宫"十重门"
——专访故宫博物院院长郑欣淼
采访者：新华社记者 廖 翊 黄小希

从香港两依藏博物馆展品在故宫展出被盗，到最新网爆"端门外西朝房展览逃税"，短短3个多月，故宫博物院经历了大大小小的"十重门"，承受着前所未有的拷问与信任危机。

8月19日下午，故宫博物院院长郑欣淼在故宫接受新华社记者专访。

对于社会各界的质疑与关注，郑欣淼郑重表示重视与感谢。

以下为新华社记者与郑欣淼院长的对话。

（一）"十重门"：折射出管理漏洞

记者： 郑院长，首先我们很想知道，这"十重门"内的真相究竟如何？

郑欣淼： 爆料虽然情况不一，有的与事实有出入，有的还没有查实，但都指出我们的管理确实存在很多问题和漏洞。

记者： 能具体说说这些问题与漏洞吗？

郑欣淼： 首先说说斋宫展品被盗案。这个案件暴露出我院闭馆清场、报警设施设置、重大作案预判及相关措施等关键环节出了问题。这给了我们极为沉痛的教训，我和院领导班子都做了深刻检查，对分管院领导和各级相关责任人追究责任，按规定分别给予行政警告、记过、记大过和开除、留院察看的处分，以此教育、警示本人和全体干部职工。

记者：随后出现的"错字门""会所门"，故宫需要汲取的教训是什么？

郑欣淼：锦旗出现错字，故宫声誉受到严重损害，事情发生在具体部门和承办人，根源还在院领导。在错别字出现和当事人回应已经成为媒体热点，演变为突发公共事件后，如果立即公开诚恳承认错误，会有助于社会的谅解。由于纠错不够及时果断，又强调责任在下属，由此引起社会各界广泛批评，我们深感自责。

所谓建福宫办会所的事情，故宫方面已进行了调查并向社会做出澄清。故宫博物院领导班子从未有过在故宫开办任何会所的动议，一直将在火灾废墟上复建的建福宫花园主要用于举办新闻发布会、小型展览、公益文化活动和接待国家贵宾。鉴于合作方北京故宫博物院宫廷文化发展有限公司严重违反双方协议，我院已经责成其停业整顿，终止并将修改协议书。由于我院对合作的公司平时监管不严，对其违反协议私下酝酿会员制的行为没有及时察觉，特别是在已成网络和媒体热点的情况下没有在第一时间查明情况解释清楚，以致质疑扩大发酵，并与展品盗窃案、锦旗错别字事件相互叠加，造成非常被动的局面。

记者："哥窑瓷器受损"原因已经查明并公布于众，如何防止此类事情的再度发生？

郑欣淼：这个事件的教训是，事先文物保护实施方案不够周密、预判性不足，人员培训针对性不强不细，致使珍贵文物损坏。事后没有在第一时间向上级部门报告，我们对此负有不容推卸的责任。

记者：那么，接下来的这些爆料真实性究竟如何？

郑欣淼："龙灿"微博爆料故宫曾经有过4起文物损伤一直没有披露，我这里分别说明。

一是关于"扔废弃木箱时将10多件佛像一并扔掉，由外单位送回"的情况。2006年6月9日，宫廷部两名职工在处理北五所寿药房库内存放的装运文物的木箱时，由于漏检，造成存于木箱最底层苯板下的黑漆描金小石编磬一组16片（未定级）连同箱子一起被集中至院内古建修缮中心。当时在岗的我院修缮中心职工孙会生发现后，对文物进行了妥善保护，并及时通知有关部门马上取回。经过彻底核查，确认无其他物品遗漏，16片小石编磬也均未出现任何新的伤况。根据《故宫博物院藏品管理规定》，对主要责任人给予了处罚。

二是关于"2006年前后，明代一级品法器人为损坏"的情况。经查，我院祭法器类文物无一级品。扩大调查范围，2004年5月27日和9月6日，宫廷部两名职工在整理核对文物时，分别造成清代黄釉罐（未定级）的盖部和绿地粉彩八宝之"鱼"（未定级）底座的损伤。这两起事故均是由于当事人违反文物操作规程导致的。故宫博物院根据有关规定对当事人给予了处罚。

三是关于"2008年佛堂旧址二级品佛像损坏"的情况。经查，我院多年来未发生过原状佛堂内文物损伤事故。

四是关于"任万平主任的胳肢窝没夹住那件沉重的历史，碎了"的情况。2009年，宫廷部搬运一对晚清时期的玻璃花插（未定级），后发现其中一件花插的一根玻璃枝杈断开。院研究认定，宫廷部工作没有违反操作规范，但预案不够细致，考虑不够周密，责成其做出检查说明，交院备案。

记者：紫檀嵌玉挂屏被水泡损坏，又是怎么回事？

郑欣淼：2011年6月15日，宫廷部工作人员将紫檀嵌玉花鸟图挂屏一件（未定级）送文保科技部综合工艺科漆器镶嵌室除尘修复。该器物本身存在伤况。7月25日早晨，工作人员发现，自来水管接口处有一小的裂缝致使挂屏上覆盖的棉垫被部分散落的水珠打湿，并渗透到挂屏上。相关专家到现场查看了这件文物，一致认为该件挂屏未因遇水而出现新的损伤，同时建议仔细检查松动的嵌件，对因胶粘剂老化出现的嵌件松动现象进行加固处理。

记者：故宫是否真的给过10万元封口费来掩盖私分门票款事件？

郑欣淼：2009年7月中旬，我院纪检监察办公室接到举报信，反映故宫午门工作人员与社会上不法导游勾结，利用工作之便私放旅行团进入故宫参观游览，从中牟取非法利益，并且声称有影像资料作为证据，可以协助故宫将此人抓获，但要求故宫给予举报奖励15万元，否则不提供证据。我院为了尽快查清问题，不给国家造成更大的经济损失，经反复协商，应允，如证据属实，可对举报人予以奖励8万元。经保卫处、北京市公安局天安门分局驻故宫派出所联合行动，2009年8月11日上午在举报人的配合下，在故宫午门东门洞中间检票口截获一使用过期票进入故宫的130余人的旅行团，抓捕了相关当事人并起获赃款7660元人民币。由于举报人提供证据信息属实，并配合我院和公安部门抓捕成功，参照我院的查补逃票奖励规定，从该项资金中付给举报人举报奖励费。

记者：对于故宫在拍卖会上购买五通宋人书札又卖出牟利的说法，你们已经予以澄清，有新的补充说明吗？

郑欣淼：事实就是我们前些时候所说明的那样。1997年，北京翰海拍卖有限公司春季拍卖会上拍五通宋人书札。当时，著名书画鉴定家徐邦达先生曾致函上级主管部门建议收购，经履行论证程序后，我院遂与拍卖公司接洽，当时媒体对此有所报道。动用这一数额的经费征购文物必须向上级部门申请，由于未获批复，此项收购未实现。我院2005年出版的《故宫博物院八十年》一书和官网《院史编年》栏目有此项收购的记载。现查明，这是由于我院当年整理院史大事记查阅公文档案时，误以当时上报申请经费文件为依据，没有核对所申请经费并未批复和未能购买的最终结果所造成的。

还有就是关于故宫图书馆丢失古籍一事。故宫博物院在过去长达7年的清理古籍过程中，要求发现的疑点都必须记录在案。到2009年的阶段性统计，约20万册书籍中，还有100多册不能完全对上账（其中有普通古籍，也有一般线装书和印刷品）。由于涉及1950年以来延续半个多世纪的历史遗留问题，情况比较复杂，当时决定作为阶段性存疑记录在案，继续清查，至今仍未停止，因此尚不能做出丢失的结论。但是一旦清查清楚确认丢失和责任人，将依法依规处理。

记者： 那么，最后一重"门"——"端门外西朝房展览逃税门"的真相又是如何呢？

郑欣淼： 端门区域过去不属于故宫管理，这些商户举办的展览已经存在了多年。目前我们尚在办理收回这些商户所用房屋的过程中，明确在全部完成接收后将改造成售票、咨询、疏导等观众服务区，不再举办展览。

（二）要管物，先"抓"人

记者： "十重门"有的与事实有出入，有的尚待查实，如何看待引发的社会反应？

郑欣淼： 我认为，失窃和瓷盘损坏是重大责任事故，集中反映了我们管理工作的漏洞和失职。公众因而对故宫的文物管理产生质疑，故宫内部也存在对过去一些文物损伤事件处理结果不满意的态度，于是接连出现4件关于文物损伤、屏风泡水、古籍丢失等内容的爆料，也许还会有新的质疑。公众同时也对故宫可能利用公器牟利存在质疑，包括建福宫会所、买卖宋人书札、私分门票款、端门经商等。而锦旗错别字和宋人书札购买情况记载有误，则反映了我们工作作风和制度的问题。

对文物发生问题如何及时严格按照规章制度处理、上报、公布，对于涉及的经营活动如何进一步加强监管，特别是保证其公开透明，都是我们整改的重要任务。如果不能做到这些，今后还会有更多的问题出现。我们目前提出的一些整改措施，还只是应急性的，先保障目前工作的正常和安全运转。我们要继续学习和消化公众的意见和批评，组织干部职工更加深入地反思和检讨。下一步，我们将不断向公众汇报整改的阶段性情况，主动接受社会各界的监督。

记者： 能简单介绍一下看上去很神秘的故宫博物院藏品管理制

度吗？

郑欣淼：故宫博物院的文物保护有关的规章制度是从建院开始，历经多年逐步完善起来的。院藏文物管理制度主要体现在藏品日常库房管理、出入库管理以及文物在陈列展览工作等利用环节中的管理三个方面，以及一系列规章制度，实现对文物安全的保障。这些规章制度，对库房管理和藏品的保管、修复、提用、出入院等都有详细的规定。通过这些规章制度，使得文物不论是在库房中的"静态"，还是在利用环节的"动态"中，都处于可控状态。

当然，再好的制度也要人来执行，因此，要保证文物安全，关键是抓好"人"的问题。对于规章制度的执行主体——员工，还应进一步强化日常管理和教育，常抓不懈，并加强问责的力度，以最终将规章制度落到实处，保证其不成为一纸空文。

记者：出现了这些问题后，故宫方面是否着手制定长效整改措施，以避免类似事情的再度发生？

郑欣淼：从近一阶段发生的问题来看，我们的规章制度还需要进一步地改进、完善。随着时代的发展，故宫作为博物馆和世界文化遗产，也使我们承担了较以往更多的社会使命，古建大修、文物保管、陈列展览等各种业务工作数量大增，随之出现一些新的问题和新的需求，规章制度也应及时做出必要的增加或调整。

我们找漏洞和制定整改措施是结合进行的。安全警卫方面的整改，我认为心防是最大的漏洞，盗窃案最为沉痛的重大教训，就是值班人员缺乏责任心，没有严格执行制度。必须加强责任感的培养和责任制、问责制的落实。

对于硬件方面的漏洞，我们正加快已有安防系统的升级改造，保证新中控室和二期安防设施按期、保质完成。

院藏文物保护制度方面的整改，重在强化实验室工作人员的安全责任意识。瓷器测试分析前，要召开讨论会，结合待测文物不同的特点，制订相应的测试计划和方案。同时，要完善文物测试工作的安全措施，加强科研人员的操作技能，建立资质管理制度。在制定和完善文物测试的安全操作规程方面，要查找仪器测试过程中存在于操作方面的安全隐患。还要对实验室仪器设备定期维护与检查，确保仪器正常使用。我们还要将整改扩展到全院文物管理。

（三）打破封闭，重塑形象

记者：作为公众文化单位，故宫将如何重新赢得公众的信任？

郑欣淼：最近我院发生的斋宫展品被盗案和瓷器损坏等事件，暴露了平时管理工作的缺陷、漏洞和不到位，对此我们深感内疚、痛心和自责，希望通过媒体，衷心地、诚恳地向公众致歉。

作为世界文化遗产、中华文明瑰宝——故宫的管理机构，我们对肩负的特殊使命认识不深，研究不透，责任感不够。正因为故宫在公众心目中处于极为崇高、神圣的地位，公众不能容忍故宫受到任何伤害，故宫工作的任何问题始终会处于公众的高度聚焦中。从这个意义上说，故宫无小事，我们必须百倍戒惧，战战兢兢，如履薄冰，极其谨慎小心地处理好每一细节，没有任何客观原因能作为原谅自己过失的理由。

也正因为故宫在公众心目中特殊的崇高文化地位，公众强烈要求享有知情权和监督权。我们过去对此的认识和理解是远远不够的，总以为自己专业内的事向社会说不清楚。平心静气地回过头来看网友和媒体的批评，虽然很尖锐、很刺耳，但确实是逆耳忠言，很多评论直指要害。爱之愈深，责之愈切。社会上的疑虑、批评和建议，都是出自对故宫文化遗产保护的强烈责任感，它促使我院不断发现问题，并认真研究和改进。

长期以来，我们处于一种相对封闭的工作状态，对媒体主要是单向地发布工作消息，缺乏与社会及时、充分的互动与沟通，也缺乏向大众更清晰明了地介绍自身业务体系的观念和能力。今后在加强信息公开和引进监督方面，我们将建立常态的和媒体与公众沟通交流机制，更主动地披露和开放日常管理的运行机制和工作程序，充分报告工作和措施的进展、结果和尚存在的问题，及时答复媒体和公众的疑问。

我们希望通过全院员工的不懈努力，故宫将以更安全、舒适、方便的参观环境，更高质量的展览、科研、教育和对外文化交流，恢复和提升故宫形象，去赢得海内外公众的信任和喜爱，为社会主义文化大发展大繁荣做出新贡献。

（原载新华网，2011年8月20日）

我这辈子恐怕和故宫脱不了干系

采访者：《凤凰周刊》记者　李明三

圆顶礼帽，青呢大衣，郑欣淼步出办公室，在故宫的高墙下迎着夕阳款款走来时，与会客室里侃侃而谈、滔滔不绝的他判若两人。

摄影师说，"郑院长全身上下都带着一种范儿"。

这种"范儿"，立马会让人联想起1954年，周恩来在各国外交官注视下，步入日内瓦会场时的自信、从容。那是在朝鲜战场上，中国挫败美国以后，周恩来第一次以大国总理的身份亮相国际外交舞台。

郑欣淼也有多重身份：官员、学者、诗人、玩家，哪一个才是他的本真？

"我这一辈子，可能再也离不开故宫，离不开这些文物了。"身为故宫博物院院长的郑欣淼，此刻，更像一位大管家，一位掌管明清宫廷遗存的大内总管。

郑欣淼2002年11月执掌故宫，一开始就做了两件大事：一是1911年辛亥革命以来故宫首次百年大修，一是彻底清点故宫馆藏。百年大修，按规划总投资19亿元，一直要持续到2020年，在他的任内可能是完不成了；而文物清点，历时7年，2010年底终告完成。

清点结束，郑欣淼拿出的北京故宫博物院最新的文物清单是：藏品1807558件，其中珍贵文物1684490件，一般文物115491件，标本7577件。

守护着祖先们留下来的这份厚重家当，郑欣淼打骨子里流露出一种幸福、满足、宁静与自豪。"掌管故宫是一种缘分。"国资委主任李荣融还在任时，郑欣淼就曾对他说，"我管的也是国有资产，而且是一笔难以估量的优质资产"。

（一）故宫新增文物 30 万件

1947年，郑欣淼出生在陕西澄城。学生时代，他在华清池边的临潼中学读书，在骊山山麓秦始皇陵上植树，很早就与古代文物结缘。20世纪80年代末，郑欣淼在主政陕西省委政策研究室时，主抓的一件大事就是与省政协合作，对中国第一文物大省——陕西省的文物进行普查研究。

这是郑欣淼第一次参与文物工作，给他留下了很深的印象，也触发他接任故宫之初，即下决心彻底而全面地清点故宫文物。

对这次清点，郑欣淼要求做到家底清楚、账物相符，而且历史上的遗留问题也要彻底解决，不再留给后人。清点结果，故宫馆藏文物比此前对外公布的150余万件（套），增加了30万件（套）。

"新增文物主要是清宫遗物，过去我们不够重视，没有列为文物，仅仅当作资料处理。"郑解释说，这些资料很有历史价值，是清朝典章制度的组成部分。

这里面很重要的一项成果是发现"乾隆御稿"。"嘉庆皇帝收集整理他父亲的书稿，弄了几大箱子，最后清查有两万多篇。"郑说，箱子上就刻着"乾隆御稿"四个大字，此前一直搁在地下库房里，没有得到应有的重视，也从来没有认真整理过，更没有公开出版过。

目前，故宫正在联系出版社，准备出版"乾隆御稿"。郑认为，这有助于对《清高宗诗文集》的研究，有助于对乾隆皇帝诗文创作的进一步认识。

类似的物件还有2万多件帝后书画、5000余件明清家具、上万本宫廷剧本、大量的戏剧道具，还有大批出入皇宫的腰牌、大臣晋见皇帝的红绿头签，甚至枕头、门窗挂帘等生活用品。"其中一批袁世凯称帝时制作的大型帘子，填补了故宫织绣类中'洪宪文物'的缺项。"郑欣淼还注意到，有些门帘上绣有"承运"字样，证明袁世凯称帝时，确曾将太和殿改名"承运殿"。

自1925年成立博物院以来，故宫清点馆藏文物已经不是一次两次了，但细到一个枕头、一块腰牌、一挂门帘都造册建账，这还是第一次。"故宫有多少家底，作为院长，我心里得有数。"郑欣淼说，清点工作结束后，将出版《故宫博物院文物藏品总目》，公开发行，不但更好地为社会服务，对自身也是监督。故宫第一任院长易培基，就是因为被外界指控盗卖古物而蒙冤去职。这事，他常常挂在嘴边。

挂在他嘴边的，还有另一位故宫博物院院长马衡。20世纪30年代，为了使馆藏文物免遭战祸，从1933年到1952年，20年间，马衡组织故宫同人，护送13000多箱文物南迁、西移，颠沛流离，备尝艰险。除近3000箱约60万件文物随国民政府迁台外，大部分文物在新中国成立后重返故宫博物院。

马衡在危难中对故宫文物慎微戒惧，悉力保护，"诚以此仅存劫后之文献，俱为吾国五千年先民贻留之珍品、历史之渊源，秘籍艺事，莫不尽粹于是"。2005年，郑在马衡辞世50周年时撰文纪念这位前院长时说，马先生"终生以保护文物为职志"，"其所成就，已归于不朽"。

"每一代故宫人，都有他们的历史使命。"郑欣淼说，易培基那一代，功在创建，开创国立博物馆之先河；马衡那一代，功在守护，使国宝重器免遭战火焚毁；现在这一代人的使命，就是保护好文化遗产，并认真研究它，将故宫精髓发扬光大。

（二）故宫学轰动台湾岛

1949年，故宫馆藏分流两地，一部分去了台湾，一部分留在大陆。从那以后，北京故宫博物院与台北故宫博物院，到底哪家的馆藏更丰富，质量更高，更有代表性，就成了一个颇受外界关注的话题。

多年来，由于对外宣传和服务工作比较到位，在很多人眼里，台北故宫博物院似乎更胜北京故宫博物院一筹。台湾学者李敖就曾断言："故宫的精华都到了台湾。北京故宫博物院只剩下皮，瓤都在台北故宫博物院。"台北故宫博物院的负责人也公开说"台北故宫博物院有宝无宫，北京故宫博物院有宫无宝"。

事实真是这样吗？郑欣淼告诉《凤凰周刊》记者，当年运台故宫文物60万件，其中清宫档案文献38万件（册），善本书籍近16万册，器物书画5万余件，加上抵台后征集的文物，总计不过65万件。而北京故宫博物院原有明清档案800万件，善本特藏50多万册（件、块），器物书画100万件，总计960万件，更何况还有独一无二的古建筑。

这次清点以后，郑欣淼心里更有数了。"两岸故宫博物院是一家。虽然文物不能互相替代，好东西还是咱们这里多。"他说，北京故宫博物院所藏文物，不但在数量上远远多于台北故宫博物院，而且文物精品在整体上也无可争辩地多于台北故宫博物院。以乾隆的三希堂法帖为例，台北故宫博物院有王羲之的《快雪时晴帖》，北京故宫博物院有王献之的《中秋帖》、王珣的《伯远帖》，并不逊色。

2005年9月，李敖参观北京故宫博物院。郑特意安排他参观了珍宝馆、武英殿、钟表馆等，还请他到漱芳斋看了顾闳中的《韩熙载夜宴图》、王珣的《伯远帖》和王献之的《中秋帖》。看完后，李敖说："郑院长，我为原先说过的话忏悔。"

对此，郑欣淼粲然一笑："这不能怪你，责任在我们身上，是我们宣传不够，展示不够，致使大家了解得不够。"

为了宣讲故宫，打通两岸故宫博物院的交流渠道，郑欣淼在2003年10月，首次提出故宫学，将故宫研究带入一个新阶段。他倡导的故宫学包括紫禁城宫殿建筑群、文物典藏、宫廷历史文化遗存、明清档案、清宫典籍以及故宫博物院自身的历史。

"与名扬海内外的红学、敦煌学相比，故宫更有理由、更有资格成为一门独立学科。"郑欣淼说，这个概念出来后，台北故宫博物院的同人们很是羡慕。

台湾清华大学历史研究所教授谢敏聪研究故宫40年了，非常赞成把故宫学作为中国通史研究的一个切入点。2009年秋，他率先在台湾清华大学开设"故宫学概论"课程。这是一门选修课，带正式学分，以郑欣淼的著述为教材，围绕故宫讲授历史之真、文物之美、意涵之善，展现中国历史之源远流长与中华文化的博大精深。

让郑始料不及的是，故宫学80个修课名额，竟然引来2000名学生报名，后来校方追加了15个名额，又有数百人争抢。岛内媒体报道，开课当天，同学们挤爆教室，盛况空前，轰动台湾清华。

继台湾清华大学之后，中国社会科学院研究生院也在日前与北京故宫博物院签约，拟于2011年秋季开始招收故宫学研究生。"故宫学的学术价值，是由故宫在中国文化史上的特殊地位所决定的。"郑欣淼欣慰地说，有计划的人才培养，将为故宫的长远发展打下坚实的基础。

（三）敬畏中的守望

在故宫任职多年，郑欣淼之于文物，有了一种难以割舍的感情。他虽然没有一件私人藏品，但只要见到那些器物、古建筑，甚至一座古墓，都会油然而生敬畏感。

"看到这些东西，我就会联想历史，感知文化。"他说，我们的祖先真是了不起，文化脉络绵绵不绝，生生不息。

在执掌故宫之前，郑欣淼曾任青海省副省长，分管全省文化工作；后来又调到国家文物局，任职4年；最后转到故宫。上任那一刻，他的感觉是此前所有的工作经历，似乎都有意无意指向故宫。"这也算是缘分吧"，他在这里找到了终身的归宿。

怀着一颗敬畏和赤诚之心，郑欣淼走进了故宫。然而让他吃惊的是，外交部安排的国宾车队，总是开进午门，驶过内金水桥。每次看到车队从内金水桥上轧过，他的心就隐隐作痛。"这样做对中国文化，明显有失尊重。"他反思：如果在法国的凡尔赛宫，或者意大利的古罗马竞技场，参观者都可以自费乘车登堂入室，东道主会做何感想？

后来经过打听，郑欣淼进一步了解到，这并不是外宾的要求，而是中方自己安排的。在他的一再坚持下，这个多年的惯例终于取消了，但他的心情并没有就此轻松下来。"如果连自己都不尊重自己的文化，又怎能期望得到别人的尊重呢？"

9年来，郑欣淼组织清点文物、维修宫殿，每一件都是立足长远的基础性工作，足以在故宫历史上留下重重一笔。"故宫是世界上最丰富、最重要的中国古代艺术品的宝库。我这一辈子恐怕和故宫脱不了干系。"郑欣淼今年64岁了，如果哪一天离开领导岗位，他也会以自己的方式，从事与故宫相关的研究工作。

而当前，对已经出过《守望经典：郑欣淼谈故宫》《天府永藏：两岸故宫博物院文物藏品概述》等好几本著述的郑欣淼来说，最要紧的是撰写一本《故宫学概论》。"这是我的历史责任，非写不可，不能再拖了。"他说。

（四）我尽力了

记者：担任院长这9年，你对自己的工作怎么评价，打多少分？

郑欣淼：我只能说尽力了。在故宫9年，干的时间也不算短，手里这几件事，文物清点有结果了，宫殿维修在正常进行，故宫学我们也已经成立研究所，都算是有了阶段性成果吧。

记者：在你之前，故宫有过多位院长，比如易培基、马衡，都很有名。与他们相比，你把自己放在什么样的位置上？

郑欣淼：故宫在不同时期有不同的人物、不同的环境，也有不同的使命。比如说马衡先生当故宫院长，组织文物南迁、西迁，他的历史使命就是把文物保护好。我们这个时期的任务就是保护好文化遗产，并且组织好文物研究。我在院长任内提出了故宫学，对藏品进行彻底的清理，办文物展览，加强中外交流合作，让故宫博物院更好地发展，这就是历史赋予我们的责任。

（五）文化需要吸取历史教训，摒弃糟粕

记者： 文物能怡心养性，你研究故宫、研究文物这么多年，有什么心得？精神境界有什么变化？

郑欣淼： 与我这几年在故宫所做的工作相比，我在故宫得到的东西更多，故宫让我懂得民族的历史和文化，懂得中华民族生生不息的创新精神和绵延不绝的生命力。文化需要不断创新，历史告诉我们，凡是文化昌盛的时候，都是社会具有开阔胸怀，兼容并包的时候。当然我也要强调，在故宫里面，并不都是神圣、美好的，也有很多糟粕。比如专制制度，中国的历史就是这样走过来的，我们在吸取历史教训时，对糟粕也要批判，因为它还在影响人的心灵，影响社会的文化氛围，跟新的文化现象还会有千丝万缕的关系。

记者： 与历史上的文化昌盛时期相比，现代中国文化创新似乎跟不上经济发展，创造力明显不够，经典作品太少。你觉得，这是什么原因？与当前的文化政策有关吗？

郑欣淼： 文化创作，我感觉最主要的还是作家本身，作家个人的文化素养、社会背景、教育程度，这些都很重要。另外，某种程度上还和社会思潮有关。至于文化政策，我认为影响不大。当然，中国社会现在也酝酿着一个变化，很多人疯狂地向钱看以后，现在可能冷静了一些，开始注重真正的文化了，有了这种文化氛围，相信社会上慢慢地会有好作品出来的。

（六）收购文物，故宫不参与市场竞拍

记者： 现在民间兴起收藏热，市面上也出现了很多假古董，以假乱真，你对此怎么看？是否会有损中国文物的声誉和价值？

郑欣淼： 盛世兴收藏，这是一件好事。我个人没有收藏，但我

看过好多民办博物馆，也支持他们的发展。文物市场的兴衰和社会环境、经济发展水平有密切关系。我认为市场活跃是大好事。当然，我们反对以假乱真，扰乱市场。文物造假历来都有，这是避免不了的。其实很多高仿，仿得好，也能在一定程度上满足人的鉴赏需求，但是如果你拿这个骗人，就增加了市场乱象，这我们肯定是反对的。中国文物市场，还需要加强管理，积极引导。

记者：埃及、印度等国都在积极追讨海外文物，中国民间也有人高价竞买流失在海外的中国文物，你赞成这样做吗？为了获得有价值的文物，故宫是否会参与市场竞拍？

郑欣淼：海外文物，能追回来当然好，但是要注意方式方法，条件不成熟时，我主张保留追索的权利，留待条件成熟时再追还。我不赞成市场竞拍，这只会抬高回收的成本。在这方面，我们很珍惜故宫的牌子，决不能贸然行事，我们行动不谨慎，文物市场就可能更乱。原则上，故宫不会参与市场竞拍：一方面，如果我们参与竞拍，等于将市场价格再抬高一倍；另一方面，有一个程序问题，要申请资金，得向国家打报告，现在拍卖价格太高，动辄要几个亿，我们跟国家不好张这个口。

当然，市场上有好的机会，我们也不会错过。2003年，我们买过一个隋人写的《出师颂》，花了2200万，这是双方议定的价格，如果真正上市场拍卖，可能不止那个价。这样的机会可遇不可求。前些年，我们在日本买回了几件相当好的青铜器，也是通过国家批准出钱的。做这些事时，我们尽量不声张，因为公开以后，在社会和市场上都会引起反应。

（原载《凤凰周刊》，2011年第7期）

故宫是我的最后一站，
我将全身心投入其中

采访者：《搜狐文化客厅》栏目组

搜狐文化客厅：各位搜狐网友，大家好！我们今天的文化客厅来到故宫博物院，做客我们文化客厅的是故宫博物院郑欣淼院长。

郑欣淼：大家好！

搜狐文化：在几年前接受媒体采访的时候，您曾经说在2002年来到故宫的时候是诚惶诚恐的心态，当时的情形您现在还清楚吗？

郑欣淼：我来的时候是2002年的10月10日。很有意思，故宫博物院是1925年的10月10日成立的，我在故宫博物院建院的日子来，我认为肯定是一个巧合，但是非常有意义。我也是记忆犹新，文化部的部长来开会，他在会上宣布的。

搜狐文化：现在已经是2010年岁末了，在8年的时间里，您给故宫带来了什么？

郑欣淼：8年的时间，确实不算短。现在我已经60多岁了，在我的人生里程中，在我的工作经历中，故宫肯定是我的最后一站。在这8年里，我个人感觉，我是把我的全身心投入到故宫，我想在故宫干更多的事。故宫每天有很多事情发生，有一些日常事情的处理，但回顾这8年的过程，我觉得最主要的，一是故宫的维修；二是文物的清理；三是故宫的开放，对外的交流，包括两岸故宫博物院的交流。我感到如果将这些结合起来，最重要的一点就是我提出了"故宫学"这个学术概念。故宫学不仅是一个学术上的概念，如今它已经作为一个理念在实际工作中指导了我们。

当然，这些也应该说一切都是天时地利人和的结果，我们得到了党中央、国务院的支持，文化部的支持，文物局的支持，得到了社会各界的关注与支持。这么多的工作，我们一步一步地走过来，在这个过程中，大家也在提高自己，促进事业的发展。

（一）不管游客以怎样的目的来到故宫，我们都要让他留有印象

搜狐文化：您是一位资深的故宫研究学者，我们想了解一下，如果普通人去接触故宫、感受故宫，可能还是用浏览的方式，用一个游客的方式在故宫行走、观看。您对故宫的理解要比我们深入很多，如果您建议一个普通人感受故宫，您会给他几点建议呢？从您作为学者的角度，游客从哪些地方能感受到这座宏伟博大的博物馆的美妙之处？

郑欣淼：我的理解是这样的，对故宫来说，它是一个国内外游客首次到北京来最重要的选择，我们的游客量也在不断攀升。我来的时候是七八百万人次，但到去年已经达到1160多万人次，今年截止到10月底游人数量已经是1140万人次了。游客旅游有不同的目的，他们有不同层次的文化结构，但是对我们来说，我们要适应不同的需要，有的人就是"到此一游"，从神武门走过去半天的时间就完了，但是对有一些人来说想做进一步的了解。我想即使是那些匆匆一游的人，我们都应该让他留下深刻的印象。

从故宫学的角度看，故宫有深刻的内涵，它不是一个简单的旅游景点，我们应该让游客在浏览的过程中对故宫有更多了解，通过故宫了解中国的传统文化。我觉得我们要做好研究，这个研究可能是少数人的；另外，我们的学术研究要普及化，要大家知道。所以，这几年我们拍了12集的故宫系列片，出版了很多通俗性、导游性的书，如今语音导游有40多个语种，就是尽量让大家在故宫得到的多一点。

搜狐文化：故宫给我们的感觉非常厚重、非常宏大，每个人走在里面感觉是臣服于它，隶属于一个非常庞大的建筑群。我们的游客用自己的眼睛、自己的脚去感受它，然后拍照留念，我们故宫博物院有没有想过用其他更亲切的方式让游客多一条途径保留记忆？

郑欣淼：这一点我们也是有的，比如尽量将故宫的知识、内涵变成普及性的。从展览上来说，我们搞了原状陈列，如果你从午门进来，都是过去皇帝、后妃生活场景的样子，包括太和殿，庄严的重要场所的摆设。另外，我们办了一些表现皇家生活的展览，比如皇帝的大婚展、车轿展、宫廷乐器展，还有宫廷的戏剧文物展。我们到博物馆看东西，有人会问，这些是不是真的？一般都是真的，我们博物馆一般不允许拿假的。所以，我们尽量让大家看到更多的东西。另外，我们还办了一些很重要的专馆，比如陶瓷馆、书画馆、钟表馆、珍宝馆、石鼓馆。当然还有一些专题性的、引进国外的展览，这些都是很重要的。

（二）特殊时期流失的文物，国家保留对它索回的权利

搜狐文化：在刚刚过去的秋拍中，有价格非常高的文物性质的艺术品。我们知道，中国有大量的艺术品流转在文物拍卖市场，国家文物局表示不支持购买非法流失文物。在这些文物的回收方面，您个人认为现在面临着怎样的情况？

郑欣淼：清宫文物的收藏，在近代的时候出现过几次大的灾难性的事件，比如圆明园的文物遭毁掠。1900年八国联军也曾经进入皇宫中，虽然破坏不是很大，但也损失了一些。还有一个重要的原因，就是进入民国后，溥仪仍在后宫，一直到1924年，在后宫里待了13年，这一段时间大量的文物被太监等各种人偷出去，溥仪自己也以赏赐的名义，带出去1000多件书画精品，比如《清明上河图》等。博物院成立的时候没有这些东西，因为被他带出去了，带到了伪满洲国长春的小白楼，抗战胜利后这一批东西就流散了。这部分东西有的流散到了

海外。所以，清宫文物的流失是一个很复杂的问题。

新中国成立以来，故宫博物院曾实行过文物征集，我们主要回收一些清宫流失出去的比较重要的东西。当然，流失出去的东西很多，全都买回来是不可能的。此外，我们也买一些虽然不是清宫的，但在中国历史上很珍贵的艺术品。现在市场变化很大，通过拍卖公司拿出来的，一些上亿或几个亿的东西，东西是好东西，如果国家要拿这么多资金去收购，恐怕很为难。刚才你提到国家文物局表示不支持购买非法流失文物，我很赞同这一点。这几年我们国内有的买家确实出于爱国去竞价，但是在客观上抬高了这些东西的价格，比如圆明园的兽首，这些本来就是被掠夺出去的，本身的价值到底有多高？我认为以它的价值绝对不应该抬到那么高的价格。另外，这个局面也是因为有人在里面故意炒作。这种行为的严重后果在哪里？就是造成了文物走私的猖獗。文物回流之后既能够卖个高价，而国内也会有人愿意出钱收购。这样的交易，改革开放几十年来屡禁不止，愈演愈烈。台北故宫博物院通过一定的特殊渠道征集到我们山西出土的一些古代珍贵文物，也从一个侧面反映了文物走私的猖獗。在历史上特殊时期流散出去的文物，我们国家保留对它索回的权利，这是我们一定要坚持的立场。另外，最近我看了两篇关于当下走私活动的报道，清东陵又被盗了，这确实是骇人听闻的事件，我看了以后心情很沉重。

（三）文物的价值是客观存在，重要的在于我们如何去认识

搜狐文化：现在我们还面临一个问题就是对于文物的认识。大家是否可以用"可使用的态度"对待文物，对于"资料"和"文物"之间的界限您是如何界定的？

郑欣淼：你提了一个很重要的问题，就是我们怎么样看待文物。什么样的物品算作文物？它的价值应当如何认知？我认为，我们现在有国家文物局，我们有国家颁布的文物保护法，故宫也是全国重点文物保护单位。但是，"文物"二字是我们现在的提法，民国的时候用

"古物"比较多一点。比如故宫博物院成立的时候设立了两个馆，一个叫图书馆，一个叫古物馆，除了图书典籍和清宫的档案以外，都算古物，书画等都算古物。1914年，民国政府就成立古物陈列所，当时大家比较普遍地叫"古物"。"古物"的提法我认为有局限性。任何一件艺术品、一件历史文物都应该有丰富的价值，它的价值也是客观存在的。我们了解不了解它，我们了解多少？这是我们自己的认识问题，随着认识的发展，我们可能感觉到过去没有当作文物的东西，现在也可以被当作文物了。比如你刚才说到"资料"，"资料"是故宫博物院特有的一个分类法，它叫"文物资料"，故宫文物的评级有自己定的标准。

所谓"文物资料"，就是说在故宫的文物中它的重要性不及文物，但是它又有它的价值，所以给它起了一个"文物资料"的名称。这些年我们搞文物清理，我来之后就知道有10多万件文物资料现在基本上都归入文物了。但是由于我们认识上的问题，有的过去连"资料"都算不上。比如我在很多场合也讲过，清宫里面清代的帝王文化修养都较高，我们有从顺治皇帝一直到光绪皇帝写的字，还有画的画，还有后妃的，包括慈禧的，我来故宫博物院的时候这些都没有归为"文物"，大约24000件吧，乾隆皇帝的字就有10000多件，他画的画有几千件，你说在今天拍卖市场上算不算文物？它们不是一般的文物，是很重要的文物。前几年李敖先生来故宫参观，有一个景仁宫内设有景仁榜，向故宫捐献过文物的人都会上榜：哪一年谁有捐献，我们把姓名刻在上面。李敖先生看了以后也受到触动，他说"我要给故宫捐"，他就捐献了一幅乾隆的字，故宫中乾隆的字虽很多，作为收藏者来说都是很重要的，但是在过去它连"资料"都不算。

再比如，本来一件瓷器可能弥补某个时代的空白，可能就是独此一件，但是因为它有一点小瑕疵或者裂痕，就不把它列入"文物"。按照这个观念，维纳斯绝对不算文物，因为它是残的。我想，如果大家有了文化遗产的视角，我们对"文物"才会有全面的定义，赋予它新的内涵。

（四）四本出版物代表我从各个角度认识故宫的过程

搜狐文化：随着时间的推移，我们对很多事情的看法也在进一步完善，把以前一些不够完善的思想一步一步地深化。我们故宫博物院有下属的出版社，也出版大量围绕故宫、故宫学的书，现在摆在这里的是我们出版的书。郑院长自己也是笔耕不辍，出版过《天府永藏》《守望经典》《紫禁内外》《故宫与故宫学》，能否介绍一下您在这四本书中融入了您对故宫的哪些理解？

郑欣淼：这四本书，应该说是从前年的后半年到去年的前半年陆续出的。我首先声明，我绝对不是一个专门写书的，因为我是一个院长，院长要对院里负责的。但是这几本书是和我的工作联系在一起的。《天府永藏：两岸故宫博物院文物藏品概述》我写两岸故宫博物院藏品的来源，包括藏品放在一起的概述，或者有一个比较的意思在内，这本书我是做了大量研究的，因为很多人，包括朋友、领导，包括一些很高的领导同志，都问过我一个问题，北京故宫博物院和台北故宫博物院哪个的东西多，或者哪个好的东西多？当然，我想这与过去文物南迁有关，社会上了解不多，就有了一种神秘感。但是对我来说，因为我提出故宫学，故宫学就是研究故宫的东西，文物藏品是很重要的。所以，我从这个角度出发，想把它弄清楚，弄清楚以后心中就有数了。我写过一篇短文在《光明日报》登了，以后就逐步发展，没有想到最后写成了一本书。但是写的过程和我们文物的分类、文物的清点也有关系，在这个过程中我也得到了院里相关专家的帮助。去年3月1日我到台湾去的时候，这本书在台湾也出了繁体字版，出版社的老总跟我说读者市场还可以。我感觉到，对我来说，我尽量站在比较客观的立场上，不能绝对地说哪一件文物好、哪一件文物不好。如果从古董商的角度来说，可能这件文物卖的价钱有高低，但是从文化价值来说，则各有不可替代的价值。所以，我尽量客观地来反映，这本书适应了社会上对故宫了解的需要。

另外一本书叫《故宫与故宫学》，这是一本论文集，是我这几年来写的关于故宫的，特别是关于故宫学文章的汇集。我提出了故宫学，但是故宫学包括什么内容？故宫学是怎么回事？我曾写了近四万字的一篇文章，包括对故宫价值的一些阐述，有一些是我在一些地方做的学术报告。这本书，我去年10月份到台湾去，台湾的远流出版社出版了。这本书主要是我对故宫的认识，而且我在书的《前言》中也谈到我对故宫认识的不断发展。

另外一本是《守望经典：郑欣淼谈故宫》，是我在接受媒体采访的谈话，就像我们今天一样，虽然也给了我提纲，但我在谈的时候有突然想到的，这本书的好处就是它虽然不是很专题性地就某一个问题谈，但是它里面有一些我认为闪光的东西，或者是我个人独特的感受和体会，包括对故宫学的认识，比如《中华读书报》刊登的《故宫在北京，故宫学在中国、在世界》这样一篇访谈，里面有我很多关于故宫学的重要观点。这个好处就是比较随意，但是谈了一些我灵机一动的认识。

另外一本是《紫禁内外》，大部分是我的一些小文章，有的是展览的序言，有的是应报刊的要求写的专门的文章，都不长，但是它反映了故宫的方方面面，光从题目上就能看到故宫工作的丰富多彩。

所以，这4本书互有关联，从不同的角度反映了我对故宫认识的一个发展过程，或者说我对故宫价值方面的不同认识。当然，它也记录了这几年特别是近六七年来故宫同人的工作，他们的努力，在我的文章里都能得到体现。

（五）故宫学是一种理念，指导着故宫人工作

搜狐文化：故宫学这个概念的提出已经有七年了，我们想知道故宫学这个概念在学界引起了怎样的反响？这个事情的进展是怎样的？

郑欣淼：故宫学的提出，确实是我对故宫认识的一个深化，我

到故宫之后，工作怎么抓？怎么开展？作为一个世界文化遗产，作为古建筑的保护，它需要维修；另外，我们又是博物院，故宫和故宫博物院两个在一起给我们带来了很多有利的条件，但是同时也有一些矛盾，它们有各自特殊的任务和要求。这样，我在这个过程中，逐渐地感觉到它们内在的联系。故宫不是一个"壳"，故宫的文物也不是个"物"，它们两个之间有联系，就是与历史上人和事联系在一起，而且和故宫博物院联系在一起。

比如说现在墙上的复制字画，这幅字是三希帖中的《伯远帖》，这个字谁都可以研究，谁都可以写文章，比如美术学院的老师、学生可以写作者的生平是怎么回事、这幅帖在书法史上的地位等。乾隆皇帝还收藏了《中秋帖》《快雪时晴帖》，这两件收藏品放在不同的地方。后来把三帖放在三希堂，乾隆对"三希"提出过不同的解释，但是不管怎么说，三希堂里面有三件晋人的书法，这是了不起的。如果你把乾隆收藏这三件书法作品的经过研究一下，再把上面众多的题跋进行研究，将这些题跋所反映的乾隆的艺术思想、审美观念，以及绘画、瓷器等鉴赏评论联系起来研究，这就是故宫学，这就不同于一般的研究，这就和清宫的历史文化，包括收藏的地点也都有关联。

所以，我说故宫是中国几千年来宫殿制度发展的集大成者，里面包括阴阳五行、风水的观念，包括那么多楹联、匾额，各个宫殿在不同时期的名称，比如太和殿、中和殿、保和殿，最初的名称不是这样，明嘉靖皇帝在位时就改过，清顺治皇帝时才改成现在的名称，不同的名称包含了当时统治者的治国理念。

通过这些，应当看到故宫的整体性，这些是不可分割的。正是因为这个整体性的概念，让我想到了应该有一个故宫学来研究。比如现在我们这么多清宫的东西流失出去了，有的不是有意识的流失，比如中国第一历史档案馆原是我们的明清档案部，它本身就是清宫的一部分，虽然它不在了，不由故宫来管理，但是它和故宫的关系是割不断的。比如台北故宫博物院的65万件文物，其中有60万件是当年故宫南迁的文物，虽然它们在台湾，但是和北京故宫博物院藏品的联系、与故宫博物院的联系是割不断的。当然，故宫学的提出，还由于对故宫价值认识的深化，以及我们国家正在修的《清史》，大家对《清史》的广泛关注，都起到了积极的作用。

故宫学提出以来，我们大致做了两方面的工作：

一是加强对它的研究。作为学术、作为一门学科，它有它的规律，它的形成是一个漫长的过程，有它自己的特点和规律，我们必须遵循。我们在逐步地发展，办了一个刊物叫《故宫学刊》，今年的10月庆祝建院85周年，成立了故宫学研究所，故宫学研究所对我们来说有里程碑的意义。在此之前我们成立了五个研究中心，依据我们的藏品和研究的优势，我们成立了古书画研究中心、古陶瓷研究中心、古建筑研究中心、明清宫廷史研究中心、藏传佛教文物研究中心，这几方面都是我们藏品有优势，包括古建筑，我们是有发言权的，而且我们聘请的都是国内外在这个行业内一流的学者。

二是我们也做了一件很重要的事。故宫学研究必须靠大家来做，不是故宫博物院关起门来自己能完成的，也不是北京故宫博物院和台北故宫博物院两家能完成的，我们要汲取一切与故宫有关的学术成果。虽然一些机构它没有藏品，但它的学者也可以研究这个课题，我们会给他们提供一些资料，提供一些方便。我们这几年编了一些大型的书，今年10月已经出版了一本85年来，从1925年10月到2010年6月故宫博物院研究人员的所有成果目录索引，这个目录索引分门别类，包括建筑、书法、绘画、瓷器、玉器等。另外，我们今年年底马上要出一本海内外关于故宫研究的总目录，图书馆的两任馆长说年底就可以出版了，英文的、日文的研究也包括其中。这样给大家提供一个资料索引，有谁写了什么东西就都知道了。另外，我们院里的藏品，现在对外公布是150余万件（套），下月底会公布新的统计结果。

大家为什么不知道北京故宫博物院里面有多少东西？一个是我们的任务艰巨，大家一直都在清理；另外一个也说明我们在理念上不够重视，可能还有一个原因是指导思想上认为不需要社会知道。现在我认为是应该开放的，因为博物馆是为公众服务的文化机构。所以，我们现在编印一个500卷的故宫藏品大系，已经出了30卷，12月份我们准备开一个座谈会。这还不算宫殿建筑的部分。

另外，我们正在编一本《故宫百科全书》，预计这本书将有2000万字。还有一个很重要的，是故宫藏品150万件的目录全部要公布，马上要出，分门类，因为出目录不能简单地写个名字，还有相应的有关信息，我们已经试编了几个类别，现在文物也快清理完了，我们首先出电子版，因为印刷是相当庞大的。与此同时，我们还编写了一套《明清宫廷建筑大事年表》，这都是在清宫档案里面摘出来的，也是2000多万字，这些我们都要出版。我们向社会公布，让社会上关心故宫的、有这方面需要的，他有研究能力的，他可以研究，这是我们做的一个工作。

故宫学不是简单的一个学科建设，它是作为我们工作中的一个理念，反过来指导了我们的工作。过去不把一些东西当文物，或者连资料都不算，这是因为我们没有从故宫学的理念或者宫廷历史文化这样一个宏观的视野来看待。现在从反映清宫历史文化的角度来看待，凡是有关的都应该保护，都有它的价值。你感觉它不重要，是因为你没有认识到它的重要性。我们要展开全面的保护，比如对非物质文化遗产，现在已经有4项列入国务院公布的非物质文化遗产，比如我们的一些工艺，故宫官式建筑的建造技艺，还有书画的修复、装裱，青铜器的修复、复制，等等。故宫学建设，我们这几年实实在在地做了大量的工作，整理故宫的文物，尽量地给社会提供观看和研究的资料。

搜狐文化：我好像听到一些消息，一些学校也在参与故宫学的一些事情？

郑欣淼：对。这几年来，我们故宫，我个人带头并请很多专家和院的领导到许多高等院校进行演讲，这是我们的一个责任。我在北大、清华、中央民族大学、北京外国语大学、国防大学、中央财经大学等都讲过，包括地方上的，外地的浙江大学、武汉大学，我感觉到这是一种宣传故宫、宣传故宫学的责任。

今年前半年我意外地得到一个消息，台湾清华大学的谢敏聪教授也是研究故宫的，研究几十年了，他对故宫学深表赞同，他不仅赞同，还在台湾的清华大学开了一门课叫"故宫学概论"，是一门选修课，80个名额，计入学分，报名的达到2000多人，他最后给我发来一些资料，可以看到上课的学生很拥挤的情况。我和他也探讨过，学生不是一定要得学分，而是要了解故宫。当然我也很感动，也受到鼓舞。谢教授的"故宫学概论"根据我的几本书编了一套教材，当然他自己对故宫也很有研究，也有他自己的成果。

最近让我感到很振奋的一个消息，是南方的某知名大学决定成立"故宫学研究中心"，而且我也看到了他们的一些安排和计划，北京一个有影响的研究生院也要开设"故宫学专业"。为什么大家对故宫学这么响应和重视？可能是大家对故宫本身价值的认识在提高，而且社会有这种需要，故宫是了解中华传统文化的一个窗口，是一个标本，是中国传统文化的载体。我们能够看到物质化的最重要的传统文化载体应该是故宫，它的藏品，它的建筑，它与在590多年时间内的24个皇帝，它和中国传统文化的众多方面都是连在一起的，最后的总结性的东西都体现在这里了。

（六）电子信息渠道传播故宫文化是社会发展的趋势

搜狐文化：我们知道故宫是中国几千年文明的集大成者，而且有点绝后，以后再也不会建造新的这样的建筑了。

郑欣淼：在传统历史文化集大成这一点上肯定是绝后的，这我也同意。

搜狐文化：我们故宫博物院现在也在做大量的研究，出版文献，我们刚刚也听到郑院长讲，著作有千万字，量非常大，对普通人来说可能接受的机会还比较小，我听到我们的书也会通过网站，通过网络电子书的传播渠道传播，请您介绍一下这方面的情况，好吗？

郑欣淼：我现在知道的，我们有一批书，包括我们的《故宫经典》，据说还有我的《守望经典：郑欣淼谈故宫》，也通过电子书的形式出现。这对我来说，完全都是新的，但是我感到，这个时代在发展，应该适应社会的需要。因为我要看的东西，有一些也是通过网上下载，我们中国对印刷术有重大的贡献，电子书逐渐地被越来越多的人接受，我认为也是社会发展的趋势，它对我们传播故宫的知识、对我们的文化建设能起到相当重要的作用，我认为意义是很大的。

搜狐文化：我们也祝愿故宫博物院能够把故宫、故宫学的研究进一步地深入，同时通过各种各样的渠道，通过出版、数字出版，甚至其他更多的媒体环境，把这些东西介绍给普通的中国人，大家更加深入地了解传统文化，也能够将传统文化融入现代化的生活。我们今天的搜狐文化客厅就到此告一段落。院长，我们一起向网友道别！

郑欣淼：谢谢大家！

（《搜狐文化客厅》，2010年11月29日）

附一：《守望经典：郑欣淼谈故宫》原序

　　要不要出这个访谈录，我一直拿不定主意。因为这些访谈，虽然有些篇章主题集中，但也有不少题目内容比较广泛，是否会让人有头绪繁复之感？但出版社的同志认为还是有意义的，从这些访谈中可见社会对故宫的关注，同时这些访谈也是故宫博物院近年来发展轨迹的另一种真实记录；由于所谈内容比较广泛，涉及故宫的方方面面，又是率意而谈，人们可从中获得更多信息，或者说可感受到一个生动鲜活的故宫，甚至约略看到这些年中国文化建设特别是文化遗产保护事业的发展状况。这话是有一定道理的。

　　媒体及多种刊物对故宫的关注，令我十分感动。我和我的同事深知，这种关注是挚爱。人们关注故宫，是因为故宫丰厚的历史文化内涵及其无与伦比的价值，是因为故宫在人们心目中的分量太重了，这种关注饱含着深深的挚爱之情。这种关注也是监督。因为挚爱，人们就需要了解故宫的工作，检查它的管理者是否尽职尽责，督促管理者共同把祖先留下的珍贵遗产保护好、经管好。这种关注更是鞭策。它反映了人们的期望，给我们提出更高的目标，也化为一股股不竭的力量，鼓舞着、推动着我们继续前进，永不懈怠。

　　社会需要了解故宫。在这些访谈中，我们叙说着、宣传着故宫，同时努力挖掘着故宫的内涵，也更加清醒地认识到自己肩负的责任。这是一份光荣而又艰巨的任务。

故宫是座丰富的宝藏，更是一部大书，对故宫的认识是没有止境的。读者会发现，同一个问题，我在不同时期谈到时可能有些不同或些许变化。这个不同，这个变化，往往是自己在认识上有了提高，有了新的体会。正因为如此，我还要不断地钻研，力求对故宫常有新知，当然也还会继续向人们叙说故宫。

2008年12月于故宫博物院

附二:《故宫答问:郑欣淼访谈录》原序

　　2009年初,故宫出版社(原紫禁城出版社)把我在故宫博物院工作6年中接受媒体访谈的文章汇集起来,以《守望经典:郑欣淼谈故宫》的书名印行。此书共收入42篇访谈录,最早一篇刊于2002年11月23日《文汇报》,最晚的载于2009年第1期《学术界》,其中公开发表的40篇。采访的报纸有12种,为《文艺报》《人民日报》《光明日报》《中华读书报》《新京报》《中国文化报》《中国文物报》《人民政协报》《解放日报》《广州日报》,另有台湾的《中国时报》、香港的《文汇报》;刊物共20种,为《书法》《中国青年》《凤凰周刊》《往来》《时政瞭望》《三联生活周刊》《文物天地》《艺术市场》《华人世界》《中国报道》《台声》《风范》《小康》《中国文化产业》《民主与法制》《中华英才》《北京青年周刊》《人物》《学术界》《紫禁城》;另有陕西渭南电视台的采访。

　　从2009年至2011年,我又先后接受了多种媒体的采访,有报纸、期刊,也有网络、电视。其中,报纸16种,为《人民日报》《光明日报》《中国文化报》《中国文物报》《中国青年报》《北京青年报》《人民政协报》《文汇报》《解放日报》《新京报》《中国社会科学报》《中国改革报》《深圳商报》《渭南日报》,台湾的《中国时报》《艺术家》等报刊;期刊11种,为《东南文化》《中国报道》《三联生活周刊》《凤凰周刊》《今日中国论坛》《中国经济周刊》

《南风窗》《中国之音》（法文版）、《环球人物》《中华儿女》《使命》；电视台3家，为央视、凤凰卫视、东方卫视；网站5家，为光明网、新华网、人民网、网易新闻栏目、搜狐文化客厅。去除了数篇我以为可收可不收的，共得访谈录50篇，其中49篇都发表于我在故宫博物院院长任上，唯有与阎崇年先生关于"大故宫"的对话，则是我卸任之后两个月进行的，之所以收录进来，是因为所谈的内容我以为很重要，崇年先生以《大故宫》为题的讲演和著作，充分阐述了"大故宫"的内涵，而"大故宫"是我一直倡导的，是故宫学的一个重要内容。

《守望经典：郑欣淼谈故宫》所收录的访谈，是按发表的时间顺序排列的，《故宫答问》则做了大致的分类，共为四辑：

第一辑，27篇，是关于故宫及故宫博物院的价值与意义的认识，故宫管理者的责任，应有的胸怀、眼光及一些具体的措施，反映了故宫保护的新理念与博物馆建设的新的进步。《一杯咖啡打不倒中华文化》《故宫保护需要社会的支持》《保护一个完整的故宫》《故宫要有"营销"的态度》等，从题目上就反映了一些新的视野与思维。故宫学是一门正在成长的学科，《故宫学的视野和梦想》是我在上海《解放日报》举办的一次国际著名博物馆馆长论坛上的讲演，全面而简要地阐述了故宫学得以形成的背景、条件和意义。《古老的故宫　年轻的故宫学》与《以学术研究推动故宫发展以开放理念完善公众服务》是我很在意的两篇专访。前一篇的采访者是祝晓风先生，他一直关注故宫学的发展，从所提问题就可以看到他思考的深入；后一篇的专访者是南京博物院院长龚良先生，他以深厚的学术素养及博物馆同行的职业经验，对故宫的工作做了梳理。

第二辑，14篇，主题是两岸故宫博物院的交流与合作。如果说，在2009年之前，故宫古建筑维修一直是社会关注的热点，那么两岸故宫在隔绝60年后的再度聚首就成了2009年轰动海内外的一件大事。《两岸故宫之"脉"》对两岸故宫博物院的渊源及交往的必然性做了比较深刻的论析。《故宫博物院有两个，但故宫只有一个》介绍了故宫在两岸同胞心目中的地位。《故宫学：搭建两岸合作的"虹桥"》，说明了故宫学研究的现实意义。《两岸故宫交流需有更多智慧》，根据交流的实践体会，提出要勇于探索。

第三辑，2篇，关于2011年故宫博物院发生失窃等事件的访谈。这一年的5月，正在故宫展览的一家香港私人博物馆的展品发生失窃，由此引发一些事件，后来又有人接连"爆料"，故宫成为舆论的焦点。《打开故宫"十重门"》一文，笔者以认真负责的态度，对所提出的一系列问题做出了实事求是的解答和说明，表明了吸取教训和改进工作的决心。《故宫的"多事之秋"：想象与现实》，记者试图通过对故宫博物院大量人员的采访，探究"想象与事实之间，究竟有多远的距离"。

第四辑，7篇，重点是笔者个人的经历、生活、爱好等。我的经历比较复杂，也有多方面的爱好。《故宫的守护者》《一路书香一路歌》都是介绍我的经历的访谈，特别是《斑斓岁月，诗意人生》一文，更是全面地记述了我的人生之路，其中关于我当年报考鲁迅专业研究生未果，后来仍坚持进行鲁迅思想的研究，我是如何从陕西调到中央工作的，等，都是第一次披露。我担任过8年中国鲁迅研究学会的会长，2006年与2010年，我接受过三次有关鲁迅的访谈：《鲁迅的方向仍然是中国先进文化的方向》（《文艺报》）、《鲁迅是一种力量》（《解放日报》）、《我读鲁迅》（《人民论坛》），这三篇文章已收录在《山阴道上》。我的鲁迅研究，在本书收录的一些文章中也有谈及。我喜欢旧体诗词，2006年接受《中国文化报》的采访，题目是《旧体诗创作：从复苏走向复兴》，《新华文摘》转载了，也收入《山阴道上》。本辑中的《诗人郑欣淼：感时赋事吟心声》，就是对于我的诗歌创作的访谈。

需要说明的是，这只是大概的分类。事实上，许多采访特别是三大电视台及几家网站的访谈，都包括了故宫维修、文物清理、两岸故宫博物院交流以及故宫学发展等内容，当然各部分内容所占分量不尽相同，多数还是有重点的。

这些访谈反映了社会对故宫的关注。访谈不只是单纯的你问我答，而是一种交流，是互相启发的过程，有时甚至成了一种探讨。我对访谈都很重视，会做认真的准备。但访谈中采访者也会突然提出一些问题，这些问题常使我"措手不及"，但又非答不可，这时就可能"脱口而出"，这些未经深思熟虑的话，往往可能是自己最真实的想法，我的答问中就有不少这样的内容。

故宫是说不完的话题。对故宫的认识也没有止境。但愿这些访谈文字，对于读者了解故宫与故宫博物院能有所帮助。

郑欣淼

2013年1月于御史衙门

编辑后记

　　《守望故宫：郑欣淼访谈录》，是《郑欣淼文集》（21卷）中的一卷，内容来自于已出版的《守望经典：郑欣淼谈故宫》和《故宫答问：郑欣淼访谈录》，收录到本文集时内容作了部分调整：

　　1. 《守望经典：郑欣淼谈故宫》，紫禁城出版社（今故宫出版社）2008年12月出版，书中收录2002年至2008年郑欣淼先生接受海内外媒体记者采访时的谈话记录42篇，其中对话体的访谈录共27篇。另有新闻报道类14篇：《故宫80年：变革中的中国"名片"》《文化遗产不能当摇钱树经营》《你所不知道的故宫》《故宫80院庆：搭建学术平台》《主持百年大修　再现康乾辉煌》《诗意人生》《故宫：博大精深的文化宝藏》《两岸故宫是一家》《守护文明》《保护文化遗产　永远不能懈怠》《岁月掠过紫禁城》《故宫：古今中国的缩影》《郑欣淼：主政故宫》《紫禁内外的思考》；演讲稿1篇：《以温情与敬意厚待民族文化》。

　　《故宫答问：郑欣淼访谈录》，故宫出版社2014年3月出版，书中收录2009年至2011年郑欣淼先生接受海内外媒体记者采访时的谈话记录50篇，其中对话体的访谈录共29篇。另有新闻报道类21篇：《故宫要有自觉的文化承担》《"故宫是有灵性的"》《故宫之旅》《守望故宫：视国宝为生命》《"这是我们这代人的责任"》《故宫博物院院长盘点故宫"家底"》《博物馆姓"文"不姓"钱"》《相同的

根脉　共同的心声》《郑欣淼：两岸故宫博物院就像一家人》《打开皇宫之锁　细数千年文物宝藏》《郑欣淼：两岸故宫博物院何时彻底"融冰"？》《当故宫再次遇见故宫》《故宫两岸沧桑六十载：否极泰来　同人大有》《故宫学是两岸故宫博物院交往的深层力量》《郑欣淼：两岸故宫博物院重走南迁路的台前幕后》《故宫的"多事之秋"：想象与现实》《坚守·继承·发展》《故宫的守护者》《一路书香一路歌》《诗人郑欣淼：感时赋事吟心声》《斑斓岁月　诗意人生》。其中，《一路书香一路歌》《诗人郑欣淼：感时赋事吟心声》《斑斓岁月，诗意人生》数篇文章是关于郑欣淼先生的个人经历、生活、爱好等几方面的介绍。

　　上述两本书的内容，就体裁来说，多为有问有答的访谈录，另有采访郑欣淼先生的新闻报道等。如上所述。本次出版《郑欣淼文集》，将"访谈录"作为一个独立的板块结集，名之《守望故宫：郑欣淼访谈录》，只收录对话体的文章，内容仍能涵盖郑欣淼先生所谈到的关于故宫与故宫博物院的历史及现状、故宫大修、文物清理、故宫学与故宫文化、两岸故宫的关系及交流合作，以及文物与文化遗产等诸多方面。再则，新闻报道类涉及作者（采访郑欣淼先生的记者）拥有的著作权，也是本书不收录此类文章的主要原因，故删除了上述《守望经典：郑欣淼谈故宫》中的14篇新闻报道和1篇演讲，《故宫答问：郑欣淼访谈录》中的21篇新闻报道。

　　2. 为更多保留《守望经典：郑欣淼谈故宫》和《故宫答问：郑欣淼访谈录》两书原貌，并兼顾发表时间的先后，《守望经典：郑欣淼访谈录》内容分为两编：

　　第一编即《守望经典：郑欣淼谈故宫》删除后保留的内容，篇名仍用原书名，27篇文章，按原顺序编排。

　　第二编为《故宫答问：郑欣淼访谈录》删除后保留的内容，篇名仍用原书名，29篇文章，按原顺序编排，内容仍分为四类，但去掉"第×辑"级别标题。原第一辑保留20篇：《故宫的胸怀》《故宫是一座文化底蕴深厚的宝库》《永远的故宫 开放的故宫》《郑欣淼：守望故宫》《"问答神州"之郑欣淼》《寻幽探胜说故宫》《认识故宫》《郑欣淼：守护国人的文化宝库》《一杯咖啡打不倒中华文化》《大哉！故宫：阎崇年对话郑欣淼》《故宫保护需要社会的支持》《保护一个完整的故宫》《故宫要有"营销"的态度》《故宫掌门人详揭紫禁城家底》《交出一份合格的故宫财产账》《故宫和卢浮宫：欧亚两端的对视与交集》《"故宫学"的视野和梦想》《故宫学的七载光阴》《古老的故宫 年轻的故宫学》《以学术研究推动故宫发展 以开放理念完善公众服务》，此为本编的主体。原第二辑"关于两岸故宫博物院的交流与合作"保留6篇：《两岸故宫之"脉"》《架起两岸故宫交往之桥》《故宫学：搭建两岸合作的"虹桥"》《穿越一个甲子，我们深情相拥》《故宫博物院有两个，但故宫只有一个》《两岸故宫交流需有更多智慧》。原第三辑"关于2011年故宫博物院发生失窃等事件的访谈"保留1篇：《打开故宫"十重门"》。原第四辑"笔者个人的经历、生活、爱好等"保留2篇：《郑欣淼：我这辈子恐怕和故宫脱不了干系》《郑欣淼：故宫是我的最后一站 我将全身心投入其中》。

3.为更完整反映《守望经典：郑欣淼谈故宫》和《故宫答问：郑欣淼访谈录》两书原貌，且作者在两书的序言中分别就出版缘由、主要内容、编写过程及情况等做了非常精确的说明，在此将两书原序附录于后，以方便读者对本书有更多的了解。

编者
2021年9月8日

《郑欣淼文集》书目